豫往直前

——河南上市公司诚信建设实践案例

河南上市公司协会　编著

东南大学出版社
SOUTHEAST UNIVERSITY PRESS
·南京·

内 容 简 介

在大国复兴和中部崛起背景下，正式规则在诚信文化的塑造中发挥着重要作用。本书从不同维度描述了河南上市公司在《河南上市公司诚信公约》的引导下，如何以实实在在的行动进行着诚信建设的实践。本书精选的主板、中小板和创业板44家河南上市公司(按上市时间排序)的诚信实践案例，是河南上市公司诚信建设的缩影和特写，是了解河南上市公司的窗口。河南上市公司的诚信建设实践，是河南上市公司协会服务日常监管、服务上市公司、服务资本市场，从而"推进诚信建设制度化"的一次有价值的尝试，具有重要的典型示范意义。

图书在版编目(CIP)数据

豫往直前：河南上市公司诚信建设实践案例/河南上市公司协会编著．—南京：东南大学出版社，2019.1
ISBN 978-7-5641-8158-1

Ⅰ．①豫…　Ⅱ．①河…　Ⅲ．①上市公司—企业信用—案例—河南　Ⅳ．①F279.246

中国版本图书馆CIP数据核字(2018)第279597号

出版发行：东南大学出版社
社　　址：南京市四牌楼2号　**邮编**：210096
出 版 人：江建中
网　　址：http://www.seupress.com
电子邮箱：press@seupress.com
经　　销：全国各地新华书店
印　　刷：南京玉河印刷厂
开　　本：700 mm×1000 mm　1/16
印　　张：18
字　　数：443千字
版　　次：2019年1月第1版
印　　次：2019年1月第1次印刷
书　　号：ISBN 978-7-5641-8158-1
定　　价：58.00元

编 委 会

目 录

上篇 认识篇

中篇 实践篇

下篇　自律篇

上篇

认识篇

一 大国复兴与中部崛起

中华文明，亦称华夏文明，是世界上最古老的文明之一，也是世界上持续时间最长的文明。尤其在东亚，中国长期居于文明领导者地位，日本人内藤湖南即称："余之所谓东洋史，即是中国文化发展的历史。"①然而到了近代，中国已全面落后于世界，百年以来，多少仁人志士谋求中华复兴之道。直到改革开放以后，随着经济的持续增长，科技、文化、军事方面也有了长足的进步，中华民族面临伟大的复兴。

就像中国的缩影，河南在历史上也曾经是中国的文明中心，北宋以后就逐渐衰落，到了近代，在中国也属于落后地区。同样是改革开放以来，河南经济增长迅速，在国内的地位不断提高。

无论是中国在世界上，还是河南在国内，都面临着同样的课题。大国复兴与中原崛起，更是河南人关注的双重话题。而要实现大国复兴与中原崛起，除了学习先进国家与地区的经验以外，立足于国情、省情，走有特色的中国道路与河南道路，也是题中应有之义。了解中国与河南在历史上的兴衰得失，也是少走弯路、加速跨越的必然之途。

1. 历史上中国的盛衰更迭

在中国数千年文明史上，尽管中国长期处于世界领先与东亚主导者地位，但中华文明的发展也不是一帆风顺的，而是治乱嬗替、兴衰更迭，甚至不绝如缕，系于一线。对其盛衰变迁进行制度分析，有助于我们今天的民族复兴少走弯路。

从根本上说，中国的兴盛源自农业生产力水平高于周边游牧文明或者渔猎文明。但古代中国农业的生产力水平长期处于停滞状态，没有革命性变化。在生产力水平一定的情况下，决定兴衰的就是其他因素，主要是制度因素。而制度对中国兴衰的影响，又集中在两个方面：一是规模扩张的程度，二是内部整合的水平。就规模的扩张而言，部族制向封建制的转变，基本奠定了规模扩张的基础。而从社会整合方面而言，从封建时代到门阀时代以至专制时代，则是中央集权不断强化、从而社会整合力量不断强化的过程。整体而言，中国的社会整合力量是不断强化的，这也是中华文明始终居于世界前列的根本原因。但是，无论是封建时代、门阀时代还是专制时代，社会权力架构均

---

① （日）内藤湖南著，《中国史通论：内藤湖南博士中国史学著作选译（上册）》，北京：社会科学文献出版社，2004 年版，绪言。

是处于变动不居的状态。当这种变动适应社会发展时，中国就处于盛世。而一旦整合不能适应社会发展，则会相对衰落。

一、从部族时代到封建时代

在“三代”之前，中华文明处于形成时期，基本组织形式为部落或部落联盟，这些部落或部落联盟呈点状居于中华大地之上，犹如满天繁星。彼此征伐或者联合，优胜劣汰，适者生存，逐渐发展为较大的“邦国”。邦国之间彼此竞争，在不能消灭对方的情况下，形成松散的联盟，进入所谓的“王国”时代，以夏朝的成立为标志。

郭沫若将夏商周划归为奴隶时代，这是从生产方式上归类的。本书侧重于从制度，主要是权力架构方面解读中国的盛衰变迁，认为夏商直到西周，应为封建时代，[①]其特点是君主为名义上的天下共主，但对各邦国或诸侯的内政并无干涉之权。以当时的技术水平与组织能力，由君主对整个天下进行直接管理是不现实的，封建制才是有效的、必然的扩张手段。[②] 这也是人类文明在早期阶段进行规模扩张的普遍方式。

封建制度在规模扩张方面是有效的制度，但在社会力量的整合方面则有不足。[③] 名义上的君主，不但不能干预各邦国内政，甚至在力量衰微时，还会失去天下共主的地位。夏朝建立不久就发生了“太康失国”事件，被东夷的有穷部落取代，此后历经百年，才由少康复国。当然，作为天下共主的君主，也不甘于形式上的领导地位，而是倾向于扩张自身权力，实现中央集权。商朝的灭亡，与其说是纣王无道，倒不如说是纣王在实现中央集权过程中，危及其他邦国以及国内贵族的权力，打破了权力均衡，从而引起内外抵制，这才败亡的。武王伐商时，公布纣王的罪状有“为天下逋逃主，萃渊薮”“乃惟四方之多罪逋逃，是崇是长，是信是使，是以为大夫卿士”，也就是说，纣王不按规矩使用本国贵族，却重用外来人才（费中、飞廉、恶来等）。今天看来，纣王不拘一格，唯才是举，应予以正面评价。但在当时看来，却是破坏规矩的行为。纣王不重用本国贵族，是对贵族议政制度的破坏，也是实现国内集权的表现。而重用外来人才，则破坏了其他邦国的用人制度、等级秩序。

纣王在远征东南时被武王乘虚而入，武王克商，周朝建立，控制地盘急剧扩张，封建制仍是最佳选择。周人开始分封诸侯虽早于武王时，但大量封国是在成康之世才出现的。据《左传·昭公二十八年》，周初分封共 71 国，其中与周王同姓的姬姓就有 40 国[④]，兄弟之国有 15 国。经过周公、召公等的努力，西周确立了宗法制、礼乐制等一系列制度，封建制更为成熟。同时，西周尽管实现了封建制度，但中央的控制相对加强了。因为夏、商的邦国是加盟性质，周的诸侯则主要由周天子分封而成，其权力源自周天子，所以大一统的观念得以形成，并确立了“礼乐征伐自天子出”的价值观。

---

① 柳翼谋谓：“自唐、虞至周皆封建时代，帝王与诸侯分而治之。”即从尧、舜经夏、商到周朝，采用的都是封建制度。

② 《古春秋左氏》：“禹会诸侯于途山，执玉帛者万国。”《公羊》：“殷三千诸侯，周千八百诸侯。”

③ 古代的雅典，近代的波兰，都是贵族议政导致决策效率低下，从而亡国。

④ 另有 53 国之说。

与封建制成熟相对应的，就是所谓的“成康之治”，史称“成康之际，天下安宁，刑措四十年不用”。不过，权力具有扩张的属性。英国哲学家霍布斯说：“全人类共同的爱好，便是对权力永恒的和无止境的追求，这种追求至死方休。”周的兴盛，是对外军事扩张与对内政治集权相伴而行的。康王(？—前1057年)晚期喜好征伐，据小盂鼎铭文，仅在与鬼方间的战争中就斩首四千八百多人，俘虏一万三千余人，与南方的淮夷和荆楚亦常有冲突。穆王西征犬戎，“获其五王”。军事扩张要求中央集权，只有这样才能集中人力、物力。罗马共和国演变为罗马帝国，与恺撒远征高卢的军事行动高度相关。英王查理一世面临法国和西班牙的双线作战，也不得不与议会对立。西周的军事扩张也不例外，比较突出的是周厉王(前877—前841年在位)。周厉王南征荆楚，西北防御戎狄，算是个想有作为的国君。军事扩张需要财政支持，所以厉王实行“专利”政策，将山林川泽收归王室所有。在用人方面，改变了周、召二公“世为卿士”的惯例，破格起用经济学家荣夷公、军事专家虢公长父。厉王的作为危及贵族阶层利益，遭到国人的反对，厉王采取高压统治，以致于“道路以目”，最终导致“国人暴动”。厉王在历史上一直以反面人物出现，但从制度变迁的角度而言，却有其必然性与合理性。只不过厉王的做法太超前，手段太粗暴。从本质上看，与汉武帝没什么区别。正所谓“领先半步是天才，领先一步是疯子”，任何改革都会牵涉到利益调整，第一个吃螃蟹的往往以悲剧收场。

厉王的儿子宣王(？—前783年)是“宣王中兴”的主角，但宣王的内政、外交与他父亲并无本质区别，除了对外用兵外，甚至用武力干预鲁国的君位继承。千亩之战，“丧南国之师”，宣王为了扩充人力资源，“料民于太原”，直接越过贵族阶层清查人口，这种不顾后果的直接冲突，毫无意外地失败了。因为通过军事扩张实现的中央集权，必须以军事胜利为保证，失败者是无权主导规则的变更的。

周幽王(前781—前771年在位)时，幽王废嫡立庶，废黜王后申后和太子宜臼。申后的父亲申侯联合缯国、犬戎攻破镐京，杀死幽王，西周灭亡。宜臼继位，是为周平王(前770—前718年在位)，周平王得国不正，与秦、晋、卫、郑诸国达成私下交易。平王迁都洛阳，卫侯晋爵为卫公，晋侯加封河内的土地。秦国国君本来只是附庸，加封为伯爵，并将岐山以西的土地赐予秦国，允诺秦并吞犬戎，“即有其地”，自此秦国开始走上强盛之路。而郑国则成为迁都后的东周的“守护人”，世代执掌周室的“卿士”之职。郑武公(前770年—前744年)死，其子郑庄公(前757—前701年)嗣位，目无王庭。周桓王继位后免去了庄公卿士的头衔，双方发生武装冲突，周桓王左肩中箭。尽管事后郑庄公向桓王赔罪，但天子威风扫地，周王室势力衰微，已不足以统帅和号令诸侯，封建秩序开始解体，“礼乐征伐自天子出”变为“礼乐征伐自诸侯出”，齐桓、晋文相继称霸。

春秋时代是所谓的“礼崩乐坏”的时代，当诸侯不尊天子，以下犯上就成了新常态。公室失政，政出私门，权在家臣，鲁国公室被卿大夫孟孙氏、叔孙氏和季孙氏控制，史称“三桓专鲁”。[①] 而季氏又受制于家臣阳货，即所谓的“陪臣执国命”。封建秩序的解体导致人人都可能是受害者：“春秋之中，弑君三十六、亡国五十二，诸侯奔走，不得保其社稷者，不可胜数。”[②]但是，旧秩序的破坏，也为新

① 孟孙氏、叔孙氏和季孙氏三家皆出自鲁桓公之后，所以被人们称为“三桓”。

② 司马迁，《太史公自序》。

秩序的催生扫清了路障，使封建秩序向中央集权体制的过渡成为可能。

二、中央集权的调整阶段——世族门阀阶段

战国时代是中央集权体制形成的阶段，但中央集权的主体不是周天子，而是各国诸侯。其形成的条件，一是来自既得利益集团的阻力减小。封建制下，封臣向封君提供贡赋，但封君并不能干预封臣内政，否则就是破坏规则，会受到集体抵制，这是周天子集权失败的制度原因。周天子集权时要挑战的不是个人，而是团队，而且是多个团队。但在封建秩序被破坏以后，以下犯上成为常态，团队从内部就被破坏掉了。这就像小麦磨成面粉后，更容易做成面包，可以任意搓圆捏扁。当然，在小麦没能完全磨成面粉之前，容易崩碎牙齿。二是列国竞争激烈，战争烈度越来越高：由堂堂正正的骑士表演转为杀人为目标的“尚首功”，以至“争地以战，杀人盈野；争城以战，杀人盈城”。而战争的结果也由之前的“灭人之国而不绝其祀”，变成兼并之战，各国不得不竭力富国强兵，争胜求存，中央集权势在必行。中央集权有利于调动一切资源，但无疑侵害了各级贵族的利益。揆之历史，各国“变法”的核心无不是通过削弱贵族特权来增强君主专制力量，李悝要“夺淫民之禄以来四方之士”，吴起则要求“封君三世收其爵禄”。商鞅规定“贵族无军功不再受爵”，将秦国完全变成了战争机器。

与中央集权相对应的是法家思想成为主导意识形态，法家的政治口号是“缘法而治”“不别亲疏，不殊贵贱，一断于法”。许多学者将法家与“法治”“法制”联系到一起，无疑是皮相之见，法家归根到底是“帝王之具”：“所谓法者，一家之法，而非天下之法”。与今天的“法治”不同，法家的“法”由君主确立，以服务于君主为根本目的，“法在王下”而不是“王在法下”。“一断于法”则是为了保证君主的意志得到切实的执行，否则，执法者享有自由裁量权，就会将法律变成执法者自利的工具，从而窃取原本属于君主的权力。法家的三大分支：法、术、势，都是服务于君主专制。“法”的实质是强力控制，“势”的实质是强权威慑，“术”的实质是权术阴谋。司马迁说：“法令者治之具，而非制治清浊之源也。”列国法令只是单方面地服务于君主利益，故不得不以重赏和重罚维系之。法家适应了君主专制的需求，因而成为当时主流的意识形态。吕思勉先生曾经说过：“切于东周事势者，实惟法家。”

由于中央集权的过程也是专制君主与封建贵族的权力博弈过程，因而双方的实力对比决定了中央集权的程度。成功实现了中央集权的国家会在列国竞争中取得优势，而集权程度最高的秦国，则取得了最后胜利。

一般认为秦始皇确立了中央集权的君主专制制度，事实上，制度变迁是一个长期的过程。中国从部族时代演进为封建时代，大致用了2 000年时间。而从封建时代到中央集权的确立，也有差不多2 000年时间。而中央集权体制延续至今也超过了2 000年，在这2 000多年中，集权的道路颇为曲折，大体经过了两步走的阶段。在唐代以前是中央集权的初级阶段，这是一个不断调适的过程，既经历过集权过度的弊端，也经历过君主与世家共和的门阀时代。宋代以后则是中央集权的成熟阶段，并走向僵化。

中央集权体制的优点是可以高效调动整个社会的力量；其缺点则是在缺乏有效制约的情况下，专制君主可能会滥用这种权力，竭泽而渔，从而导致国家崩溃。秦始皇在短短的十几年间，除了北击匈奴，南开五岭，对外大规模用兵外，还搞了长城、驰道、阿房宫、始皇陵等几个大的工程。所有这些，在先秦都是不可能完成的任务。但这种不管百姓死活、滥用民力的做法，也导致了秦朝的迅速灭亡。

西汉建立后，吸取了秦朝二世而亡的教训，推崇黄老之治，采取“轻徭薄赋”“与民休息”的政策，到文帝、景帝时，政治稳定，经济发展，史称“文景之治”。但是，“文景之治”是建立在君权的自我约束基础上的，权力的分配有此消彼涨的特点，与君权的自我约束相对应的，是地方势力坐大。州郡长官与豪族相勾结，把持地方。“又颛川泽之利，管山林之饶”①，资本与权力相勾结，分割中央的政治、经济权力。同时，“千金之家比一都之君，巨万者乃与王者同乐”，大商人没有政治身份，却有封君的地位，形同“素封”。官僚阶层、地方豪强及大商人形成共同体，挑战中央权威，又“不佐国家之急”。当中央政府与草根阶层都成为受害者时，这些精英阶层的辉煌，注定不可持久。

汉武帝在位时，“外事四夷，内兴功利”，其实二者具有高度相关性，并且通过中央集权来实现。汉武帝通过“推恩令”——“众建诸侯而少其力”，削弱诸侯的势力；通过刺史制度对高级官员和“强宗豪右”进行监督、打击。然后通过盐铁官营及“算缗”“告缗”对商人进行剥夺并增强中央政府的财力。汉武帝的上述努力，巩固了中央集权体制，并借此开疆拓土，东并朝鲜、南吞百越、西征大宛、北破匈奴，基本奠定了后世中国的疆域。

汉武帝的军事成功，将汉初百年的财富积累消耗一空。豪强阶层暂时被打倒了，但政府财政破产，百姓负担沉重。国家已到了崩溃的边缘，汉武帝总结说：“汉家诸事草创，加四夷侵陵中国。朕不变更制度，后世无法。不出师征伐，天下不安。为此者不得不劳民。若后世又如朕所为，是袭亡秦之迹。”汉武帝自己也承认，他的中央集权有过度之嫌，与“亡秦”有类似之处，但有不得已之处。不过，汉武帝只承认对不起老百姓，对权贵、豪强等并无姑息之意。此后昭、宣二帝对武帝的政策略加调整，在治政方面得出这样的结论：“汉家自有制度，本以霸王道杂之，奈何纯任德教，用周政乎！”

“霸道”“王道”分别代表法家与儒家。法家主张君权至上，儒家则兼顾君主、精英阶层与百姓利益，但以精英阶层为主导。先秦儒家尊重“大一统”理念，但主张有限君权。主张“民为邦本”，但“民本”与“民主”还是有本质区别的。儒家讲究“德治”，核心就是精英阶层以自身的道德化民成俗，“道之以德，齐之以礼”，德治的主体是精英阶层而非君主。儒家的价值主张是不可能为专制君主接受的，所以董仲舒加以改造，吸收了法家的价值观，将君尊臣卑的关系绝对化；但又杂糅了阴阳家的天人感应，希望通过虚无飘渺的天命来约束君主。汉宣帝则是有选择地吸收了上述儒、法二家的核心价值观，以君权至上为原则，但又不过度牺牲其他阶层的权益，这种政治理念，也是此后两千多年中国协政者的基本治国理念。当然，能做到什么程度，并不以当事人的主观意志为转移。君权与精英阶层的博弈状况，与中国的盛衰息息相关。（等到百姓参与博弈的时候，就是改朝换代了）

昭、宣二帝在位期间，信赏必罚，综核名实，吏称其职，民安其业，一度衰退的西汉王朝又兴盛起

① 《汉书·食货志》。

来，史称“昭宣中兴”。公元前 36 年，陈汤斩杀郅支单于，发出“明犯强汉者，虽远必诛！”的时代最强音。

昭、宣之后，元帝柔懦、成帝荒淫，宦官与外戚相继专权。哀、平之际，王莽辅政，继而篡汉自立。王莽篡汉之前，中央的集权体制已被破坏，土地兼并严重，自耕农失去土地，只能租种豪强地主的土地。“厥名三十，实什税五”：农民本来只需向政府交纳三十分之一的田税，但在变为佃户后则要承担百分之五十的田租。结果，百姓负担加重，豪强地主的势力日益增强。王莽建立新朝后，曾经通过多种方式加强中央集权，比如限制豪强占有土地的数量，超出限额者收归国有；解放奴婢，增加政府的税基，等等。但王莽的改革手段不合时宜，又侵犯了豪强、官僚的利益，最终失败。

刘秀建立东汉后，试图加强中央集权。比如在政治方面，“政不任下，虽置三公，事归台阁”；在经济方面，实行“度田”，清查田亩，以便对豪强的土地征税。但事实上并不成功，政治方面，官位逐渐为世家把持。经济方面则形成庄园经济，国家掌握的自耕农逐渐变为豪强掌握的佃客、奴仆。中央集权受制于世家大族，并为汉末的地方割据提供了物质基础。

从西汉后期直到整个东汉，官僚变相世袭，逐渐形成世家大族，不断侵蚀中央集权的权威。这种变化趋势，既与中央集权自身的特点有关，也与当时选官制度不成熟有关。中央集权的特点是君主专制，但君主需要通过官僚阶层来管理整个国家，从而形成君主与官僚的“委托—代理关系”。这种关系容易产生代理人损害委托人的利益、以实现自身利益最大化的结果。官僚不可能做一个“依法治国”的傀儡，而是有着自身的利益诉求。尽管设立了监察机关，但存在“如何监督监督者”的内在矛盾。朱元璋曾经发动群众对官僚进行监督，群众甚至可以将腐败官员械拿进京，但实际上未能达到预期效果。君主与官僚的“委托—代理关系”的弊端是不可能得到彻底解决的，因而官僚公器私用，是不可能避免的，只是程度不同。

除了君主与官僚的代理问题外，选官制度不当，则是两汉世家大族形成，从而挑战君主权威的另一重要原因。汉代在选官方面实行察举、孝廉等制度，但选举权由地方郡守掌握，而地方郡守在选官时往往优先选择门生、故吏，逐渐形成利益集团，相互援引，以至最终把持了选官之权，形成了“累世簪缨”之局。汉元帝以后，以“家世衣冠”为主体的地方豪强已经兴起，刘秀起兵的追随者，主体就是南阳的豪族。光武中兴后，也不得不向这些“世为著姓”的豪族相妥协。汉章帝时，曾感慨“每寻前世举人贡士，或起畎亩，不系阀阅”，但也只能屈从于现实。东汉中期以后，“选士而论族姓阀阅”已习以成俗，门第的高低尊卑决定了政治、经济和社会地位的差别。

“门阀”是对中央集权的挑战，同时也是一种权力格局的调整。世家大族能够有效组织社会力量，在一定程度上对皇权有替代作用。[①] 东汉末年，在乱世中迅速崛起的诸侯，都是依赖世家大族的支持。当然，由于世家大族有其相对独立的力量，像曹操、公孙瓒这样的已经上位的诸侯，也面临着与世家大族的权力博弈。公孙瓒表示，“衣冠皆自以职分当贵，不谢人惠”，所以，“衣冠善士，名在其右者，必以法害之；有材秀者，必抑困使在穷苦之地”。[②] 曹操则提倡“惟才是举”，目的在于打压世家

---

① 地方大族是地方社会的主导者，日本学者谷川道雄曾提出过“豪族共同体”的概念，认为六朝时代贵族主导下的乡里社会，贵族与民众之间是一种基于“义”的结合，而不像马克思主义理论所说是压迫或依附关系。

② 《资治通鉴》第六十一卷。

大族。甚至杀死孔融、杨修这些不尊重曹操权威的名士，以加强中央集权。依赖世家大族篡魏后的司马氏，同样“诛夷名族，宠树同己”。

但是，士族在政治、经济生活中扮演重要角色，是这一时代的主题。曹丕时采取九品中正制选拔官员，本意是由中央掌握用人权。但在现实中，九品中正制异化为世家操纵、利用的工具，中正品第唯以血统为准，“上品无寒门，下品无势族”，官位的变相世袭，使得中央集权体制向先秦的贵族政治回归。当然，与先秦不同的是，门阀对君主的依赖性更强，他们的世袭并没有法律上的保证，失去官位也就意味着失去一切。至少在魏晋之际，君权仍处于主导地位。

君权与士族处于大体均衡的地位，是在东晋实现的。琅邪王司马睿南渡以后，既无威望，又无实力，必须借助于门阀士族的扶持，才能在江左立足。同时南渡士族也只有借助司马睿的正统，才能在胡羯交侵之际，整合社会力量，保全家族利益。企图另立炉灶的王敦、苏峻无不遭到士族的集体反对，便是明证。这样，司马氏就与南渡士族形成了利益共同体，形成了皇权与士族结合的门阀政治。

东晋时代是皇权最为低落的时代，士族与皇权基本处于权力均衡地位，但这种权力结构是不稳定的，因为君权至上已经成为基本的社会伦理。司马氏不甘于类似虚君共和的地位，始终在努力挽回颓势。淝水战后，谢安因功名太盛而被孝武帝猜忌，被迫避祸广陵。此后士族已不足以与皇权抗衡。只不过，鹬蚌相争，渔翁得利。掌握北府兵的次等士族刘裕取代了东晋，此后历经宋、齐、梁、陈，士族在政治生活中已经退居次要地位。宋、齐、梁、陈均为军政府，宋以北府兵、齐以三齐精兵、梁以秦雍流民、陈以土豪洞主的身份，“皆威福自己，不肯假权于大臣”。南朝重用“寒人”，士族地位清贵但无实权。

在南朝逐渐实现中央集权的同时，北朝也在形成新的秩序。北魏于439年统一北方后，逐渐汉化，胡、汉两种秩序相结合，政治制度方面从部落民主制向中央集权制跨越式转变，但又保留了部落贵族与中原留守的次等贵族的特权。524年，反对汉化的北方六镇发动“起义”，北魏分裂为东魏与西魏，并分别由北齐及北周取代。北齐的核心主要为六镇流民，提倡鲜卑文化。北周实力较弱，因而采取了融合鲜卑及汉人的“关中本位政策”，汉族逐渐占据统治地位及主体。杨坚以隋代周，平灭南陈，统一了中国。

隋朝的建立以关陇贵族集团为基本盘，但在统一后为了加强中央集权，不断侵犯关陇贵族集团及山东、江左贵族集团的利益。隋文帝通过“大索貌阅”清查户口，将世家隐漏不报的人口搜括出来；废除九品中正制，实行科举制，并将官吏任免、考察之权收归中央，“大小之官，悉由吏部，纤介之迹，皆属考功”。隋炀帝继续了文帝的削弱世家贵族的政策，但方案未尽成熟，加之滥用民力，最终被李唐取代。[①] 但其中央集权政策是符合历史发展趋势的，所以李唐继续了隋朝的政策。

李唐对士族的限制，是一个渐进的过程。唐初士族，主要有四个地域集团，并各有所尚：山东士族尚婚娅，江左士族尚人物，关中士族尚冠冕，代北士族尚贵戚。关陇集团入隋后开始解体；江左和

---

① 反隋的主力，包括以李渊、杨玄感为代表的关陇贵族，以萧铣、沈法兴为代表的南朝残余势力，以刘武周等为代表的地方大族，等等。

代北士族,至唐朝已经没落;以崔、卢、郑、李、王为首的山东士族,以门风相尚,在唐代仍有很大的社会影响力。房玄龄、魏徵都争相与山东士族联姻,并引以为荣。为了打压山东士族,唐太宗命高士廉等修撰《氏族志》对门第高低重新排名。

门第高低的评定,是魏晋以来门阀制度的配套措施,其标准是所谓的“郡望”。先秦时代,贵贱之别依赖姓氏:姓别婚姻,氏别贵贱。秦统一后,姓、氏混淆,无以辨贵贱,所以又加上出生地来辨血统,比如赵郡李氏与陇西李氏,其门第高低就不一样。姓氏加上地域以辨血统,就形成了所谓的“郡望”制度。郡望的形成并不依赖于皇权,而唐太宗重订门第高低,事实上是把士族地位高低的决定权,收归中央。但《氏族志》修成后,仍列山东士族崔民干为第一等。唐太宗不满,认为山东士族“世代衰微,全无冠盖”,以婚姻得财,“不解人间何为重之?”他命高士廉等重修《氏族志》,以皇族为首,外戚次之,崔民干被降为第三等。《氏族志》订立门第高低的原则是“不须论数世以前,止取今日官爵高下作等级”,以前是门第高低决定政治地位,现在是政治地位决定门第高低。在不否定门阀的前提下,重新界定了皇权与士族的权力格局,属于典型的渐进式改革。

武则天时,进一步打压士族势力。武则天出身商人,门第低下。她的竞争对手萧淑妃出身前朝皇族,王皇后出身太原王氏,武则天在取代她们时,受到了以长孙无忌、褚遂良等为代表的士族阶层的百般阻挠。高宗李治也对长孙无忌专权不满,李治通过“废王立武”打击元老大臣,重振皇权。武则天掌权后,援引门第较低的官员如许敬宗、李义府与士族对抗。其中李义府出身微贱,虽官居宰相仍不得入士流,请求与山东士族联姻也遭到拒绝,恼羞成怒之下,奏请重修《氏族志》。659 年改《氏族志》为《姓氏录》,皇后四家被列入第一等。由于兵卒以军功升五品以上官者亦入书限,引起缙绅士大夫哗然,多耻被甄叙,并号该书为“勋格”。《姓氏录》贯彻“各以品位为等第”的原则比《氏族志》更加彻底,将当朝无官职的旧士族全部排除在外,说明它对旧族的贬抑超过了《氏族志》。但与《氏族志》相同,《姓氏录》在现实生活中所起的作用亦很有限,婚姻崇尚门第的风气依然盛行。唐文宗请求以公主尚山东士族,却以“闺门不谨”的理由被拒,堂堂至尊竟无可奈何。

武则天在贬抑士族的同时,提拔重用平民。她改革科举,提高进士科的地位,举行殿试,开创武举、自举、试官等多种制度,让大批寒门子弟有了仕进的机会。唐代基本形成了二元制的选官制度,出身士族的仍保留其特权,但平民子弟也有一定机会进入官场。此后的“牛李党争”,实际上就是出身世家与出身平民的官员之间的权力之争。这种二元制的选官方法,既保证了世家的特权,又扩大了皇权,并为宋代完全进入平民时代奠定了基础。

唐代在通过平衡士族与皇权权力的同时,还通过官制改革,强化了中央集权体制。秦汉以后形成的三公九卿,仍带有封建时代“家臣”的遗迹。九卿之中,宗正系皇室族长,奉常掌宗庙礼仪。郎中令、卫尉系皇帝安保人员,太仆负责皇帝交通,少府则是皇室财务总监。皇家事务与国家公共事务不分,正是封建时代向中央集权时代过渡的表现。唐代的三省六部,则完全为公共事务而置。而且三省制的形成,也体现出中央集权不断加强的趋势。三省之中,尚书原为低级官员,在殿中主掌文书。汉武帝时,选拔尚书组成“中朝”,将宰相虚置,以加强君主专制。尚书因系近臣,位卑权重。高级官员加“录尚书事”,才算进入中枢。日后尚书台名副其实,为君主所忌,魏文帝曹丕又将尚书虚置,机要之权移于中书省,“中”者,禁中,与皇帝的近密程度高于尚书。南北朝时,中书省权重,门下省又取代了中书省的地位。[1] 这种制度变迁，在中国历史上是一种常态，皇帝更倾向于重用私人，但重用后地位提高，对皇权形成制衡，君主就会以新的私人班子取而代之，后来的内阁、南书房、军机处均是这种性质。

隋唐时期则将尚书、中书、门下三省同时保留，分掌行政、决策、封驳之权，并以尚书省统驭六部。今人将"三省制"附会为分权制衡，实则大谬不然。三省制目的在于使臣下互相制约，这种分权是皇帝领导下的分权，目的恰恰是实现君主的集权，与今天的分权取向截然相反。何况后来中书、门下分署办公，反复封驳，十分不便，于是合署办公，是为政事堂。唐玄宗时，又将政事堂虚置，以翰林学士参与机要，当时号称"内相"，此系明代"内阁"源头。至于尚书省的行政权，亦为皇帝临时差遣的各种"使"职架空。采访使、节度使，都是君主为监督地方而设立的。为了监督权力日益扩大的节度使，玄宗朝又派亲近的宦官监军。不过，不管是"使"职还是宦官，都是皇帝的代理人，既受君主委托，其权力就有异化的可能。玄宗以后的藩镇割据与宦官专权，[2]正是君主集权陷入自我否定的结果。藩镇割据使得中央不能控制地方，宦官专权不但导致君主大权旁落，并且引发士族与平民官僚的矛盾——士族出身的官僚自重身份，不愿阿附宦官，与君主结成政治联盟；宦官则援引出身平民的官僚为臂助，彼此相争。至晚唐，宦官完全控制中央，士族官僚已无所作为。朱温控制了唐朝政权，打击旧日的高门望族，将"衣冠清流"三十余人，投尸于河，史称"白马之祸"。加之黄巢对士族的刻意打击，士族阶层从此消失，为宋代实行平民政治扫清了道路。

李唐皇室通过有限度地压制士族、完善官制以及其他方面的变革，逐渐强化了中央集权体制，在前期皇权扩张有限，国家与社会均得到发展，因而充满活力。唐代在政治、经济、文化方面均达到高峰，并成为具有国际性影响的国家。李唐的强盛在于整合，陈寅恪总结说"李唐一族之所以崛兴，盖取塞外野蛮精悍之血，注入中原文化颓废之躯，旧染既除，新机重启，扩大恢张，遂能别创空前之世局"。然而，无论是胡汉整合还是君权与士族的平衡，很难长期保证处于均衡点，一旦超过均衡点，强弱之势逆转，优点也就变成缺点。当中央集权超过均衡点，无人制约的皇权就可能爆发出可怕的破坏力量。同时，唐代是融合胡汉的二元制帝国(李唐既是中国皇帝，也是胡人可汗)。但当胡汉力量失衡时，结果同样是灾难性的。李唐与汉代不同的是，汉代打遍天下无敌手，李唐则给后世中国造就了强悍的对手，中国从此失去了对周边民族的军事优势。

唐朝的灭亡标志着士族在中国历史上的消亡，尽管现代人对以出身决定地位非常抵触，但不可否认的是，在印刷术、造纸术尚未成熟的中国古代，文化传承的载体就是士族。在社稷鼎革之际，士族不但是承载文明传承、同时也是维护社会秩序的主体，这在魏晋南北朝时期表现得非常明显。而在五代之际，军阀混战，武人横行，没有道德约束，也没有伦理秩序，"置君犹易吏，变国若传舍"，不能不说与地方上没有士族的调和有关。当然，士族门阀的解体，也为新秩序的确立提供了契机。

---

① 门下是宫内侍从官，离皇帝更近。

② 赵翼所著《廿二史札记》："东汉及前明宦官之祸烈矣，然犹窃主权以肆虐天下。至唐则宦官之权反在人主之上，立君，弑君，废君，有同儿戏，实古来之未有之变也。推原祸始，总由于使之掌禁兵，管枢密，所谓倒持太阿，而授之以柄，及其势已成，虽有英主察相，亦无如之何矣。"

三、中央集权的成熟阶段——君主专制时代

北宋建立后，开国帝王深刻反思历史教训，特别是唐朝盛衰兴亡的经验教训，对宗室、后妃、外戚、宦官等四种政治势力采取抑制政策，选择了“与士大夫治天下”这一治国方针。为了防止士大夫形成新的门阀，宋代完善了科举制，废除“公荐”制度，推行弥封、誊录之法，最大限度地防止考场内外的徇私舞弊行为，保证了科举考试中“一切以程文为去留”的公平竞争原则。由于官僚子弟在科举中有先天优势，君主甚至干预考试过程与结果。翰林承旨陶穀之子陶邴进士试中名列第六，宋太祖“遽命中书复试”，并下诏：“自今举人凡关食禄之家，委礼部具析以闻，当令复试。”①宋太宗甚至将已录取的官僚子弟黜革，并解释说“此并势家，与孤寒竞进，纵以艺升，人亦谓朕为有私也！”②宋真宗干脆“召所谓势家子弟者，别坐就试”，当然不是给予照顾，而是提高中式门槛。③

宋代通过科举考试避免了官僚变相世袭，门阀士族分割君权的政治格局成为历史，布衣卿相的高速转换，决定了士大夫对君权的高度依赖性。这种制度，确保了有权臣，但没有权臣篡位，④这种“与士大夫治天下”的权力格局，巩固并强化了中央集权的政治体制。

北宋在实行“与士大夫治天下”基本国策的同时，把军、政、财权都收归中央，“一兵之籍，一财之源，一地之守，皆人主自为之也”。所谓“权在人主，下无专政之嫌”；“朝廷以一纸下郡县，如身使臂，如臂使指，无有留难，而天下之势一矣”。与政治格局上的君权独大相对应，宋代的经济形态也由唐代之前的庄园经济向自耕农经济转变。士大夫阶层的流动，导致官僚兼并土地的能力衰减，荫附佃户、奴仆的能力降低。宋代的自耕农占总人口50%左右，所占土地大体在百分之三四十。无地农民大体在1/3到2/5之间，这些佃户也被称为客户。自耕农是政府更可靠的赋役来源，而大土地所有者——主户，也不像曾经的门阀那样，享有赋役方面的特权。事实上，宋代实行累进制税收，家产越多，承担的税负越重。这种制度保证了政府税入，宋朝是晚清洋务运动之前财政收入最多的朝代，这种财政能力的改善，正是中央集权成功的体现。

自耕农经济的扩张，促进了商品经济的发展。与自给自足的庄园经济不同，自耕农属于男耕女织的小农经济，完全不能实现自给自足，⑤这导致集市贸易及更大规模贸易的发展。与之相适应，政府对商业发展的政策更为灵活，商人的地位有所提高，出现了市民阶层。与此同时，由于西北的丧失，丝绸之路中断，海外贸易也得到了发展，宋代的商品经济发展也达到了相当高的程度，并对政府

---

① 《续资治通鉴长编》卷九。

② 《续资治通鉴长编》卷二六。

③ 《续资治通鉴长编》卷六八。

④ 比如，参知政事欧阳修对太后说：“臣等五六措大尔，举动若非仁宗遗意，天下谁肯听从？”（《续资治通鉴长编》卷一九九）元祐初年，司马光推荐文彦博重新出任宰相，有人认为文彦博有“震主之威”，司马光为其辩护说：“窃惟彦博，一书生耳。……非有兵权、死党可畏惧也。假使为相，陛下一旦欲罢之，止烦召一学士，授以词头，白麻既出，则一匹夫耳，何难制之？”（《续资治通鉴长编》卷三六八）。

⑤ 传统教材援引马克思的自给自足理论属于误读，马克思所说的封建经济，指的是欧洲中世纪的庄园经济，庄园经济因规模大而能实现自给自足，与中国先秦的封建社会或门阀社会相似，但不适用于门阀解体后的社会。

财政做出了较大的贡献。

经济的繁荣,促进了文化的发展,陈寅恪认为:“华夏民族之文化,历数千载之演进,造极于赵宋之世。”日本学者则认为宋朝中国已进入近世,类比西方的“文艺复兴时代”。但是,与北宋的政治、经济、文化相比,北宋的军事却是为人诟病的。北宋的军事衰弱不是因为国家整合能力弱,而在于国家有意抑制武人,军人地位降低,社会价值观也由“宁为百夫长,不为一书生”,一变而为“好铁不打钉,好男不当兵”,这对中国后世影响深远。

尽管北宋抑制武人,但军费开支巨大,不过不是为了增加战斗力,而是为了“维稳”,花费巨量金钱将社会上的不安定分子招入军队,从而减少不稳定因素。同时,为了使官员相互牵制,官僚队伍庞大,且以高薪来保证官员的忠诚,行政费用居高不下。另外,门阀解体后,原由士族承担的地方公共事业支出,也转由政府承担。北宋的财政负担沉重,仁宗朝曾经实行“庆历新政”,但因危及官僚阶层利益,且执行者“好异以取高”,善空谈而缺乏行政能力,“新政”很快失败。神宗决意“变法”,且认为只要不危害百姓利益,牺牲士大夫利益也是应当的:“更张法制,于士大夫诚多不悦,然于百姓何所不便?”然而在实际执行中,牺牲的岂止官僚利益,而是四民均受其害:在均输法中伤害的是贸易商,在青苗法中伤害的是农民,在市易法中伤害的是所有消费者。

变法的另一恶果是导致北宋的党争,朝臣之间党同伐异,势同水火,“一唱百和,唯力是视,抑此伸彼,唯胜是求”。恶性党争使得北宋的“君子政治”变为“小人政治”,支持变法的所谓“新党”,通过国有专营扩大了官僚权力,并衍生出权贵经济,疯狂掠夺民脂民膏。然而,增加的财政收入,又在“惟王不会”“丰亨豫大”中消耗净尽,及至金人渡河,北宋在各种矛盾、内耗中走向灭亡。

宋室南渡,高宗继位,失去中央约束的武人获得独立的军、政、财权,并爆发出惊人的战斗力,出现了所谓的中兴四名将。但坚持祖宗家法的高宗及文臣,在稍微站稳脚跟后,即收回四大将兵权,“偷安忍耻,匿怨忘亲”,与金议和。高宗在外有强敌的情况下,仍采取消极的“以防弊之政,为立国之法”,造就了南宋的基本政治格局。南宋皇帝无内朝,外朝有党争,君主怠政成为常态,形成了所谓的权相政治。

权相政治与君主专制并不矛盾,权相的权力来源仍是君主,只不过君主怠政,宰相代行决策而已。《宋史·职官志》称宰相“佐天子,总百官,平庶政,事无不统”,但“事无不统”的前提是“佐天子”。事实上,权相所代表的中央权力,往往与士大夫阶层的利益相冲突,南宋权相大多名声不好,大体也与此相关。以贾似道为例,《宋史》列于《奸臣传》,但其罪状或出自野史小说,或出于政敌中伤。尤其是实行公田法,基本上得罪了士、民各个阶层,但在亡国之际,士大夫唯以维护富贵尊荣为计,求田问舍、不恤国事,贾似道不得不甘冒风险,孤注一掷,也由此得罪了士大夫阶层。

传统历史往往将亡国之因归于昏君奸臣,实则体制才是根本原因。宋朝惩五代君轻臣重之弊,“使臣下无专制之私”,又深抑武人,有“防弊”之法而无进取之心。人类社会同自然界一样,物竞天择,适者生存;又如逆水行舟,不进则退。宋朝之亡,自身的原因要占主要地位。

宋朝的灭亡,并非传统的改姓易代,而是文明的中断与衰退。明遗民王夫之沉痛地指出:“宋亡,则举黄帝、尧、舜以来道法相传之天下而亡之也。”中华文明不仅仅是地域、血缘的集合,更是文化与价值观的认同,除了衣冠、礼仪等外在的文化因子之外,更有内在的人的个性解放与人际关系的理性与和谐。中国自先秦废除人殉，表现出对生命的尊重。秦汉以来，不断地解放奴婢，固然有君主与地方豪强争夺控制权的目的，但也在客观上促成了阶层之间的流动。阶级的固化，远不如西方的封建社会。到了宋代，已正式立法将雇佣奴婢纳入家族同居范围。南宋时期，只要不是重刑罪犯，即使是工商、杂类、僧道、农民，甚至是杀猪宰牛的屠夫，都可以应试授官，“朝为田舍郎，暮登天子堂”，不但是一种事实，更是一种价值理念。

当然，由于中央集权的加剧，君主的权力在加强，君尊臣卑的格局在强化。君臣之间，由汉、唐的三公坐而论道，演变为宋代的站而论道。但君臣之间仍是一种公共关系：君臣之间，“各有职业，不可相侵”。“君虽得以令臣，而不可违于理而妄作；臣虽所以共君，而不可贰于道而曲从。”

但是，到了元代，蒙古贵族从草原带入“驱口”制度，使奴隶制死灰复燃。元朝又实行种族歧视政策，汉人在法律上等同毛驴。而在君臣关系上，则蜕变为主奴关系：“三代以下待臣之礼，至胜国（元朝）极轻。”另外，“匠籍制”的推行，“路引制”的恢复，“籍没制”的泛滥，肉刑与酷刑的制度化，凌迟成为常刑，“人殉制”的死灰复燃，“海禁”、“宵禁”的实行，无不意味着中华文明的倒退与逆转。

明太祖朱元璋在推翻蒙元统治的《喻中原檄》中曾提出“驱逐胡虏，恢复中华”，然而明代的立国精神仍脱不了蒙元的藩篱，实质上是将蒙元的野蛮精神制度化。明代以鱼鳞图册控制土地，以黄册控制户籍，以里甲制、路引制控制人口的居住与流动，并延续了元代的职业固化政策，军、民、匠、灶各户，强制世袭。对于士大夫阶层，则摧折其士气，奴化其精神，使其上不能对抗天子，下不能引领百姓。朱元璋在胡惟庸案、蓝玉案、郭桓案、空印案中，大肆株连，动辄诛杀数万人。又屡兴文字狱，使知识分子人人自危。知识分子拒绝出仕，朱元璋又规定“寰中士大夫不为君用”，“诛其身而没其家”。元代虽然不重用知识分子，但也未加限制，所以知识分子大多走与基层百姓相结合的道路，倒也促进了基层的文化繁荣。明代则不出仕的权利也被剥夺，暴虐的政治环境重塑了知识分子精神。明代士大夫或陷于无耻，或充满戾气。所谓的正人君子又多是腐儒，在无意义的细节上大肆纠缠，却无实际的行政能力，“无事袖手谈心性，临危一死报君王”，就是明亡之际知识分子的写照。

朱元璋对农民持同情态度，并提高了佃户的法律地位，规定“佃户见田主不论齿序，并行以少长之礼；若在亲属，不拘主佃，止行亲属礼”。然而在赋役的制度设计方面存在严重问题，基于土地的田赋并不重，但基于人力的徭役则无定额，且有功名的可以免除徭役，“杂泛之差，乃尽归于小民”。无力负担的农民被迫逃亡，剩余的农民不但徭役负担更重，承担的田赋也会增加，无力承担田赋的农民又将土地挂靠在绅衿名下。“民地愈少，则诡寄愈多，诡寄愈多，则民地愈少。……富者行关节以求为生员，而贫者相率而逃且死。”[①]农民或投靠缙绅成为奴仆，或逃亡成为流民，而政府税基日益减小。

明代的工商业较为发达，但其税收设计也有问题，商税极轻，但官吏的私征很严重。政府垄断的行业，也因政府经营不善，改为官有民营，但利益亦输送至官僚与商人。此外，明代的禁海，导致“倭寇”骚扰沿海；拒绝蒙古的朝贡贸易，又导致长期与蒙古战争。这在一定程度上保持了军队的战力，但也因此将外贸收益转为私人所有。与明代对比，宋代的商税在政府收入中占很大比例。北宋

① 顾炎武，《生员论》。

皇祐、治平年间,商税比重在40%左右,及南宋绍兴、乾道之交,非农业税已超过79%,而至淳熙、绍熙年间,非农业税更高达84.7%。而明代的商税收入,大抵不足300万两,究其原因,既与朱元璋的不学无术又自以为是有关,也与明代士绅既无能力、又无操守有关。

明代的基本国策是扶植自耕农并限制士绅权力,但事实上未能达到预期目的,百姓负担日重,而政府收入未增,真正获利的士绅,又不对国家承担义务,与其说明朝亡于流寇,不如说亡于糟糕的集权体制——君主集权为无良的士绅窃取,士绅有权利无义务,不对政府、人民承担责任。享受权利却不尽对等的义务,社会秩序的崩溃是难免的,最终失去权力也是必然的。这一原则适用于任何社会阶段——理性的制度安排,不是强制绝对的公平,而是保证社会阶层流动性的同时,使得享有更多的资源的群体尽到更大的责任。传统社会,无论封建时代、门阀时代还是官僚时代,都不能真正做到这一点,因而早晚会被更为公平、合理的制度取代。当然,这个过程会很长,长到没有终点,制度变迁从来不是一蹴而就的事情。

明朝亡于异族,引起了明遗民对君主专制制度弊端的反思。凡事过犹不及,中央集权有其长处,但高度集权,就存在严重问题了。顾炎武在对比封建制与郡县制的优劣后,认为"封建之失,其专在下。郡县之失,其专在上"。中央集权消灭了地方势力,免去了心腹之患,但也在外族入侵时,失去了缓冲力量。颜元曾表示:"后世人臣不敢建言封建,人主亦乐其自私天下也,又幸郡县易制也,而甘于孤立。"中央集权的结果是君主专制,一切制度安排均以一家一姓之利益为旨归,在权力结构上则有头重脚轻之虞,缺乏底蕴的士绅阶层,在民族危亡关头,不足以承担起扭转乾坤之重任。基本上"斩首"成功,王朝就会土崩瓦解。清朝入关,北方基本没有反抗,南方本来也认命了,只是要剃发才反抗了一下,这不能不让人深思。

不过,中央集权体制对于君主而言是容易上瘾的毒药,清朝入关之前,皇太极深知中央集权的弊端,即不能充分发挥人的主动性与积极性,官僚化的结果就是惟上命是从,没独立人格也没有责任感。只是他身处局中,不得不清理对手,实行集权。清朝入关之后,高度集权体制仍是君主最爱,甚至比明代犹有过之。清承明制,除了实行种族歧视外,对士绅阶层打击力度进一步加大,除了继续在政治上打压士绅、在人格上对其进行侮辱,"以倡优畜之",在经济上更吸取明代教训,剥夺其各种经济特权。通过摊丁入亩等政策,使得士绅不能通过特权来侵渔平民。同时,对于欠税的士绅,则严厉打击,在"庚子奏销案"中,江南"凡绅衿欠粮者,无论多寡,一概奏请褫革"。清政府对士绅特权的打击,扩大了税收来源,所以在实行"盛世人丁、永不加赋"、减轻农民负担的同时,财政收入也有稳步的增长,在鸦片战争之前,大体维持在每年4 000万两的水平,远远超过明代,这也为清初百年的对外扩张奠定了物质基础。

但是,清政府调整士绅与农民税负的努力只能在短期内有效,无论是土地增加、产量提高,还是税负减轻,都会被随之增加的人口冲销。当人口达到临界点,自耕农经不起经济波动,土地兼并就会大规模发生。在农业社会,不可能解决人、地紧张问题。清代在经历所谓的"康乾盛世"后,也进入了王朝更迭的周期。白莲教起义、太平天国起义相继发生,即便没有外国侵略,清政府也将走向崩溃。虽然在中外势力的联合剿杀下,太平天国起义失败,但汉族督抚在战争中逐渐取得了军、政、财权,中央与地方的平衡已被打破,汉人与满人的矛盾日益加剧,这基本上决定了晚清的政治格局及发展方向。

应该说,清朝在政治方面比明代更为理性也更为成熟,相应地也更僵化,缺乏应变能力。第一次鸦片战争基本没有对清朝产生任何影响。第二次鸦片战争导致了洋务运动的开展,但仅限于少数汉人督抚参与。直到甲午战争失败,整个清廷才如梦方醒,但操之过急,维新变法失败,中央与地方的矛盾、满汉矛盾加剧,直到八国联军侵入北京,南方督抚宣布"东南互保",满汉矛盾公开化。1905年日本取得日俄战争的胜利,时人理解为宪政国对君主专制国的胜利,清廷宣布实行宪政。但满汉双方在宪政中的追求南辕北辙,满洲贵族希望通过改革官制重新实现中央集权,汉人则希望限制满人特权,扩大汉人士绅的权力。双方矛盾不可调和,而满洲贵族实际已失去主导权。武昌起义一声炮响,不过是几个低级军官临时发难,结果却是全国响应,清廷土崩瓦解。

清廷的灭亡是众多势力合力的结果,这也导致民初的中央集权体制不能确立。袁世凯是最有希望实现中央集权的,但袁担心来日无多,急于为后人接班铺平道路,大量提拔新人,闲置旧僚,这就犯了历史上二代交接的大忌。北洋内部发生分裂,在外力作用下很快瓦解。此后北洋军阀首脑"一蟹不如一蟹"(章太炎语),直到被国民革命军消灭。在此期间,中央集权衰落,地方则相对充满活力,私营经济有一定程度的发展,现代商业规则不断完善。直到国民党名义上统一中国,面临抗战及世界经济危机,开始在经济上实行"统制主义"政策,同时加强中央集权,私营经济受到抑制,而国营经济开始扩张。直到抗战胜利,国民党接收大量敌产,官僚们在"劫收"中迅速腐败。而蒋介石则"独裁无胆量,民主无雅量",政治上"没有路线"(毛泽东语),迅速被军政高度统一的中共打败,新中国成立。

新中国成立后,通过农业合作化与资本主义工商业改造,消灭了私有经济,实行计划经济。但政治运动不断,工农业生产遭到严重破坏,农民生活在赤贫之中,市民依赖农民"输血"尚能维持相对体面的生活,但也难以维持下去了。改革开放之后,中国进入高速发展阶段。与发达国家相比,差距也在缩小。如果保持这样的增速,中华民族的复兴指日可待。

综上所述,在近代之前,中国总体上处于文明领先的地位,其原因在于大一统的价值理念与中央集权体制,保证了中国的规模优势。其中出现兴衰更迭,则是因为中央集权是一个动态演进的过程,其中有波折、有调适,权力格局的调整伴随着利益的调整,各权力主体的动态博弈,决定了中国的治乱兴衰也是变动不居的。但是,中国近代之前的文明优势,是基于农业文明的,有量的扩大而无质的提升,当其遭遇到进入工业文明的西方社会时,已处于全面下风,中国要追赶甚至超越西方社会,需要进行全方位的变革。经过一百多年的探索,尤其是四十年来的改革开放,中国基本确定了发展方向,但具体实施,还有很长的路要走。古人云:"五百年必有王者兴。"中华民族的伟大复兴,正处于历史的关键节点上。让我们共同努力,在伟大领袖习近平的英明领导下,早日实现"中国梦"。

2. 河南在中国历史上的地位变迁

河南，古称中原、豫州、中州，简称“豫”，因历史上大部分位于黄河以南，故名河南。在一定程度上，河南在中国的地位，就如中国在世界上的地位：中国是世界上人口最多的国家，而河南则是中国人口最多的省份。中国是世界文明古国之一，其文化积淀深厚。而河南则是中国文明的核心，黄河文化是中华文化的代表，而黄河文化的核心——河洛文化则位于河南。中国在近代逐渐失去世界文明领先者的地位，而河南在中国的地位也大不如昔。对河南在中国历史上的地位变迁进行考察，寻找其背后的原因，并寻求解决之道，不但对河南的发展有利，对于中国的全方位发展也有积极的借鉴作用。

河南是中华文明的发祥地，新石器时代的裴李岗文化、贾湖文化、仰韶文化，说明这里就已经有了发达农业、畜牧业和制陶等手工业。4 000 多年前的龙山文化、二里头文化，标志着中原进入了石、铜器并用时代。

中华人文始祖黄帝，系有熊部落首领少典之子，而有熊即位于今天的新郑。夏商两代的统治中心也在河南。“夏居河南，初在阳城，后在阳翟”，阳城即今天的登封，阳翟即今天的禹州。夏启曾经在此会盟诸侯进行钧台之享，阳翟也曾为战国时期韩国的都城。

商代源自渤海文化圈，向西扩张中与夏相遇，战于鸣条，灭夏后，其活动中心仍在河南。殷商都城数迁，在河南者有亳（今商丘）、西亳（今偃师）、殷（今安阳）和朝歌。其中殷是中国历史上第一个有文献可考并为考古学和甲骨文所证实的都城，是中国历史上可以肯定确切位置的最早的都城。

西周起家于渭水，为了控制东方，营建东都，即成周洛阳。东周则以洛阳为首都，众多诸侯国的都城也均在河南境内。战国七雄中，首先称雄的魏国，都城在大梁，也即今天的开封。

西汉在河南设豫州刺史部，辖颍川郡、汝南郡、沛郡以及梁国。东汉王朝建都洛阳，河南成为东汉全国的政治、经济、文化中心，当时人才多出汝南（今驻马店）、颍川（今禹州）、南阳。

三国鼎立，河南属魏国。曹操起兵于魏国旧地陈留（今开封东南），故国号为“魏”。魏国先后设立首都许昌、洛阳，西晋建立后继续建都洛阳。

439 年，北魏统一了北方，孝文帝将首都迁至洛阳。这一时期的后赵、冉魏、前燕、东魏、北齐都建都于邺城（今安阳）。

隋末，隋炀帝迁都洛阳，又以洛阳为中心开凿了沟通南北的大运河。唐朝设立河南道，仍以洛阳为东都（今陪都）。“安史之乱”以后，传统都城长安、洛阳遭到严重破坏，位居水陆交通要冲的汴州则蒸蒸日上。五代时期的后梁、后唐、后晋、后汉、后周，皆建都汴州（今开封），契丹正式建立辽国也在此地。

北宋建立后，本拟暂以开封为都，条件成熟再迁都洛阳。但一直未付诸实施，因此时江淮已成财赋之区，开封则是联系南北的交通孔道，水系发达，汴河、黄河、惠民河和广济河交汇于开封城下，开封依仗漕运之利，成为政治中心。

金灭北宋之后，赵构在南京应天府(今商丘)登基称帝，建立南宋。南宋以后，是河南社会历史发展的中衰时期。金朝先后在河南设都，1214年，在金朝受到蒙古帝国频繁入侵后，迁都到开封，称南京。后期又迁都到商丘。北宋以后，经济重心南移，而政治中心亦远离河南，河南在中国的地位日趋下降。北宋之前，河南为中国文化重镇，人才以河南最多，南宋以后，则以江浙之人才为最盛。明洪武三十年科举，所录51人全为南人，以至后来不得不分“南北榜”以照顾北人，可知南北盛衰之变迁，也足见河南文化之衰落。顾亭林谓“饱食终日、无所用心为北方之学风”，又谓“中州智不若南，勇不若北”，也是文化衰退又一表征。

至于经济方面，近代河南也在全面落后之中，近人曾调查河南之饮食，可见河南之贫瘠：

河南虽为农业之区，然物力维艰，水旱频仍，收成不易，故人民饮食大半粗粝。若丰衣鲜食，不过少数城居之富翁耳。辉县之侯兆川，村民俱食小米，煮饭似粥而稠；信阳乡民以豆芽萝卜佐粗米而食；皆曰此丰年之食品也。淮南产米之区，富厚之家，有以精米鱼肉为常食者；产麦之区，白河，颍河，漳、卫各流域，富户有终年以麦粉为食者，黍、粟、豆等，皆视为粗粮，不以为主要食品。但稻田少而陆田多，富者寡而贫者众，故乡民常年食麦之家不可多得，而终年食鱼米者，尤居少数。普通农民，皆极俭朴，无论精粗，日得三餐，不受饥饿，便以为人生大幸。汜水磨谷为粉，蒸饼软如糊；如过于吃硬，便以为费粉多，邻里即群笑其奢。伊阳、南召、卢氏山中，以玉蜀黍为主要食品。滑、濬、封邱、延津、淮阳等县，盛食高粱；或杂以大豆，或磨为粗粒，名曰糁，皆粗粝殊甚。又有炒麸，平原用大麦、豆、高粱等杂粮，炒熟磨粉，拌以水或稀粥而食，或杂以枣干；伏牛、太行山中杂以柿皮(作柿饼时剥下者)；涉县一带至杂以糠粃，则尤恶劣矣。方城、邓县等县之民，冬日有纯以红薯(甘薯之红皮者)为食者，切片晒干，用囤储藏，以备常年之需，可数年不败，纵败亦不过表面及底部，为数甚少。因种植较易，收获较丰，故种者甚多。收获后，储以窖，或蒸或煮，四季可食。若以干片磨粉，可蒸为饼，煮为粥；又可淀为粉；用同绿豆；酿而为酒，味次高粱；茎叶嫩者亦可为蔬；常见乡人盘釜中，食品数变，皆薯所作，劳动者视为果腹之佳品。白河、丹江流域以芝麻叶为菜，以包谷(玉蜀黍)糁为粥。新乡附近诸县，冬日有以蔓菁胡萝为重要食品者。洛阳一带食酸浆(作豆粉所余，可饲畜)。涉县人食黄豆叶。太行深处居民以树叶为大宗食品，如榆、柳、杨、槐、杏、棠梨等，取其花叶等部，煮熟浸渍之，即可食；或煮后晒干储藏备用，其多者若平原农民之藏米谷焉。近年兵匪水旱，农失其时，菜根树皮，皆常充食矣。①

上述记录为当时河南人生活之概览，又据统计，至1949年，河南省工农业总产值仅18.3亿元，占全国比重3.9%。人均43.8元，仅为全国平均水平的一半。②

解放初期，河南工农业有所恢复，1950—1952年，全省工农业总产值(按1952年不变价格计算)年均递增22.9%，截至1952年底全省工农业总产值已达34.49亿元。如按1980年不变价格计算，

① 吴世勋编，《河南》，北京：中华书局，1927年版，第23-24页。

② 姜理，《河南经济发展论》，北京：中国经济出版社，1996年版，第7页。

则1952年全省工农业总产值66.76亿元。但此后陷入停滞，至1962年全省工农业总产值仅有68.61亿元(按1980年不变价计算)。

1963—1965年间经济有所回升，据统计，三年中，全省工农业总产值年平均递增18.2%。但在“文革”发生后，经济再次陷入停滞甚至倒退，全民所有制职工年均工资也由1965年的599元降到1976年的576元，而同期全省物价总水平则提高20%左右，人民收入水平不升反降。

1977年后，河南进入全面发展时期。1977年工业总产值比1976年增长49%，1978年又比1977年增长9.6%。[①] 到了2015年，河南省生产总值达到37 010.25亿元，位居全国第五位。但河南人口众多，人均收入不容乐观。根据统计，河南省在2016年上半年的城镇居民人均收入排名中，位居全国倒数第二。中部崛起，任重而道远。

① 姜理，《河南经济发展论》，北京：中国经济出版社，1996年版，第10-11页。

二 诚信文化的现代焦虑与建构

现代经济从本质上讲是一种信用经济,大规模的工业化生产与商品交易要求高水平的分工与合作,而分工、合作的基础则是诚信。诚信水平的高低,决定了分工、合作的深度与广度,从而也决定了经济发展能够达到的水平。与此同时,现代生产的核心要素——金融资本,其集聚与配置的效率同样要基于社会诚信水平。而生产要素的基本整合者——企业家,也需要基于诚信经营,才能实现生产要素的有效配置并取得持久的成功。学习国外先进经验,总结自身不足,提高整个社会的诚信水平,是实现民族复兴与中部崛起的必由之路。

1. 诚信水平决定经济增长

在进入近代社会前,经济增长并不是人们关注的主要问题,国家的文明水平,往往取决于既定经济水平下社会资源的整合程度。中国古代的文明正是建立在大一统的政治格局之上的,从而形成了规模优势。但在进入近代社会以后,经济的长期增长已成为决定文明兴衰的首要因素。在怎样实现经济的长期增长方面,学者们的观点也有一个不断更新的过程。

最初人们认为一个社会的生产要素丰裕程度,是决定经济增长的条件。这种情况确实存在,但也存在反例,拥有丰富自然资源却饱受贫穷的国家比比皆是。所以学者们开始将目光转向制度,认为制度才是决定经济增长的根本原因。而制度的作用很大程度上在于界定人们的权力关系,保障高效的分工、合作,同时对违约者进行相应的惩罚,最终达到资源的高效配置,实现经济的长期增长。

但是经济学家发现,制度并不能单独运行,它依赖于人们的道德自觉。因为制度先天存在"信息不对称""契约不完全"等内在矛盾,有着机会主义倾向的人总能发现制度的漏洞,甚至制造漏洞,从而导致制度失效。新制度学派发现,制度的有效性,与一个社会具有的价值信念、伦理规范、道德观念、风俗习惯和意识形态有关,后者被称为"非正式制度"或者"非正式规则",而将明文规定的制度称作"正式制度"或者"正式规则"。"非正式规则"虽然没有明文规定,但人们往往愿意遵守它,因为它是约定俗成的。比如我们从银行贷款,要办多种手续。向熟人借钱,却连借条都不需要。但从约束力上看,后者并不比前者差。究其原因,我们对欠银行的钱抱更为宽容的态度,而对熟人赖账的行为容忍度更低。正是这种价值观念,影响到人们的行为选择。而这种价值观念,并没有明文规定，它是一种“非正式规则”，或者说“潜规则”。这种“潜规则”又导致我们在交易或交往中更热衷于与熟人打交道，因为我们相信熟人不会欺骗我们。这种不坑熟人的社会伦理或行为规范，形成人们的信任关系，比明文规定的规则还要有效，并且不需要付出制度成本，因而具有“资本”的性质，被经济社会学家称为“社会资本”。

在不同的社会，拥有的非正式规则有所不同，并且有水平高低之分。比如中国传统的诚信仅对熟人有效，欺生现象为常见之事。西方社会则不限于熟人，比如具有共同的宗教信仰、属于同一个社团等。西方社会的私人社团又非常发达，由此形成了更大范围的信任关系。

西方社会拥有更广泛的信任关系，或者说更高的诚信水平，与其历史文化传统有很大的关系。中世纪以来，基督教就在欧洲人的生活中扮演着重要角色，其中在道德方面的约束有利于形成人们超越熟人之间的信任。同时，由于欧洲未能形成长期的中央集权体制，贵族始终没有被消灭，贵族精神[①]中自尊、荣耀等观念，对于人们的道德约束也有促进作用。更重要的是，由于欧洲长期处于分裂状态，商人在各国之间经商，只有提供最优惠政策的领主才能实现“招商引资”。工商资产阶级具有相当大的独立性，不但城市是自治的，而且出现了类似“汉莎同盟”这样的城市联盟。由于工商资产阶级具有独立性，他们在交往中不但是规则的制定者，也是规则的执行者。追求长期利益的商人，制定的规则必然是服务于工商阶级的规则，他们遵守规则的激励就大，惩罚违规者也更为有效，因而表现出更高的诚信水平。

而中国“熟人社会”这种诚信形式的形成，实质上也与中国传统的社会权力结构有关系。中国没有真正的宗教信仰，意识形态是世俗的，而且服务于君主专制需要。中国的贵族与“贵族精神”早已消失，“襄公之仁”被认为是迂腐的象征。精英阶层对皇权的依附性极强，而且随着中央集权的加强，独立性越来越差，其人格也越来越不堪。门阀士族比之先秦贵族已经堕落，但比上不足，比下有余，“六朝士大夫多带名贵气，与后世龌龊不堪的情形两样”。唐代已出现“进士轻薄”现象，明清以后，士绅阶层的人品更为卑劣，“衣冠而为囊橐之寄，朝列而有市井之容”。精英阶层的道德水平决定着社会整体的道德水平，精英阶层的持续性堕落，对整个民族的诚信水平有着极大的负面影响。与此同时，中央集权的过程，也是消灭有活力社团的过程。中国缺乏家族以外的社会团体，因而也不可能形成基于各种社团的信任关系，除熟人外无人可信。当然，最直接的原因是中国没有独立的工商资产阶级，他们始终是权势的依附者。中国商人不可能像西方同行那样制定规则，而只能是政府规则的被动执行者。中国商人更善于与特权相结合，通过特权发家致富，这也使得中国尽管商业一向发达，但从来没有形成现代意义上的商业伦理与商业规则。至于信用机制，更难实现质的突破。

一般说来，具有长期中央集权传统的国家，很难自发形成较高的信用水平，反而是那些处于封

---

① “贵族”是具有丰富人文内涵的一种特指，最早的贵族起源于欧洲，作为一种历史文化传统，贵族不仅意味着一种地位和头衔，也意味着社会行为准则和价值标准，一种我们称之为“贵族精神”的东西。贵族精神的第一个特点是骑士精神，勇敢尚武，光明磊落，尊重女性并延及孺弱。贵族精神的第二个特点是强烈的主人意识和社会责任感。“贵族”可以是中文词典里解释的“世袭的统治阶级”，贵族精神却并不必然地为“贵族”所垄断。平民可以不媚、不娇、不乞、不怜，也可以有绅士风度、人文关怀、独立精神和平等意识。贵族精神的对立项是奴才精神，是流氓精神、痞子精神，而不是平民精神。

建时代的国家,更容易与现代经济接轨。以日本为例,日本的明治维新要晚于中国的洋务运动,但明治维新取得的成果要远远超过洋务运动,原因或许有很多,但从制度变迁的角度而言,则是因为日本一直未能形成中央集权体制,属于真正的封建社会,封君封臣的关系很容易转变为现代企业的科层制,由政治上的"忠"向经济上的"诚"转变也毫无障碍。同时,由于"小政府""大社会"的权力格局,工商资产阶级在明治维新中具有决定性地位。当日本形成统一的国家后,政府也不过是财阀代理人,工商资产阶级自身就是新规则的制定者,这保证了国家政策始终围绕财阀的利益运转。以产权而论,日本没有中国王朝那种"普天之下,皆是王土,四海之内,皆是王臣"的价值观,这保证了资产阶级私有产权的神圣性,而产权的确定性同样是决定诚信水平的重要因素。在一个产权不确定的社会里,交易主体会追求短期利益。"无恒产者无恒心",朱新礼曾说过,企业要"当儿子一样养,当猪一样卖",不是把企业当作终身追求的事业去经营,而是当作捞一把就走的工具。这种短期行为,根源就在于私有产权缺乏保障。正如张维迎先生所说:"产权是信誉的基础,明晰的产权是人们长远利益的动力,只有追求长远利益的人才会讲信誉。"①

由于中央集权过度的国家缺乏独立的民间组织以及建立在其基础上的超"熟人社会"信任,那么一个替代的方案就是利用"大政府"的优势,由政府直接提供"正式规则",以"正式规则"约束人的机会主义倾向,培养人们的诚信理念。行之既久,诚信理念就会成为人们的行为习惯,"正式规则"也会衍生出新的"非正式规则"。这种先由政府提供"正式规则",然后引导社会形成新的"非正式规则"的制度变迁,又被称作"强制性制度变迁",它的优点是制度变迁的速度更快,缺点是政府提供的"正式规则"如果失效,新的、良好的"非正式规则"也难以形成。新中国成立后,采取计划经济,并培养人们的"集体主义"精神,实际上也是解决人们合作信任度低的一种选择。但由于计划经济自身的弊端,所谓的"集体主义"也被用到错误的地方,这种模式并未达到预期效果。改革开放之后,政府借鉴西方国家先进经验,提供了更为合理的正式规则,也取得了一定成功。但从整体上而言,新的"正式规则"仍存在严重弊端,现有规则并未体现公平原则,对不同经济主体采取分别对待的政策,民营企业饱受歧视。而既得利益集团则缺乏改进不公平规则的激励,这是中国至今存在种种经济乱象的根本原因。比如利用特权进行"官倒",企业改制中的上市圈钱,房地产成为地方政府的土地财政,等等。这些不合理的规则激励人们通过不正当手段发家致富,导致整个社会的道德伦理完全扭曲。② 不公平的规则不可能形成诚信社会,诚信缺乏则会造成巨大的经济损失。据 2003 年中国信用论坛上的数据,全国每年由于缺乏信用造成的直接经济损失达 5 855 亿元。③ 同年,来自零点指标数据网的显示:在居民生活质量调查中,城市居民对当前社会风气的评价最低。④

四十年来,中国经济增长在物欲横流中阔步前进,这会给我们一种错觉,似乎"社会资本"并非经济增长的必要条件。事实上,在世界经济一体化的今天,只要人民足够勤劳,愿意接受低工资,成为发达国家的代工车间,短期内实现经济的快速增长并不是多么困难的事。但要迈入发达国家,实

---

① 张维迎,《产权、政府与信誉》,北京:生活·读书·新知三联书店,2001 年版,第 11 页。
② 资料来源:http://www.xys.org(新语丝网站)。
③《大众日报》2003 年 12 月 24 日。
④ 资料来源:零点指标数据网,http://www.horizonkey.com/。

现民族复兴，就不能满足于目前的成果。在生产要素高度合作的今天，只有取得产业链的上游——技术革新，以及下游——品牌的控制权，才能在国际分配体系中获得超附加值。无论是技术革新还是形成品牌，都需要高水平的“社会资本”。如果不能禁止盗版与仿冒，品牌培养与技术创新的动力就难以维持。而要禁止盗版与仿冒，不但要有完善的法律，更要有好的操守与习惯。鼓励技术创新，不但需要个人诚信，也需要政府诚信——如果政府朝令夕改，企业就会追求短期效应，而品牌与技术创新都是需要持续经营的。只有提高整个社会的诚信水平，中国才能在世界产业链中占据最有价值的上游与下游，实现产业的转型升级，也才能真正实现强国梦。否则，中国只能处于二流的水平，甚至目前占据优势的产业链中游也会丧失——中国不可能长期维持低工资“优势”，实际上产业转移已经发生，我们已处于不进则退的位置。

目前，中国的经济增长已经减速，这会成为新常态，片面追求 GDP 既无必要也不可能，把注意力转移到制度方面，完善法治，形成正向的“社会资本”，才应该是重中之重，也是根本解决之道。它不但是经济长期增长的需要，更是社会文明程度的表现。“社会资本”重构的意义，不单单限于经济增长本身，实现人的真正的“自由”与和谐，才是我们的终极目标。

2. 诚信是资本市场的基石

新制度主义学派学者加尔布雷斯通过研究人类的经济发展规律发现,在不同历史阶段,由于科学技术发展水平不一样,起决定作用的生产要素也不相同。在封建时代,最重要的生产要素是土地;而在资本主义初期,则是“资本”。实质上,人类进入现代文明社会这一阶段,被冠名为“资本主义”,并不是偶然的。直到今天,资本市场的完善与有效运行仍是保持经济增长的前提条件。而要培养与完善资本市场,诚信与信用机制就必不可少。因为资本市场的交易基本发生在陌生人之间,陌生人之间的交易又多是一次性的,没有高水平的信用,资本市场根本不可能正常运行。事实上,资本市场发展、演变的过程,就是一个与诚信共生共长、同步提升的过程。

以资本市场最早发达的英国为例,它最初发行国债,是为了扩大国家财政来源,以实现从封建国家向统一的民族国家的转变。在中世纪的欧洲,国家的形象糟糕透顶:软弱、玩忽职守。滥施特权且经常“耍赖”。为了防止英王违约,议会通过“权利法案”对国王的权力进行限制,此后英国政府成为“信用最可靠的借款者之一”。“光荣革命”后的30年间,政府举债额几乎是政府财政收入的10倍。1702年至1714年的12年间,英国的国债就从1 300万英镑增至3 600万英镑,到了1764年时更高达1 139亿英镑。

国债市场的存在和发展,“成了原始积累的最强有力的手段”,既为政府筹集资金大开方便之门,更为公司发行、交易其债券和股票以及“现代银行统治”创造了新的机会。地理大发现之后,财富的集中和数量相对较少的大资产者之间的多次博弈催生出较为可靠的私人信誉。① 商业经济的日渐发达,要求将这种基于私人信任的借贷关系进一步扩展。其方式则是原放款人通过所信任的中间人,贷款给那些中间人所信赖的借款人。当这些中间人用“新的金融手段武装起来”,且在金融媒介方面开始“专业化”时,银行也就随之诞生了。随着信誉的进一步扩展,从事银行业的商人和金匠们在放贷时,不一定每次都把金、银币真实地借出。在迈出了信用货币创造这历史性的一步之后,欧洲经济体系对贵金属的依附性减小了。信用创造增加了货币流通量,解决了贸易资金不足的问题。

随着融资市场的逐渐成熟,公司制度得到了快速发展。最早的公司可以追溯到古罗马帝国。当时商人对政府提供财政支持,政府则特许商人承包由政府控制的贸易、工程,甚至税收职能。获得特许权的商人则向社会筹资,被禁止经商的罗马元老往往是这些公司的匿名股东。1600年成立的英国东印度公司,也属于政府特许性质。1657年出现在英国的合股公司,被认为是现代股份公司的前驱。② 随着对资本需求的增大,伦敦证券交易所于1773年成立,并于1802年获得英国政府

① 张宇燕、高程,《美洲金银和西方世界的兴起》,社会科学战线,2004(1)。
② 刘美玉主编,《公司概论》,北京:中央广播电视大学出版社,2002年版,第5页。

正式批准。最初主要交易政府债券,之后公司债券和矿山、运河股票陆续上市交易。

英国早期的资本市场,遵从经济自由主义理念,与政府保持相对独立性。我们熟知的伦敦金融城,至今仍保持高度自治。伦敦金融城的管理者,包括市长和高级市府官员,他们不是政治家,也不是公务员。只有经过商场的"浴血奋战",多年打拼,获得了金钱、信誉、名望,并经过一系列推荐和选举的巨商富贾,才可以登上伦敦金融城的"领导岗位"。选民也是由商人组成的商会和商业行业公会会员。(如今的选举范围则有所扩大。)

至于政府,则坚持自由放任的经济政策,固守"买者当心"的普通法原则。根据《1844 年合股公司法》,无法对欺诈性违法操作的行为人进行起诉,只能由受害的股东或债权人通过自诉进行自我救济。当时有人提出限制、处罚欺诈性金融犯罪的主张,但被认为是对自由经济的束缚。

自由经济确实有效促进了英国金融业的繁荣,给金融市场注入了活力。但是,由于缺少必要的约束,金融欺诈、证券操纵行为横生,投机行为充斥着金融市场,降低了投资者的信心,扰乱了金融秩序,最终导致了 1929 年证券市场的全面崩溃。此后,凯恩斯的国家干预经济主义代替了亚当·斯密的经济自由主义,英国采用立法来管理和监督金融市场。①

与英国资本市场的发展类似,美国资本市场发展初期也依赖于商人自治,其后则由政府提供信用保障。但市场自治与政府干预之间,并非固定关系,而是处于不断调整之中,其核心目标则是保证资本市场的信用机制,实现资本的有效配置。

美国比西欧更为坚持经济自由化,因而对公司垄断采取坚决抑制的政策。美国上市公司股权极为分散,第一大股东持股比例低于 10%的上市公司占了很大比例,第一大股东持股比例超过 20%的公司占比不会超过 30%。中小股东因监督成本与收益相比不对称而很少参与公司治理,结果导致了公司管理层的"内部人控制",管理层很少受到来自股东的直接监督、制约。股东们则采取"用脚投票"的方式保障自身利益:股东倾向于向那些效益好的企业投资,这样就对管理层形成间接的约束——经营不成功的企业,其股价趋于走低,管理层也就得不到预期的收入。这种约束需要一个前提条件,就是公司公布的业绩是真实的,如果公司管理层出于自身利益最大化目的而虚报利润,就会误导整个市场,进而引发经济危机。

1929 年至 1932 年间的股票市场崩溃,原因之一就是许多公司财务报告提供了虚假信息,导致股票价格虚高。例如,国际动力公司(International Power, Inc.)的价格一天之内下跌了 78%,当时有报道说这家公司"烹制了自己的账簿"。

尤其在 20 世纪的后半叶,公众公司的财务欺骗和会计舞弊状况急剧恶化。20 世纪 60 年代到 80 年代发生的著名案件包括色拉油大骗局、美国公平基金公司财务案、威德技术公司丑闻,以及被卷入 20 世纪 80 年代储蓄贷款公司风暴的林肯储蓄贷款公司财务丑闻。这些公司使用欺骗性的手段和虚假会计报表蒙骗投资者,欺骗了银行中那些聪明的金融家,也欺骗了独立审计市场的审计师。

20 世纪 90 年代以来的财务欺骗和会计舞弊案件的增长势头丝毫不减,2001 年底爆发的安然事件的余波尚未平息,2002 年 4 月的施乐公司财务舞弊案、2002 年 6 月的莱得艾德公司财务舞弊

① 王文华,《欧洲金融犯罪比较研究——以欧盟、英国和意大利为视角》,北京:外语教学与研究出版社,2006 年版,第 116 页。

案、2002年6月的世界通信公司财务舞弊丑闻就相继爆发。如果说这些丑闻缠身的上市公司还是名不见经传，那么，诸如微软公司、国际商业机器公司(IBM)、通用电器、美国在线、波音公司、朗讯公司、师科公司、甲骨文公司、默克制药公司等大牌企业，却也存在财务舞弊或会计报表粉饰现象。

除了公司财务造假外，金融机构的欺诈行为也是扰乱资本市场的重要因素。1929年股票市场崩溃后，经调查证实了全美最大银行和投资公司的管理者的不良行为，从疏忽到暴行，从大力宣传到扰乱股市，从缺乏对质量的关注到信息的不完全披露，从生产证券到内幕交易，从明显欺诈到利益冲突，这一切深深震撼了"社会良知"。[①] 国会听证会发现，"股票掺水"在20世纪20年代是很普遍的现象。这些丑行使人们对金融市场丧失了基本的信任，这在相当大的程度上加剧了金融市场的失败。

加尔布雷思认为，金融创新和无管制的金融市场运作方式是导致股市崩溃的罪魁祸首。为了避免公司管理层与金融机构的欺诈，美国政府加强了金融管制，并于1934年出台了《证券交易法》。金融监管在一定程度上对企业管理层及金融机构具有约束作用，但管制过多、过当也会扼杀资本市场活力，所以七八十年代以后又放松了金融监管，由此导致金融创新过度，诱发了次贷危机。

从美国资本市场的演变可知，单纯依赖市场调节，或者说利益相关者的自我约束，并不可靠。在当代社会，随着经济的快速增长与资本市场的急剧扩张，由私人提供的"非正式规则"需要不断更新、调整。"非正式规则"的形成是个长期过程，根本满足不了急剧变动的世界。因而国家干预是有必要的，由国家直接提供"正式规则"也是必然的。英、美等国的资本市场危机，实际上就是"正式规则"不足，而"非正式规则"调整较慢的结果。

总之，资本市场发展到现代阶段，由私人提供"非正式规则"不再是保证诚信交易的主要手段，"非正式规则"的作用已转向为"正式规则"提供保障。由政府提供"正式规则"来解决诚信问题，是目前世界的主流做法。并且，由于资本市场一直处于不断发展中，任何规则都需要不断调适。无论是正式规则还是非正式规则，其有效性是有时效的，当正式规则与非正式规则不能适应经济发展时，就会出现问题。而问题的产生，也会刺激正式规则与非正式规则新的调整。20世纪30年代的经济危机，21世纪初的次贷危机，都是资本市场信用扩张后，没能及时进行调整的结果。正如美联储前主席格林斯潘所言："人类的贪婪在20世纪90年代并没有增加，而增加的只是可以满足那些贪婪的机会。"信用创造提供新的"贪婪"机会，要求社会不断改进信用机制，而政府在提供规则保证中的地位，也越来越重要。

总体而言，西方发达国家的资本市场的形成，基本上是一个自生自发的过程，是一种"诱致性制度变迁"。而对于中国这样的发展中国家，不可能像西方那样按部就班地发育出资本市场及配套制度，只能由政府主导规则的创立，然后通过规则的有效运行培养人们的诚信意识，进而形成相应的非正式规则。从中国资本市场的发展历史看，新中国成立前政府干预较少，而新中国成立后则干预过多，两者均未能达到理想效果。

20世纪初，随着外国资本的进入和民族工商业的发展，以股票交易所为代表的资本市场曾一度在上海、天津等地兴起。当时的股票市场具有交易所众多、交易秩序比较混乱、交易规模狭小等特点，实际上已成为投机家的乐园。新中国成立后，在20世纪50年代初，股票交易所被取消。直

---

① 艾伦·加特，《管制、放松与重新管制》，北京：经济科学出版社，1999版，第19页。

到1990年上海、深圳两个证券交易所成立，才重启资本市场。在1990年之前，私下的债券、股票交易已经出现。当时并没有推进资本市场发展的政策，甚至连“资本市场”的概念都没有，当然也没有所谓的“监管”的观念。

1992年以后，不论是国债、金融债券、企业债券还是股票都主要实行计划机制管理。其中，股票在1998年以前实行“额度管理”，1998年到2002年实行“家数管理”，2002年以后实行“通道制”。一旦股市上扬偏离了政府监管部门的预期目标，或者股市的下跌有可能引发经济社会问题，有关监管部门就会出台对应政策措施予以调整。由于股市走势经常受到政策因素影响，所以有“政策市”“消息市”之称。

2004年以后，资本市场的体制改革进一步深化。不论是解决证券公司的整合和破产问题、上市公司股票全流通问题，还是放松对商业银行设立基金管理公司的限制、提高保险公司进入证券市场的投资比例、设立投资者保护基金，人民银行、财政部、银监会、证监会、保监会、发展改革委员会、国有资产管理部门等各家监管机构都积极协调配合，为资本市场的改革深化和健康发展创造了有利的外部环境。

2014年10月中共中央十八届四中全会推出了《中共中央关于全面推进依法治国若干重大问题的决定》(以下简称《决定》)，这标志着中国资本市场发展进入了新的历史时期。按照《决定》中关于“健全多层次资本市场体系，推进股票发行注册制改革，多渠道推动股权融资，发展并规范债券市场，提高直接融资比重”的要求，正加快和完善多层次资本市场体系建设，积极发展直接金融机制和创新直接金融产品，推进中国金融体系改革和发展。

总体而言，中国的资本市场仍由政府主导并加以监管。这一模式取得了极大成绩的同时，也暴露出一些问题。一方面，多层次资本市场不够完善，服务科技创新创业型企业上市融资能力不足，服务社会直接融资能力不足；另一方面，证券信息披露违规行为、内幕交易案件时有发生，信息不对称导致的中小投资者保护任重道远。

上述问题从本质上讲都与信用有关，对上市公司而言，信息披露不仅仅是一种义务，而且是诚实信用的一种直接体现。同时，由于中国的资本市场是由政府主导下的资本市场，广大投资者对证券市场的信任是建立在国家信用基础之上的。因此，无论是上市公司的失信行为，还是政府监管人员的腐败行为，最终伤害的都是国家信用，造成的后果更为严重。

实践证明，做好信息披露工作，树立良好的诚信形象，能为上市公司赢得无形资产。有关研究表明，在成熟的证券市场上，信息披露做得好的上市公司，其股价都相对也高。相反，信息披露违规甚至恶意造假，则会破坏上市公司的诚信形象，并对投资者的信心产生负面影响。“中科系”崩盘、“亿安科技”操纵股价、“银广夏”虚构利润，都对股民信心造成了极大打击。而要形成一个诚信的资本市场，不管是企业还是政府都扮演着重要角色。尤其是政府的地位更为重要，因为中国的资本市场是由政府主导的“强制性制度变迁”，诚信的养成与西方社会有所不同。西方社会是经由长期博弈，形成非正式规则，然后上升为正式规则。而中国则是先由政府制定正式规则，规范人们的行为，从而提升人们的道德、诚信水平。当诚信成为行为习惯，就成为非正式规则，也就是所谓的“社会资本”。在这个过程中，起决定作用的是政府。因而，就中国资本市场的诚信建设而言，政府的作为，才是重中之重。

3. 重构企业家精神与信仰

根据边际效用递减规律,要素的重要性与其稀缺性正相关。随着经济的发展,“资本的供给日益充裕”,资本不再是稀缺的生产要素了,其重要性在逐渐下降。与此同时,拥有技术或者管理能力的人才的重要性日益上升。1960 年,诺贝尔奖获得者西奥多·W. 舒尔茨发表了题为“人力资本投资”的演说,阐述了许多无法用传统经济理论解释的经济增长问题,明确提出人力资本是当今时代促进国民经济增长的主要原因,认为“人口质量和知识投资在很大程度上决定了人类未来的前景”。舒尔茨“人力资本”理论的提出,表明人类社会从“资本主义”时代过渡到“智本主义”时代。

而在人力资本中,“企业家”则是重中之重,因为现代社会最基本的生产单位是企业,企业的核心是企业家。“企业家”这一概念的演变,形象地表明了“企业家”在整个社会体系中的地位在不断提高。“企业家”最初的含义是冒险的逐利者,1755 年,法国经济学家康替龙将“企业家”这一术语首次引入经济学理论;1803 年,萨伊赋予“企业家”生产要素(土地、劳动、资本)“协调者”的角色;1848 年,穆勒认为“企业家”承担着“协调者”“中间商”“创新者”和“不确定性承担者”诸角色,且可以在诸角色之间权变选择。

随着企业家地位的提高,人们将归纳的企业家具有的特质,称为“企业家精神”,比如诚实、理性、正直、独立、公正、创造力和自豪感等。而在企业家的所有特质中,最核心的是创新,最基本的则是诚信。

回顾西方文明的复兴,“企业家精神”尤其是企业家诚信,在经济的持续增长中始终扮演着重要角色。而企业家诚信的形成,也非无源之水。一方面,是与他们的宗教信仰密切相关,正如马克斯·韦伯所指出的那样,宗教信仰使得人们在追逐经济利益时,比较注重手段的正当性,形成所谓的“道德经济”。中世纪欧洲城市的各种行会,都是出于宗教目的而建立的。有些行会或商人同业公会,干脆称作“慈善会”,最著名的如图尔内的圣克里斯托夫慈善会等,资产者几乎都是行会会员。在 13 世纪,对圣体崇拜的发展促进了行会组织的蓬勃兴起,大部分行会完全是为圣体圣事而组成的。资产者、商人和手工匠人组织在一起,是“为了发展、提倡和崇敬祭台的圣体”。在宗教生活渗透到方方面面的中世纪,在到处弥漫着宗教精神的氛围中,可鄙的斤斤计较和精明算计是没有立锥之地的,明目张胆的剥削行为就更不用说了。比利时学者亨利·皮朗对此有过一段精辟的评论:“中世纪的经济……无愧于它同时代的教堂。它使资产者廉价地得到了生活上的好处。它无情地打击各种营私舞弊行为,使劳动者免遭受竞争和剥削,规定了劳动者的工作和工资,关心他的卫生条件,开创了学徒制度,禁止雇用妇女和儿童。”这或许可以作为欧洲中世纪“道德经济”的一个注脚。[①]

① 张兴祥,《“道德经济”主宰中世纪欧洲经济组织》,中国经济史论坛,http://economy.guoxue.com/?p=1206。

另一方面，企业家诚信的养成，除了宗教因素外，还与相对开放、公平的社会制度有关。具有相对独立人格的商人，只要努力，就有机会获得成功，这种可通过努力就能实现的、可预期的成功机会，也会促成企业家通过诚实劳动实现自我。"斯迈尔斯神话"表明，工业革命在英国取得成功，很重要的一个原因就是英国有一个合理的社会阶层垂直流动机制。"斯迈尔斯神话"与"美国梦"类似，人们认为英国早期的工业家们大多是靠自我奋斗成功的"自我塑造之人"：他们大多"出身卑微，生长在普通甚至是贫穷的家庭，作为工资劳动者开始其职业生涯，通过自学获得必要的知识；他们大多工作勤奋、生活节俭、品格高尚，有些人还具有发明创造才能；他们创办企业，从小打小闹开始，最终积累起巨大的财富，并提升了自己的社会地位"。

尽管实证研究表明，新生的工厂主、企业家集团，大多来自社会中处境较佳、占有社会资源优势的群体。但这与"斯迈尔斯神话"并不矛盾，家庭出身等先天条件在个人成功中具有加成作用，这在任何社会都不能避免。关键在于不能人为地阻塞阶层垂直流动的通道，保障下层社会阶层也有机会通过努力实现梦想。在这方面，英国恰好具有这样一种机制：英国较早地发展了一种以"土地贵族—中等阶级—工资劳动者"为主体的社会结构，在这种社会结构中，存在着日益增大的层次复杂的中间阶层，社会各阶层或阶层间的界线较模糊，各阶层之间没有刚性的制度性差别，唯一的区别是占有财富的多寡。各阶层都不是封闭的群体，个人可以发挥自己的能动性，在社会阶层的阶梯上攀爬上升，其结果是整个社会充满进取精神。从这个意义上来说，工业革命与企业家集团的兴起仅仅是社会阶层结构变迁的一个例证和延续。[①] 18 世纪前后欧洲不同国家有着截然相反的财富获取方式。法国和普鲁士的法院、政府、军队，更能吸引才能人士加盟。但在英国，司法和公共部门多由兼职者担任，年轻人更可能通过商业、工业或金融业创造财富，这其中的少部分人最终成为推动工业革命的经济精英。凡勃伦在其名著《企业论》中指出：有远见的企业家非常重视包括诚信在内的商誉。而社会阶层流动的公平机制，则是促使企业家"有远见"或者说追求长期利益的重要原因。

在我们所受的教育中，英国的成功主要是对外掠夺与对内剥削的结果，这在一定程度上是存在的，但不能解释工业革命在英国的成功。历史上依赖对外掠夺、对内剥削的国家很多，但并未取得经济上的成功。毋庸讳言，对外掠夺与对内剥削加速了英国的成功，但起决定性作用的还是其他因素。

英国学者伊恩·布兰德尼在其《有信仰的资本：维多利亚时代的商业精神》一书中，通过介绍 10 位有代表性的企业家，指出政治体制和宗教信仰在培养"企业家精神"中的重要作用：这些企业家"都深深地被维多利亚时代的自由主义道德观和基督教的价值观所激励，他们做事有条理、有规律；生活节俭，在工作上不懈地努力和自我提升；在生活方面又是自律和自我节制的榜样。其中 7 位是彻头彻尾的禁酒主义者，另外 3 位只是偶尔喝一点。他们毫无例外地早睡早起，选择有益于健康、令人奋发的独特体能锻炼——很多人喜欢在早上洗冷水澡，而不愿意参加抽烟、赌博、晚宴、跳舞等颓废的娱乐消遣活动。虽然这些企业家们常常严格地要求自己，但他们却不是乏味的人。他们反对缺乏快乐的单调生活，鼓励人有开明的思想，培养人们对艺术和政治运动的浓厚兴趣。他们充满

① 尹建龙，《工业化初期英国社会流动的趋势和特点——以企业家集团的来源为例》，史学月刊，2010(12)。

温情，富于同情心，坚定地要提高员工的生活质量——不但是物质上，也包括文化、社交、道德等方面的提升”。①

19世纪末，英国的优势逐渐丧失，这是英国不能与时俱进的结果。1851年，一个法国人参加了在水晶宫举办的博览会后说：“像英国这样一个贵族国家却成功养活了它的人民；而法国，一个民主的国家，却只会为贵族进行生产。”但是，英国的优势是一种比较优势，在当时是比较公平的，也给了底层向高层转变的通道。但这种相对优势，如果不能与时俱进，就会被其他国家超越。在维多利亚时代，财富的分配始终不均，贫富对比十分明显。一方面，有贵族宫殿式的庄园生活；另一方面，则是农人破败的茅屋草舍。一方面，是工厂主舒适的生活享受；另一方面，则是失业工人绝望的生存挣扎。人们的生活水平相差太大，一个国家存在着天堂与地狱的鸿沟。英国首相迪斯雷利曾把这一时期的英国说成是“两个民族”的国家，并深深担忧：“当茅屋不舒服时，宫殿是不会安全的。”与之相对应的，是英国人引以为傲的政治制度，包括政府制度、文官制度、司法制度、议会选举制度等，在“光荣革命”后曾经是世界上最先进的。不过时过境迁，到了工业革命时期，经济的飞速发展，社会结构的急剧变化，这套制度变得越来越不合时宜。仅以议会选举为例，1715年选民人口占人口总数的47%，到1813年，则只占25%了。1793年一个由辉格党组成的团体“人民之友会”曾发表过一份报告，说英格兰总共400多个议席中，占一半以上的256个议席是由11 075个选民选出来的。选民人数少对贵族最为有利，它能使贵族寡头利用贿选来操纵选举。当时，贿选风气盛行，几乎每一个议员都是靠花钱买来的。议员花钱进议会，又必然指望政府再花钱收买他们。于是腐败之风盛行，这就是“腐败的旧制度”。

与此同时，企业家精神弱化，创新动力不足，燃油动力出现了，英国仍依赖蒸汽机而不愿意投资新技术。随着美国、德国、日本的崛起，英国相对衰落。总之，在进入工业化之后，英国却沉迷于世界霸主的无限自豪中，他们将这一切归结于英国的制度优越，而忽视了制度中的结构性弊病。直到19世纪下半叶，当英国越过强盛的巅峰时，人们才开始反思，进而对政治制度进行大调整。

19世纪末，美国取代英国而崛起，其强调美国“企业家精神”中的创新，但诚信依然在美国“企业家精神”崛起中扮演着重要角色。美国主流价值观或者说立国精神来自清教文化。清教徒是16世纪中叶英国国教会内以加尔文学说为旗帜的改革派，他们因为不满教会改革，逃到北美大陆，清教徒构成了当时北美移民的主体。“他们提倡勤俭清洁的生活，希望在新大陆上建造自己的山巅之城。”“清教主义成为当时人们共同的价值观，他们提倡的思想主要有：虔敬、谦卑、严肃、诚实、勤勉和节俭。”

清教徒的价值观有助于“企业家精神”，尤其是创新与诚信精神的培养。清教徒信奉“上帝对人的获救有绝对自由权，但人可以通过在尘世职业上的成就以获得受到上帝恩宠的确证”。相信努力工作便能取悦上帝，勤劳致富是获得再生的唯一手段。清教徒们自觉地努力工作，把工作视为快乐，这种观念促使他们不断开拓边疆，征服自然，养成了敢于冒险、不断进取的精神，这种性格使美国人获得了物质上的成功。

① [英]伊恩·布兰德尼，《有信仰的资本：维多利亚时代的商业精神》，南昌：江西人民出版社，2008年版，第7页。

勤俭致富的价值观还表现在美国人敬仰推崇那些白手起家的英雄(a self-made man),在美国这样一个尊重个体的社会,人人信奉“自助者天助之”,相信每个人的机会都是均等的,都可以凭借勤奋获得成功。

清教徒强调相互协作的精神。最早的清教徒培根说:“爱就是与社区绑定在一起。”这种精神至今延续,例如美国童子军是全国性组织,但也是社区的重要组织,它的口号就是“勇往直前,天天向上”。美国人虽然有很强的个人主义,但对社区活动的投入比中国高得多,这为现代社会的合作经济提供了物质基础,像 Linux、Facebook 等社区协作文化的形成,可能就与这种精神相关。

清教徒的价值主张既有利于经济增长,又有利于经济增长所需的合作精神,这对企业家精神的培养具有正向引导作用,有利于经济的可持续增长。在进入 19 世纪中期以后,美国经济发展迅猛,到 1894 年,美国工业产值已经跃居世界首位,到 1913 年,美国 GDP 占世界 GDP 总量达到 19.1%。

不过,在经济增长过程中,最容易受到考验的恰恰也是道德,如果不能抵御物质诱惑,人们的道德水平可能会随着经济增长而降低。美国经济的迅速发展给社会带来了财富,也引发了一系列的问题。垄断企业的出现,破坏了公平竞争。大公司运用种种不义手段夺取原料产地,垄断市场,牟取巨额利润,破坏了旧有的经济秩序。随着经济快速增长,贫富差距更为悬殊,财富日益集中于少数人之手,广大人民未能从经济发展中获益,仍旧生活在贫困之中。1893 年,全国 9%的家庭占有全国 71%的财富。而被经济利益冲昏了头脑的企业家,为富不仁。工厂生产条件十分恶劣,工时长,安全设施缺乏,工人起码的工作安全得不到保障。特别地,医药、食品安全问题严重。“工厂把发霉的火腿切碎填入香肠,工人们在肉腚上走来走去并随地吐痰,毒死的老鼠被掺进绞肉机,洗过手的水被配制成调料……”这样令人作呕的场景,是美国作家厄普顿·辛克莱的小说《屠场》的片段,描绘的是芝加哥某肉类食品加工厂的场景。据说当时的美国总统西奥多·罗斯福边吃早点边读这本小说,读到这里,罗斯福大叫一声,跳起来,把口中尚未嚼完的食物吐出来,又把盘中剩下的一截香肠用力抛出窗外。

与此同时,大财团操纵政治,党魁政治恶性发展,政府腐败触目惊心,民主政治被大财富集团任意践踏。各州和地方法官的选派、议会选举和立法程序都受到了腐败集团的影响和控制。1880 年至 1920 年间被称为美国的“进步时代”,期间腐败横行,假冒伪劣猖獗,重大灾难屡屡发生,社会矛盾异常尖锐,与今天中国面临的问题相比,有过之而无不及。

为了争取自身合法权益,广大农民、工人、妇女进行了广泛的斗争,“没有斗争就没有进步。那些宣称热爱自由却反对煽动的人,正如要庄稼却不耕种土地,要下雨却不要打雷打闪,他们要海洋却不要海浪的咆哮。这样的斗争可能是精神的,可能是物质的,也可能两者兼而有之,但必须是斗争。没有要求,权势不会倒退半步。这在以前不曾有,将来也不会有”。正是广大人民的积极斗争,获得了政治家的同情与支持。原本坚持自由主义经济的美国,开始对经济进行干预,制定了一系列法律,比如反垄断的《谢尔曼法》、保障食品安全的《纯食品和药品法》,等等。正是在这段时间内,美国社会完成了一系列改革,从根本上完成了国家治理结构转型,使得美国社会能够重新适应经济的巨大变迁。[①]

① 张国庆,《进步时代》,北京:中国人民大学出版社,2013 年版。

20世纪初，亨利·福特提出“制造人人都买得起的汽车”的梦想和卓越远见，并宣布八小时工作制，最低日工资5美元，是当时工资水平的2倍以上(取代了9小时2.34美元的日工资标准)。这造就了千千万万的有车阶级，亨利·福特也因此被尊称为“为世界装上轮子的人”。亨利·福特改善了资本家与工人阶级的关系，与工人实现了共赢。当然，在给予工人阶级更多报酬的同时，企业家们开始实行“科学管理”，科学管理有助于提高效率，这种创新在一定时期内保障了美国的经济增长与福利改善。

不过，科学管理也有弊端，霍博兄弟特别地批判了泰勒创建的科学管理，指出这一理论的中心不在于“科学”，而是蔑视(工)人，泰勒主义延伸出来的时间与动作研究、生产控制、质量控制、成本核算、薪酬定级等机制事实上都摒弃了人的创造性，破坏了集体主义精神。对“泰勒主义”的尊崇，是一种标准化管理对传统人性化管理的替代，它更科学、更有效，但也失去了个性化与主动性。专家取代了传统“企业家”，而专家也是通过“批量”生产的高学历获得者。所谓专家，就是拿个MBA证书，在大企业中工作两年，以后靠不断换老板来刷新自己的职位和薪水。霍博兄弟通过比较传统企业家与批量生产的专家后得出：旧时代的企业家创办企业，是因为爱，比如初期以生产炸药为业的杜邦公司，老板杜邦十分迷恋化学实验，他的祖父、父亲都被炸死在实验室里，他却依然每日沉浸在其中；再比如HP公司，当初是两个人开的一间修理作坊，创始人之一休利特始终对技术保持着浓厚兴趣。而专家，或者说职业经理人，则单纯地追求金钱，将个人利益放在首位，而非企业的业绩。甚至伪造业绩，欺骗投资者。① 尽管美国的相关立法越来越完善，但失去信仰的管理人员，总是通过发现规则漏洞来谋求自身利益最大化，甚至把利用规则漏洞当成了“快乐来找茬”游戏，这在一定程度上验证了孔夫子所说的“齐之以刑，民免于无耻”的观点。

霍博兄弟的观点，表明的是两种管理体系的冲突。“旧时代”更注重个人精神，而科学管理则将活生生的人置于正式规则之下，更规范但也缺乏活力。客观地说，霍博兄弟的观点有一定道理，但总体来看，传统的道德伦理约束让位给正式的监管制度，企业家的私德被规范化的制度约束，是一个总体趋势。霍博兄弟试图通过强化个人信仰来约束管理层，估计也不具可行性。社会的发展趋势必然是从感性走向理性，以硬性的制度约束来取代软性的自我约束，以标准化管理取代个性化管理。新教伦理在当代社会的影响日趋下降，这是不以人们主观意志为转移的。二战期间美军炮击日本将领山本五十六，当时还比较纠结，感觉这不符合骑士精神，认为军人就应该正面对决，而不应该搞暗杀。但到了今天，美国的“斩首行动”已经成了常规战术，至于所谓的“骑士精神”，估计都没这个概念了。总之，非正式规则给予现代经济一个良好的开端，但随着专业分工的发展，正式规则必将成为主要的约束手段。资本市场发展到今天，监管的难度越来越大，②但仍有完善的空间。美国次贷危机的一个重要诱因就是缺乏事后惩罚机制，“雷曼兄弟”破产了，但责任人富尔德却“带着挣到的5亿美元作为一个富人抽身离开雷曼！”在美国政府对破产企业进行救济时，高层管理人员却优先把救济金用来支付“金色降落伞”。华尔街的金融精英们拼命地创造金融衍生品，甚至将贷

① [美]肯尼斯·霍博、威廉·霍博，《清教徒的礼物》，北京：东方出版社，2013年版。

② 据说鲁宾在花旗当主席的时候，找华尔街的几个人过来做CDO、CDS等的定价，接电话的人说：“这个东西好复杂，我也不太懂。”鲁宾说：“反正这个东西懂的人也不多，你就来吧。”规则越来越复杂，甚至到了专家都搞不懂的地步。

款放给了根本无力偿还的人，违背了信贷业务的基本原则和常识，因为他们预期政府会救市。从这个意义上说，美国次贷危机根源仍在于规则缺陷，继续完善规则仍是行之有效的手段。

从英、美两国以及其他国家的发展历史来看，“企业家精神”对于一个国家的兴衰具有决定性作用。当年英国衰落即源于英国精神的长期低迷，社会冲突不断，人们丧失了进取精神。到了20世纪70年代以后，丧失进取精神的美国企业家，其龙头企业也多被日本以及而后的韩国、德国、中国企业赶超，以至走向破产。

英、美等国“企业家精神”与国家兴衰的关系演变，对中国企业家具有积极的借鉴、指导意义。近代中国引入公司制度后，中国也出现了一批成功的企业家，如盛宣怀、陈光甫、卢作孚、张謇、刘鸿生、张元济等。当时他们面临的也是社会诚信不足问题，其中做得比较成功的企业采取了家族企业形式，像荣氏企业、南洋烟草等，在企业中家族占有控股优势，以此保障自身权益，但这种方式并不能充分发挥公司的融资优势。在专业性比较强的银行业，出现了职业经理人，如张嘉璈、贝祖诒、周作民、李馥荪等人，这些人的特点是具备现代金融知识。但他们被聘为职业经理人，与他们拥有的社会声誉大有关系，因而他们与其他股东也是因为信任形成合作关系。由于这些职业经理人并不控股，公司的融资优势得到了较为充分的发挥。另外，还有许多企业家采取与政府官商合作的方式，借用国家信用，迅速地扩张了企业规模。应当说，近代企业家在诚信不足的情况下，仍能取得一定成功，与他们因地制宜、采取适合国情的经营方式大有关系。

不过，在具体经营中，仍存在许多问题，而且随着企业扩张，利益诱惑增大，其合作关系也面临困境。许多家族企业发生了父子、兄弟争权夺利的现象。而一些职业经理人，也在经营中不断扩增自身股份，最终成了控股者，把公共公司变成了家族企业。至于那些依附特权的商人，与政府之间的矛盾也是不一而足。荣德生曾悲叹民国时期道德的沦丧：“人心变易，大异往昔，自私者多，直道者少。”[①]范旭东也批评“敦厚友于，在重利的工商界，根本不足挂齿”。[②] 杜亚泉认为，近代公司出现诸多问题，本质上是没有解决“义”“利”的关系，而这与当时中国处于快速转型期有关，与相关观念未能跟进，甚至错误地理解了西方价值观有关。近代之前，中国将“利”和“义”对立起来，而近代以来，则走向另一个极端。在亡国灭种的危机下，欧美流行的极端唯物质主义引入中国，最开始表现为富强论，不久变为天演论。在不知不觉中把国人引入到生存竞争的漩涡而不能自拔。物质万能被放在了核心位置，弱肉强食成为了效仿的准则。杜亚泉指出当时中国引入物质主义的错误性：在西方世界，人们在强调利己、权利、竞争的同时，还把服务观念放在重要位置，强调各勤其事，各竞其业。然而在引入中国之后，人们则是直接把追求利益放在一切之上。[③]

近代中国企业家的一个特点是其与政治有着说不清、道不明的关系。不仅官督商办、官商合办及国营企业的经营者利用政治特权获得超经济利润，而且民营企业家也多采取吸引官僚入股的方式获得竞争优势。到了抗战胜利后，资本与权力高度结合，形成权贵资本主义，企业家们不仅仅是钻规则的漏洞，更是为自己量身定做制定规则。这种牺牲国家利益谋取私人利益的行为，破坏了经

① 上海大学、江南大学“乐农史料”整理研究小组选编，《荣德生与企业经营管理》，上海：上海古籍出版社，2004年版。

② 赵津主编，《范旭东企业集团历史资料汇编》，天津：天津人民出版社，2006年版。

③ 许纪霖、田建业编，《杜亚泉文存》，上海：上海教育出版社，2003年版。

济秩序，也败坏了商业伦理。当然，主要责任不在企业家，而是政府的"统制主义"经济政策与腐败的官僚体系，决定了企业家不得不走与权力相结合的道路。曾经慨叹"接近政治如玩火"的陈光甫，却终生以"玩政治"而获益。[①] 然而这并不是有良知的企业家想要的结果，坏的制度，必然导致劣币驱逐良币的恶果。

新中国成立以后，随着社会主义改造的完成，企业家阶层一度消失，国营企业的厂长并非企业家，他们按照国家计划安排生产、营销，经营中主要依靠国家信用，经营者的信用问题不大，但缺乏自主权，没有积极性，因而没有效率。改革开放以后，出现了新一代的企业家，他们在经济上获得了成功，但依赖的既非诚信，也非创新，而是特权。这也是由长期计划经济体制导致的必然结果。政府垄断了过多资源，企业家要获得成功，要么本身具有官方身份或背景，要么买通官员，进行权钱交易。完全按照市场原则经营的民营企业家，很难取得成功。而这种凭借政治特权获取暴利的经营模式，使得企业家缺乏创新精神；企业家与权力相结合所具有的"原罪"，又使他们缺乏安全感，因而不会追逐长期利益，对于信誉自然也不看重。

从根本上说，要培养中国"企业家精神"，政府必须放松和解除管制，强化市场功能，弱化官员造租和寻租能力。"政府的管制越多，赋予政府机关的权力越大，政府手中的自由裁量权也就越多，政府官员的意志决定经济社会命运和市场运行的力量也就越强，未来也就越不确定、越不可知，企业和个人就越不怎么考虑未来，自然就不怎么讲信誉。"[②]应当说，大部分企业家希望通过正当手段获取财富，主动与官员联手的是少数，多数企业家是不得已而为之，他们实际上也希望在透明、规范、法治、公平的商业环境中运作，不愿意冒法律和政治上的风险。只有给予企业家公平竞争的环境，企业家才有动力追求正当而长远的利益，也才能形成具有创新动力与诚信激励的"企业家精神"。

① 徐矛等主编，《中国十银行家》，上海：上海人民出版社，1997 年版，第 5 页。
② 张维迎，《信息、信任与法律》，北京：生活・读书・新知三联书店，2003 年版，第 19 页。

三 诚信建设在河南

河南在历史上曾经是商业发达地区，也形成过高度发达的商业伦理与商业诚信机制。河南在不同的经济发展阶段，形成了不同的商业伦理，诚信水平随着经济社会的发展而提升。应当发挥正式规则对河南上市公司诚信建设的规范、引导作用，从而实现经济的持续性增长。

1. 河南的商业文化传统①

中国商人、商品和商业起源于河南商丘，中原地区产生了中华商业文化的许多第一：夏代的商丘人王亥(前1854—前1803)，被奉为商业鼻祖；第一个儒商是河南浚县人子贡(前520—前456)；第一个热心公益事业而被后人称为商圣的是南阳人范蠡(前536—前448)，第一个爱国商人是新郑人弦高；中国历史上第一批职业商人诞生于西周时期的洛阳；第一个由政府颁布的保护商人利益的法规《质誓》诞生于春秋时期的新郑；以"城门之征"为代表的最早的关税征收发生在春秋时期的商丘；第一个有战略思路的产业商人为东周时洛阳人白圭；第一个商业理论家是东周时期的商丘人计然；最早的商家诉讼条例诞生在春秋时的新郑；第一个重商理论的倡导者为西汉洛阳人桑弘羊；唐代洛阳城内的管理市场的"三市之长"是最早的"市长"；北宋汴京(今开封)是当时世界上最繁华的人口超百万的国际化大都市。

河南商业文化历史悠久，据文献记载：神农之时，就已"日中为市，致天下之民，聚天下之货，交易而退，各得其所"了。另据《史记·货殖列传》记载，夏代时，居住在颍川(今禹州)、南阳一带的夏人，"俗杂好事，业多贾"，意思是从事各种活动，很多人走上了经商之路。至商族兴起之时，商品交换已在较大的范围内进行，商人的贩运已是"服牛乘马，引重致远，以利天下"。一种特殊的商品——货币(海贝、铜贝，以"朋"为单位)也从商品中分化出来，促进了商业的发展。不少人认为，"商人"之名的由来乃是因为商朝人擅于经商的缘故。商族人善耕，善牧，更善于经商。当时需要解决运输问题，于是"相土作乘马"，意即相土驯马拉车或用马驮货，运输货物到较远的地方进行交易。相土的这一创举，促进了商族经济的发展。相土的玄孙王亥也是个有作为的商族首领，善于经营，文献记载："亥作服牛。"他驯服牛，同相土驯马一样，主要是役牛拉车，以便运输更多的货物。史书

① 张民服，《豫商历史及其贡献概述》，中州学刊，2007，05(10).

记载，王亥曾驾着牛车拉货到有易之地经商，不幸被有易首领緜臣杀死，夺走货和牛。（以后王亥之子上甲微杀死緜臣，灭了有易，夺回车牛。）根据上述历史，王亥应当是史书中有明确记载的最早的商人，也被称作“中国商人的始祖”。

自王亥后，中原地区的商业活动一直没有间断，而且随着社会生产力的不断发展，农业、手工业部门生产出越来越多的产品，商业活动愈加频繁，在不同的历史时期也产生了一些著名的豫商。例如：春秋战国是我国商品经济十分繁盛的一个时期，农业和手工业的快速发展为商业贸易提供了充足的商品，商品交易量越来越大。同时，金属货币更多的得到使用，为商品流通提供了更好的条件。因此，中原地区的商人纷纷负币贩货，穿梭来往于各个城市之间。当时著名的商人有范蠡、子贡、弦高、吕不韦等人。

范蠡，河南南阳人，春秋末年越国大夫，帮助勾践复国灭吴，事成之后弃官从商，定居在当时的商业中心陶（今山东定陶），号朱公，人称陶朱公。他善于经营，19 年之中三致千金。其经营理念是：把掌握天时变动规律的“时断”与选择贸易对象的“智能”相结合，反对囤积居奇，与投机取利者的经营方法不同。他自称经商是用了“计然之策”。

计然是春秋末年的经济学家，葵丘濮上（今河南兰考县境内）人。据《史记·货殖列传》记载，计然之策中关于商业经营的理论和原则是：一是根据生产规律来决定经营方式，强调对社会需求的预测，事先积蓄物资，即所谓“知斗则修备，时用则知物”，“旱则资舟，水则资车”。二是根据市场供求关系判断价格涨落，即所谓“论其有余不足，则知贵贱；贵上极则反贱，贱下极则反贵”。三是由国家用调节供求的经济办法控制物价，使之保持在合理的幅度之内。四是注意商品质量，特别是食品卫生，即所谓“务完物”，“腐败而食之货勿留”。五是注意加速商品和资金周转，从而增加利润，不赞成囤积居奇，贪求过分的高价，即所谓“财币欲其行如流水”，“无敢居贵”。计然的这套经商经验已涉及一些规律性的问题，有许多合理的成分。“计然之策七，越用其五而得意”，“修之十年，国富”。

子贡，春秋末年自由商人的代表人物之一。卫国（今河南豫北地区）人，早年经商，后习儒业，成为孔子的弟子，曾在卫国做官，最后又弃官再次经商，死于商业发达的齐国。子贡善做珠宝生意，他提出“物以稀为贵”的理论，说玉贵珉（石中之美者）贱是因为玉少珉多，借助供求关系的变化进行贱买贵卖，获得利润。士人经商，亦士亦商，子贡是一个典型。

弦高，春秋前期的郑国商人，他以贩卖牲畜为主。据《左传》记载，僖公三十三年（前 627 年）弦高贩牛去周，途中发现秦国军队要偷袭郑国，他一方面派人回国报警，一方面则用计应付秦军。他假托是奉了郑国国君之命，以 12 头牛和 4 张熟皮革前来犒赏秦军。秦军以为郑国已经有了准备，遂放弃了偷袭郑国的计划，郑国得以保全。事后郑国君主奖赏弦高，弦高不受而去。他的这种爱国之举，颇受后人称道。

吕不韦，河南阳翟（今河南禹州）人（一说为濮阳人，前据《史记》，后据《战国策》）。早年经商，《史记》说他“往来贩贱卖贵，家累千金”。不过吕不韦做的最大的生意是将公子异人推上秦国国君的位置，吕不韦自己也做到了秦国丞相的高位，可谓弃商从政第一人。

秦汉时期，虽然实行重农抑商政策，但致富的途径是“农不如工，工不如商”，因此商业活动仍很活跃。河南地处“天下之中”，交通便利，在全国仍属于商业发达地区。这一时期，河南的商业分为官营和私营两类。官商主要经营盐、铁和酒类,不许私人经销,具有垄断性。私营商业也较为发达,不少大商人或登上政治舞台,或兼营手工业,成为工商业主。著名者有孔氏、师史、孔仅、桑弘羊等。

孔氏,或称"宛孔氏",名不详。秦、汉之际的大矿业主、大农业主、大商人。祖籍魏国,世以冶铁为业。秦伐魏时他被迁至宛(今南阳),重振祖业,大兴鼓铸,经营农田,并来往于各地,通商贾之利,致财富千金。孔氏属于多种经营型的商人,当时南阳商人纷纷效法他的经商之道。

师史,西汉前期的大贩运商,拥有数以百计的车辆,"转毂以百数,贾郡国,无所不至",并雇佣许多好做生意的贫穷之人为伙计,转贩各地,家产达到 7 000 万钱。师史的经营特点是大规模地贩运商品。

孔仅,西汉大商贾,南阳人,家产累千金。善于言利和经营之道。曾任大农丞和大农令,主张山海之利归大司农,以佐赋税,并建议盐铁国营。后因反对汉武帝等的抑商措施而被免职。

桑弘羊,西汉经济改革家、理财家和商人。他主张实行盐铁专营和酒类专卖,统一货币铸造,控制全国商品流通,平抑物价。他的农商并重和重视商品流通的经济思想,以及通过发展官营商业增加财政收入、减少赋税征收的政策措施,在中国经济史上具有重要影响。

魏晋南北朝时期,中国处于分裂状态。期间出现过西晋的短期统一,这时各地的交通阻隔被打破,商业贩运活动也日益频繁。之后南北再次分裂,北魏统一中国北方后,至孝文帝时迁都洛阳。洛阳不仅是北魏最大的商业城市,而且外商云集,是国际性的商业大城市,还带动了中原其他城市商品贸易的兴盛。不少人走上了经商之路,有弃农经商的小商贩,也有囤积居奇的大商人,就连皇室宗亲也投入到经商行列。如西晋义阳王司马望之子司马齐利用其宗室身份和地位,"遣三部使到交广商货"。再如北魏时相州(今安阳)刺史李世哲,在邺城、洛阳等地的市场上贩卖各种货物,从中牟利。当时的民间商人刘宝最为富有,在各地设立商业网点,掌握各地价格信息,并配备车船马匹等交通工具,"舟车所通,足迹所履,莫不商贩焉。是以海内之货,咸萃其庭,产匹铜山,家藏金穴"。他的经营特点是经营区域广阔、商品种类繁多、资产实力雄厚。

隋唐时期,洛阳作为隋唐的国都,政治地位和经济地位都十分重要。据学术界研究,当时河南地区也出现许多有利于商业发展的因素:第一,从社会观念上看,人们越来越把经商当作一个重要行业,尤其是唐代,弃农经商现象十分普遍,有这样的诗句:"客行野田间,比屋皆闭户。借问屋中人,尽出作商贾。"第二,一些有权势的王公贵族也参与了商业经营,使商人队伍进一步扩大。第三,隋唐时期,水陆交通运输业高度发展,粮食、盐、茶等生活用品的大量贩运和进入商业经营领域,加速了商业发展。第四,在商业经营中,出现了市场经营场地扩大,品种进一步增多,行业组织兴起,草市、集市开始形成等新情况,成为这一时期商业发展的重要标志。隋唐时期,拥有巨资的商人也很多,例如洛阳商人李秀生一次就捐资数万,在南市附近的洛水上架起一座长 200 步的石桥,方便商旅来往。唐后期,洛阳商人曾出大量钱币和粮食供应洛阳军队粮饷,可满足数月之用,反映了商人的财力。

宋元时期是中国历史上商品经济的又一繁荣时期,其突出特点是城市经济特别发达,坊、市分离制度瓦解了,人们的商业活动突破了空间和时间界限。这一时期,水陆交通更为通畅,世界上最早的纸币诞生并在中原地区得到广泛使用。蒙古统治者入主中原后,形成空前统一的局面,又采用汉法,实行重商政策,这些都为商人经营创造了有利条件。这一时期,商人队伍庞大,其中官僚经商现象较为普遍,例如在相国寺的商品交易中,许多都是各级官员带来的物品。河南人姚仲实是元朝初年的著名商人。他于元初迁徙到大都(现在的北京)经商,又从大都到各地经商。由于他经营有方,“累资巨万”,富甲一方。

宋金以后,政治中心和经济重心移出河南,河南经济地位也大大下降,失去了昔日的辉煌。尽管如此,明清时期进入了我国古代商品经济繁荣的阶段,河南以其深厚的商业文化底蕴和优越的地理位置、便捷的水陆交通网络,仍为商业的发展提供着有利条件,也为豫商的活动提供着广阔舞台。

明朝以前,我国商人的经商活动,多是单个的、分散的,没有出现具有特色的商人群体。自明代中期以后,由于商品流通范围的扩大,数量和品种的增多,传统“抑商”政策的削弱,商人地位的提高,人们从商观念转变,商人队伍逐渐壮大,商业竞争日益激烈,在全国各地出现了不少商人群体,即商帮。商帮是以地域为中心,以血缘、乡谊为纽带,以“相亲相助”为宗旨,以会馆、公所为其异乡的联络、计议之所的一种既“亲密”而又松散的自发形成的商人群体。

就河南而言,明代没有形成有影响力的商帮,但商人的经营活动还是相当活跃的,这促进了中原地区商品经济的发展。如以开封为代表的中原商业都市的繁盛、商业城镇的纷纷兴起、商业贸易区的形成和发展、集市贸易的活跃等。明代中后期,开封“满城街市,不可计数,势若两京”,“天下客商堆积杂货物每日拥塞不断,买卖日夕不绝”。这一时期,不少人弃农经商,加入商人行列,一些地主则兼营工商业,成为地主兼商人。如南阳李义卿,家有土地千亩,种植棉花,收获后运往湖南、湖北销售。再如汤阴县郑氏,拥有大量土地,资产雄厚,兼营商业。

到了清代,随着商业的发展,在一些经济比较发达的地区,出现了较大的商人集团,这就是我们所说的怀帮商人。当时的怀庆府包括河内、济源、温县、孟县、修武、武陟、阳武、原武8县(即现在的济源、焦作、沁阳、原阳等地),以该地区商人为核心建立起来的集团统称为怀帮。他们立足于本地资源,如四大怀药、棉花、棉布、粮食、竹器、矿石等,积极在全国各地开拓市场。在辉县百泉药材市场上,怀帮商人占据主导地位,在禹州药材大会上,有这样一个俗语,叫“十三帮一大片,不如怀帮一个殿”。开封、南阳、信阳、周家口、朱仙镇等地都有怀帮的组织和经营机构,他们以药材为龙头,把本地农产品销往各地市场,同时贩卖各地货物。怀庆商人的行踪还遍及京、津、山、陕、陇等北方市场和江南各省,并在许多地方建有怀帮会馆。他们在长期的商业经营过程中,积累了不少家资,如河内药商“千金之家比屋可数,善封殖者,家累巨万,不止十数而已”。

在清代,除怀帮商人外,特别值得一提的是巩义的康百万。康百万是豫商的代表人物,其先祖在明朝初年由山西迁至巩义,因地处河洛交汇,并距古都洛阳较近,故深受中原文化熏陶。他的经营特点如下:从地域上看,以黄河中下游为主线,向周围发展,西达兰州,东至日本,北抵京津,南下沪杭。从经营内容看,以粮食、棉花、食盐为主,购置土地,设立栈房。从运载工具看,既有水面行驶的船队,又有长途贩运的骡马车队。从经营思想看,既讲求经商赚钱,又注重儒家文化,而且多行善举,修筑河堤,捐资助学,赈济灾民等。康百万家族的发展与兴盛,体现出一种富有特质的豫商精神,这种精神将经商致富与浓重的中原文化结合起来,开辟出一条成功之道。[①]

到了近代,河南商业地位进一步下降,时人记载:

① 张民服,《豫商历史及其贡献概述》,中州学刊,2007(05)。

河南一大农场也，人民大半务农，大率勤朴耐劳，安土重迁，竞争于商战，实非其所长。旧日金融贸易，多操于山西人；近则津、保、沪、汉等处商贾，群趋而至；凡重要之商业，大宗之贸易，大半操于外省人。甚至日、英、美、德、法、比、俄等国外商深入内地，收买木料（桐）、烟叶、兽皮（牛羊皮）、鸡蛋、草帽编等原料，售卖纸烟、颜料、药材、糖、呢绒等制造品，利权外溢，损失殊多。河南经商较多之地首推旧怀庆府属之八县——温、孟、沁阳、济源、武陟、修武、原武、阳武——以温、孟、济源三县为最。商人较多之原因，由于土地狭，人口稠。近因交通便利，出外经商者，较前更盛；其人性情和易，勤敏忍耐，本省各都邑多有其商店，最远者亦至陕西、甘肃、江苏、山东、直隶、湖北、湖南、安徽、东三省。所经营之商业，以杂货、布匹、药材为盛。离家常数载不归。经理人之对于学徒，严肃训练，有若村学究之对于门徒，资本虽不足与晋、沪抗衡，而苦力经营，犹足占商业之一部分势力。次则武安一县，以地瘠人稠，亦多趋于商业，本省重要城镇，皆有其经营之商店，北由直隶至于东三省，大半以贩运绸缎布匹为业。此外汜水、巩县、荥阳人之经营麻、煤、书笺等业于开封，新乡人之经营蛋粉业于本县及洛阳、郾城等地，禹县人之贩运药材，为数皆不多。若镇平、南阳人之贩售绸绉于沪、汉，荥阳人之售瓜子于南省，道口人运麦于京津，淅川人售漆于信阳及京、汉，洛阳等处回民之牛羊皮商，则皆以其特产，竞争于商场。惟尚无大规模之经营耳。①

新中国成立以后，尤其是改革开放以来，河南的工商业得到了长足发展。据统计，截至 2017 年底，河南境内上市公司 78 家，新三板挂牌公司 378 家，中原股权交易中心挂牌及展示企业 2 395 家，其中上市公司总市值 9 625.98 亿元，居全国第 13 位。

① 吴世勋编，《河南》，北京：中华书局，1927 年版，第 36-37 页。

2. 不同经济发展阶段的河南商业伦理

河南在历史上也属商业发达地区，并且形成了诚信经营、以质取胜的商业伦理，“端木遗风”指的就是子贡遗留下来的诚信经商的风气。在北宋以后，河南的商业就衰落了，相应的商业伦理也就中断了。但是，河南的商业发达地区也有着较高的诚信水平。比如近代的“怀帮”就以诚实经营闻名，康百万家族的“留余”哲学及经营中注重质量与诚信的“家风”也说明凡是追求长期成功的商人，无不注重诚信与道德的建设，诚信本来就与重复性交易及追求长期利益相关。正如张五常《卖桔者言》中所表述的，长期而重复的交易，可以减少双方的交易费用，保证收益最大化，因而交易双方都会选择守信。而具有长期商业传承的社会，自然会形成注重诚信的社会伦理与行为习惯。

改革开放以来，随着经济的增长，诚信问题逐渐成为大家关注的焦点。制假售假、虚假宣传、业绩造假、价格欺诈、以劣充好、违法添加、欠债不还、偷逃税款、店大欺客，种种不良经济现象，一度充斥在我们日常生活中。商业诚信的缺失，不只是河南，也是当时整个中国面临的严峻问题。

西方发达国家的商业历史告诉我们，在现代化起步阶段，经济秩序总是有点混乱，这几乎是一种普遍现象。这是因为现代经济增长是与大规模生产与大范围流通相伴的，它要求更高层次的分工合作，因而要求更高水平的信用。但一个社会的整体信用水平，一般是与其经济水平相适应的。在一个农业社会里，对信用水平要求就不高，甚至熟人关系就能约束人们的机会主义倾向。但在经济模式变动时，现有的信用水平如不能适应经济模式的变动，就会引发诚信问题。

商业伦理不是天然存在的，而是可以通过商业实践不断完善的。事实上，河南由于商业的衰落而导致商业信用的降低，但假以时日，随着经济的不断增长及人们在交易中的重复性博弈，诚信水平也会日益提高。张维迎通过对中国跨省数据分析表明，一个地区的市场化程度越高，交易就越发达，契约也越容易得到遵守。原因在于信誉在高收入地区比在低收入地区有更高的价值，高收入地区的企业更珍惜自己的名声。与之相对应，契约越是得到很好的执行的地区，当地从分工和交易中获得的利益就越多，地区优势越能得到发挥，因而经济增长越快。

3. 发挥正式规则在河南上市公司诚信建设中的作用

事实上，即便是西方发达国家，政府在现代经济中也扮演着越来越重要的角色。特别是后发达国家，在实现超越式发展时，政府都会发挥至关重要的作用。中国现在的问题不是政府权力大小的问题，而是权力如何运用的问题。韩国与新加坡都通过威权政治取得了成功，智利的皮诺切特甚至通过血腥的独裁手段，强力推行自由主义经济政策，并取得了成功。至于我国政府，在制度变迁中必然会扮演重要角色，而政府的着力点则在于营造良好的合作、共赢机制的氛围。对于一个正常的社会来说，违规的总是少数人，规则、制度要解决的也是这些少数人的违规问题。当然，制度、规则不可能彻底杜绝少数人违规，但必须要让这部分人付出必要的代价，否则就会出现劣币驱逐良币、逆向选择的后果。要解决少数人违规问题，就要让违规者付出确定性的代价，加大其违规成本。诚信，并不完全由非正式规则决定。在一个后发展国家或地区，正式规则的作用更大。通过立法给予违规者必然而适度的惩罚，社会诚信机制才能培养起来。法治的重要作用在于保障合同的顺利实施，使交易双方均能形成稳定预期。规则公平、合理，回报与贡献成正比，人们遵守规则的意愿就会强烈，久之就会成为行为习惯，最后形成较高的诚信水平。违规就必须要付出代价，信赏必罚，只有通过正当手段才可以获得成功，规则就会得到尊重，良性的经济秩序自然就会形成。

近年来，中国证监会和河南省政府都很重视发挥正式规则对市场诚信和社会信用体系建设的作用。中国证监会作为全国证券期货市场的监督管理部门，发布了《证券期货市场诚信监督管理暂行办法》等监管规章，对市场诚信建设进行了系统安排和部署，通过“诚信档案”“诚信数据库”等举措加强对市场主体的规范和引导。河南省政府在 2006 年 5 月和 2009 年 12 月，分别下发了《河南省人民政府关于加强全省社会信用体系建设的指导意见》《河南省人民政府关于加快推进全省社会信用体系建设的通知 》，对加快推进全省社会信用体系建设的重要意义、指导思想、目标、基本原则和主要内容等都做出了统一部署。特别提出要打造“诚信河南”新形象，加快金融业信用体系建设，明确要求建立和完善证券、期货等金融市场信用数据库，加强信息披露和提高透明度等。

2012 年 10 月 25 日，在河南证监局的指导下，河南上市公司协会组织上市公司共同签署并公开承诺履行《河南上市公司诚信公约》。这是一个从经济活动群体出发的“正式规则”，它是慎重的，经过董事长亲自签署，并在全国性媒体进行公示，接受公众监督。它是在河南诚信建设过程中，河南上市公司的企业家们发挥率先垂范作用的体现。“一纸承诺抵千金”，虽然只是一个约定，没有法律上的约束力，但是上市公司既然敢把“诚信”“信誉”都压上，是下定决心要率先做出个样子的。

《河南上市公司诚信公约》涵盖了生产、经营、服务、售后等各个环节，属于商务诚信的范畴。而商务诚信和行政诚信、司法诚信、社会诚信一起构成了社会诚信的全貌。诚信本身是有价值的，企业不同的信用等级代表了资本市场上不同的融资成本。河南上市公司的诚信建设是资本市场诚信建设的一次有益探索。上市公司不仅是我国经济中最具活力、最具代表性和引领作用的经济体，也是联系各方的中枢纽带。上市公司分布在涉及国计民生的各行各业，每家公司又都关联着社会的各个群体：政府部门、投资者、客户、供应商、员工、行业协会，等等。因此上市公司讲诚信，将带动资本市场讲诚信，带动整个社会讲诚信，形成商务诚信、行政诚信、司法诚信、社会诚信联动前进的良好局面。但是上市公司的诚信不可能孤立地实现，它有赖于商务诚信的改进，而商务诚信的完善也需要社会诚信的全面配合，需要全社会的共同努力和维护。

随着"粮食生产核心区""中原经济区""郑州航空港经济综合实验区""郑洛新国家自主创新示范区""河南自贸区""中国(郑州)跨境电子商务综合试验区"六大国家级战略项目落地河南，国家支持郑州建设国家中心城市，在大国复兴、中原崛起的道路上，河南经济社会的发展迎来了前所未有的历史机遇。

我国经济发展已经进入了社会主义新常态，而基于诚信的合作是现代社会发展的必要条件。在经济日益发达、政治日益昌明的今天，走合作、共赢之路是必然选择。社会发展是复杂的，充满意外，它可能不会按照我们设想的路线发展。但总体而言，社会进步已经发生，而且会继续发生，人们之间的关系也会逐渐走向理性、和谐。

中篇

实践篇

一 主板上市公司诚信报告

1. 中原环保：福润社会，创造生态之美

中原环保股份有限公司是河南省内唯一一家公用事业及环境生态类国有控股主板上市公司，公司立足中原，面向全球，潜心打造成为“城市生态环境综合服务商”。在深耕存量水务市场的同时，公司积极完善主业经营全产业链，锐意开拓环境治理综合领域，通过多种方式整合相关产业，构筑“大环保、大公用、大生态”的产业版图。长期以来，公司秉承“规范、务实、诚信、高效”的企业宗旨，关注民生，服务城市，发展循环经济，建设幸福家园，认真履行社会责任，努力打造行业典范，资产规模、经营业绩逐年稳步增长，股东权益大幅提高，取得了良好的发展成果。

公司下辖王新庄水务、马头岗水务、五龙口水务、南三环水务、马寨水务、航空港区水务 6 家分公司和明港水务、郑东水务、登封水务、上街水务、伊川水务、开封同生水务、漯河水务、新密水务 8 家子公司从事污水处理行业。公司下辖新密热力和登封热力 2 家子公司从事集中供热行业，不断推进平安热力、规范热力建设，提升服务质量，受到用户和当地政府的称赞和肯定。

面对产业和市场的发展机遇，公司紧抓机遇，积极转变体制机制，不断建立和完善现代企业制度，成为真正具有市场竞争力的主体。公司积极完善主业经营全产业链，并在生态绿化、水系治理、固废处理等相关产业开展适度多元化经营，2017 年先后投资成立中原鼎盛固废资源化利用有限责任公司和中原环保河南新材料有限公司两家合资公司，分别从事建筑垃圾、污泥处置业务和市政污水污泥处理药剂的生产销售业务。

公司在重视经济效益的同时，同样重视所肩负的社会责任，公司以可持续发展与节约资源为己任，以保护环境和维护自然和谐为己任，在淮河流域水资源治理和中原经济区建设中做出了突出贡献。

一、节能减排，利国利民

作为环保企业，中原环保为城市节能减排、提升环境质量做出了巨大的贡献。污水处理是指通过物理、化学、生物等方法，去除污水中的有害物质，降低水的污染性，提高水的利用价值。2016 年

中原环保全年共处理水量55 812万立方米。公司旗下污水处理运营单位，日污水处理能力近200万立方米。公司经营科学、管理规范，先后获得“全国十佳污水处理厂”“全国城镇供排水行业突出贡献单位”“国家环保技术评估中心污泥处置适用技术案例推荐”和“河南省污水垃圾处理设施运营管理工作先进集体”等多项荣誉。

郑州境内有一条流淌了2 000多年的贾鲁河，过去由于大量污水直接排进贾鲁河，导致这条千年古河成为河南省污染最严重的河流之一。随着政府的大力整治和城市污水处理能力的增强，贾鲁河的水正逐渐变得清澈。

2016年，中原环保股份有限公司旗下6座郑州市区污水处理厂累计消减COD 17.2万吨、BOD_5 9.2万吨、SS 16.3万吨、NH_3-N 1.7万吨、TP 0.3万吨，有效削减了郑州市市政污水污染负荷，对缓解贾鲁河水环境污染起到了积极的作用，也使郑州市环境质量得到改善。

供热是中原环保的另一主营业务，公司采取积极有效的措施，大力发展集中供热面积，减少供热区域内的污染物的排放量，利国利民。做大做强环保的热电联产集中供热，对国家节能减排提供最大支持。依靠科技，加快技术开发和推广。同时也加强宣传，提高全民节约意识。

二、创新引领发展

唯有创新，才有发展。多年来，中原环保不断加大行业创新，提升新技术的研发力度，完成了多项技术改造升级，为公司的可持续发展提供助力。

为推动中原城市群和“美丽河南”建设，加快郑州市“国家中心城市”建设步伐，促进郑州市战略新兴产业优化升级，贯彻国家关于高校科技成果转化的指导方针，提高地区环保科技创新能力，本着“发挥优势、协同创新、紧密合作、发展共赢”的原则，中原环保与同济大学达成战略合作，将共建同济大学中原环保产业研究院，为公司的战略发展提供引擎和保障。

随着国家环保政策越来越严格，加上污泥处置行业现有工艺及处理能力无法满足日益增长的污泥产量的需要，中原环保本着自主创新、造福社会的宗旨，积极探索污泥处置新工艺、新技术。公司依托科研院所和专业技术人员，在对污泥进行了深入细致的全方位研究和分析后，首先从污泥的调理入手，经过一年多的探索和试验，于2015年底试验成功新型污泥改性调理剂。经过两年多时间，继调理脱水之后，中原环保试验成功了占地面积小、投资少、建设周期短且运营成本低的集成污泥干化设备——闭环热泵低温干化机，可以将市政污泥(含水率50%～80%)经低温干燥处理后含水率降至20%～30%，整个干化装置密闭，不会产生不良气体，并且干化后污泥可以进行资源化再利用，例如建材利用、热电厂掺烧发电、制成生物质燃料等。

近年来，中原环保采用精确曝气系统，通过合理调节鼓风机的并网运行模式，优化溶解氧控制分区和仪表配置，优化溶解氧目标设定值，以应对实施过程中遇到的各种特殊情况，实现了从鼓风机供气到各个支管配气的全自动控制和生化池溶解氧稳定控制，不但节省了大量人力，还稳定了出水水质。

三、平安建设和安全生产常抓不懈

平安建设和安全生产，一直是中原环保工作的重中之重。平安建设工作始终坚持“安全第一、预防为主、综合治理”和“安全就是生命”的方针和理念，严格遵守新《安全生产法》，认真贯彻落实上级机关的各项管理规定和要求，狠抓平安建设和安全宣传教育，夯实平安建设和安全基础，坚持安全生产“党政同责”，将安全生产工作作为生产运营工作的重点，层层签订《安全生产目标责任书》，建立健全“一岗双责”责任制体系，做到了“平安企业、平安发展”。

公司坚持定期召开安全生产专题会，总结分析安全生产过程中存在的问题，使生产一线的安全隐患能被及时发现和有效控制，确保公司安全生产管理工作各项环节的正常运转。按照公司整体安全生产工作要求，安全生产领导小组每月对生产单位进行一次全面的、深入的安全检查，深入车间、深入现场，将存在的安全隐患列表存档，及时向生产单位下达整改通知。

与此同时，坚持开展“安康杯”竞赛，保障职工人身安全。工会紧紧围绕公司职代会确立的安全生产目标及任务，一方面充分发挥政治和组织优势，利用企业办公网络等宣传阵地，采取演讲会、知识竞赛、板报展览、案例教育等活动形式，大力营造企业安全生产文化氛围，广泛动员职工积极参与到“安康杯”竞赛活动之中；另一方面把“安康杯”竞赛活动与公司开展的“安全活动月”“安全竞赛”“安全大检查”等活动，以及生产、工程、设备、消防等专项检查活动有机地结合起来，提高了“人人讲安全，人人懂安全，人人要安全”的职工安全意识和自我保护能力，推动了“安康杯”竞赛活动的深入开展，公司在安全生产综合治理方面实现了“零事故”。

四、完成重组资产交接和融合

公司于 2016 年完成了重大资产重组，此次战略性重组一是将中原环保拥有的郑州市西区热力资产出售给郑州市热力总公司；二是将郑州市污水净化有限公司拥有的污水处理经营性资产（主要指五龙口污水处理厂、马头岗污水处理厂、南三环污水处理厂、马寨污水处理厂等运营类环保资产）以及郑州投资控股有限公司下属郑州市郑东新区水务有限公司（即陈三桥污水处理厂）资产证券化，由中原环保定向增发股份进行购买，进一步强化了中原环保主业的发展。2016 年 3 月非公开发行股份购买资产及募集配套资金获得中国证监会批复，4 月进行资产重组、人员交接，7 月完成相关房产、土地手续办理工作，8 月完成配套募集资金 11.425 亿元发行工作，9 月完成新增股份的上市工作。在完成资产交接的同时，新进生产单位按照公司的企业文化和经营管理体系，完成企业文化、业务、人员的融合。

2017 年 3 月，公司原两大股东郑州市污水净化有限公司、郑州市热力总公司分别将其持有的公司股份协议转让给郑州公用事业投资发展集团有限公司，进一步优化了国有经济布局和国有资产配置，有利于郑州市市属国有企业的产业结构优化升级和国有资产保值增值，为充分依托上市公司平台开展公用事业资产整合和推进资产证券化夯实了基础。

五、打造和谐企业文化

中原环保历经过两次重大资产重组，和谐的企业文化建设一直是工作的重点。为了进一步提升中原环保的经营管理水平，推进公司战略发展目标的顺利实现，使公司成立以来积淀的诸多企业文化精华形成系统的、规范的、独特的企业文化体系，公司通过对企业文化积淀的提炼，文化现状的分析，文化建设方向、内容及方式的明确，形成了“一个价值核心”“五大创新理念”和“十六字核心价值观”。

一个价值核心是：以造福人类为核心，“领航环保、福润社会，创造生态之美”。环保事业是保障人类生存和发展的永恒事业，公司把“环保责任”作为企业核心价值观，通过强化职业自豪感、使命感来引领企业员工以崇高的责任感、卓越的理念、科学的管理促进公司的持续健康发展。

五大创新理念是：一是以“中原立基、卓越发展”为发展理念；二是以“关爱民生、真诚无限”为服务理念；三是以“臻于至善”为质量理念；四是以“安全就是生命”为安全理念；五是以“敬德重才、纳贤用能”为人才理念。

十六字核心价值观是：爱岗敬业、尽职尽责、务实规范、克己友善。

同时明确了企业宗旨、企业使命和企业愿景，即以“规范、务实、诚信、高效”为企业宗旨；以“服务城市居民、提高城市品位、发展循环经济、建设幸福家园”为企业使命；以“打造行业典范”为企业愿景。

独具中原环保特色的企业文化体系，凝聚了广大员工的共识，切合了公司发展战略和管理实践的需要，彰显了中原环保的特色和追求。随着企业文化在员工心中的落地生根，培育了良好的劳动和生产环境，转变了员工的服务观念和服务意识，全面提高了员工的整体素质，增强了企业的凝聚力和向心力，也在社会上树立了良好的企业形象。

中原环保立足于环保行业，致力实现人类与自然环境的和谐共生，形成了扎根河南、辐射全国的开放式发展格局。公司重视诚信建设，始终把诚信经营作为企业发展之本，经过多年的发展建设，创造了重信誉、守承诺，员工重协作、诚实守信的企业文化氛围。今后中原环保将一如既往，诚信为本、规范运作，遵循“三公”原则，强化投资者回报意识，不断努力以取得新的成绩，为资本市场实现“中国梦”做出积极的贡献。

2. 神马股份：诚信，“神马品牌”走向世界的“金钥匙”

诚信，是中华民族的传统美德。两千多年的孔子一语道破诚信的重要性：“民无信不立。”因而，中国各朝各代将诚信视为巩固江山的利器。神马实业股份有限公司(以下简称“神马股份”)同样如此，用创立至今三十多年来积累的诚信声誉，在瞬息万变的市场浪潮里，创下了响当当的金字招牌。“神马品牌”的诚信，是一种经营理念，是一种行为准则，是一种社会责任，是一种价值标准。它看不见摸不着，它又时时刻刻深植在神马股份所有干部职工心中，反映在每一批次产品中，传颂在国内外客户口中。

一、客户第一，服务至上

神马股份是以中国平煤神马集团为控股股东，以化工化纤为主业的特大型企业，是全球规模最大、科技含量最高、循环经济特征最明显的尼龙产品制造基地。在改革开放之初，她应时而生，建成投产。含着金汤匙出生的她，产品供不应求，是“皇帝的女儿不愁嫁”。她先后荣获“中国名牌”“中国驰名商标”“全国质量万里行荣誉奖牌”等荣誉。然而盛名之下的“神马品牌”，并不因俏销恃宠而骄，依然牢记“客户第一，服务至上”的承诺，全心全意为客户服务。

利润是企业不变的追求，但是和信誉相比，神马股份毫不犹豫选择了后者。20世纪的神马股份，根据用户所在地和运输成本，一直采用海运和陆地运输工业丝、帘子布。1998年，神马品牌产品出口到德国的工业丝因船运误期不能按时到货，客户面临停产。消息传来，说什么的都有。“海运不可抗因素多，给客户解释一下吧，客户能理解。”有人说。“咱们的尼龙66工业丝排队还买不到呢，就是把这家客户得罪了，也不愁销路，这事就这样算了吧。”也有人说。是啊，客观现实明摆着呢，中国到德国，遥远的空间距离，航运的行程速度，都是无法改变的事实，总不能给产品插上翅膀吧？“就是要给产品插上翅膀，空运！客户利益、企业信誉是第一位的！”公司果断决定。有人不理解：“运费比产品还贵，这批货不是赔钱了吗？”“信誉就是效益。”一架银鹰腾空而起，花费了83万元航空运费搭载着这批价值50万元的工业丝，及时送到了客户手中。

虽然这批货损失了利润，但诚信这笔神马股份巨大的无形资产没有损失反而增值了。这件事再次印证了“神马品牌”的做事风范和为客户服务的理念，诚信美名不胫而走，赢得了国内外越来越多的客户。

孟子云：“诚者，天之道也；思诚者，人之道也。”神马股份是河南省首家在上交所挂牌交易的上市公司。如何赢得客户、股民的信任和关爱？因此，神马股份讲究“言必信，行必果”，对客户做出的承诺，再大的困难也要克服。公司内形成了诚信价值观，以诚信为荣，以失信为耻。

对客户的诚信，变的只是时间，不变的是信念。无论尼龙市场如何惊涛拍岸，神马品牌依然是大浪淘沙始见金。对客户的诚信，不仅仅在尼龙产品市场形势好的时候，在市场“新常态”的形势下同样如此。

2016年11月14日，在帘子布发展公司浸胶一厂生产车间，一匹匹白坯布经过浸胶机细致浸染后，魔术般变成深红色、充满金属质感的浸胶布，一旁的操作工将它们包装好准备发往南亚某国。“这些产品都是国外高端客户定制的。”有关负责人说。面对竞争日趋激烈的市场，帘子布发展公司变被动研发为适应客户需求的主动研发，成功开发出高初始黏合型浸胶帘子布，填补了国内空白，成功打入国际高端市场。

诚信是一种经营理念，在这种思想的引领下，企业得到了快速发展。目前，神马尼龙66系列主导产品市场占有率世界第一，工业丝、帘子布产品60%以上实现出口，并长期向米其林、普利司通、固特异等世界著名轮胎生产企业供货。今年上半年，在市场形势严峻的情况下，工业丝、帘子布等产销量创历史新高，尼龙产品出口同比增长34%。神马尼龙产品已经成为“河南制造”走向世界的亮丽名片。

二、质量名片，闪耀神州

2016年10月17日，在亿万人的瞩目中，神州十一号飞船发射成功，11月18日，载人飞船返回舱载誉归来。当坚固的降落伞伞花徐徐绽开在祖国的蓝天白云下，带着飞船返回舱平安着陆的那一刹那，多少神马股份的干部职工湿了眼眶：成功了！中国人民几代人的飞天梦实现了！生产线上，家属院里，人们欢颜相庆：飞天的神州系列飞船里，有着我们神马品牌产品。

“质量是企业的命根子”是神马股份的质量理念。质量诚信是神马股份开展生产经营的行为准则。作为降落伞的骨架材料，神马牌尼龙66工业丝因其强度高、单重轻、耐热性好、耐疲劳、耐冲击、耐摩擦、尺寸稳定性好、安全性好、科技含量高等特性，不仅广泛应用于军工、民用领域，还作为神州系列载人航天飞船降落伞的骨架材料，伴随神州系列飞船翱翔太空。“这是神马品牌的骄傲，更是对产品质量的认可。”诚实守信的神马股份职工更加坚定了“以人为本，以诚为天”的经营理念。

优质的产品需要汗水去浇灌。为保证产品质量，30多年来，公司植根于广阔的国际市场，强化产品全过程质量管理。各个生产岗位，都制定有标准化操作规程，以保证产品质量优质恒定。在质量管控上实行精益管理，层层打分考核，奖优罚劣。公司建立有完善的质量追踪体系和信息数据库，为每批次物料、每筒丝线贴上“身份”标签，在质量检测中发现异常时，快速追踪、确定出现异常的环节，分析原因。公司通过每天的生产例会和每月的质量分析会，及时解决生产中出现的质量问题。思想决定行为，行为决定习惯，长期以来，全体员工形成强烈的质量意识，用行动诠释“质量诚信”的诺言。

2010年年底的一天，帘子布公司原丝库一名职工像往常一样，按照操作标准认真检查产品外观。细心的他突然发现产品外包装上的标签异常，怀疑标签可能出错。他马上按照产品标签追溯生产这筒原丝的卷绕工，经确认，发现标签数量与生产计划有两枚出入。也就意味着，该批次原丝有两个筒子上的标签可能出现问题。

找，太麻烦，在上千个原丝筒子里找出两个小小的标签，要拆开层层包装，重新码垛，每个10斤重的筒子要徒手搬运数次。

不找，一丝一毫关乎节操，一个小小的标签，一次不经意的失信，可能毁掉神马品牌几十年苦心经营的质量美誉。

"这批原丝已经送到站台，准备装车运往港口进行外销。"电话传来，相关人员果断下令"暂停发货，追回异常丝！"

闻讯而来的当天原丝所有当班人员立刻赶到站台，拦下即将装车的产品，逐一拆包检查。这一刻，卷绕工、原丝库工、物检员没有了工种界限，只有尽早找到异常丝的同一目标。这一刻，相识和不相识的职工在这里配合默契，分工、协作、沟通，上千个丝筒不能漏过一个。这一刻，那个看似无形却时刻存在的"质量诚信"理念，占据了所有人的大脑空间。当共计1 260筒原丝全部被打开检验标签，终于找到那2个异常标签，所有人都长出了一口气。为赶时间，这批原丝被立即拉回生产车间重新包装，仅包装费用就增加了4 500元。

亲历此事件的厂长谭玉周说："宁可错杀一千，绝不放过一个。这一枚标签上面印的是我们神马品牌的标志，决不能因为它影响了我们的品牌形象。"

像这样的事情，在神马股份的生产过程中再平常不过了。神马股份通过采取一系列举措，使产品质量保持稳定。神马牌是中国第一筒尼龙66安全气囊丝的缔造者，也是行业标准的制定者。神马牌尼龙66工业丝/帘子布，产能规模世界第一。作为优质骨架材料，高强度、高模量、低收缩、耐化学腐蚀的神马牌尼龙66浸胶帘子布获得全球汽车行业和国际质量体系审核方的双向认可，受到了全球顶级轮胎制造企业的青睐。

在现代经济社会中，诚信不仅仅是一种道德规范，也是能够为企业带来经济效益的重要资源。企业对外诚实守信，才能形成巨大的吸引力从而不断赢得创业和发展的机遇，其信誉度就会不断提高。市场经济大潮的多年拼搏，神马股份的干部职工深深悟出：信用是一种现代社会无法或缺的无形资产。诚信的约束不仅来自外界，更来自我们的自律心态和自身的道德力量。神马品牌的质量信用靠的是每个干部职工每天的努力，从点滴做起，从自己做起。神马股份在历次市场浪潮中屹立不倒，靠的是诚信。因此，不管企业现在拥有多少高科技的机器设备，拥有多少技术人才，只要企业在生产经营过程中出现诚信问题，丢了自身诚信价值，那么也就等同于失去了企业价值，最终将在市场中消失。因此，神马股份郑重签署了《河南上市公司诚信公约》。神州系列飞船对神马品牌的选择，再一次擦亮了神马品牌闪亮的质量名片。沿着这条道路，神马股份将打造全球最完整、技术含量最高、循环经济特征最明显的尼龙产业链。

三、社会责任,责无旁贷

2010年的12月7日,冬日暖阳下发生着一个温暖的故事。在一所贫困乡村小学里,热闹打破了平日的宁静。一群衣着并不整洁的孩子,清澈的眼睛里闪着好奇,围着崭新的电脑,摸着,看着,笑着。他们是汝州市纸坊乡新庄村中心小学的学生。而送给他们这些的,是神马股份的干部职工。当日,神马股份向该村小学捐赠了价值6万多元的电脑和电脑桌、电脑椅、文件柜等物资。该村是神马股份联系的新农村帮建村,公司投入资金10万多元,帮助该村进行新农村建设。

为挽救一名血液病患者濒危的生命,2016年3月,神马股份帘子布公司职工张瑜踏上爱心之旅,前往郑州为患者捐献造血干细胞。经历了4个小时的采集,饱含生命种子的242毫升的悬液从张瑜体内采集出,随后移植到一位年轻的80后妈妈体内。患者在辗转传过来的一封感谢信中写道:致大爱无私的志愿者,是您,虽然素不相识,仍以大爱之心,无私捐献生命之髓,给我希望和勇气。大恩大德我永远铭记于心。

深入骨髓的爱,尤其让人感动和敬佩。诚信是一种社会责任。这只不过是神马股份回报社会,履行社会责任中一件平常的小事。神马股份在积极注重自身发展的同时,坚持责任与幸福同行的理念,社会责任战略和公司发展战略一脉相承,促进经济、环境和社会长期和谐健康发展。

社会责任的诚信建设离不开守护这一片碧水蓝天。为此,神马股份坚持与绿色同行,积极开展节能减排、降耗攻关,注重使用并研发新型环保设备,用于保护资源环境。环境保护系数达到国际标准,为当地提供了水清、天蓝、地净的宜居安康环境。

真实的故事,闪光的足迹,记录着神马股份的发展历史,同时也是神马股份诚信经营的历史。神马股份紧密围绕"把神马做大做强,让职工过上幸福生活,使股东得到丰厚回报"的核心价值观,抢抓机遇、开拓创新、深化改革、加速发展,以优异的回报率来赢得员工和股东的信任。神马股份在社会各界的关爱下发展壮大,目前,产业链涵盖尼龙6及尼龙66切片、工业丝、帘子布、BCF地毯丝、安全气囊丝等系列产品,形成了尼龙66和尼龙6优势互补的产业格局。尼龙产业主导产品尼龙66工业丝/帘子布产能15万吨,世界第一;尼龙66切片产能15万吨,亚洲第一。

诚信,是神马股份打开市场大门的金钥匙,更是历经市场浪潮洗礼而不倒的宝贵财富。站在历史的新起点,神马股份董事长郑晓广说:"神马股份多年来一直坚持诚信建设,创下了'神马品牌'这块金字招牌。今后,神马股份将一如既往,诚实守信,用诚信谋求发展,用诚信赢得未来。"

3. 洛阳玻璃：做诚信河南新形象标兵

2014年3月25日，中国上市公司诚信50强组委会发布消息称，239家主板上市公司入围诚信50强候选名单。3月31日，组委会最终确定"诚信企业""诚信品牌"和"诚信人物"等诚信50强名单，洛阳玻璃荣列其中。这是对洛阳玻璃践行《河南上市公司诚信公约》的认可和激励。

一、诚信经营为第一准则

洛阳玻璃前身是创建于1956年的洛阳玻璃厂，是我国"一五"期间兴建的156个国家重点项目之一。洛阳玻璃上市较早，是河南省及中国玻璃行业第一家A+H两地上市公司，于1994年、1995年分别在香港、上海成功发行了H股和A股。

公司总经理倪植森向笔者介绍，公司上市以来始终把诚信经营、规范发展作为第一行为准则，并当作企业健康发展、基业长青的根本。公司始终坚持走自主创新、转型升级的发展路子。

倪植森说，洛玻是中国第一条浮法玻璃生产线的诞生地。1981年4月30日，原国家科委、计委和建材部在洛玻召开国家级技术鉴定会，会议将洛玻自主创新建造的中国第一条浮法玻璃生产线正式命名为中国"洛阳浮法玻璃工艺"，并授予"创造发明金质奖"。"洛阳浮法玻璃工艺"在洛玻的诞生，迎来了中国玻璃工业发展的新曙光。其后，洛玻在自身不断持续发展壮大的同时，也促进了我国平板玻璃行业技术的快速进步。公司产品曾先后荣获"国家浮法玻璃质量奖——银质奖""金质发明奖""全国消费者信得过产品""驰名商标"等荣誉。2007年2月，公司"超薄浮法玻璃"项目荣获国家科技进步奖一等奖，这也是改革开放以来河南省在工业领域获得的首个国家科技进步奖一等奖。几十年来，洛玻人艰苦奋斗、勇于创新，用勤劳和智慧，创造了一项又一项的辉煌，为我国玻璃工业的发展壮大、产业升级做出了卓越贡献，在中国玻璃工业的发展史上留下了浓重的一抹，这些自然也成就了洛阳玻璃在行业中不可替代的地位。

当然，洛阳玻璃在成长发展中也遭遇过坎坷，经历过低谷。随着浮法玻璃技术在中国的普及，国内平板玻璃行业呈现出爆发式增长，产销量长期保持世界第一。然而，产品同质化和生产线重复大规模建设导致了产能严重过剩，整个行业陷入困境。洛阳玻璃积极面对困难和挑战，已经坚强地走过来了，相信风雨过后是彩虹。曾经的光荣，历经的坎坷，都是公司今后发展的经验和动力，我们有信心、有决心，通过努力实现凤凰涅槃。

倪植森表示，洛阳玻璃将一如既往地遵守《河南上市公司诚信公约》的各项约定，主动接受相关方的监管和监督，为提升河南资本市场诚信水平，保护投资者合法权益，树立"诚信河南"新形象做贡献。作为河南省上市公司诚信公约的签约企业，主要从以下几方面来践行承诺，履行公约：

(1) “诚信经营、规范发展”“完善治理、健全内控”的理念在公司自上而下形成了一种共识。严格按照《公司法》《证券法》《上市公司治理准则》和上海、香港两地《股票上市规则》以及中国证监会的相关法律法规的要求，不断完善公司治理结构，建立健全内部管理和控制制度。以风险管理为入手，以职责明确为核心，以完善落实制度建设为保障，以流程梳理规范为依托，保证公司经营管理合法合规、资产安全、财务报告及相关信息真实完整。

(2) 提高诚信意识，加强诚信建设，使得公司的信息披露质量进一步提高，透明度进一步增强，公司更加规范、更加守规，自觉维护资本市场的公平、公正和公开。

(3) 以自主创新、技术进步、转型升级作为公司发展的内在驱动力。近年来，中国电子信息显示产业的快速崛起，为超薄电子玻璃拓展了巨大的市场空间，公司拥有浮法玻璃生产核心技术及多项自主知识产权，在超薄及超白超薄浮法玻璃生产方面具备较强的研发和创新能力。为此，公司不断加大对浮法玻璃超薄技术的攻关力度及科技成果的推广运用，充分发挥自有超薄技术的市场优势，扩大产品系列，提高产品质量。2016 年 4 月 28 日，0.15 毫米极薄浮法电子玻璃在蚌埠中建材信息显示材料有限公司生产线成功下线，产品厚薄差等质检指标经检验均已达标，创造了中国超薄电子玻璃生产新纪录，成功实现了由“超薄”到“极薄”的跨越。目前，洛阳玻璃已成为国内具备批量生产 0.15～2.0 毫米系列电子信息显示玻璃的生产企业。

(4) 构建和谐的投资者关系。公司重视加强与投资者的沟通与交流，为投资者提供多种沟通渠道。通过热线电话、电子邮箱、公司网站、接待来访投资者等方式搭建与投资者的沟通平台，创建和谐的投资者关系，公平对待每一位股东，切实保护投资者，特别是中小股东的合法权益。

(5) 积极承担社会责任。将“创新、绩效、和谐、责任”作为核心价值观，公司在保护债权人、职工、消费者、供应商、社区等利益相关者合法权益方面，在防治污染、维护社会安全、实现可持续发展等方面做了大量工作，努力实现了企业与员工、企业与社会、企业与环境的健康与可持续发展。

(6) 重视股东的合理投资回报。公司根据证监会发布的《关于进一步落实上市公司现金分红有关事项的通知》(证监发〔2012〕37 号)以及河南证监局《关于进一步落实上市公司现金分红有关事项的通知》(豫证监发〔2012〕214 号)等要求，结合自身实际情况，对公司章程进行修订，对利润分配的原则、分配的具体政策、审议程序、分配方案的实施、分配方案的变更等方面都做了详细的规定，更好地维护了投资者特别是中小投资者的利益，也符合中国证监会的相关规定和公司的实际情况。

二、夯实企业发展的核心竞争力

洛阳玻璃的核心竞争力在哪里？倪植森认为，公司的核心竞争力主要表现为：

(1) 品牌优势。公司是世界三大浮法之一“洛阳浮法玻璃工艺技术”的诞生地，曾先后荣获“国家浮法玻璃质量奖——银质奖”“金质发明奖”“全国消费者信得过产品”“驰名商标”“国家科学技术进步奖一等奖”等荣誉。“洛玻”品牌在国际、国内仍享有一定的知名度和品牌认可度。

(2) 产品开发和持续创新能力强。公司是国内最早开始研发并商业化生产超薄浮法玻璃产品的企业,在十余年的超薄玻璃基板生产经营中积累了丰富的知识体系与工艺经验,拥有浮法玻璃生产核心技术及多项自主知识产权,超薄、超白超薄浮法玻璃生产技术保持国内生产企业领先地位,并且在产品研发、工艺技术改进、质量控制等方面培养造就了核心技术团队。

(3) 产品具备系列、规模优势。公司现有 3 条超薄电子玻璃生产线,是目前国内最大的超薄玻璃生产商,可批量生产 0.15～2.0 毫米系列电子玻璃。特别是蚌埠公司 150 吨每日生产线技术装备处于国内领先水平,是目前市场唯一具备量产 0.15 毫米浮法电子显示玻璃的生产线。公司充分结合 3 条生产线的技术特点和不同优势,对产品、技术、营销渠道、资金、人员等全方位进行统一协调和管理,充分发挥人才、技术、品牌等方面的整体优势,强化规模优势和协同效应,不断提高公司的盈利能力。

公司实际控制人中国建材集团为国务院国资委直属企业,中国最大的综合性建材产业集团,世界 500 强企业。2016 年,中国建筑材料集团有限公司与中国中材集团有限公司实施重组,合并成立了中国建材集团有限公司,综合实力得到进一步提升。

对于公司未来的发展方向和战略,倪植森介绍说,中国经济已转入增速适宜、结构优化的新常态,在经济新常态下,传统产业增速趋缓,但战略性新兴产业仍将保持较高增速。公司将积极顺应行业发展趋势和国家产业政策调整方向,提前布局,在发挥自有技术优势的基础上,主动调整产品结构、淘汰落后产能,以技术创新、产品创新和服务创新支撑公司产品服务差异化及品牌发展战略,提升盈利能力和竞争实力。公司的发展战略是:以创新为引领,做洛阳浮法技术的持续领先者;以巩固信息显示基板玻璃为重点,提升竞争优势和市场优势;以新玻璃、新材料、新能源市场为导向,拓展应用领域,优化产品结构,成为具有强大市场辐射能力的高科技特种玻璃提供商。

三、积极履行企业社会责任

公司坚持以建立“创新绩效型、资源节约型、环境友好型、社会责任型”企业为奋斗目标,树立“善用资源、服务建设”的核心理念,培育“创新、绩效、和谐、责任”的核心价值观。近年来,洛阳玻璃以市场需求为导向,以技术创新为引擎,扎实推进结构调整和转型升级;积极开展“增销量、增品种、增价格、增效益,减层级、减机构、减冗员、减公车”的“四增四减 ”和“抓改革、抓创新、抓市场、抓管理,控开支、控负债、控成本、控风险”的“四抓四控”工作;大力推进“增节降”活动,学习推广“八大工法”。进一步激发内生活力和增长动力,为努力实现企业与环境、企业与员工、企业与社会的健康与可持续发展做贡献。

股东权益保护机制方面:公司股东大会、董事会、监事会和管理层之间权责分明、各司其职、相互制衡、协调运作,确保公司规范运作,治理水平不断提升。公司严格遵守法律、行政法规及公司章程,充分保障所有股东能够依法行使权利,确保会议召集程序、表决方式、决议合法有效。公司独立董事按照法律、法规和公司章程等相关规定,勤勉履职,积极参与公司重大决策,对重大事项发表独立意见,切实维护了公司整体利益和中小股东的利益。公司监事依法出席公司董事会、股东大会及相关会议，参与监督公司重大经营决策的讨论，加强对公司董事会、高级管理人员履职行为的监督和检查，充分保障了监事对公司事务的知情权和监督权的依法行使。

供应商和客户权益保护方面：公司致力于保持与供应商、经销商之间顺畅沟通、诚信合作、互利双赢的战略合作关系，以诚信守约、高质量产品、优质服务为供应商、经销商发展提供支持，切实保护供应商、客户及消费者的权益。公司建立了公平、公正的供应商评价体系，为供应商创造良好的竞争环境；公司为供应商无偿提供技术指导，把公司对原材料质量、交货期要求等信息与供应商共享，供应商能够严格按要求提供产品与服务，并根据生产需求及时供货。坚持“质量求生存，科技求发展”，公司积极推进先进的科学管理技术，提高员工的质量意识，质量管理体系日益完善。始终以客户关注为焦点，充分利用各种有效途径，开展客户满意度信息的收集和分析活动，针对客户提出的有效意见或建议，制定纠正措施并落实到具体部门及时改进，用户满意度逐年提高。公司不断加大对超薄技术的攻关力度及科技成果的推广运用，充分发挥自有超薄技术的市场优势，扩大产品系列，提高产品质量。

环境保护与资源节约方面：公司认真贯彻执行政府有关环境保护的法律法规，严格遵守国家和地方政府有关环境保护、节能、资源综合利用的专业标准。采取多种措施，提高能源利用效率，不断改进工艺流程，降低能耗和污染物排放水平，实现清洁生产。公司现有玻璃生产线已采用天然气作为燃料，同时加强脱硫脱硝、除尘等环保设施的运行管理，确保环保设施长期处于良好运行状态，保证脱硫脱硝、除尘效率，减少 SO_2、氮氧化物和烟尘的排放。推广使用富氧燃烧技术，通过改进助燃风取风口、热修蓄热室、加强窑体保温、合理调整生产线工艺参数等节能措施，有效减少天然气使用量。重视水资源的循环利用，收集余热锅炉排出的废水，储存在由沉淀池、再生池和吸收液等部分组成的循环水池内，重新循环应用到熔窑烟气除尘脱硫系统中，减少水资源的浪费。固体废弃物包括布袋除尘器收尘、报废玻璃基板（半成品、成品）、废耐火材料及废包装材料等，也基本实现资源化再利用。

员工权益保护方面：公司坚持以人为本，打造和谐企业，努力创造优秀企业文化的思想和理念，注重培育“团结、拼搏、创新、奉献”的企业精神，尊重员工权益，关爱员工健康，让员工与企业共同成长。公司重视生产一线员工的素质提高和技能培训，建立“首席员工”年度评选制度，面向基层、面向一线从班组长以下生产关键工种、关键岗位的员工中选拔“首席员工”。坚持开展“送温暖”和“金秋助学”系列活动，帮助、救助公司家庭困难员工。坚持落实年度健康体检制度，有效维护了员工的职业健康安全。

公共关系方面：公司及所属各子公司积极承担所处社区的企业社会责任，与社区建立了良好关系。公司坚决反对商业贿赂和行业垄断行为，以建设公平、公正和公开的市场竞争环境为原则，积极参与到保护市场公平竞争、维护消费者利益和社会公共利益、促进行业健康发展的行动中。公司在经营活动中遵循自愿、公平、诚实信用的原则，遵守社会公德、商业道德，主动接受政府部门和监管机构的监督和检查，重视社会公众及新闻媒体对公司的监督评论。

未来几年，将是洛阳玻璃转型升级发展的关键期，不转型只有死路，早升级才能赢得主动。洛阳玻璃会以崭新的形象、崭新的面貌面对公众，拓展产品服务领域，全力打造核心竞争力，全面提升公司形象，积极推动健康可持续发展。我们将继续把诚实守信作为企业的担当、责任和使命，与合作伙伴、客户和员工共创价值平台，与利益相关方共赢未来、共谋发展，争做诚信河南新形象标兵！

4. 中原传媒：以人为本，诚信经营

一、诚信赢得快速发展

诚信是企业的基石，如果一个上市公司没有了诚信，那么这个上市公司的价值也就无从谈起。上市公司诚信建设不仅对投资者是非常重要的，对上市公司自身可持续发展同样意义重大。诚信建设将有助于鼓励上市公司聚焦于价值创造、聚焦于产品的创新、致力于公司治理水平的提升和管理水平的进步、致力于探索环境友好型发展的新路径。对此，中原传媒深有体会。

中原传媒公司属于传统文化行业，主要从事对新闻、出版、教育、文化、广播、电影、电视节目等进行互联网信息服务以及国内广告策划、代理、制作、发布等业务。自 2012 年 10 月签署《河南上市公司诚信公约》以来，公司上下认真履行诚信公约的相关条款，积极开展有关方面的组织工作，企业的发展取得了很好的效果。

公司严格遵守国家有关法律法规和自律规则，恪守诚实信用的行为准则。公司严把质量关，下属子公司获得了新闻出版总署颁发的绿色印刷质量证书，保证了中小学生使用的教材、教辅安全可靠。

公司打造以客户为中心的全方位服务体系，规范服务流程，提高服务技能，按时按需地保证了春、秋季教材、教辅的供给。对供应商、客户和消费者，公平交易、阳光操作，自觉维护市场秩序，抵制不正当竞争，不做虚假广告，不误导消费者。公司加强内部控制体系建设，全面执行《企业内部控制基本规范》，有效防范和控制风险。

公司真实、准确、完整、及时、公平地履行信息披露义务，杜绝虚假记载、误导性陈述或重大遗漏，按照会计准则的规定加强会计核算，真实、公允地反映公司财务状况和经营成果。重大资产重组期间，公司加强内幕信息管理，认真执行内幕信息知情人登记制度，有效防控内幕交易，严格防止公司知情人利用内幕信息买卖公司股票。

公司公平对待所有股东，对股东的来电、来访都认真、细致地给予回答及接待。同时健全投资者关系管理工作机制和工作流程，主动加强与投资者及潜在投资者的沟通和交流，充分利用现代化信息技术手段创新沟通方式。通过业绩说明会、投资者接待日、网络互动、网络投票、在公司网站设立信息披露专栏等途径，为股东了解公司情况和行使权利提供便利，并安排专职部门或专职人员接待投资者来电来访，积极回应投资者的诉求。

目前，公司纸质化出版、数字化出版已全部完成，协同发展。众悦网数字化平台业已打造完毕，具有自动报阅功能，为撰稿者提供编写平台，不断向数字化出版转型。旗下十家出版社业务各具特色。中国教育出版网在业界品牌效应明显，在线教育模式、全媒体加工中心、戏曲网、武术网不断发展。大象网侧重考试题库建设，一对一题库测试。海燕出版社侧重幼儿教育。河南科学技术出版社侧重于手工艺制作，未来将建设手工创意产业园。河南科技出版社侧重于职业教育。河南人民出版社侧重于马列主义政治理论读物。书店业务从 2013 年开始再度受到读者欢迎。为加强实体改造，以洛阳文化综合体和复合式书店模式发展，与社区合作建设云书网，“书店”开到乡镇，结合家电、农特产搞电商进农村。进一步发展第三方物流配送业务，建立立库物流模式，建设全媒体数字加工中心。可以一本书籍也印刷，降低库存压力。传统出版和数字化出版相辅相成，动漫业务不断培养发展。

二、核心价值观引领企业文化建设

中原传媒下属的国有独资子公司河南新华印刷集团有限公司和河南省新华书店发行集团有限公司在开展诚信公约活动中取得了更大的成效。

河南新华印刷集团是河南省最大的以书刊印刷、数字印刷为主的综合性印刷企业。始终坚持把社会效益放首位，坚持社会效益和经济效益相统一原则，坚持客户至上、诚信生产、依法经营理念，坚持规范的精细化标准、严苛的生产流程和以人为本的价值追求。

河南新华印刷集团被新闻出版总署授予“书刊印刷优秀质量企业金奖”“全国新闻出版系统先进单位”，首批荣获国家印刷示范企业，首批荣获绿色印刷企业和环境标志认证，首批人民教育出版社指定印制基地；荣获“全国诚信印刷企业”“中国政府出版奖印刷复制奖”“中华印制大奖”“国家推进绿色印刷标兵企业”“《求是》杂志优秀印制企业”等荣誉称号。在年度全国(人教版)中小学教材印装质量检测评比中名列前茅；在河南省局质检中心“3・15”以及集团等一系列质量检测中，批量产品质量合格率均达到 100%。这些成绩的取得，得益于企业发展过程中，以质量为本，以诚信为基。多年来，河南新华印刷集团外抓市场经营，内抓产品质量和生产管理，以守信、务实、求精、创新的精神，赢得了客户的满意和信任。坚持对产品营销、原料、制版、印刷、装订、质检、存储、运输等经营管理各个环节的质量进行严格把控，逐渐形成从源头到终端的完整质量控制体系。在产品营销方面，严格执行国家规定价格，做到价格透明，坚持五项制度，做到合同规范，服务到位。在产品印制方面，对产品加工全过程进行控制，用制度保证产品质量，形成了严格的质量管控和考核体系。科学制定翔实的《质量管理制度》《工艺管理制度》《产品质量标准》和《生产工艺标准》，对制、印、装全过程进行质量工艺规范和标准要求，提前预防问题的发生和有效控制，达到高效、优质的目的。坚持《“签样”“三检”(自检、互检及专检)质量制度》，首件生产“签样”，用样书质量带动批量产品质量，确保批量产品质量稳定。加强《产品质量追溯制度》的实施，确保每件问题产品均可落实到责任人，提高质量意识。坚持质管员巡查制度，质量管理员及时跟踪生产中存在的问题，督促车间对重点设备性能进行检查，指导对影响产品质量的关键节点进行必要改进，对决定产品质量的关键材料进行性能测试。实行产品质量在线申报控制和抽检制度，定期或不定期对协作印制单位的质量管理工作和产品进行现场或在线质量抽查，抽检结果建档并提出整改性意见，促使其水平稳步提高。确保内部印制质量批量合格品率达到100%。

作为国家首批通过的绿色印刷企业和环境标志认证单位，河南新华印刷集团坚持“绿色化、数字化、智能化、融合化”发展方向，大力实施绿色战略，在关注民生健康与安全的同时，强调企业近期利益与国家长远利益相结合，绿色效益与经济效益相接轨，对内搞好清洁生产，提升核心竞争力，对外重视环境保护，倡导绿色生活，所承印的中小学义务教育教材、教辅实现了绿色印刷全覆盖。围绕绿色主题持续投入巨资对现有设备进行更新换代和技术改造，用先进技术来保障清洁生产，切实起到了标杆企业应有的示范和带动作用。从管理着手，通过采用ERP管理软件，优化生产工艺流程等措施，提高生产效率，减少物料和能源耗费。制定系统化的《环境管理制度》和《生产环境管理制度》，包括《环境管理》《危险废物管理制度》《防范环境风险事故措施》《危险废物应急预案》《废显影液、定影液管理制度》等，对印前、印刷和印后过程的资源节约、能耗降低、污染物排放、回收利用等方面以及使用的原辅材料都规定了明确的要求并严格落实。

坚持贯彻“以人为本”的理念，为了公众的健康与安全，企业不惜增加成本，使用符合绿色印刷标准要求的原辅材料。纸张全部通过出版集团集中采购，选用的都是国内较大企业的知名品牌纸张，保证纸张符合产品质量和绿色环保要求；使用符合环保标准要求的天津东洋油墨，每年油墨成本增加100万元；采用符合绿色印刷标准要求的热溶胶、润版液、橡皮布和预涂膜等材料；部分产品使用国际公认最环保的PUR胶，每年增加使用成本约80万元；采用电动叉车取代燃油叉车，淘汰黄标车，减少废气排放。坚持开展社会公益活动。多年来，企业多次组织小学、中学、大学的学生及家长到单位参观，推行绿色进校园活动，为学生和家长讲解绿色印刷工艺流程，宣传绿色印刷知识，让他们现场感受课本印制的魅力和不易，号召学生和家长爱护课本，节约资源，从我做起重视环境保护。

围绕提升产品质量和企业长远发展，近十几年以来，河南新华印刷集团持续投入4亿多元不断进行设备更新和工艺技术改造，实现了印前数字网络化、印刷多色高效化、印后多样自动化。印前拥有以网点扫描、数字打样、直接制版为主的制版系统，印中拥有M600商业轮转机、海德堡四色胶印机及八色轮转机等具有国际先进水平的印刷机群，印后拥有柯尔布斯、马天尼等胶订、骑订、精装三大主流生产线；投资3 000万元，引进国内第一条全数控数字印刷生产线，可以单色双色印刷、在线胶订骑订，具有世界先进水平；开发升级ERP管理信息系统，实现了管理系统信息化和生产管理智能化；拥有一大批训练有素、经验丰富、责任心强的职工队伍，为广大客户提供从制版到印刷、装订的全方位解决方案。

河南新华印刷集团自成立以来，始终重视信用体系建设，严格遵守国家政策法规，认真贯彻落实《印刷业管理条例》《全国印刷行业公约》，全面推动职业道德建设，模范执行产销合同，无主动违约、毁约行为，自觉抵制盗版侵权、非法印刷品的印制，杜绝以压低工价等不正当手段抢夺业务，维护行业利益；依法缴纳各项税费，无偷税、漏税情况发生；依法与职工签订劳动合同，按时发放工资，按时缴纳社会保险和住房公积金；依法经营、诚信经营，为企业实现可持续健康发展提供了信誉保障。

河南新华印刷集团坚持用社会主义核心价值观引领企业文化建设，努力建设和弘扬先进文化，切实增强文化自觉和文化自信。重视精神文明工作，提升职工道德水平和文明素质，充分发挥工会、共青团组织在企业建设中的重要作用，加强企业民主管理，维护职工群众的合法权益，开展丰富多彩的文化活动，提高企业向心力、凝聚力。利用企业网站、“新华印书”微信公众号等媒介，广泛宣传改革发展成果，聚焦一线、聚焦职工、聚焦典型，为企业改革发展创新提供精神引领和文化保障。

三、强化精品意识，严把出版质量

河南省新华书店发行集团有限公司前身为河南省新华书店，是河南省最大的图书、音像、电子出版物一级总发行单位。发行集团拥有一级总发行权和全国总连锁权资质，与所属 18 个市地级新华书店，110 个县市新华书店、外文书店及 1 300 余处城乡网点，共同构成上下贯通、遍布全省城乡的出版物发行网络。

河南省新华书店坚定不移地贯彻“为人民服务、为社会主义服务”的方针，坚持社会效益第一的准则，通过诚信经营、服务读者、创新品牌等举措，谱写了一曲曲辉煌的诚信服务乐章。近年来，河南省新华书店先后被省委、省政府授予“省级文明单位”“诚信纳税大户”“年度纳税贡献大户”称号；被中国出版工作者协会、中国书刊发行业协会评为“诚信经营，优质服务”发行单位；被省总工会授予“五一劳动奖状”“工人先锋号”称号；被省消费维权网、省 315 消费者协会评为“消费者信得过单位”；被省法律咨询协会评为“诚信守法重点保护单位”；被省信用建设促进会评为“AA 级信用企业”“河南省信用建设示范单位”；被省发展与改革委员会授予“河南之星”最佳企业称号，等等。

河南省新华书店强化精品意识，严格把关出版物质量，为读者提供高品位的精神文化产品。近年来，在全国平均每年出版近 20 万种图书品种的情况下，河南省新华书店精选采购品种，积极适应市场需要和市场热点，制定有效的营销活动方案，切实提高卖场上架率和销售总量。按照《出版管理条例》相关法律法规要求，严格把控出版物质量关，通过与所有采购图书品种签订出版社委托书的形式，切实做到了没有合法手续的出版物不进入新华书店的渠道。同时，河南省新华书店坚持质量第一，发好书、卖好书，自觉传播健康向上的文化，弘扬主旋律，发挥正能量，充分发挥了主阵地、主渠道的作用，发行了大量党和国家领导人的重要著作、历史文献、政治理论读物和思想教育读物，及时满足了全省干部群众的学习需要。每年组织的聚畅销、聚划算、畅书汇，已经形成了品牌效应，被广大读者津津乐道。针对不同的读者对象，组织的八一建军节展销、百种青少年优秀出版物、总局向全国青少年推荐百种优秀出版物、中国 30 本好书等展销活动，用优质的活动打造出鲜明的新华特色。

在经营过程中，河南省新华书店严格执行国家和行业法律法规，向读者提供准确的信息，没有从事不正当经营行为，也没有以虚假信息误导读者或采取不正当宣传营销手段。多年来，河南省新华书店坚持诚信经营、合法经营，建立健全了各项规章制度，并严格执行，已经形成了良性循环；强化职业道德教育，培养职工爱岗敬业、诚实守信的优良品质；细化操作规范，操作流程制度化、标准化、长效化，多年来，各级书店未出现破坏行业秩序、违背职业道德等行为，也没有出现任何恶意打折、无序低价竞争等扰乱市场秩序的行为和不诚信行为。

竭诚服务教育事业和读者，赢得良好口碑。全省各级新华书店急师生之所急、想师生之所想、供师生之所需，千方百计把优质服务贯穿到教材发行工作全过程，竭诚服务全省教育事业。多年来，累计为全省教育部门和学校师生、广大社会读者提供了近200亿册图书。课前到书率始终保持在99.9%以上，圆满完成了邓小平同志提出的“课前到书，人手一册”的政治任务。河南省新华书店一直是“书香中原”全民阅读活动的主要承办单位，活动期间，全省书店积极开展各类全省性阅读分享、文化体验、手工体验等活动，以文化的魅力和营销活动的感召力，强化了品牌形象，有力支撑了我省全民阅读、书香中原的建设，被赞为“新华书店文化现象”。

坚持改革创新，提升服务能力，塑造新华书店品牌形象。河南省新华书店省、市、县三级书店协同，加快文化传播服务创新，融合发展业态创新，架构了四个层次、立体化的文化传播服务网络体系。仅在2016年就启动各类卖场新建、改扩建项目69个，新增文化服务阵地面积7.13万平方米，2016年总面积达到30余万平方米。新华书店的发行阵地得到持续坚守、发展和提升，并形成了以大型文化综合体、现代复合式书店、社区书店和校园书店等特色书店，乡村文化电商服务站为代表的实体渠道网络布局。同时，河南省新华书店更加注重通过商业模式创新和管理服务创新，强化渠道网络体系价值定位。在商业模式创新方面，逐渐适应产业新生态、创新产业新形态，连锁卖场正在从单纯的图书销售向以书为主导、为主线的大文化体验阅读分享、互动营销平台蜕变；在管理服务理念创新方面，全省书店树立服务软实力、竞争力、生产力的理念，将服务精神渗透全省上下每一项工作中，落实到每位干部职工，在服务上建立标准，专业敬业，做细做优，形成了新华书店独有的文化服务特色。

河南省新华书店顺应“互联网＋”和媒体融合发展趋势，创立并不断创新“云书网”专业文化电商平台、创新文化服务载体方式、延展深化服务内容内涵、下沉服务网络终端，构建起面向“互联网＋”时代读者个性化、多样性文化生活新需求的线上线下服务体系。截至2016年底，云书网已全方位、多渠道、立体化地融合文化、服务、生活等资源近300万余种，建设完成覆盖全省的128家市县特色馆和电商运营中心，11 000余家社区乡村文化服务站。围绕如何更好更快地将文化产品输送到读者手中，云书网架构了以县级物流分拣中心、“新华快的”班车、乡村服务站为核心的新华快递网络体系，通过整合县域物流快递服务，打造“新华快的”品牌，解决了“散、小、低、差”问题，提升了市场的规范性、科学性和服务的时效性，也真正将图书等文化产品和生产生活用品送至乡村千家万户，切实解决好文化产品和服务下乡“最后一公里”问题。

“人无信不立，事无信不成，商无信不兴。”作为一个有理想、有情怀、有担当的传统国有文化企业，河南省新华书店经过近70年的诚信经营、高效服务、创新发展，使新华书店的品牌形象传遍千家万户、深入人心，得到了社会、政府和广大读者的高度认可和赞誉。在今后的发展中，河南省新华书店将不忘初心，继续前行，坚持以诚信为本，向创立百年品牌的目标奋力迈进。

5. 许继电气：诚信之路，发展之道

诚信，是企业立业、员工立身的道德基石，也是公司履行职责，实现企业与员工、公司与社会共同发展的基本前提。许继电气作为国内电力设备行业的第一家上市公司，始终坚持“诚信经营”理念，加入国家电网公司后，更是恪守“诚信、责任、创新、奉献”的核心价值观，秉承“以人为本、忠诚企业、奉献社会”的企业理念，践行“奉献清洁能源、建设和谐社会”的企业使命，尽心竭力服务党和国家工作大局，服务电力客户，服务发电企业，服务经济社会发展。

2016 年，河南省工商行政管理局发布《关于公示 2014—2015 年度“守合同重信用”企业的公告》。许继电气股份有限公司荣获“守合同重信用”荣誉称号，是对公司整体发展的肯定，更是对公司进一步提升合同管理水平和诚实守信服务客户的鼓励和鞭策。

许继电气股份有限公司成立于 1993 年 3 月，1997 年 4 月 18 日在深圳证券交易所挂牌上市，是中国上市公司协会首批理事单位，国家科技部认定的国家重点高新技术企业，拥有国家级企业技术中心和企业博士后工作站。2010 年加入国家电网后，公司发展进入“快车道”，成为中国电力装备制造行业的领先企业，聚焦特高压、智能电网、新能源、电动汽车、轨道交通及工业智能化五大核心业务，拓展节能环保、智慧城市、智能制造、先进储能、军工全电化五类新兴业务，产品广泛应用于电力系统各个环节，为国民经济和社会发展提供高端能源和电力技术装备，为清洁能源生产、传输、配送以及高效使用提供全面的技术和服务支撑。

在社会各界的关心和指导下，许继电气于 2014 年初完成了发行股份购买许继集团资产的重大资产重组工作，重组交易金额达 23. 82 亿元，实现了许继集团优质资产的注入，公司总股本达到 10. 08亿股，许继电气的经营规模、盈利水平、核心竞争力和资本市场形象大幅提升，公司股票成为智能电网板块的“龙头股”，实现了国有资产的保值增值和全体股东的财富大幅增加。2015 年以来，公司控股股东许继集团在市场行情低迷的情况下先后两次增持本公司股份，提振投资者持股信心，目前持股比例达到 41. 28%。

一、许继的诚信之路是规范运作、稳健发展之路

公司严格按照有关法律、法规的要求，完善法人治理结构，规范公司运作，建立健全与公司治理结构相适应的各项规章制度，保障“三会”制度持续规范运行。按照深交所、河南证监局等上级监管部门的要求组织董事、监事、高管人员参加系列培训，规范公司董事、监事和高管人员的执业行为，持续提高自律意识，推动上市公司规范运作，健康发展。2017 年 6 月，河南辖区举办上市公司 2017

年度投资者网上集体接待日活动，公司董事长冷俊代表河南70余家上市公司就诚信规范、投资者保护等内容做交流发言。

公司持续建立健全内部控制制度体系，保证其日常运行和有效实施，并对执行情况进行监督。近年来，公司响应国家电网和许继集团“依法治企”的号召，进一步规范管理，把内控体系建设融入到整个公司的经营管理之中，强化监督检查，有效规避了法律风险，为公司健康发展、平安发展提供了坚强保障。

公司严格防范内幕交易，通过规章制度宣贯、解读典型案例、开展专题培训与专项检查等多种措施，向敏感岗位人员普及内幕交易法律法规知识，明晰相关法规底线要求，严防内幕交易和泄露内幕信息，预防无意违规，不断提升公司治理水平，维护资本市场稳定，保护广大投资者合法权益。

二、许继的诚信之路是不断提升信息披露质量之路

信息披露是公司与各利益相关者相互交流与沟通的渠道和桥梁，良好的信息披露工作有助于提高上市公司证券市场运作的透明度，提升公司资本市场形象。公司一贯坚持公开、公平、公正的披露原则和高质量信息披露理念，不断提高信息披露的标准和质量，使广大投资者能够及时、准确地获得重要信息，从而防范、减少投资风险。

许继电气是深交所“信息披露直通车”首批试点公司，信息披露工作多年来持续保持优良水平，2011年至2015年，公司连续五年获得深交所年度信息披露考核“A”级(优秀)评价的殊荣。“许继电气”股票被深圳证券信息有限公司列为“最有市场影响力的100只股票”之一，并入选沪深300、深证100、深证自主创新指数成份股和深港通首批投资标的；公司董事会秘书、证券事务代表多次获得“金牌董秘”、河南“优秀董事会秘书”、“优秀证券事务代表”等荣誉，充分体现了监管部门和社会各界对公司规范运作、经营情况及信用状况的认可。

三、许继的诚信之路是积极沟通、真诚相待之路

以信息披露为切入点，公司注重同投资者的沟通与交流，全面推动投资者关系管理工作，逐步实现流程化、规范化。通过定期报告披露后召开投资者电话会或业绩说明会，积极参加相关机构组织的投资者见面会、说明会，接待来访调研的投资者以及在深交所互动平台进行回答说明等形式，与广大投资者建立了良好、融洽的工作关系。

2012年10月，在河南证监局和河南上市公司协会的引导倡议下，公司联合省内部分上市公司签署了《河南上市公司诚信公约》，持续树立许继尚信、守信、互信的市场形象，进一步提高了诚信道德和自律水平，充分发挥了公司作为主板上市公司率先垂范的作用。截至目前，公司已成功举办两届“诚信公约阳光行——走进许继电气”活动，公司董事长冷俊、总经理孙继强及董事会秘书李维扬

与参会来宾进行了热切交流,向监管部门、广大投资者、新闻媒体等社会各界展现了公司诚信经营的真实状况,同时以更开放的思维与更开阔的视野,为公司的健康可持续发展提供了集思广益的宝贵契机。

2016 年,公司参加策略会与投资者交流近 2 000 人次;接待机构投资者对公司进行实地调研、交流 90 余人次;组织定期报告电话会议 3 次,参会投资者 200 余人;通过互动易平台及时回复投资者关注的问题 303 条;接听日常投资者来电 90 余人次,主动与投资者增进交流。

四、许继的诚信之路是贴近股东、市值管理之路

以业绩为基础,提升公司产业发展质量与价值创造能力;维护与监管机构、媒体的关系,为公司发展创造良好的外部环境;适时开展资本运作,拓展产业链条,增强盈利能力;公司控股股东许继集团及公司董事、监事、高级管理人员适时增持许继电气股票,坚定投资者持股信心,维护公司市值稳定。

坚持股东价值最大化是公司市值管理的终极目标。通过采取全方位、立体式的市值管理举措,主动贴近股东,向资本市场传递公司发展的信号,向股东正面传递公司的投资价值,是许继坚持不懈的追求。

五、许继的诚信之路是坚持现金分红、回馈股东之路

公司坚持重视回报投资者的经营理念,兼顾公司可持续发展的原则,并结合公司发展所处阶段、经营状况、盈利规模、项目投资资金等需求,制定了持续、稳定、科学的利润分配政策。

上市至今,累计分配利润 11. 59 亿元,其中现金分红达 7. 28 亿元,2017 年继续坚持现金分红 1 亿元,与广大股东分享公司的经营成果与成长价值。2014 年至 2016 年,公司累计现金分红金额占年均可分配利润的 34. 22%,超额实现了《河南上市公司诚信公约》规定的有关标准,切实为股东创造了利益价值。

六、许继的诚信之路是“质量为先、服务优质”之路

公司以提供坚固耐用产品为目标,围绕公司主流供货产品及用户抽检重点关注的产品性能指标,持续开展“炼钢”行动,强化过程管控与监督问责,追求卓越质量,帮助客户成功,保障电网安全发展和稳定运行。

坚持技术营销、质量营销和服务营销,深化营销服务一体化协同运作,扎实推进大服务体系建

设。搭建了省区、营销平台、产业单位三位一体的履约服务预警体系，建立了从合同签订、执行、交期落实到生产、发货、库存清理等全生命周期的闭环管理机制，提升了履约交付水平和客户满意度。创新业务模式与服务方式，以智能云服务、远程维护及监控、“三重保电”等创新服务为载体，提升公司服务形象，推进营销与服务一体化融合。

七、许继的诚信之路是创新、协调、绿色、开放、共享之路

公司积极履行央企控股上市公司的社会责任，致力于为国民经济和社会发展提供高端能源和电力技术装备，参与建设国内全部特高压交、直流输电工程及新一代智能变电站示范工程、农配网节能改造、“无电区”改造、农村“低电压”治理、城市电动汽车充换电建设等工程，促进电能替代和绿色消费，以支撑电网建设、保障能源安全为己任，为清洁能源生产、传输、配送以及高效使用提供全面的技术和服务支撑。

2016 年，公司加入“国网阳光扶贫行动”，落实中央扶贫攻坚战略部署，肩负国家扶贫攻坚事业的使命，在湖北巴东县溪丘湾乡谭家湾村建设 3 兆瓦光伏电站，帮助该县 14.9 万人获得长期、稳定、可持续的收入，稳步脱贫。

公司在追求价值创造的同时，积极构建和维护公共关系，促进公司与社会的良性互动、和谐相融。在维护公共关系方面，照章纳税，吸纳社会就业，为地方经济发展做出突出贡献，积极构建和当地政府部门、所在社区和街道的良好关系。在生产厂区，减少噪音和环境污染，最大限度为社区和谐做贡献；在社会公益事业方面，设立“爱心基金”，募集善款救助困难员工，开展驻村帮扶、金秋助学、帮弱扶贫等一批社会公益事业，切实以爱心与责任回报社会。

成立至今，公司在股东与债权人权益、职工权益、供应商、客户及消费者权益保护及环保等方面做了一系列积极的工作，以积极的态度和行动彰显“诚信经营”的决心与信念。

展望未来，公司将继续紧密结合国家的产业发展政策，在社会各界的支持和帮助下，继续以“诚信规范”为基石，以技术创新、管理创新、工艺创新、商业模式创新和新材料应用为引擎，以“为经济社会可持续发展提供低碳、节能、环保、智能、互动服务的高端能源装备和系统解决方案”为导向，力争全面建设成为国际一流的能源装备制造和现代服务产业集团。

6. 银鸽投资：砥砺前行五十载　风雨兼程守初心

河南银鸽实业投资股份有限公司(以下简称“银鸽投资”或“公司”)前身为漯河国营第一造纸厂,始创于1967年7月,1997年在上海证券交易所挂牌上市(股票代码:600069)。银鸽投资是河南造纸产业重点龙头企业、产品质量诚信单位,西北地区最大的造纸业综合性企业集团之一。银鸽投资传承华夏千年造纸文明,秉承质量第一的生产理念,今年正是她的五十华诞,在她历经五十载的发展历程中,凭借精湛工艺和完整产业链体系,开创了从采购、制造、销售、环境、安全等体系的共同发展模式。

翻开银鸽投资的发展史册,一页页呈现的都是银鸽人艰苦奋斗、诚信经营、自强不息、勇于奉献、勇攀高峰的铿锵足迹。银鸽投资自2012年签署《河南省上市公司诚信公约》以来,更加注重企业自律建设和资本市场诚信建设,恪守公约条款,积极接受媒体和社会监督,维护和弘扬守信、尚信、互信的市场正气,为河南资本市场良好形象贡献己力。

一、完善公司治理,守约诚信经营

公司严格按照《公司法》《证券法》《上市公司治理准则》等相关规范性文件要求,不断完善公司法人治理结构,建立健全内部控制制度,及时发现公司治理过程中存在的问题,提升公司治理水平,切实保障全体股东和债权人的合法权益。

近几年来,公司在投资者关系管理方面认真践行,2016年8月完善投诉处理、信披暂缓与豁免和投资者关系管理三项制度,无论是去年的股权转让,还是今年的投资者调研和股东大会沟通,公司都从保障投资者利益出发,在投资者关系维护方面,公司一直在不懈努力。

在公司管理效率方面,通过优化组织结构,将公司各管理机构、部门集中整合为采购、生产、销售、财务四大管理中心。四大管理中心的设立使其各司其职、各负其责、互相监督、互相促进、奖惩分明,大大提升了各级管理人员的工作积极性及主观能动性,整体运营效率显著提升。

采购方面,优化采购模式,积极研判市场,快速灵活应对,全面实现采购创效。生产管理上,积极推进消耗产出对标行业先进标杆,节约成本,提升效益。销售管理上,创新营销模式,加强品牌建设,大力推广电子商务平台建设;结合行业景气状况,积极推进先付款后发货战略,大力回拢资金,有效降低公司经营风险。财务方面,积极调整优化公司融资结构,降低融资成本,提升公司资金使用效率,达到公司生产经营整体提效的目的。

二、加强信息披露管理，维护中小股东权益

公司认真按照《上市公司信息披露管理办法》以及《信息披露管理制度》的规定，主动、及时、准确、完整、公平地披露公司经营活动信息以及重大进展情况。

公司加强与上海证券交易所、河南证监局等监管部门的联系，及时汇报涉及公司规范运作和股权转让等重大事项的相关进展情况，积极听取监管部门的意见和建议。

公司非常注重与投资者的沟通交流，将投资者关系管理作为日常工作的重点之一。通过投资者热线、公司邮箱、公司网站等，加强与投资者沟通，严格按照公司内部的规章制度，热情、耐心地接听及回答投资者的电话询问。

"您好，您咨询的事目前……""感谢您的来电，相关进展请及时关注我公司公告。""公司目前还没收到监管部门批复，会积极跟进并及时披露事项进展。""非常感谢您的来电。"……恰逢重大事项进展阶段，投资者咨询来电整整响了一天，工作人员不仅要协调事项，完成相关材料，而且对来电均一一热情、耐心地做了答复。银鸽人饱满的工作热情、严谨的工作态度、高质量的问答服务，不仅表现了公司对投资者关系处理要求的严肃和认真，也体现了银鸽投资砥砺前行中的不忘初心。

2017 年 5 月以来，公司为进行中小股东教育，不定期地在公司网站进行常态化宣传，从市场主体、风险防范、非法投资等角度进行案例教育，对特定案例也进行了针对性分析，达到了一定效果，起到宣传和警示作用，利用官网专模块的宣传，起到了常态化的效果。

三、遵守合同协议约定，切实保护债权人权益

公司在资本市场方面保护股东权益的同时，高度重视对债权人合法权益的保护，严格按照签订的合同协议条款执行，尊重债权人的意愿，全面履行相关责任和义务。

公司自 2010 年发行公司债券以来，一直完整、公平地履行相关责任和义务。近年来受大环境影响业绩下滑，2015 年被上交所实施退市风险警示，披上了 ST 的帽子，虽一方面努力挖潜搞经营减少亏损，另一方面积极进行股票定向增发工作，可是经营任务依旧艰巨。恰逢年末又是公司债券发行满 5 年，按照发行债券募集说明中规定，意向债券人可要求公司对其债券进行回售，因对公司经营任务能否完成的不确定性，多数投资者来电或到访咨询，在顶着艰巨任务的压力下，本着不忘始创之初的企业匠心，公司真实、准确、及时、完整地对债权人所提各项问题进行答复，并于 2015 年 12 月 11 日、14 日对公司债券进行了回售申报，该次回售比例达 87.68%，均按期支付了债券利息款。

今年年底，公司 10 银鸽债将到期兑付，公司也提前预留了资金，保障按规如期支付本息，维护债权人利益，做到不忘初心，诚以待人。艰难方显初心，银鸽投资尚信、守信、互信的诚信作风，不仅

保护了企业债权人的切实利益,更传递了正能量,树立和维护了河南上市公司在资本市场中优秀的诚信形象。

四、持续提高研发投入,守信质量诚信第一

公司一直坚定执行诚信公约条款,持续加大研发投入,大力发展全产业链,保证产品质量优先,保障消费者权益。公司通过提升产品完整产业链,健全全过程追溯系统,进行打假冒专项治理行动,严保产品质量安全。

银鸽投资以研发保障质量,夯实发展根基,致力于技术革新与创新,推动行业整体技术进步。2012年被河南省质量技术监督局评为质量诚信AAA级工业企业。多年来,公司参与制定的《卫生用品用吸水衬纸》(QB/T 4508—2013)、《防油纸》(Q/HYG 008—2013)、《格拉辛原纸》(Q/HYG 007—2013)等多项企业标准,分别获得通过并实施。其中仅2016年,公司就在废纸抄造、衬纸、湿强纸等方面进行开发和研究,被受理的申请专利多达8项,其中发明专利3项。

研发是动力,产品是基础,质量是保障。产品研发升级成了打开市场、提升知名度要做的坚实一步,期间的许多事迹也伴随着企业一路前行。

自银鸽生活纸投产以来,随着人们对卫生纸品要求的不断提高,湿水柔韧的手帕纸备受青睐。2014年,银鸽创新工作室主管李俊巧带领她的团队开始了"高湿强手帕纸"的研发。在车速1 500米/分钟的高速纸机上生产如此大克重的湿强纸,国内几乎没有可借鉴的经验,她和她的团队们不断查资料、出方案、下现场,从原料配比,到助剂用量,再到车速控制,她们不怕失败,不断尝试。产品研发持续了整整半年才获得试机成功,自己负责的数据不达标,就吃住在厂,直到目标达成。这半年也正是李俊巧女儿高考最关键的时刻,"虽然她不能陪着我,但她对工作的执著和坚持深深地影响着我,激励着我向前"。女儿将录取通知书递到母亲手里时这样说道,当时她的心里虽有一丝愧疚,但更多的是喜悦。

2017年,公司的新产品银鸽竹浆本色纸研发并量产成功,瞄准市场对本色纸的需求,利用自身竹浆原料优势,大力研发新品适应市场需求,刚投产产品就供不应求。公司基于成品终端发力,发展电商销售,取得了较好的成绩,尤其在"双11"节当天就达百万的销售额,银鸽投资敢于创新、勇于改变、争先顺应市场潮流,相信在未来我们会做得更好。

五、抓好"双创"建设,维护职工权益

公司一直坚持"惠及员工"的企业使命,通过对各项制度的完善,将切实维护和实现全体员工的利益提升至关键高度,各项工作的开展,将职工权益的保护落到实处;通过举办各项内外部活动,提升员工综合素质和身心健康,使职工和企业共同成长。

1. 普惠职工,践行职责

公司严格遵守《劳动法》《劳动合同法》等法律法规的要求,切实保护职工的合法权益,与所有员工在平等自愿、协商一致的基础上签订《劳动合同》,办理医疗、养老、失业、工伤、生育等社会保险和住房公积金。

秉承"惠及员工"的企业使命,按照相关规定和标准制定了包括社保、医保、休假等在内的薪酬福利制度,提出"W"型人才发展体系,并不断完善绩效管理和综合培训体系。

2. 培训为先,人尽其才

公司不断推进员工培训工作,积极健全以安全、知识、技能、管理等为基础,以企业发展为导向的培训学习体系。近年来,公司确立的内部培训师制度,涵盖了安全、环保、人力资源、行政管理、企业管理、审计、政工等高覆盖、全方位的培训体系,内训师队伍的不断壮大和健全也意味着公司培训工作更加规范化、高效化和专业化,增强了各部门的工作配合度,同时也体现了企业对"人尽其才"用人理念的贯彻和实施。

3. 健全内部交流,增强员工归属感

自 2002 年就实施的公司内部刊物《新银鸽》持续发刊并不断创新,伴随企业一路成长。企业内部自发建立的"小米粥""银鸽之家""温暖舌尖"等各项服务社交平台的产生,也不断丰富着员工之间的交流,加强了员工的归属感,增进了员工间的文化互动和对企业的信任,传达了公司的人文关怀,增强了企业凝聚力。

公司历来将企业发展和社会责任相结合,将发展目标和社会责任相结合,努力带动当地经济和社会发展,继续倡导节能减排、绿色环保,努力实现企业的社会价值和自身价值相统一,推进公司可持续发展。

公司一直严格按照《上海证券交易所上市公司规范运作指引》等相关规定,合法按规地进行相关信息披露义务,积极维护公司股东、客户、消费者和分公司的权益保护。积极落实安全生产、节能减排、权益维护工作,同时积极履行社会责任。五十载的风雨兼程,公司取得的每一份成果都离不开社会各界的关注和支持。银鸽投资在推动行业发展的同时,还要做社会诚信企业、合规企业、良心企业,致力维护投资者和职工的合法权益,维护河南企业在资本市场中诚信守约的良好印象。

作为公司管理层,我们将通过努力提高经营业绩,努力实现企业价值最大化,来回报广大投资者。未来,我们将砥砺前行,进一步贯彻和落实国家大政方针,将履行企业诚信和社会责任贯穿企业经营和管理中,为社会事业发展和民生改善做出更大的贡献。

7. 宇通客车：以君子之道治企

董事长谈诚信

宇通客车董事长汤玉祥：壮大民族产业　引领行业发展

作为一家公众公司，我们非常重视诚信建设，秉持“崇德、协同、鼎新”的理念，恪守“正于心、忠于事、敏于行、精于业”的标准，遵照依法治企的原则，坚持“以客户为中心”和“以员工为中心”的经营理念，以壮大民族产业、引领行业发展为己任，通过与合作伙伴的共赢，持续为客户创造价值，继而造福社会、兴旺企业、富裕员工、回馈股东。

公司自1997年上市以来，一直致力于做大做强企业，在规范中寻求发展，在发展中持续创新，在创新中不断超越，取得了持续、快速、健康的发展，公司的不断成长得益于国家经济的快速发展，更得益于资本市场的大力支持，包括IPO在内公司共进行了四次融资，为公司提升产能、抓住市场机遇提供了资金保障。目前，公司是MSCI中国指数、上证180指数、沪深300指数、上证红利指数、上证公司治理指数、上证社会责任指数的成份股，能够入选这些指数，说明公司在治理、分红、社会责任、行业影响等方面得到了资本市场和专家的认可。

公司将继续按照中国证监会、河南证监局的要求和上市公司协会的自律准则加强治理、规范运营、主动沟通、回报股东，打造良好的资本市场形象。

正文

一、回馈股东　上市至今派现超百亿

2017年6月份，持有1.5万股宇通客车的老股民包先生账上收到2016年度的分红15 000元，就在去年，他也同样收到了2015年度的分红15 000元，去年他持仓宇通客车1万股。包先生拿着这支股票有十年之久，不管怎么调仓，始终舍不得抛掉宇通客车，“宇通每年的分红都不少，我炒过很多支股，像宇通对股民这样慷慨的真不多，而且公司业绩也一直在增长”。

比如2015年度，年报信息显示，2015年宇通客车实现营业收入312.11亿元，同比增长21.31%；母公司净利润29.9亿元，同比增长43.53%，当年可分配利润26.91亿元。同年宇通客车的分红方案是每10股派发现金红利15元(含税)。

这一分红方案被很多媒体关注，并称其为"A股史上最'豪'的分红方案"。根据测算，按照目前宇通客车股本22.14亿股来计算，每10股分红15元，最后将分掉33.2亿元，这一数字达到其2015年母公司可分配利润26.91亿元的123.41%。[①]（见表2-1）。换句话说，宇通客车2015年分红超过了当年可分配利润的23.41%。这一魄力非任何公司都可为之，而按照其当时股价计算，其股息率高达7%左右，不得不说宇通客车对投资者是十分的慷慨。

表2-1　宇通客车历年分红　　单位：元

年度	净利润（母公司报表）[②]	可分配利润	派现（含税）	派现率
2016	3 963 448 505.07	3 567 103 654.56	2 213 939 223.00	62.07%
2015	2 989 922 437.41	2 690 930 193.66	3 320 908 834.50	123.41%
2014	2 083 472 182.65	1 875 124 964.39	1 477 332 262.00	78.79%
2013	1 833 053 630.60	1 649 748 267.54	636 854 931.00	38.60%
2012	1 536 153 470.23	1 382 538 123.21	493 700 613.00	35.71%
2011	1 184 172 933.21	1 065 755 639.89	202 098 177.00	18.96%
2010	868 270 074.94	781 443 067.45	155 967 516.90	19.96%
2009	569 881 711.26	512 893 540.13	519 891 723.00	101.36%
2008	582 085 942.96	523 877 348.66	311 935 033.80	59.54%
2007	312 269 413.17	280 741 530.42	279 941 697.00	99.72%
2006	226 372 927.90	203 735 635.11	199 958 355.00	98.15%
2005	185 677 970.33	157 826 274.78	266 611 140.00	168.93%
2004	143 683 639.98	122 131 093.98	102 542 746.00	83.96%
2003	128 254 588.06	109 016 399.85	54 689 464.40	50.17%
2002	104 058 010.26	88 449 308.72	—	—
2001	98 425 147.00	83 661 374.95	82 034 196.60	98.06%
2000	78 707 896.71	66 901 712.20	82 034 196.60	122.62%
1999	70 690 625.76	60 087 031.89	—	—
1998	52 748 101.05	44 835 885.89	56 910 867.00	126.93%
1997	42 632 652.22	36 237 754.39	43 800 000.00	120.87%

资料来源：宇通客车官网

有业内人士对此表示："大比例的分红，是成熟型的企业在日常经营、正常投资等不依赖于此前的利润累积，而是靠当期收入和经营现金流就能够覆盖的情况下，具备给予投资者更多分红的能力。而这样做，也会使得其股价更有吸引力，也更具有价值投资潜力，使得投资者长期持有。"

事实上，从上市伊始，宇通客车即保持了高比例分红的传统。宇通客车官网资料显示，公司自1997年上市以来，在业绩增长的同时，公司始终延续了大比例现金分红的股利分配政策，上市20年分红18次，累计派现超105亿元。

① 合并报表中归属于上市公司股东的净利润。

② 此表格中的净利润为母公司报表口径，根据财政部《关于编制合并会计报告中利润分配问题的请示的复函》（财会函〔2000〕7号），编制合并会计报表的上市公司，其利润分配应当以母公司的可供分配利润为依据。

如此大手笔的分红,使得宇通客车在A股上市公司中赢得了“慷慨大方”的美名,常常出现在分红榜前列。除了受散户青睐之外,也备受机构投资者的垂青,根据宇通客车2017年半年报,香港中央结算有限公司持股比例达10.76%,为公司第二大股东;中国证券金融股份有限公司持股比例为4.59%,为公司第三大股东;中央汇金资产管理有限公司持股0.97%,为公司第七大股东。

2013年7月,由河南证监局指导、河南上市公司协会组织的“河南上市公司诚信公约阳光行”活动第一站就走进了宇通客车,宇通客车董事长汤玉祥在面对投资者提问时说:“宇通做人做企业,都是很厚道的。”他建议投资者,想炒短线就不要买宇通的股票,因为宇通更适合长期投资。

股民雷女士听完汤玉祥的讲话后,觉得宇通的前景很不错,“买宇通的股票还是应该长期持有,宇通每年持续给投资者现金分红,这个很吸引我,这点国内很多上市公司都做不到。宇通遵循诚信的原则,重视投资者的回报,整体而言我对宇通印象不错,我很有信心投资”。

曾任河南财经政法大学工商管理学院院长的刘汴生以翔实的数据对宇通客车进行了剖析:“投资者都非常关注股东回报的问题,我来简单说几个数据,以2011年为例,美国的上市公司平均现金分红是37.95%,英国是36.06%,日本是32.87%,韩国是18.97%,我国是31.46%,而宇通是51.48%,从这个指标上看,是高于其他发达国家及其他上市公司的。”所以刘汴生认为,宇通客车“有君子之道四焉:其行己也恭,其事上也敬,其养民也惠,其使民也义”。

二、持续投入　研发创新驱动发展

河南上市公司协会秘书长康红仲表示,选择宇通作为首站,是考虑到宇通客车一直稳居行业龙头地位,在企业文化和诚信经营上也下足了功夫,因此也获得了良好的社会形象和良好的口碑,应该说是河南上市公司的名片之一。

宇通客车为何能成为河南上市公司的名片?宇通客车董事长汤玉祥介绍了宇通的三大核心竞争力。第一是企业文化,文化是价值观,宇通从开始就以中华民族传统优良文化来统一大家的价值观,并贯彻执行下去。汤玉祥认为,这是宇通最重要的核心竞争力,这样的企业文化也塑造了一支优秀的宇通团队,是支撑宇通快速发展的钢筋,这也是第二个核心竞争力。而第三点,就是创新。

创新几乎是所有想要发展的企业都会挂在嘴边的词,但是否会落实到实际行动中,则又是另外一回事,而宇通是切切实实把创新作为企业发展必须的功课。“中国的经济在不断变化,产品也在不断变化,这都在改变着社会,也在推动着我们去改变,如果没有创新的能力与氛围,我们就不可能走到前沿。”汤玉祥说。

宇通客车的产品主要用于公路客运、旅游客运、公交客运、团体运输、校车、专用客车等各个细分市场,拥有200余个产品系列的完整产品链。宇通客车董秘于莉介绍,宇通客车从2004年就已经被认定为高新技术企业,从2004年一直到现在每年的研发投入都在当年营业收入的3%以上。2016年年报披露,公司当年的研发支出达14.58亿元,占营业收入的4.07%,在同行业中居于较高水平。

宇通客车的研发和创新一直走在行业的前列,研发成果也很丰硕,尤其在节能与新能源客车领域有着许多关键的创新。在汤玉祥眼中,推广新能源客车对宇通来说不仅仅是商业行为,更是一个负责任的企业公民对我们经济社会发展应负的责任。在2013年的两会上,他就针对雾霾问题提交了《关于"加快推广普及常规混合动力客车,加大纯电驱动客车示范规模"的建议》。

宇通客车前瞻性地早早布局新能源客车,于1999年开始进行电动客车的研发,自主研制了第一款纯电动客车,2005年研制了第一款混合动力客车,2008年完成了低地板混合动力客车的开发并示范运行。2009年正式组建新能源技术部,致力于电动客车核心技术的研发和新产品开发,形成了自主知识产权和多项行业内独有新技术,比如建立了国内最专业的电动客车车辆远程监控系统,运用网络技术和信息传输技术,对车辆状态、动力电池、动力系统、电附件系统等进行远程无线、实时监控,后台备份数据,实现故障诊断自动化、运营维护数值化、安全监控自动化。

在智能化领域,宇通客车在2015年完成世界首例自动驾驶客车开放道路试验,成功完成跟车行驶、自主换道、路口自主通行、站点停靠等试验科目,是全球无人驾驶客车在开放道路条件下全程无人工干预的首次成功运行。2016年宇通自动驾驶电动客车样车在北京自主完成了巡线行驶、变道超车、定点停车等公交模拟运营工况,在环境感知技术、多传感信息融合技术和智能决策技术等方面实现了重大技术突破,引领着客车自动驾驶技术的发展。

这些研发成果得益于宇通领导层一直秉持的创新意识,建立了一支强大的研发队伍,截至2017年6月底,公司拥有研发人员3 285人,占公司总人数的20.87%,其中博士36人,硕士431人。公司拥有客车行业内首家"博士后科研工作站"、行业内首家"国家认定企业技术中心",组建了"客车安全控制技术国家地方联合工程实验室""国家电动客车控制与安全工程技术中心"等科研创新平台。

公司还是科技部等四部委认定的"国家首批创新型企业"、行业内首家"国家火炬计划重点高新技术企业"和"国家技术创新示范企业"。截至2017年6月底,宇通客车拥有有效专利1 203件,其中发明专利113件。

而对外,宇通客车还与清华大学、北京理工大学、吉林大学、哈尔滨工业大学、同济大学、郑州大学、中国汽车技术研究中心、中国汽车工程研究院等国内知名高校和科研院所建立了产学研合作关系,集成优势科技资源,提升了研发水平和创新能力,已获得国家及省、市级科技进步奖19项。

不断创新的产品品类和产品性能让宇通客车不仅在国内连续十多年市场占有率和销量位居行业首位,稳坐龙头地位。难能可贵的是,尽管在这几年全球政治经济形势复杂多变,国内经济增速持续放缓,传统客车市场下滑的压力之下,宇通客车依然能保持强劲的增长动力,统计数据显示,近几年带动宇通快速增长的三大引擎分别是洞察先机的校车、厚积薄发的新能源车和逆市而上的海外市场。

三、精益求精　产品质量成为标杆

每天驰骋在公路上,客车质量关乎乘客的生命安全。俗话说,市场是检验产品的试金石。如今行驶在中国大地上的大中型客车、新能源客车、纯电动客车、校车等各种车型,很多都是宇通客车的产品。近几年,宇通客车这几类产品市场销量持续大幅度增长,并长期占据企业规模和销售业绩行业第一的宝座,这就充分证明了市场对宇通客车的信赖。

比如,在家长最关注的校车方面,就形成了宇通校车一统天下的局面。根据统计数据,宇通校车是中国首家累计销量破万的校车制造商。宇通客车在校车研发与生产上狠下功夫,生产出具有多重防护功能、全钢骨架的放心校车,汤玉祥表示:"在校车安全上,要给孩子最好的。"

2016 年 7 月 9 日,在人民大会堂,宇通客车与北京加拿大国际学校、起点(北京)校车运营公司举行了战略合作签约仪式,宇通校车今后将成为中国加拿大国际学校采购的唯一指定校车,为全国 19 所分校学生提供上、下学交通服务。

除了服务北京加拿大国际学校外,宇通校车还服务于北京通州华仁国际学校、广州国际学校、青岛中加学校、深圳中加学校等多家高端国际学校,甚至包括美国学校、协和教育集团、韩国学校以及宋庆龄学校等众多国内高端国际学校在内,宇通校车也成为了其校车队伍中的绝对主力。值得一提的是,宇通在上海高端校车市场,独占 6 成以上份额,可以说,宇通校车已经成为很多中国高端国际学校校车的不二选择。

作为国内安全校车的积极倡导者以及中国校车行业标准的制定者之一,宇通校车不仅是高端校车市场的首选,也是所有学校的最爱。2016 年,宇通校车销售量约 9 000 辆,市场占有率 36%。在相对沉寂的校车市场上,宇通做得风生水起,校车订单不断。

实际上,宇通客车不仅凭借整车质量安全保障、操控安全保障、预警安全保障、学童专属安全保障、逃生安全保障、防护安全保障等全面的安全保障体系坐上了中国校车第一品牌的宝座,而且在天然气客车、新能源客车、BRT 公交车、机场摆渡车、定制房车等领域也拥有相当强的市场竞争能力。

金杯银杯不如消费者的口碑,宇通客车长期以来坚持以客户为中心,在造车技术和工艺上践行精益求精的"工匠精神",为行业客户提供高质量的产品,保障广大客户的权益,承担作为领头羊所应承担的行业责任和社会责任,由此深入民心,赢得了不同消费者的肯定与信赖。

宇通客车始终秉承着"预防为主,策划在先"的质量管理理念,从质量管理体系、配套件质量控制、生产过程等各个环节严格控制产品质量,整合各种资源切实保证每辆宇通客车达到"零缺陷",确保产品质量在最大程度上令客户满意,并保持在同行业的领先地位。2014 年,宇通客车被工业和信息化部评为"工业企业质量标杆",也是国内客车行业唯一获此殊荣的企业。

业内专家表示,进入 21 世纪,全球工业化步入产品内分工的新阶段,市场竞争日益加剧,质量成为了企业生存和发展的关键。宇通客车作为我国客车行业的龙头企业,可以说,宇通的整套质量管理体系是遥遥领先于行业平均水平的,此次获奖也是对宇通长久以来在质量管理方面精益求精的认可。

不仅如此,宇通客车还坚持质量管理转型的战略方针,逐步向"质量保证+质量预防控制"转型,不仅要实现产品质量领先国内对手,还要达到国际主流客车水平。2015 年公司有效提升了各环节质量管控"向前端转移,纵横向管理、提前识别预警质量风险"的能力,系统提升了生产、工艺、技术保证能力,有效提高了整体质量管理水平。

凭借过硬的质量，宇通客车不仅在国内销量领先，而且走出国门，把“中国制造”推向世界。如今，宇通产品已远销英国、法国、俄罗斯、委内瑞拉、古巴、澳大利亚、菲律宾、沙特、尼日利亚等30多个国家与地区，受到客户的普遍信赖，并在阿联酋(迪拜)、澳大利亚、俄罗斯、委内瑞拉、古巴等建立多家子公司或办事处。

从2005年向古巴出口第一批客车，经过十多年的发展，如今宇通客车在古巴当地市场的客车占有率达90%以上，数量超过6 700辆。除了景区停靠的旅游大巴之外，古巴的公交车、校车、长途大巴等，大部分都是宇通客车，这不仅大大改善了古巴人的出行条件，也让“宇通”一词为很多古巴人所熟知。

一位旅游大巴司机说：“我开着宇通大巴去过关塔那摩，几乎穿行了整个古巴。在最长的一趟旅行中行驶了3 625公里，开了29天，整个旅行感觉很好、很舒适，宇通大巴很安全、很可靠。”

凭借良好的产品性能、优质的售后服务及稳定的配件渠道，宇通客车在古巴市场上取得了巨大成功，并被业界称为“客车行业拓展海外市场的‘古巴模式’”。除古巴外，宇通在拉美市场也占有举足轻重的位置。宇通在拉美市场的客车总出口量已经超过18 000辆，累计出口额超过16.5亿美元。

用诚意换来用户的满意，用品质打造“中国制造”的口碑，这是宇通客车可以走出国门，走向世界的关键。2004年至今，宇通在海外市场累计销售了超过54 000辆大中型客车，占我国客车出口份额超过1/4，已连续多年稳居行业首位，成为“中国制造”走出去的引领者和新典范。2015年，中共中央政治局常委、全国人大常委会委员长张德江视察宇通时，称赞宇通“给中国客车争了光”。

站在“中国制造2025”的大背景下看宇通客车的发展，更是对这家民族企业发挥的领头作用感到由衷钦佩。因为要实施“中国制造2025”，推动我国制造业由大变强，不仅要在一般消费品领域有所作为，更要在技术含量高的重大装备等先进制造领域勇于争先。宇通客车凭借强大的研发创新实力和过硬的产品质量，为推动“中国制造强国”建设做出了自己的贡献。

四、服务诚信　满足客户期望

2009年7月的一天上午，一位张姓顾客开车到宇通的一个维修站修车。车修好后张先生找到维修站的李站长，要求发票数额多开一些，并承诺给李站长一定好处费。被拒绝后，张先生又说：“我的生意不算小，以后常来，你们也能多赚点，就算互惠互利嘛!”李站长仍然没有答应，并坚决地告诉他，宇通是个讲诚信、讲正气的企业，这种生意在宇通的维修站谈不成，即使丢掉这一单业务，他也要坚守宇通人的原则和底线。

坚持正气和诚信不会吃亏，事实上，后来宇通维修站不仅没有失去那单生意，反而赢得了更多的客户。被李站长严词拒绝后，那位张先生没有生气，而是乐呵呵地笑起来，原来，他并不是受雇的司机，而是真正的车主。那段时间，他发现个别驾驶员几个月来维修车辆频繁，费用也较高，感觉不对劲儿。调查后发现，驾驶员与一家修理厂串通作假。于是他假扮司机暗访，希望找到一家服务规范的维修站。后来,他不仅指定自己雇请来的驾驶员到宇通这家维修站维修车辆,还介绍了其他朋友来。

诚信是宇通售后服务坚持的一条原则,而贴心则是宇通客户服务的另一条准则。宇通拥有行业内最大规模的服务团队,分为服务专家和服务工程师,总人数达 360 余人,分布在全国 14 个服务大区,随时为客户提供维修、配件、技术等服务工作。服务网络完善,宇通拥有行业内覆盖最广、服务半径最短的服务网络,通过 1 200 余家宇通客车特约服务网点及 180 余家配件储备经销商,将服务半径缩小至 60 公里,为宇通客车用户打造了全面、周密、高效的服务保障网。并且宇通还是行业内唯一一家在全国建立了 9 家独资 4S 中心站的客车生产商,中心站集技术服务、信息反馈、配件供应、技术培训于一体,形成了以郑州为中心、以中心站为支点的辐射全国的售后服务网络。这些贴心的举措为宇通赢得了“中国商用车服务评比金牌服务商”“奥运优秀服务保障奖”“商用汽车售后服务总评榜金鼎奖”等荣誉。

宇通客车董事长汤玉祥说:“宇通的成功与服务的前瞻性和满足客户的期望是有关系的。你所做的工作能不能达到好的效果是由客户来说话的,我们在这方面的标准要更高。”

汤玉祥还表示,服务必须先打阵地战,这是宇通在国外市场竞争的战略,“在车去之前先把服务做好,必须要符合各种指标。我们对于解决问题的时间都有要求,这是考核管理人员与服务人员是否做好了各自工作的标准,只要做好了就会形成正循环”。

五、以人为本　为员工搭建发展平台

有一种公司叫别人家的公司,有一种老板叫别人家的老板。宇通客车就是很多人羡慕的“别人家的公司”。

2017 年 2 月 13 日,宇通在河南省人民会堂召开总结表彰大会,并对 2016 年涌现出的先进集体和个人进行表彰和奖励。其中劳动模范 10 名,每人奖励 60 克金牌一枚;优秀共产党员 10 名、质量标兵 10 名、青年岗位能手 10 名、销售标兵 10 名,每人奖励 50 克金牌一枚。

2016 年宇通客车发布公告称,公司决定通过对原有项目子公司进行增资、新设项目子公司以及提供项目周转资金的方式,增加对职工住房安置项目的投资,新增投资额不超过 26 亿元,总投资额不超过 38 亿元,新增开发住宅面积不超过 131 万平方米(包含底层商业、车库、保障房等配套,下同),总开发住宅面积不超过 181 万平方米,部分作为自有公寓,解决入司时间较短员工及生产一线员工的周转住宿问题,其余定向出售给员工,主要解决工作稳定且有经济能力的员工的集中安家问题。

据悉,宇通及子公司近几年投资的新生产基地均位于郑州市经济技术开发区的郑州国际物流园内,该区域距离市区较远,配套极不成熟,周边可供居住的成熟社区较少,而公司员工数量比较多,自行解决住房问题比较困难。所以公司决定自建房,部分作为员工公寓,部分定向出售,以安置员工,增强干部、员工的稳定性。“这绝对是感动中国的好老板啊!”有网友看到这条消息后感叹道。

而更让人“羡慕、嫉妒、恨”的还有，2015 年双节期间，宇通客车不仅给员工中秋、国庆连休 11 天的超级福利，还鼓励员工带薪去古巴旅游，个人最低补助 8 000 元，最高 15 000 元！宇通鼓励员工古巴旅游的目的是让员工实地感受宇通在古巴的影响力和口碑，增加员工的自豪感、归属感。

宇通一直强调“以人为本”“以员工为中心”。“以员工为中心”说着容易落实难，要有底气，更要靠行动。据宇通工会主席介绍，宇通对员工的扶困解难不设预算限制，实现全覆盖，按需要进行帮助；通过多种渠道为员工提供优惠住房；发放福利品种让员工投票自己选择；每年的重阳节宇通会为员工父母送上贴心礼物等。更重要的是，为员工搭建成才成功平台，员工可分别通过管理职位的晋升及专业能力的提升实现职业发展。

六、以德立企　向社会传递正能量

企业界有个观点，即所有的行业竞争，经由了价格竞争、技术竞争之后，最终将会是文化的竞争。

文化竞争力正是宇通客车竞争力的核心，宇通客车董事长汤玉祥曾多次强调这一点。宇通客车的价值观是以德立企，弘扬中华美德，塑造职业品德。对于“德”字，宇通有着自己的理解，这也表现在每年的社会责任报告中。

2015 年，宇通客车秉持“助人自助”的公益理念，系统实施“爱心宇通”“展翅计划”和“社会开放日”三大系列公益活动，践行“造福社会”的企业承诺，全年累计捐款 3 400 余万元，救困 16 000 余人次。全年开展志愿者活动 110 余次，展现了宇通人的担当和博爱。

尤其值得一提的是，2015 年是抗日战争暨世界反法西斯战争胜利 70 周年，宇通启动的“宇通致敬抗战老兵”项目在行业内反响强烈，该项目累计投入 2 300 万元。

2016 年，宇通继续依托三大公益平台，深入开展“致敬抗战老兵”“金秋助学”等项目，全年累计捐款 800 余万元，救困 8 000 余人次，组织志愿者活动 60 余次，荣获了第三届“郑州慈善风云榜”慈善企业奖。

宇通客车在诚信纳税、用技术创新和管理创新引领行业发展、代表民族工业走向世界的同时，以热忱的公益之心回报社会，用自己务实的行动向行业和社会输送正能量。

在宇通，员工在参加公司公益活动外，还有人自发捐献造血干细胞挽救生命，有人勇入火海救出邻居的孩子，有人主动为客户提供超值高标准服务。在宇通，弘扬正气是公司领导干部行为指南的 7 条要求之一；员工如果不孝敬父母，可能被免职，严重的可能会被开除；在这里，价值百元以上的礼品要上交，在年终总结表彰会上通过抽奖的形式回馈给员工……这些行动不是零碎的缩影，而是汇集一体、内化于心、外表于行的宇通文化。

在宇通客车企业文化建设过程中，宇通客车始终谨记对利益相关方的承诺，为客户、员工、行业，乃至全社会，创造最大化的价值回报，并以此为目标，勇于担当，不断突破。在企业不断壮大的过程中，宇通客车不仅仅只关注自身发展和企业利润，而是以脚踏实地的行动履行着企业的行业责任和社会责任，并始终坚持将公益行动与品牌营销分开，用真正的行动塑造属于宇通的独特文化。

8. 郑州煤电：持徙木立信之心　铸企业规范发展之路

董事长谈诚信

郑州煤电董事长郭矿生：从哲人的“人而无信，不知其可也”，到诗人的“三杯吐然诺，五岳倒为轻”，从民间的“一言既出，驷马难追”，到官方的“提高政府公信力”……几千年来，“一诺千金”的佳话不绝于史，广为流传。党的十九大更是将诚信建设提高到了一个新高度，政府也将诚信建设作为施政的重要方面。作为国有重点煤炭企业A股第一家上市公司，郑州煤电视诚信为生命，认为诚信是企业形象、是市场、是效益、是无形资产、更是企业核心竞争力。

作为《河南上市公司诚信公约》首批签约单位，郑州煤电股份有限公司(以下简称“郑州煤电”或“公司”)始终认为诚信是上市公司立足资本市场之基，坚持以“诚信建设”为核心，视诚信为生命。加入诚信公约组织五年来，通过营造诚信氛围，构建诚信体系，履行诚信义务，巩固诚信纽带，防范失信风险，增光诚信形象，将诚信贯穿于企业安全生产、经营管理始终，推动诚信建设制度化、规范化、长效化，有效促进了郑州煤电生产经营工作的健康持续发展。

一、加强舆论引导，营造诚信氛围

发展任重道远，诚信弥足珍贵。为在公司营造“守信光荣、失信可耻”氛围，着力推进诚信建设规范化、长效化，郑州煤电在各基层单位深入贯彻落实《公民道德建设实施纲要》，加强舆论引导，坚持宣传教育和实践活动相结合，长效管理与集中整治相结合，全面推进与重点突破相结合，积极倡导和弘扬诚实守信的良好风尚，强化责任意识、诚信意识、敬畏意识、服务意识。

米村煤矿、超化煤矿坚持教育为先理念，以加强诚信建设为切入点，通过发放倡议书、设立专栏、发布公益广告等多种形式开展宣传教育活动。开辟“诚信红黑榜”，彰扬诚信现象，鞭笞失信行为；层层签订安全、服务承诺活动，探索和建立了奖励诚信、约束失信的工作机制，推进了全矿诚信体系建设。

告成煤矿在原有“明星班组”和“金牌员工”评比基础上，导入“道德银行”这个概念，每位职工做一件好事，就在“道德银行”存入“道德币”，月末将“道德币”转化为工分给予奖励。通过“道德银行”的推广，不仅涌现出了一大批的“道德之星”、“文明之星”等，而且矿风也进一步改善，职工们纷纷以先进人物为榜样,爱岗敬业、乐于奉献,为矿井逆势突围不断积聚基层力量。

新郑煤电和白坪煤业利用道德讲堂,开展以社会公德、职业道德、家庭美德为主要内容的道德实践活动,激励和引导职工学先进、弘正气。通过开展“安全诚信文明员工”评比活动,进一步提升干部职工的道德素质和文明程度,引导干部职工树立诚信意识,在矿区营造“守信光荣、失信可耻”的良好氛围。

芦沟煤矿和教学二矿秉承诚实守信的办矿理念,积极践行社会主义核心价值观,坚持以诚信个人建设为基础,以诚信企业建设为目标,按照“个人诚信汇集企业诚信”的创建思路,以物质、荣誉双重奖惩的方式,引导广大员工忠诚履责、爱岗敬业、诚实守信,在全矿形成人人争当诚信职工的新风尚。

通信公司、东风电厂和机关等地面单位和科室建立“一诺一评”制度。全体党员结合工作实际签订《党员承诺书》,并予公示接受群众的监督;通过拓展训练增进员工沟通信任;通过360度点评对任务落实进行评定,即定期开展党委书记点评、党支部点评、党员点评、职工群众点评等多纬度提出意见和建议,由职工代表进行监督,从而更好地促进了企业目标任务的完成。

二、加强制度建设,构建诚信体系

诚信是效益、是无形资产。郑州煤电把诚信建设纳入企业发展战略,融入企业文化,渗透到各项管理工作中,充分发挥企业骨干、精英的模范作用,把诚信经营、诚信服务理念化为自觉行动。

增强职工信誉意识和质量意识,强化内控工作流程中步步“留痕”。多年来,郑州煤电不断完善诚信建设长效机制,完善诚信奖惩制度,结合上市公司内部控制体系,建立健全了《安全生产承诺制度》《煤质纠纷责任追究制度》和《投资者投诉处理工作制度》等20余项涵盖公司生产、采购、销售、财务及投资者关系等各方面经营管理中与诚信相关的规章制度,并在工作流程中抓好落实,以此规范企业、职工与各利益相关方的诚信行为,切实负起企业在社会诚信建设中的主体责任。激励职工立足岗位,诚信做人、诚信做事、诚信劳动,提升岗位技能,生产高质量的产品,提供一流的服务,为建设一流企业做贡献,从而大大加强了诚信制度建设,构建诚信闭环体系,使诚信建设环环相扣,良性循环。

三、加强安全诚信,提升安全水平

习近平总书记指出:安全生产,人命关天,发展决不能以牺牲人的生命为代价,这必须作为一条不可逾越的红线。安全生产是煤矿企业的天字号工程,既是经济问题、也是社会问题、还是重大政治问题。如果缺乏安全诚信,将会为企业健康发展带来诸多隐患。

自1998年上市以来,郑州煤电经历了两轮行业周期调整,无论遇到怎样的困难,公司始终坚持

"安全第一、预防为主、综合治理"方针，特别是在2016年至2017年煤炭行业去产能的大环境下，公司更是提出了"宁愿少赚一个亿，不能伤亡一个人""为了零工亡，宁愿少出煤"等安全理念，以保障煤矿职工生命安全。日常工作中，通过以完善安全生产管理制度为抓手，以确保安全投入和提高职工素质为基础，以煤矿安全监管为载体，推进企业安全生产诚信建设，督促企业自觉落实安全生产主体责任和社会责任。

每年的6月份是公司的"安全生产月"，公司所属各单位通过党委政策宣贯、工会职工访谈、区队案例分析以及开展征文、演讲、知识竞赛、小品大赛等多种职工群众喜闻乐见的形式，让职工明白"安全生产早国利家利自己"，自觉践行安全承诺，坚守安全生产红线、底线；充分发挥安全协管第二道防线作用，以"父母心、夫妻情、儿女愿"感化职工，使职工由"要我安全"转变为"我要安全"，切实起到了防患于未然的作用。

突出"三违"行为综合治理，明确遵章守纪导向。公司将违反指挥、违章操作、违反劳动纪律视为整治严重失信的一个突破口。如对各矿中层以上干部制订有月度抓违章考核，对严重失信企业和岗位职责的，一次罚款，连续二次重罚并按违章进行帮教，连续三次完不成责令辞职；对一线职工不按章作业，严重失信企业、岗位和家庭的，除责令参加为期7天脱产培训外，还要接受每日两跑操等准军事化训练，以示警示教育。有罚更要有奖，公司各生产矿每月开展"安全诚信职工"评选活动，除在月度计划会上进行表彰外，还按照采掘、辅助、平地三个档次进行奖励。通过形式多样的"三违"整治措施，使职工们明白了"三违"就是失信企业、失信个人、失信家庭和亲人的严重不负责行为，必须坚决制止，自觉带头争当安全诚信人，为全面提高员工整体文明程度和构建和谐企业打下了牢固基础。

四、加强煤质诚信，赢得客户信赖

多年来，郑州煤电一直视质量为企业的生命，牢固树立"质量第一、信誉至上"的方针，全面加强煤质管理，以过硬的产品占领市场，以精确的煤质检测结果和优质的售后服务赢得用户的信赖，树立良好的企业信誉。

上市之初，公司各矿就建立了具有国内领先水平的、完善的煤炭筛选加工和煤质化验体系，从开采、运输、筛选加工到储存、装车、外运的各个环节实行了全程煤质监测，全面实施优质战略，主要产品均达到较高的质量水平。多年来，公司主要生产矿井连续被中国煤炭加工利用协会表彰命名为煤质管理标准化矿井，在国家煤炭质量监督抽查中连续多年全部合格。公司煤质监测中心是河南省煤炭行业首家获得认可的实验室，标志着公司煤质实验室的检测能力和管理水平已得到国家认可和国际互认。

近年来，郑州煤电坚持以市场需求为导向，以满足用户要求为标准，根据用户需要，实行分采分运、单独加工、单独储存装车。其中"超化"牌(国家工商局注册)贫瘦煤被评为"河南省免检产品"，并通过ISO9002质量体系认证，米村、芦沟等矿的筛选混煤分别获得河南省、郑州市"免检产品"称号,深得用户好评。

在煤炭销售活动中,公司销售部门逐步完善了精确的计量体系,在全公司各矿装运点均设立了电子轨道衡、电子地中衡,对煤炭计量全部实现了监控,初步形成了内部数据网络,并同铁路方面联合,在新密、宋寨、临汝、新郑火车站设立了二次计量设施,对铁路外运煤炭实行二次计量。在计量过程中排除了人为因素,确保向广大用户提供足量货物,保障了广大用户的利益。近年来没有发生过用户质量投诉,在各级煤炭产品质量监督抽查中合格率100%。

五、加强投资者管理,巩固诚信纽带

良好的投资者关系是提升公司治理水平,实现公司整体利益最大化的基础和保障。多年来,公司始终以诚信为纽带,高度重视投资者关系工作,将维护投资者关系作为一项持续性战略管理行为,形成了多渠道的投资者关系沟通工作机制。

主动维护投资者关系。公司在充分保障投资者知情权的同时,结合不断变化的行业市场环境,主动与中小股东联系,征集他们对公司发展的意见建议,这一做法得到了投资者的认可。徐州股东李忠父子,一直持有公司股票十余年,处处为公司着想,自费调研相关项目,先后为公司发展提出建议20余条,坦言是郑煤人的真诚感动了他们,坚信公司的发展前景;新疆的李老先生和广州的蔡先生,每年都会准时收到公司寄送的年报,说就冲着这准时寄来的年报,我们就认准了郑州煤电,还发动身边的亲友积极搜集相关煤炭资源信息,及时传送给公司……让公司感动的投资者还有很多,他们都是公司发展的源动力,我们发自肺腑地说声:感谢!

增强信息透明度。为让投资者更加真实、直观地了解公司的生产经营情况,在河南上市公司协会的指导下,公司多次开展“走进我的上市公司”、业绩说明会、投资者网上集体接待日、现场参观调研和与投资者进行沟通等诚信公约阳光行系列活动,组织投资者下基层、接地气,零距离接触公司现代化矿井,智能化的无人值守硐室、精准的井下人员定位系统以及整洁的标准化巷道,让投资者眼前一亮、耳目一新,切实感受到了郑州煤电的发展潜力。这些活动的开展,不仅使投资者清晰看到了郑州煤电及行业发展现状,而且公司也通过投资者真正认识了市场,了解中小股东的心声,从而改进和完善发展中的思路和方法,真正达到了公司与投资者目标一致的双赢效果,实现了股东价值的最大化。

六、加强监督制约,防范失信风险

“流水不腐,户枢不蠹”。强化诚信监督制约对于全面加强企业诚信建设、防范失信风险,提升上市公司质量和法人治理水平,提高经济效益和社会效益,都具有极其重要的意义。

郑州煤电在日常严格自查的同时,积极探索防范失信风险的途径。一是强化内部监督。公司建立了诚信考核评价和奖惩监管机制，通过大力发挥纪检部门的作用，监督各级领导人员行为及“三重一大”决策制度落实情况，督促领导人员践行廉洁承诺，诚信合规从业。坚持企务公开，扩大信息公示范围，主动接受广大员工监督，防止暗箱操作，保证了企业重大决策、人事任免和荣誉评比等工作的公平公正。二是主动接受外部监督。以开放的心态欢迎客户、社会公众、媒体、投资者对公司的诚信行为进行监督指导。通过发放调查问卷、回答客户、投资者关心的问题，征求对生产销售和经营过程中的意见和建议，在整改治理过程中组织开展集中探讨研究，有针对性地完善诚信服务承诺、诚信生产守则等相关工作流程、严格办事程序、严明纪律要求，形成行之有效的诚信管理、考评、奖惩的工作机制，切实纠正不正之风，树立公司良好的文明诚信形象。

七、勇担社会责任，增光诚信形象

恪尽国有煤炭企业职守，牢固树立一盘棋的大局观。在灾害天气和煤炭紧缺年份，郑州煤电服从国务院和省政府指挥，把保证电煤供应作为重中之重，做到三个“优先”：优先受灾省份发运，优先重点用户煤炭供应，优先重点合同兑现。同时，坚持诚信为本，坚持不涨价，虽然一些非电煤用户和市场用户提出要高于重点电煤价格购煤，但是我们坚持服从大局，承担社会责任，确保灾区和迎峰度夏、度冬期间省内电厂电煤供应，为保持河南经济平稳增长做出了积极的贡献。

依法诚信纳税既是纳税人必须履行的法律责任，也是纳税人最好的信用证明。多年来，郑州煤电一直坚持依法诚信经营、合法纳税，面临“去产能”行业的严峻形势，公司在承受融资难、融资成本持续上升的巨大压力下，一如既往坚守“诚信为本”原则，如期付息还贷，决不违约，以实际行动感动各方，密切银企关系，积极拓展融资渠道，确保了公司正常生产运营和资金链安全。

根植于诚信的土壤，郑州煤电不仅健康茁壮成长，更收获了累累硕果：公司和所属单位被上级单位命名为“全国守合同、重信用企业”，连年获得河南省、郑州市“重合同、守信用企业”，省、市质量、计量“双信企业”，年度诚信纳税大户、AAA级信用企业、A级纳税信用等级单位、《河南上市公司诚信公约》履约先进单位、煤炭工业两化融合示范煤矿和河南省示范试点矿井等殊荣。

古语云：索物于暗室者，莫良于火；索道于当世者，莫良于诚。诚信建设任重而道远，在未来的发展过程中，郑州煤电将继续坚持以“诚信建设”为核心，秉承诚信经营基本原则，靠守法诚信在激烈的竞争中立足，靠守法诚信赢得更多的客户，通过产业升级与转型发展不断强化市场竞争优势，努力以优异的业绩与更加积极的社会责任担当回报广大投资者和社会各界的关怀、支持与厚爱。

9. 双汇发展：诚信立企　打造百年双汇

董事长谈诚信

双汇集团董事长万隆：诚信立企，德行天下

打造双汇的软实力，就是建设"诚信立企，德行天下"的企业文化，培育企业的诚信价值观，做到对政府讲诚信，对客户讲诚信，对消费者讲诚信，依法经营，公平竞争，把双汇打造成为受尊敬的国际化大公司。

食品安全是一项民生工程，事关消费者的身体健康，不讲诚信的食品生产企业终究会被淘汰。作为一个食品生产企业，就应该持续地改进食品质量，把食品安全作为我们的头等大事，确保产品的质量和安全，做一个对社会负责任的企业。

如果将产品质量、企业诚信和市场销售排序，我认为企业诚信应排第一位，然后是产品质量，最后才是市场销售。有了诚信，保证了质量，自然会有市场。

有人说，诚信如一盏指路明灯，照亮前行的路。双汇也正是在诚信明灯的指引下，不断前行，勇攀高峰。

正文

中原大地，沙澧两岸，中国首家食品名城——漯河，孕育出了一个中国最大的肉类加工基地——双汇集团。关于双汇快速成长的秘诀，接近双汇的人士表示，双汇一直坚持从源头到市场的全过程控制，以高质量产品全力打造安全企业、诚信企业；面对市场环境变化，不断创新谋发展，实现了持续快速健康发展。

作为一家食品生产企业，双汇集团董事长万隆将食品安全和诚信经营视为企业的生命，站在打造"百年双汇"的高度，提出了"诚信立企，德行天下"的企业新文化。围绕诚信文化的建设，双汇从制度上和机制上明确诚信标准和要求，构建了一个从上到下的诚信管理体系。

一、"做食品就是做良心"

正如每个人在成长过程中总是会遇到挫折一样，作为肉类加工行业龙头老大的双汇在迅速扩张的过程中也遇到了此类问题，阵痛过后的双汇深刻反思管理及生产过程中出现的问题，全方位采取整改措施,以更高标准严把产品安全质量关,筑牢食品安全防火墙。

双汇集团董事长万隆在双汇大小会议上多次强调,做食品企业,就是做良心工程。"在新的历史时期,在抓质量上不手软,在抓食品安全上不让步,任何时间、任何单位、任何人都不得以牺牲食品安全和质量为代价,谋取企业和个人利益。"

食品安全保障机制的建立,不能流于口号,也不能仅仅停留在理念表达上,而是要更多地体现在行动与探索中,双汇采取了一系列铁腕行动。

➢ **行动之一:生猪逐头检验,确保食品安全**

为确保食品安全,从 2011 年 3 月 16 日起,双汇实施生猪屠宰在线逐头检验,大大超过了国家规定标准,成为当前肉类行业食品安全新标杆。据双汇的一位高管说,仅此一项,双汇集团每年增加检测费用1 000万元左右。但是为了安全,不惜成本,不计代价,双汇是这样说的,也是这样做的,毫无疑问,实施在线逐头检验后,双汇的产品将更加安全、放心。

➢ **行动之二:引入第三方检测机构,公开透明接受监督**

中国检验认证集团作为当前国内同行业最大的跨国公司,曾是北京奥运会、上海世博会唯一的商品检测机构。双汇与中国检验认证集团签订了食品安全长期战略合作协议,对双汇的产品质量、食品安全和内控体系,进行全方位的第三方监督审核和检测检验,并定期向企业和社会反馈结果,以期走出一条全新的食品安全监督模式,确保消费者的安全与健康。

有关专业人士认为,双汇引入独立监督机构,建立产品安全第三方检测机制,不仅是对本企业产品质量安全内控体系的一个完善,同时,对国内食品安全生产管理机制的完善与创新也都具有很好的借鉴意义。

➢ **行动之三:建立索赔机制,把好上游关**

双汇向广大供应商重申了旨在强化源头控制的索赔制度。制度规定,双汇生猪收购头头检验,原辅料进厂批批检查。供应商供应的生猪和原辅料要确保安全,供应前要签订质量安全承诺书,凡提供有毒有害等非食品原料的供应商,除按照国家规定进行处理外,还要按"问题生猪"或"问题商品"价值的两倍进行索赔;供应商供应的各类物资,必须证件真实有效齐全,如弄虚作假,无论是供应商还是企业的职工,都要负法律责任和经济赔偿,决不让一头"问题猪"和"问题原料"流入双汇。

➢ **行动之四:警钟长鸣,设立企业安全日**

牢记教训,警钟长鸣。双汇将每年的 3 月 15 日设为"双汇食品安全日",并同时成立双汇食品安全监督委员会,邀请肉类行业、食品行业、公共媒体、政府监管部门等外部专家监督企业的生产经营;建立企业食品安全奖励基金,并于每年 3 月 15 日"双汇食品安全日"期间,对坚守食品安全的供应商、销售商进行表彰、奖励;设立举报制度,彻查、严惩危害食品安全的事件和责任者。以此让"产品质量无小事,食品安全大如天"的企业理念,深深植根于广大职工的脑海中,落实到行动中,确保食品安全长治久安。

➢ **行动之五：发挥全产业链优势，上下游联动保安全**

双汇拥有饲料生产、畜禽养殖、屠宰、肉制品加工、包装印刷、配套辅料、物流运输、商业连锁八大产业。全产业链对产品质量进行安全控制，同时率先把ISO 9001、HACCP、ISO14001等管理体系引入企业生产经营管理，用信息化规范生产流程和供应链管理。通过每年的内、外部审核，持续改进企业内控体系的运作质量，确保产品的质量和安全。

这些行动的展开，进一步提高了双汇对全产业链安全的控制力，把食品安全的生产能力提高到一个新的高度，推动双汇实现更健康的发展，也为双汇赢得了良好的口碑。2016年11月，在第十四届中国食品安全年会上，双汇荣获"2016年度中国食品安全年会安全管理十强企业""2016年度中国食品安全年会管理创新十佳案例""2016年度中国食品安全年会百家诚信示范单位"称号。

对食品安全真诚负责的态度和举措也让双汇有自信面对社会大众。据介绍，双汇从2011年开始奉行"开放式办工厂、透明化办企业"的方针，集团总部及异地各工厂积极组织消费者和媒体记者走进全国各地的生产基地参观屠宰、分割及肉制品加工等生产线，迄今已接待了数十万参观者。2016年，由河南证监局指导、河南上市公司协会主办的"河南上市公司诚信公约阳光行"也走进双汇发展，现代化的生产设备和严格的食品安全控制流程给了参观者极大的震撼，使参观者切身感受到双汇为保障食品安全所做的努力和成效。

双汇发展董秘张立文说，食品安全问题一直是国家与百姓关注的焦点问题，同时也是双汇发展的重点问题。希望借助双汇的影响力与三十几年来形成的核心竞争力，把双汇打造成令消费者安全购买与使用的食品企业，不断创新发展，提高市场占有率。

二、信息化筑起食品安全网

2016年，双汇发展作为国内肉制品的领导品牌，屠宰生猪1 235万头；鲜冻肉及肉制品外销量296.71万吨；实现营业收入518.45亿元，实现利润总额58.62亿元。如此庞大的屠宰量和肉制品生产量，光靠铁腕行动保障食品安全依然不够。近年来，双汇通过信息化管理手段，实现了产品质量全程跟踪，建立了一套完善可靠的食品安全控制体系。

首先从公司组织架构上，双汇集团成立了三级管理委员会，包括食品安全监督委员会、食品安全管理委员会(分析食品安全形势，研究部署、统筹安排企业食品安全工作)、品质管理中心(具体组织食品安全工作相关活动，对决策意见的执行进行监督)，加强对产品生产的监督管理。这三道"门槛"组成的三级管理委员会，在双汇食品安全的管理中，地位举足轻重。集团同时实行垂直管理，800多个专业化员工组成的品质管理队伍，对产品进行在线监测，对食品安全管控不严行为实行一票否决。

在成立食品安全监督委员会时，万隆带头庄重宣誓："双汇集团为提高食品安全监管工作，决定成立双汇集团食品安全监督委员会。由集团董事长担任主任，由企业的党委、法务、稽查、人事组成，并邀请肉类行业、食品行业、公共媒体、政府监管部门等外部专家监督工作，监督企业各个环节，落实对食品安全的控制措施，监督各级管理者必须把食品安全放在第一位，维护消费者的权益，确保产品安全，确保企业的长治久安。”

凡事都要按标准执行，为此，双汇内部建立了食品安全管理和产品质量管理两大标准，实现了管理系统化。食品安全管理标准化主要包括《双汇集团食品召回管理规定》《双汇集团食品安全事故应急预案》《食品安全风险控制程序》等；产品质量管理标准化主要包括《检验操作规程》《产品追溯操作规程》《不合格品判定操作规程》等。

在体系认证方面，先后通过了ISO 14001、ISO 9001、HACCP、ISO 22000等体系认证，确保了双汇产品的质量和安全。

员工是食品最直接的接触者，双汇在员工管理和培训方面，强化食品安全知识培训，并实行了食品安全风险管理制度，开展食品安全风险监测，每月由食品安全管理委员会成员对存在的风险进行评估，并及时消除风险。

更重要的是，双汇通过信息化技术建立了全程追溯系统。“猪从哪里来，肉到哪里去，质量怎么样？全部通过信息化进行管理和追溯，实现了生产、运输、销售的全程跟踪。”双汇内部人士表示。

这一追溯系统如何构建？在公司每一个数据采集点，采集一线生产数据，并对生产过程进行实时监控，将采集的数据上传至服务器。汇总后的一线生产数据，能够实现公司各环节数据共享，而后，集团EPR服务器能够接收各公司数据，最终实现集团各公司数据共享。

从生猪采购到屠宰环节，到分割品环节、市场发货，到最后的销售阶段，都采用相关追溯系统。比如，分割品过磅称重后粘贴“双汇冷鲜肉”标签，标签内容就包括生产基地、分割日期、项目代码及名称、重量信息、分割品对应原材料日期和过磅秤号、检验员及操作员。

在市场白条发货阶段，市场白条发货时扫描“双汇白条追溯卡”，自动打印出“双汇白条信息追溯卡”，根据“双汇白条信息追溯卡”可追溯到对应生猪采购、检疫、销售客户、品名、装车重量、生产基地、检验员及发货日期等信息，实现了市场白条从采购到销售的全程可追溯。

在鲜分割品销售阶段，鲜分割品、副产品销售时逐盒扫描“双汇冷鲜肉”标签条码信息，采集发货产品生产日、项目代码、生产班组等信息，实现了产销的信息共享，做到分割品产品的批次可追溯。

肉制品业数据采集系统从原辅包材料接收开始进行系统管控，通过原料修整、原辅料配料、投料加工、罐装、成品下线、成品销售出库等环节全面贯通，前后道生产数据相互印证、互相关联，做到了过程管控、批次管理和产品全程追溯，确保食品安全。

除了食品安全之外，信息化在双汇还大有作为，双汇坚持用信息化推动工业化，相继开发和实施了物流配送、门店零售、业务分销、集团采购、生产制造、库存管理、设备管理、客户关系、供应商平台、人力资源、财务管理、银企互联、税企互联、生产自动管控、综合查询和决策分析等10余个大型信息化系统。

通过信息化的实施，双汇梳理、规范了业务流程，统一了标准，固化了操作，实现了业务与财务，市场与工厂，工业与商业，双汇集团与银行、移动、税务系统无缝对接，使双汇物流、信息流、工作流、资金流快速高效运行，达到了管控一体化、业务财务一体化、集团与子公司一体化，真正解决船大难掉头、船大速度慢的弊病，实现了船大速度快、船大成本低、船大抗风险能力强，使双汇成为具有强大战斗力的航母。

三、义不容辞　让老百姓吃上更好的肉

“过去我们吃肉难，甚至吃不上肉。改革开放以来，我们有了很好的发展环境，经济发展起来了，老百姓的生活也好起来了。虽说现在吃肉不是什么困难，但关键是要吃好肉，让老百姓吃得更健康、更安全、更营养、更放心。”万隆说。双汇是中国最大的肉类企业，义不容辞地要把食品安全的社会使命扛在肩上，同时也要担当更大的社会责任，为市场提供更多、更好的优质肉类食品。

为了让老百姓吃上更好的肉，双汇集团一直在创新，不断地引进国外先进技术。2000年，双汇借鉴发达国家的发展模式，引进了现代化、规模化、标准化的屠宰冷分割生产线，率先把冷鲜肉引进国内，结束了国内卖肉没有品牌的历史，开创了中国肉类品牌。通过冷鲜肉变革，双汇发挥肉类联合加工的优势，在竞争中走出河南，走向全国。双汇肉类年产销量从50万吨发展到300万吨，年销售收入从60亿元发展到500多亿元。

冷鲜肉有很多优点，第一就是更健康、更安全。冷鲜肉除了严格执行检验检疫制度，还要进行低温冷却排酸工艺，并且要在0～4 ℃的低温下贮藏、运输和销售，保证冷链不断，这样才能有效抑制微生物。而热鲜肉宰杀后长时间保持30 ℃左右的高温，正是各种微生物滋生的温床，容易产生有害物质。冷鲜肉的第二个优点是更有营养，这是因为在加工过程中其汁液不易流失。第三，冷鲜肉口感更好，这是因为经过冷却排酸工艺，肉的内部细微结构会发生一定变化，而且会产生一些特有的风味物质。

据悉，在欧美发达国家，冷鲜肉占到市场份额的90%以上，几乎没有人吃热鲜肉。而我们国内大概只有25%，上海、香港等发达地区可以达到70%、80%，接近发达国家水平。一般的乡镇，只有2%左右，此外，还有大量的冷鲜肉空白市场。

2016年1月11日，深圳市食品安全委员会办公室印发了《深圳市加强肉类质量安全监管工作方案》，督促经营者安装肉类冷藏设备，到2017年3月底，实现全市猪肉冷链销售，确保肉类质量安全。深圳市这一做法，在全国开了一个好头，这也使得双汇的冷鲜肉模式在全国市场的销售迎来一个良好的发展机遇，而且老百姓的健康也多了一层保障。

2013年，双汇发展的控股股东双汇国际以71亿美元的总价收购了美国食品巨头史密斯菲尔德食品公司，在国内引起了轰动，因为这是中国企业收购美国企业最大的一宗交易案。双汇国际的并购是在中国企业“走出去”浪潮的大背景下实施的，但又是近年来中国企业海外并购目的转向的一个典型代表。

早期中国企业海外并购，主要目的是市场。通过收购外国公司品牌和海外销售渠道，结合中国的低制造成本优势，打开国际市场，可概括成“资本走出去、商品走出去”。不过这种类型的并购，失败的案例居多。

另一类中国企业海外收购，目的是资源。通过收购外国公司，获得能源、矿产等资源。此类“资本走出去、资源买回来”的并购案例，大多数都取得了成功，但适用范围狭窄。

还有第三种并购类型，目的不是或不仅是为了获得国外市场，亦不是或不仅是为了获得国外资

源，而是通过收购，获得国外公司的品牌、产品、技术和管理经验，最终目的是发展中国市场，是“资本走出去、东西买回来”。双汇收购史密斯菲尔德案，就属于此种类型。

中国作为世界上人口最多的国家和经济第二大国，市场巨大，且面临着消费升级。通过收购，获得国外公司的资源、品牌、产品、技术和管理经验，做大中国市场，“资本走出去、东西买回来”，是当前中国企业海外并购的切实之选。

事实上，双汇缺乏附加值较高的中高端肉制品，而史密斯菲尔德在这方面拥有丰富的技术开发经验。通过此项收购，双汇可以获得后者成熟的技术，开发中高端肉制品，提高利润。

2015 年年底，郑州双汇美式工厂建成投产，这是双汇实施国际化发展战略以来，发挥中美企业协同效应，在国内建设的第一个项目。设备、工艺、技术、产品品牌、原料全部来自美国和其他发达国家，主要生产史密斯菲尔德品牌的美式培根、美式火腿、美式香肠三大类产品。“这些都是高品质的低温产品。消费者的品位提高了，我们也要有更好的产品投放市场。”

2016 年，上海双汇西式工厂也建成投产。万隆表示，双汇会更好地利用企业规模的优势、技术开发的优势、国际化发展的优势，增强国际竞争力，强化创新引领作用，不断开发生产更多、更好的新产品，改善和提高群众的生活水平，为持续增进民生福祉做贡献。引领中国消费者对幸福生活新境界的追求，双汇有这样的实力。

四、回报丰厚　获封“现金奶牛”

2013 年 10 月，双汇发展市值突破了千亿元，成为河南省第一只市值超千亿元的个股。同年 11 月，“河南上市公司诚信公约阳光行”活动首次走进双汇发展，公司相关高管在接受和讯河南采访时表示，作为一个上市公司，对投资者最大的责任与保护就是把公司做大做强，以此来更好地回报投资者，而做大做强的基础就是企业的诚信经营和规范发展。双汇正是秉持着诚信经营的理念，才能够一步步地走到今天。

发展壮大的双汇也坚持与投资者分享自己的发展成果，落实现金分红政策，为股东提供持续稳定的投资回报。

2017 年 3 月 23 日，双汇发展的 2016 年度成绩单正式出炉，公司实现营业收入 518.45 亿元，同比增长 15.99%；实现归属于母公司股东的净利润 44.05 亿元，同比增长 3.51%。而更令人瞩目的是其分红方案，向全体股东每 10 股派现 12 元(含税)，再加上半年报每 10 股派发 9 元股利，共派发现金分红 69.3 亿元，占净利润比率超过 150%。

为加强对投资者权益的保护，注重对投资者的回报，双汇发展在《公司章程》中对现金分红政策做出了明确规定，即“公司每年以现金方式分配的利润应当不少于当年实现的可分配利润的百分之三十”，并严格贯彻落实。

事实上，双汇发展的分红远超过当年可分配利润 30%这条线。双汇发展素有“现金奶牛”之称，1998 年至 2015 年年底，公司已实施 16 次分红。尤其是从 2011 年起，双汇发展的分红方案实在让人眼红，分别为每10股派息5.50元、每10股转增10股派息13.50元、每10股派息14.50元和每10股转增5股派息14.2元、每10股派息12.5元。16次分红累计现金达155.92亿元，加上2016年度分红方案，双汇发展上市以来现金分红总额达到225亿元！

像双汇发展这样的蓝筹股总是被机构投资者密集看好的，2017年3月的前十大股东中，证金公司和汇金公司分别为双汇发展的第三大股东和第五大股东，社保基金101组合和108组合则为第七、第八大股东。

表2-2　双汇发展分红汇录

分红年度	分红方案	除息除权日
2017年	每10股派息12元	2017-05-11
2016年	每10股派息9元	2016-09-26
2015年	每10股派息12.5元	2016-04-28
2014年	每10股转增5股，每10股派息14.2元	2015-05-20
2013年	每10股派息14.5元	2014-04-24
2012年	每10股转增10股，每10股派息13.5元	2013-05-03
2011年	每10股派息5.5元	2012-05-04
2010年	每10股派息5.0元	2011-07-13
2009年	每10股派息10.0元	2010-07-14
2008年	每10股派息6.0元	2009-04-29
2007年	每10股派息8.0元	2008-04-28
2006年	每10股派息8.0元	2007-06-13
2005年	每10股派息5.0元	2006-05-23
2004年	每10股派息6.0元	2005-04-07
2003年	每10股转增5股，每10股派息7.0元	2004-04-07
2002年	每10股派息5.0元	2003-04-25
2001年	每10股派息1.28元	2002-06-21
2000年	每10股派息5.0元	2001-05-17
1999年	每10股转增3股	2000-06-06
1998年	每10股送2股转增1股	1999-07-07

如此丰厚的回报，也让双汇发展得到了投资者的广泛认同。2016年12月，由大众证券报主办的"第十一届中国上市公司竞争力公信力调查评选颁奖暨2017宏观趋势与资本市场投资策略高峰论坛"上，双汇发展获颁"最佳主板上市公司奖"，董事长万隆先生获评"最具影响力上市公司领袖"。2016年7月，"2016中国A股上市公司创新指数发布会暨首届中国上市公司创新领袖论坛"上，双汇获颁"2016中国A股上市公司紫金创新奖"。

发展稳健的双汇也为当地政府和社会的经济做出了较大的贡献。公司自成立以来，坚持守法经营，真实、准确核算企业经营成果，依法履行纳税义务，及时足额缴纳税款，保证依法诚信纳税。2016年，公司上缴各类税金39.5亿元，是企业所在地的重点纳税大户，多年来位列河南纳税百强榜。

有关专家指出,随着经济和社会的不断发展,现有的企业财务报告体系已难以满足人们对企业信息披露的需求,企业社会责任报告作为企业社会责任信息披露的专门载体,最为全面地反映了企业社会责任履行的状况,可以帮助外界从可持续发展的角度更为全面地评估企业价值。食品行业是社会产业链中极端重要的组成部分,食品质量安全与人民群众的身体健康和生命安全息息相关。食品行业应承担的社会责任受到人们的普遍关注。从信息披露的角度来看,企业通过发布社会责任报告对保障食品质量安全等方面的信息进行披露,不仅有助于取得公众信任,还可以促进企业改善社会责任管理,提升可持续发展能力。①

不过食品行业发布企业社会责任的现状并不理想,来自北京理工大学人文与社会科学学院的调研数据显示,在 2 800 多家上市企业中,每年发布社会责任报告的上市企业不足 30%,其中食品企业只有 40 家,仅占行业的一半左右。②

自 2008 年以来,双汇发展每年都会发布一份社会责任报告,"这是公司董事会对每年履行社会责任情况的总结,也是公司维护股东、员工、债权人和供应商权益,保护自然环境,推动社会文明发展的记录,旨在督促我们在履行企业社会责任方面不断地改进和提高"。

五、诚信立企　德行天下

古语云:马先驯而后求良,人先信而后求能。可见诚信是无形资产,诚信是无字招牌,诚信是无言口碑,诚信是无声广告,只有具备了良好的品德,才能在企业中得到长远发展。

作为双汇品牌的缔造者,万隆坚持以"诚信立企,德行天下"的企业文化与双汇共同成长,把诚信体系建设与企业发展愿景、管理文化有机结合起来,确立了"开创中国肉类品牌,促进中国肉类产业升级"的企业使命,制定了"消费者的安全与健康高于一切,双汇品牌形象和信誉高于一切"的质量方针。

围绕万隆提出的"诚信立企,德行天下"的企业新文化,双汇从制度上和机制上明确了诚信标准和要求,构建了一个从上到下的诚信管理体系。

对内,公司进行宣讲和贯彻:一是举行了"百家食品企业践行道德承诺活动网上行双汇篇"的活动;二是举行了"诚信立企,德行天下"职工演讲比赛活动,双汇集团公司各事业部、分厂、公司和异地项目公司都积极响应,广泛参与,共有 29 个单位 380 名职工参加了演讲比赛活动,双汇员工用真实的事例和亲身的感受诠释"诚信立企,德行天下"的双汇核心文化价值观。

诚信不仅仅是做人的根本,为人处世的道德规范,同时也是一个企业赖以生存的基础,是企业的核心竞争力,作为有强烈社会责任感的民族企业,作为开创中国肉类品牌的企业,正在用"诚信立企,德行天下"的理念,践行着自己的时代使命。

---

① 苗泽惠,《上市公司社会责任信息披露研究 ——以食品饮料行业为例》,西南财经大学硕士毕业论文,2014 年。

② 粘新、王薇,《践行社会责任 食品企业要有大担当》,载《中国食品报》2016 年 1 月 22 日。

10. 新乡化纤：规范运作铸形象　诚信经营促发展

新乡化纤股份有限公司是中国粘胶纤维主要生产基地之一，主营粘胶长丝、粘胶短纤维和氨纶纤维的生产与销售。

新乡化纤A股股票1999年8月18日在深交所发行上市，至今已经有19个年头了，19年来公司始终坚持“诚信经营，规范运作”的理念，公司生产规模快速增长，市场地位日益巩固，产品销售覆盖全球，是新乡工业的重要支柱，在全国同行业中具有举足轻重的地位。新乡化纤用持续的发展回报社会，回报股东。

河南上市公司诚信公约阳光行活动开展以来，公司更加注重诚信建设，在公司生产、经营、发展、科研、融资等领域全面、持续落实“诚信经营，规范运作”的理念，用自己的不懈努力，在传统产业领域里，实现了与现代经营理念的对接，同时创造了良好的经济效益和社会效益，确保了公司的可持续发展，切实维护了广大投资者的根本利益。现将公司在诚信建设阳光行活动中的几个小故事采撷出来，分享给读者。

一、从产量最大到质量最优

不可否认，日本人对产品质量的苛刻追求在全球都是众所周知的，在纺织品织造领域也是如此。日本是新乡化纤人造丝重要的出口地之一。为了保证稳定、及时、高质量的人造丝供应，日本方面派来了一位年逾60岁的技术人员清水孝先生——这是一个专业而固执的人，到公司生产现场进行考察。通过对公司生产工艺、设备、管理的全面考察，清水孝先生表示满意，双方签订了长期供应合同。

两个月后，清水孝先生再次来到公司，提出了在使用过程中产品质量的一致性存在细微波动，这一细微的波动会造成纺织品在染整过程中产生局部“色差”，影响纺织品的质量。此行的目的就是要寻求解决这一问题的方法。经过详细观察和分析，公司在生产过程中的温度、湿度、设备运行的稳定性及工艺参数控制方面均没有发现问题。进一步分析发现，在超过1万平方米的生产车间，由于生产机台的摆放位置不同，纺丝所用的纤维素液体到达纺丝机的输送距离存在一些细微差异，是导致质量细微波动的原因。问题找到了，解决方案也随之产生——固定相邻的机台，专门为日本客户生产固定品种的产品。

小改动带来大收获。如今这一方法得到了广泛的应用，公司60%的纺丝机台都“名花有主”，成为了国内外固定客户的专用机台。“定台专纺”既提升了公司产品的质量，也让客户感受到了新乡化纤对他们的尊重与关爱。新乡化纤始终认为，客户的需求，就是公司关注的焦点，客户的标准，就是产品质量的标准。公司在做到国内生产规模最大的同时，也成功地实现了质量最优的目标。

杭州“新民科技”是一家国内实力强大的纺织品生产企业，其高档面料生产能力位居前茅。新民科技董事长陈英伟先生是一位成功的民营企业家，他在集团内部干部培训上经常会讲起这样的故事：

我们在生产过程中需要大量使用人造丝。全国同类产品的企业有四五家，他们之间的竞争也是很激烈的。如今几乎所有的产品供应都存在激烈的竞争，这就是当前经济生态中的“新常态”。有一家知名品牌企业的业务人员找到了我，向我推荐他们的人造丝，业务人员很专业，对产品很熟悉，他们的产品质量很好，供应也很及时，还可以免费送货上门。当然，这些和其他企业并没有太大的不同。

新乡化纤的业务人员也找到了我，他并没有像其他公司的业务人员一样直接介绍他们的产品，而是向我全面地了解了我们公司的生产过程和目前所遇到的一些问题，此后他们又深入现场观察，并与一线技术人员进行交流。

几天后，他们向我提交了一个系统的问题解决方案，其内容让我怦然心动——在进行织造时，第一个程序就是“经纱”(就是把数千根丝或纱牵成经，然后才能上织机进行织造)。厂家提供的丝或纱线是卷绕好的筒子，这些筒子大小重量并不一致，使得我们在“经纱”过程中会自然产生许多小丝筒。这一现象一直存在，就连我们自己也“习以为常、熟视无睹”了。但是新乡化纤的业务人员在现场发现了这个问题，并向我们提出了解决方案——为我们提供“定长定重”的丝筒！据此方案，我们在经纱过程中可以减少90%以上的损耗。

我们愉快地就相关细节进行了交流，当然，他们拿到了订单——这几乎是我们所用人造丝的全部订单。两个企业也从业务关系成为了真正可以依靠的产业盟友关系！

什么是为客户创造价值？怎样才能真正为客户创造价值？怎样让自己的产品与客户的应用实现“无缝对接”？新乡化纤真心关注客户的需求，努力发现并满足客户的需求，为我们树立了标杆！然而，这才只是开始！

在随后的业务交往中，又对两个上下游企业之间的“无缝对接”进行了升级。

二、把服务延伸到客户的生产线上

苏州宜新纺织科技有限公司在国内高档面料生产企业中优势明显，生产经营成绩非凡。然而在接到了一个国外大单后，总经理严总却显得忧心忡忡——他们的生产遇到了瓶颈。

在高档面料织造过程中，由于自动化控制系统的快速进步，上机织造已经不是什么问题了，织造前的“整经”才是影响纺织品质量的关键环节。从纤维生产企业生产出丝线开始，需要经过卷绕、包装、运输、整经、浆纱、并轴等程序后，才能上机进行织造。在这一系列过程中，会对纤维表面造成微小的损伤。距离越长、程序越多，可能造成的损伤就越多。当然在普通纺织品中这些微小的损伤都不算什么，但对于高档纺织品而言，这些纤维表面微小的损伤就可能造成纺织品表面光洁度受影响、染色受影响的后果，进而会影响到产品在国际市场上的表现和竞争力。这个问题长期困扰着企业，一直没有找到好的解决办法。这既不是上游纤维生产企业的问题，他们生产的丝线没有问题，也不是自己能够彻底解决的问题。但是这个海外订单对企业影响很大，关系到公司海外市场的拓展，怎么办？谁能解决这个似乎“无解”的难题？

无奈之下，严总想起了给自己提供“定长、定重、定机台”服务的新乡化纤董事长邵总，也许他们会有办法？抱着试试看的想法，拨通了邵总的电话，倾诉了自己的烦恼。

邵董事长十分重视，立即带领精干力量赶到苏州，双方技术人员进行了深入的交流、沟通和分析，结果发现了一个有趣的现象——纤维在加工、运输过程中，如果出现了一个微小的表面损伤，就会在下个环节扩大这个损伤，微小损伤的积累，就会出现影响产品质量的“疵点”！进一步分析表明，若要解决“疵点”问题，就需要尽可能在纤维未产生微小损伤的环境下完成“整经、浆纱、并轴”程序！

两位老总的手又一次握在了一起，当第一批在新乡化纤生产的丝饼直接完成“整经、浆纱、并轴”后的丝线纱轴送上宜新纺织的机器上后，纺成的高档面料质量“超出预期的好”！

从丝饼到经轴，不仅是产品向前延伸了一步，更是经营观念向前迈进了一大步。通过这个契机，新乡化纤实现了“把产品与服务延伸到客户生产线上”的突破，同时延伸的还有公司的产品链、服务链和价值链，公司因此也找到了新的利润区。与此同时，苏州宜新得到了稳定的高质量的原料供应，实现了产业链上的“双赢”。

三、患难见真情

中国有句老话：“日久见人心，患难见真情。”真正的友谊往往是在遭遇困难的时候才体现出来的，这回开封东大化工真正尝到了这份真情，体会到了盟友的温暖。

开封东大化工股份有限公司是一家经营烧碱、液氯等氯碱系列化工产品的公司，是新乡化纤股份有限公司长期供货商。几年前在遭遇全球金融危机的环境下，受上下游客户双重挤压的影响，东大资金链一度十分紧张——上游客户全是货到付款不肯赊销，下游客户送货上门还要拖延付款，银行贷款还款时间临近，职工工资发放刻不容缓！东大化工面临资金链断裂、企业停产的危局！

危难关头想到了实力强大的长期客户——上市公司“新乡化纤”，东大化工恳请新乡化纤能在最困难的时候伸出援助之手“拉兄弟一把”。

货到付款是新乡化纤经营原则中的重要条款。一面是紧急求援的长期供货商，一面是公司的经营纪律，既不能“见死不救”，又不能违反纪律，怎么办？

总经理宋总召集经营、财务部门研究解决办法。经过集思广益，寻找到了解决方案——以新乡化纤长期良好的银行信用为依托，以相关银行为平台，以供货双方长期合同为抵押，在一定额度范围内，形成“厂、商、银”良性互动的运行模式，一举解决了东化资金紧张的问题。

此后又有多家关联企业主动要求加入了这个“厂、商、银”合作圈。该模式一度成为金融危机中的小绿洲。

开封东大化工特委派张宏伟副总经理专程到在危难之时对“拉兄弟一把”的新乡化纤表示感谢，张宏伟动情地讲：商品有价，情谊无价。危难之际的情谊更是难能可贵！在困难时能得到新乡化纤的帮助和支持，我们终身难忘。

此后，不论任何时候，东大化工总会将公司最好的产品以最优惠的价格优先供给新乡化纤。新乡化纤的总经理说：开封东大化工是我们新乡化纤的铁哥们！

良好的产业链，是产业良性发展的重要生态环境，用真心维护好这个生态圈，就是为自己的发展创造良好的基础。在这个过程，不断创新业务模式，推动产业生态圈的发展，是新乡化纤不断发展的原因所在。

四、连续定向增发

2015 年，公司再次启动了非公开发行股票工作，这也是继 2011 年新乡化纤完成非公开发行股票以来连续第三次完成非公开发行股票工作，三次增发共募集资金将近 19 亿元，为新乡化纤的可持续发展提供了充足的资金保障。

由于众所周知的原因，在 IPO 和再融资过程中，上市公司与中介机构弄虚作假欺骗投资者的事件屡有发生，一些公司、机构和相关人员也因此受到了严厉惩处。

周鹏是新乡化纤本次增发的签字保代，也是项目组组长。在发行完成后的工作交流中，他感触很深：新乡化纤增发项目是他所做项目中最放心的项目。在进场工作的近一年时间里，他的工作团队感受最深的是，在新乡化纤可以“畅通无阻”——各个处室的大门可以随时进入，资料可以随时查阅，仓库存货可以随时查看，高管和相关人员可以随时交谈。公司坦诚坦荡、真诚可信的风范一览无余！在这样的企业做项目，作为“保代”真的是“底气十足”！

在项目进行的各个阶段，公司董事长邵长金、董事会秘书王文新以及相关工作人员，对中介机构多次强调：新乡化纤作为一个上市时间超过 15 年的国有控股上市公司，非常看重诚信，要做守法诚信的表率。

公司非公开发行股票申请被中国证监会受理后，在审核过程中，公司主动、及时地履行信息披露义务，对最新的业绩变动情况主动、及时地按规定与证监会沟通。最终公司非公开发行股票申请获得证监会发审委一致无条件通过。

2016 年 8 月，公司非公开发行获得证监会批复。在发行阶段，公司与投资者真诚沟通，全面展示了公司状况，耐心解答各投资者关注的问题，公司的价值也得到了投资者的认可。最终以超额认购率83.13％，超出预定发行价 43.23％的价格圆满完成了本次发行。

诚信是企业生存发展的基石。在产品与服务上讲诚信，可以赢得客户与市场；在经营业务中讲诚信，可以建立起友好牢固的供应链；在资本市场上讲诚信，可以增强公司的融资功能，提升公司的市场价值。诚信创造价值，箴言诚不我欺！

五、信得过的公司

人造纤维是纺织品的原材料，人造纤维生产是传统产业。传统产业与现代科技的结合，不断开发引领消费的新功能、新品种，是新乡化纤长盛不衰、持续发展的“秘诀”。

近些年来，新乡化纤相继开发出了超细旦纤维素纤维长丝、超柔软氨纶、光致变色再生纤维素纤维(幻彩丝)、智能调温纤维、改性蛋白纤维、芦荟纤维等一系列功能纤维。为了让消费者全面了解这些功能纤维的“妙处”，公司建立了一个“白鹭纤维体验馆”——具有抗菌功能“竹碳纤维”制作的防雾霾口罩、毛巾、湿巾、汽车空调滤芯；具有滋养皮肤功能的“芦绘纤维、珍珠纤维、智能调温纤维”制作的内衣等一系列时尚产品。由于原料“靠谱”、制作精美、功能到位、价格合理，受到许多知情消费者的青睐，在圈子里颇有些名气。

一天，一位慕名而来的顾客来到体验馆，选订了一批数量不小的防雾霾口罩、竹纤维毛巾、竹纤维袜子等物品。在开票结算时，顾客一再要求在其数量和金额上多写一部分，也就是开“大头票”，当时就会兑现一些“回扣”，公司销售员拒绝了这样的要求。该顾客没有放弃，继续神秘地低声说，他们单位经常给职工发福利，会常来的，若是能够开出“大头票”，每次都会有“回扣”。公司的销售员很明确地告诉他，这事无论如何也不会做，我们不会因为有回扣就违反公司纪律，丢掉公司的信誉。这时该顾客非常生气地拍着桌子嚷道：“这轻松赚钱的事你们都不干，我看你们是不是脑残呀。”体验馆的员工耐心地说：“你可以说我们脑残，但我们公司的产品质量和价格都是公司的信誉，损害公司信誉的事，我们是坚决不干的。”眼看这笔生意即将告吹之际，该顾客却突然转怒为喜，他满怀敬佩地跟我们讲，其实他是一家公司的经理，一直在寻找一个固定的、信得过的供货单位，知道我们的产品货真价实，今天专程到体验馆，一是订货，同时也顺便考察一下在这里采购是否存在“漏洞”。果然不虚此行，不仅切实体验到了质量一流的“白鹭”产品，更体验到了新乡化纤员工不要“回扣”要诚信的“白鹭”风采，一句话，新乡化纤“信得过”。

诚信不仅表现在为客户提供的产品与服务中，更体现在每个员工的生产和服务的行动中，每个员工的诚信，既是素质，又是企业文化的体现，这正是新乡化纤诚信建设的精髓所在。

以上几个故事，只是新乡化纤诚信建设阳光行中的几个小浪花。一滴水可以折射出太阳的光辉，几朵小浪花也反映出新乡化纤在诚信阳光行中的实践与成果。

新乡化纤从建厂到如今已经走过了半个多世纪的历程，作为一家生产纺织纤维的传统型企业，在 IPO 后的十多年时间里，成功地实现了将传统产业与现代化科技的对接，国有体制与现代经营管理理念的对接，把具有新时代特色的时尚元素融进了传统的纺织品之中，形成了具有自已特色的“做别人做不到的事情，为客户提供别人不能提供的服务”的经营理念，在激烈的市场竞争中，以真诚的产品和真心的服务，赢得了客户的认可与信任，取得了良好的经济效益和社会效益，站稳了行业“龙头”的位置。公司将恪守一以贯之的“规范动作、诚信经营”理念，乘诚信阳光行的风帆，坚实地行进在打造“百年老店”的征程上。

11. 太龙药业：诚信铸就品牌的力量

在河南省郑州市西北部，有一片占地100余亩的葱葱郁郁的花园式工厂，那里就是河南太龙药业股份有限公司(以下简称“太龙药业”)的总部所在地。厂区车辆穿梭，车间机器轰鸣，员工凝神聚力，产品流水运行，一片繁忙景象。

2017年1月12日下午，由河南省商务厅、省委宣传部、省发展和改革委员会等18个厅局委联合主办的2016河南省诚信兴商宣传月“诚实守信道德模范”颁奖盛典在河南省总工会大厦隆重举行。太龙药业荣获“2016河南省诚信兴商双优示范单位”。

一、品质的坚守　诚信的力量

太龙药业是集生产、经营、科研于一体，以中药产品为主，拥有合剂、口服液、大容量注射剂、片剂、胶囊、原料药等多种剂型共100多种产品规格、1 000余种品规中药饮片加工和医药研发的现代化制药企业。2011年，太龙药业获得河南省郑州市“药品规范化管理先进单位”和“河南省以品种为单元GMP先进单位”两项殊荣。2012年3月又被评为郑州市“2011年度药品规范化管理先进集体”。2015年获河南企业100强，2016年获“2016河南省诚信兴商双优示范单位”。太龙药业的双黄连口服液荣获“2015—2016中国药店店员推荐率最高品牌”。“太龙”商标荣获“中国驰名商标”称号。这些荣誉，凝聚了无数太龙人的艰辛与努力，折射出了对品质的坚守、诚信的力量。

作为河南省医药行业首家上市企业，多年来，太龙药业在企业经营管理过程中，始终坚持“以诚信赢得市场，以信誉赢得客户”的经营理念，不断建立健全服务与质量的诚信体系，取得了良好的社会信誉和经济效益。牢固树立诚信意识，坚持诚信经营，强化诚信体系建设，把诚信贯穿到企业管理的各环节中去，做到时时诚信，事事诚信，人人诚信，不断实现社会信誉和经济效益的新突破。

“民以食为天”，食品药品安全已经成为人民群众最关心、最直接、最现实的利益问题。国家食品药品监督管理总局将建立最严格的食品药品安全监管制度。作为药品质量安全的第一责任人，致力于大健康产业领航者的太龙药业，以“员工幸福，服务社会”为使命，以品质为基石，以诚信为根本，以护佑人民健康为已任，在产品质量管理的道路上披荆斩棘，不断创新和提高，赢得了市场的赞誉，充分践行了“质量第一”的企业发展战略方针，企业在长期的发展进程中逐步形成了“爱我太龙，凝心聚力，品优业兴，共享发展”的企业精神。为保证产品质量，以诚信服务大众，公司从源头控制物料质量，在河南卢氏，三门峡店子，山西运城及新密、登封、巩义交界处的五指岭等地建立了数万亩中药材种植基地，使用道地药材，稳定原材料质量，做到“药材好，药才好”。在药材产新采收季节，派采购员和质量人员共同赴产地实地查验，按质采购，做到货真价实。对所有供应商进行严格的质量评估，对主要原辅料、内包材供应商进行现场质量审计，督促供应商不断改进和提高产品质量。生产时严格按照GMP要求组织生产，按全处方量投料，绝不偷工减料，按批准的工艺进行生产，坚持“十道金牌工艺”“只提取前两道药汁”的生产理念。全封闭管道式生产线，16 000转高速分离去除杂质和大分子，72小时冷藏处理，真空负压灌装，高温水浴灭菌，确保药品的疗效和安全性。生产过程中建立了1 000多个技术标准、管理标准及岗位SOP，囊括了生产工序流程中的每一个细微环节，从制度管理上杜绝了质量死角，质量管理部门QA现场24小时不间断的质量监控，使工序处于稳定可控状态，质量隐患无处遁形。生产过程层层把关，杜绝“不合格中间产品流入下道工序”，实现原料、半成品、成品全项检验。“下道工序就是用户”的理念，已深深地扎根在每个员工的心中，每个员工的血液里均流淌着“品质”二字。

太龙药业依托“河南省制药工程研究中心”“省企业技术中心”，建成了2 000平方米的太龙药业质量中心大楼。拥有世界一流的高效液相色谱仪、精密的原子吸收分光光度计、气相色谱仪等上百台高精尖仪器，形成了良好的质量控制能力。在质量管理方面，太龙药业设立了独立开展工作的质量管理部门和质量受权人，明确了各级部门和人员的质量管理职责，实施三级质量分析会议和质量奖惩制度，对产品质量坚决实行“一票否决”。

太龙药业的每个产品均制定了高于国家法定标准的企业内控质量标准，实施了质量受权人制度，对物料和产品实施放行审核，只有经过检验合格且经全面评估符合GMP管理要求后的产品，才可放行上市销售。公司对所有产品实施了电子监管，可对上市产品实施方便、快捷的追溯跟踪，同时加强了药品不良反应监测和药品召回管理，并及时向药品监督管理部门报告。通过严格管理，公司的质量管理工作已完全融入到员工的日常行为中，成为其工作习惯。

过硬的管理，成就了过硬的品质，公司所有剂型全部通过了国家2010版GMP认证，内部坚持不懈的GMP自检，形成了“比缺陷少，比产品质量好”，主动实施GMP的良好风气，保证了GMP认证后的管理不走样，使产品质量更有保证。

二、诚信是一种济世情怀

一种情怀，济世救人，止于至善；一种坚守，知行合一，不忘初心。专研二十余年，只为这一滴……二十余年的匠心打造，产品质量在市场上遥遥领先，太龙药业的品质赢得了人心，赢得了市场。也正是由于产品的高品质，太龙药业荣登2016中国最具影响力医药企业百强榜。

坚持传统加工，专控品质。在追求品质的道路上，坚持恪守传统——太龙药业旗下全资子公司桐君堂药业，始创于1385年，传承中药鼻祖桐君老人“悬壶为世人，良药济苍生”的精神，“采办务真，修制务精”，坚持遵循传统炮制加工规范，与现代化自动控制有机结合，以实现全过程控制与管理的创新煎药服务模式，保证中药精华，弘扬中药文化。

“共赢、高效、持续、领先”是太龙人的价值观。在与供应商的合作中，充分体现“共赢”的理念，签订协议时充分考虑双方利益，不拖欠货款，定期座谈沟通，促进双方产品质量的不断提升。以诚信立足，以诚信促发展。“员工幸福，服务社会”是太龙人的使命，公司时刻把员工幸福放在第一位，定期调整员工工资，增加员工收入，以与社会发展相适应，赢得了员工的信赖。公司建立了“太龙育婴室”，为员工提供了上班时方便照看孩子的地方，解决了员工上班的后顾之忧。公司经常组织“六一亲子游”，重阳节、春节员工家属慰问等活动，员工亲切地称公司为“太龙家园”。

为表达诚信心声，公司负责人、质量受权人及质量管理负责人、生产负责人与郑州市食品药品监督管理局签署了“从业人员承诺书”，共同倡导“诚信做产品”活动，给患者提供值得信赖的药。公司内部开展了多种形式的“诚信制药，保护公众健康”的宣传和学习活动。多年来，太龙药业把服务社会作为己任，把诚信融入社会大爱关怀中去，为汶川地震、云南鲁甸地震灾区捐款、捐药品达数百万元，给震区人民带去了关怀和温暖。太龙药业在诚实守信经营过程中，涌现了大量的先进人物：

学术达人、顶尖专家——邢泽田 高级工程师，国家特殊贡献津贴获得者，双黄连针剂、口服液的发明人，于 1995 年携全家从黑龙江搬迁至郑州太龙药业。在太龙药业服务的 20 余年间，为了掌握中国药材资源的分布，走遍了祖国的山山水水。2006 年研发的具有 20 年专利的新一代抗感药——双金连合剂获批上市，被国家四部委联合评定为“国家重点新产品”。致力于中药抗感冒药品的研究，发扬光大传统中医药，护佑中华民族兴旺是他的毕生追求。2017 年 7 月 1 日，在万米高空的飞机上，一位女乘客因身体不适突然晕倒，危急时刻，太龙药业总工程师邢泽田及时出手救助，经过治疗该女士转危为安，机组成员和机上乘客纷纷点赞并争相合影留念。事件虽小，但为河南争得了荣誉，为太龙人赢得了自豪。

特殊的投诉电话——质量管理员赵欢欢 作为质量管理员，处理质量投诉是日常工作之一。2016 年 5 月 15 日上午，接到福建厦门田女士电话说购买我公司的浓缩型双黄连口服液发现口味有些“异常”后，她积极了解事情过程，核实产品批号，并委托厦门当地业务员与田女士联系沟通。5 月 16 日上午，又接到了田女士电话，她说口味问题可能是她感冒嗓子发炎，味觉原因引起的“异常”，对太龙药业高度重视、高效解决问题的做法她很满意，今后还会继续服用公司的产品，并向朋友宣传、推荐太龙的好产品。良好的售后服务，提升了太龙药业在客户心目中的地位，获得了客户的肯定和信赖。

生命的彩虹——广西北海地区销售代表伍小健 一个普通的名字，一名 OTC 广西市场普通的地区代表，却是一位绝不平凡的献血志愿者。2013 年 8 月 24 日，因工作需要和北海市场业务代表伍小健联系的广西经理胡伟伟意外得知：伍小健正在北海血站捐献血小板，而且这已经不是他第一次义务献血了！几年来伍小健共献血 19 次，其中全血 7 次，机采血小板 12 次(机采血小板在身体健康时可 30 天进行一次)，累计献血近 20 000 毫升，荣获“2009—2012 年度北海市无偿献血先进个人铜奖”，是北海市血站的应急预案中的献血志愿者，北海市无偿献血志愿服务队队员，每当血库中 A 型血小板稀缺时，接到救急电话的他总会毫不犹豫地应约前往。“一次接到紧急献血通知时，因为公司药品调价工作正处在紧要关头，我和公司胡经理联络说可能会因为献血影响当天工作，经理笑着说怎么会呢，你放心去献血吧，这是救人的好机会，我们太龙药业就是救人的，能用自己可以再生的血液为他人的健康提供帮助是义不容辞的责任，这同样是我们公司的光荣！所以这次献血，我自始至终都是微笑着的……”

这些朴实的语言，显示了平凡太龙人的不平凡。这些人物是上千个太龙人的代表，是诚信太龙人最普通的一员，也是太龙人的骄傲，是太龙药业诚信做产品的写照。道法源于自然，创新从未止步。近年来，太龙药业在全产业链布局的基础上，增加了医药产品研发和技术服务的专业化平台，这将为太龙的再次腾飞打下坚实的基础。未来发展中，太龙药业将全面恪守"爱我太龙，凝心聚力，品优业兴，共享发展"的企业精神，以发扬中药文化为己任，激流勇进，砥砺前行，立志做大健康产业领航者！

三、大 爱 无 言

2016 年 1 月 15 日一大早，太龙药业的活动志愿者们集体前往新郑市辛店镇湛张完全小学，为孩子们捐赠了包含帽子、围巾、手套、口罩等在内的暖心包。除了暖心物资，还为孩子们送去了暖心的精神关怀——安全健康手册及图书，旨在让孩子们了解与自身息息相关的安全健康防护知识，提高自我防护能力，快乐成长！作为此次活动的爱心企业太龙药业及其旗下子公司焦作怀牌饮料还为孩子们赠送了双金连合剂和怀牌山药饮料，共同关爱农民工子女的健康成长。

李雪今年 10 岁了，她是新郑市辛店镇湛张完全小学的一名四年级学生，她还有一个弟弟今年 8 岁，也在这所小学上学。他们平常跟着爷爷奶奶生活，爸爸去安徽打工了，常年不在家中，两年才回一次家。妈妈则在市里的啤酒厂打工，每周才能回来一次。就这样李雪都已经很满足了，她说："班上很多同学的爸爸妈妈在外地打工回不来，我妈妈还能经常回家呢！"收到爱心礼物，特别看到其中有饮料，她高兴地说："今年过年，我爸爸也回来！我要把饮料留着过年再喝，让爸爸也尝尝！"

活动中，太龙药业市场部吴延兵接受媒体采访时表示，作为河南省医药行业首家上市公司，太龙药业的发展离不开社会各界的关心和支持，我们通过积极参加各种社会公益活动来表达"员工幸福，服务社会"的责任和使命。特别是让这些农民工子女感受到社会的温暖，学会生活，学会关心，学会感恩，让他们能健康快乐地成长；同时我们也将呼吁更多人加入到关爱农民工子女的行列中来，关心帮助农民工子女健康成长！

在现场，郑东新区慈善总会、共青团郑东新区团工委联合授予了河南太龙药业股份有限公司、焦作怀牌饮料有限公司"爱心企业"荣誉奖牌。

捐赠环节结束后，一场嘉宾与孩子共同参与的互动游戏——两人三足、双人夹球跑等，拉近了爱心人士和孩子们的距离，让孩子们在游戏中获得乐趣、释放天性，感受陪伴的温暖。这些只是太龙药业无数次爱心活动中的一个缩影。

四、健康太龙　品质太浓

对标先进同行，一直是太龙药业提升自己的途径，同仁堂就是太龙药业的榜样，学习同仁堂，走品质化之路，太龙有什么，该如何突破？太龙药业对此总结出以下五大优势：

(1) 道地药材基地:经典药材,道地产区;独特地理,种质优良;传统采收,科学加工。

(2) 饮片加工:浙江金牌老字号品牌桐君堂。

(3) 质量控制:高于国家标准生产,精确控制;高标准要求供应商。

(4) 生产过程管理:十道金牌工艺,严格执行 GMP 管理生产检验全过程。

(5) 中药专家:邢泽田总工程师是双黄连针剂、口服液发明人,中药世家,国务院津贴专家。

品质之路是一条漫长之路,要从每个角落把此路建设好,小到岗位的卫生。品质太龙是一个面非常广的理念,需要每个人的努力,从企业内部把口号喊出去,影响到消费者,最终把企业做好。质量是品质化之路的重要方面,"品"是通过消费者的口口相传,提高产品的市场认可度,太龙药业以 20 余年的精华沉淀和品质基底,努力以品质走卓越化发展之路。

——走品质化之路 达到顾客满意、消费者满意。提升公司的综合实力,通过对员工品质的高要求、生产过程的控制、质量的提升等,最终才能体现产品品质。

——品质追求无止境 不同的时代,有不同的用户需求,学习好的方面,精益求精。

——追求零缺陷 让用户满意,最核心的是产品质量问题,企业文化思想理念与时俱进,品质会在潜移默化中形成。唯有品质的支撑方能阔步前行,但凡成功的企业莫非如此。品质做好了,一定能做出一个大产业。

五、围绕医药大健康产业　打造全产业链体系

2015 年 10 月,诚信阳光行走进太龙药业,董事长李景亮发表致辞表示,太龙药业于 1993 年在郑州高新区建厂,经过多年的努力,发展成为河南省医药行业首家上市企业。上市以来,一直以医药经营为主业,目前已形成了药品制剂业务、中药饮片业务、药品研发业务和医药流通业务四个主要业务板块。公司主要产品包括双黄连口服液系列、双金连合剂、各类中药饮片等。近年来,公司制订了"一核两翼多平台"的战略发展思路,围绕医药大健康产业,以资本运作促进实体经营,初步构建起了中药种植、产品研发、药品生产和销售以及产业投资的全产业链运作体系。长期以来,公司始终坚持诚信经营,以"员工幸福,服务社会"为使命,希望能以良好的药品服务于社会,以优异的业绩回报股东。

作为一家上市 18 年的企业,太龙药业一直严格按照证券法规和监管部门的要求,不断完善公司治理结构,建立健全内控管理体系,提升企业管理水平。公司重视投资者关系管理,完善信息披露机制,真实、及时、准确、完整地披露各项信息,并借助互动平台等加强与投资者的互动,增进投资者对公司的了解。公司一贯重视对投资者的合理回报,按照中国证监会鼓励现金分红的政策精神,根据《公司章程》规定的利润分配政策,诚信回报股东。

2015 年,公司完成了对桐君堂药业有限公司和北京新领先医药科技发展有限公司的资产重组,同时,变更前次募集资金 1.3 亿元分别对这两家公司增资,加大对中药饮片业务和临床 CRO 业务的投入,使公司的产业链结构更加合理,发展前景更加广阔。资本运营方面,公司参股子公司太

龙健康产业投资有限公司已设立并购基金，开展医药产业内的项目投资，助力公司未来发展战略的实施。

公司把诚信为本的精神，贯彻于各项工作中，作为《河南上市公司诚信公约》的签约单位将一如既往地按照上市公司治理的要求和诚信公约自律规范的承诺，不断加强公司治理，规范运作；加大研发投入，生产高品质的药品，为大众健康奉献力量；主动回报股东，保护投资者的合法权益，树立和维护“诚信河南”新形象，为河南的资本市场持续健康发展做出新的贡献。

12. 羚锐制药：诚信立业　造福人类

董事长谈诚信

羚锐集团董事长熊维政：诚信光荣，失信可耻

诚信经营是企业生存的发展之基。市场经济是信誉经济、信用经济。现代社会是诚信需求日益增长的社会，全面建设、创造和谐社会，改革将更加深入，开放将更加扩大，经济将更加发展，文化将更加繁荣。这些都迫切要求企业共同营造诚信环境，要求企业将诚信作为立身之本，立业之安。

羚锐制药的发展得益于诚信经营。作为一家从边远老区成长起来的现代化制药企业，羚锐的发展得益于一直以来以诚信经营为立业之本，是造福人类为宗旨。依靠科技创新，严格科学结构治理制度，靠质量制胜，以优良的企业信誉、优良的产品质量赢得了市场。在质量管理过程中，羚锐公司始终坚持产品质量关系企业生命、药品质量关系人的生命这一理念，产品质量是企业的金字招牌。公司以诚信为本、以质量求生，同时严格按照科学规划进行生产，从源头上把住质量关，各个环节都进行严格管理，使每道工序的质量、指标都处于受控状态。自上而下，全面、全方位、多视角地制定质量控制体系。公司还在建立健全质量考核、质量报告等各个层次，从原料购进到产品出厂，建立了三级质量审验手续。

一个市场信誉不好，就会陷入萧条；一个企业信誉不好，就会很难生存发展。诚信是企业生存的基础，每一个负责任的企业都应该充分认识诚信的重要性。在企业建设中，要不断弘扬诚信为本的文化。

正文

和谐的社会、繁荣的经济需要优秀而卓越的企业作为支撑，然而，在经济飞速发展的过程中，毒奶粉、假疫苗等事件宛如前进乐章中的不和谐音，不仅让国内食品、医药企业蒙羞，也不断拷问着企业的责任与良知。

作为中国知名医药上市公司和国内外用贴膏医药行业中的领军企业，河南羚锐制药始终坚持将诚信作为立身之本、立业之源。“产品质量关系企业的生命，药品质量关系人的生命。”这是羚锐制药创始人熊维政和现任董事长程剑军教育员工的口头禅，公司高管也以此自律。企业在改革发展的过程中，注重药品质量的不断提升和核心竞争力的不断增强，诚信体系的构建更是重中之重。

一、"制药匠心"确保药品安全

药品作为治病救人的特殊商品，其质量不仅关乎疗效，更关乎人身安全，所以羚锐制药也一直把为社会提供优质有效的药品视为企业的生命。

作为国内为数不多的知名医药上市公司和国家火炬计划重点高新技术企业，羚锐制药主要产品有橡胶膏剂、片剂、胶囊剂等10种剂型，年产橡胶膏剂30亿贴，是国内规模最大的橡胶膏剂生产商之一，也是该行业内首个"中国驰名商标"的获得者。

如何保证药品的质量？羚锐制药首先把使用道地药材作为基础和第一环节。公司对药品原材料的采购要求非常苛刻：一是采购人员必须根据公司制定的药材、辅料及包装材料质量标准或法定的质量标准去选择供给商，专门设立了由生产部、采购部、质量部、财务及审计等多个部门组成的联合工作组，对药用原辅料供应商从资质、规模、质量控制等方面进行全方位实地考察、核验，并建立药用原辅料的标样，实施招投标管理，建立相对稳定的供应商质量档案；二是恪守"产地进货、直接进货、进地道货"的原则，对使用量较大的原料中药材，在河南信阳、新县，安徽亳州、阜阳，山东等道地药材产区建立绿色药材种植基地，严格按照GAP标准进行规范化管理，确保企业使用无重金属、无农药残留、无污染的优质绿色中药材；三是对供应商供应的大宗药材随机抽取小样检测，合格后再试用，达到质量标准和质量要求的才能采购；四是购入后的药材再按规定进行全面检查，还需要定期进行质量评价，一旦发现质量问题给予退货处理，出现三次质量问题将取消供应商资格。从源头上把住"四道关"，确保药品原材料的质量。

其次在生产过程中，严格按照GMP规范进行生产，严把生产质量关。2013年11月30日—12月2日，羚锐制药新建成的信阳羚锐健康产业园区，迎来了河南省食品药品监督管理局药品审评认证中心专家组对片剂、硬胶囊剂、颗粒剂、丸剂(水丸)(含中药前处理及提取)等药品生产车间为期3天的新修订药品GMP认证现场检查，并一次性顺利通过了现场检查。作为国内非无菌药品生产的品牌企业，羚锐制药现有生产车间、生产制剂均通过新修订药品GMP认证或检查，并比国家规定的认证期限提前了2年。

近年来，公司投入巨资对原有生产线进行技术改造，新建成的信阳羚锐健康产业园区和热压法、芬太尼化学贴膏剂等生产线采用了国内领先设备和技术，不仅节能环保，而且最大限度地保存了药物有效成分，增强产品功效，大大提高了产品质量。

据悉，GMP(药品生产质量管理规范)是药品生产和质量管理的基本准则，于2011年3月正式实施的2010年修订版，被称为新版GMP。新版GMP硬件部分参照欧盟相关标准，软件部分参照美国FDA相关标准，并结合我国实际情况形成，对药品的质量标准和要求近乎苛刻，堪称"史上最严格GMP"。与1998年版相比较，新版GMP更加注重软件建设及GMP管理理念的贯彻。

羚锐制药所有产品剂型和生产车间均通过国家新版GMP认证，证明了其自身的生产条件、管理制度、技术力量经受住了"史上最严GMP"的认证大考，标志着其生产质量体系的软、硬件水平达到了国家规定的新标准，企业质量安全风险控制能力进一步加强。

与此同时，羚锐制药还在生产车间开展“产品质量日日行”活动，建立健全质量考核、质量举报、质量曝光、质量赔偿制度，让每道工序的质量指标都严密处于受控状态，自上而下形成全方位、多视角、持久性的质量控制体系。

再次，在质量检验方面，公司建立了高于国家标准的内控标准，健全了“公司＋车间＋班组岗位”的三级质量监督网和各项管理制度，以完备的质量监控体系对各个环节实施适时检查与监控，做到“不合格的原辅料不得入库，不合格的半成品不得流入下一道工序，不合格的产品不得出厂”。公司通过ISO 9001质量管理体系、ISO 14001环境管理体系和GB/T 28001职业健康安全管理体系认证等一系列认证，进一步完善了自己的产品质量控制流程，形成了一套涵盖产品原料采购、原料加工验证、产品生产、成品仓储、物流运输等产品质量控制各环节的完整科学体系。

2016年11月23日，由河南省政府食品安全委员会办公室、河南省委宣传部、河南省食品药品监督管理局主办的“食品安全中原行”启动仪式在信阳举行，熊维政在启动仪式上致辞说：“在羚锐，产品质量安全高于一切，这是羚锐的企业文化也是品牌的内涵。我们将担负起企业责任，为实现中原食品安全共治共享贡献力量。”

启动仪式结束后，河南省委宣传部、省食药监局、参会媒体团一行先后来到羚锐制药的口服药生产基地羚锐信阳健康产业园和羚锐大健康事业部调研。在口服药生产基地，整洁有序的厂区环境、全自动智能化的生产设备给大家留下了深刻的印象。熊维政介绍，羚锐产品从原材料采购，到每一道生产工序，都建立了高于法定标准的内控标准，并制定了完善的质量绩效考核监督体系，强调每一个生产过程、每一个细节的质量控制，将生产全过程纳入到标准化的质量控制系统，生产高质量、安全的食品药品，让老百姓用得放心。

羚锐制药也因对品质与管理的孜孜追求，获得了社会的广泛认可。公司的主导产品被确定为“全国社区健康教育典范产品”；公司先后被评为“河南省诚信单位”“全国中药系统先进集体”“全国医药优秀企业”等，同时被认定为“国家火炬计划重点高新技术企业”和河南省委、省政府重点服务企业，2011年还获得了河南省政府最高质量荣誉奖——“省长质量奖”，熊维政获得了国家质量检验检疫总局授予的“全国质量工作先进个人”称号。

二、自主创新成行业先锋

羚锐制药创立于1992年6月，初产时期，技术力量薄弱，产品科技含量低，品种单一，企业生存与发展潜伏着巨大危机。而1993年5月，为保护濒危的野生动物，国务院下达了禁止虎骨贸易的通知，公司的拳头产品虎骨麝香止痛膏被迫停产，生产与销售濒临瘫痪状态，由此给公司造成的损失达400多万元。

时任公司负责人的熊维政和公司管理团队及时制订了“科技兴企”战略，毅然贷款数十万元用于科技研发，针对中老年骨质增生患者较多这一现象，根据中医药学内病外治原理，与河南中医学院、河南省新密市骨质增生研究所，于 1994 年共同研发了治疗骨质增生症的新药——骨质增生一贴灵、骨质增生一擦灵，填补了国内利用透皮吸收技术治疗骨质增生疾病的空白，为公司培育了主导产品，使企业扭亏为盈，步入一个崭新的发展阶段。

尝到了创新和科技兴企的甜头，此后，公司每年提取一定比例的销售收入作为科研专项资金，全力投入到技术创新和科研开发中。公司先后成立了新产品开发评委会、羚锐郑州药品研究所、国家认定的企业技术中心、国家博士后科研工作站和河南省羚锐经皮给药院士工作站，并在北京总部基地组建了北京羚锐药物研究院，致力于新药产品的开发，形成了"生产一代、储备一代、研制一代"的产品开发格局。

公司还与多家高校建立了长期的合作机制，研究力量雄厚，自主创新能力位居国内同行前列，新产品研发能力强，成功开发了包括国家中药保护品种培元通脑胶囊、丹鹿通都片、参芪降糖胶囊、胃痛宁片、复方拳参片、神农镇痛膏等在内的十余个河南省名优产品和国家医保药品。

2013 年上半年，羚锐制药发布《关于产品进入〈国家基本药物目录〉的公告》。该公告显示，公司及下属子公司拥有的通络祛痛膏、参芪降糖胶囊、银杏叶片、复方丹参片、银翘解毒片、八珍益母丸、天王补心丸、杞菊地黄丸、安宫牛黄丸、奥美拉唑肠溶胶囊、阿昔洛韦乳膏等 20 个品种被列入该《国家基本药物目录》。

2013 年 9 月，河南证监局指导、河南上市公司协会主办的河南上市公司诚信公约阳光行走进羚锐制药，有个人投资者代表咨询了公司产品进入《国家基本药物目录》的相关情况。熊维政介绍，被列入《国家基本药物目录》名单的通络祛痛膏是公司独家品种，疗效好，与同类产品相比，价格较低，更适合基药市场，会推广到更多的医院、医药连锁企业和社区药店。参芪降糖胶囊为国家中药保护品种，对糖尿病疗效显著，市场上只有少数几家厂商生产，竞争环境较好。在基本药物制度启动后，对羚锐制药的销售有一定推动作用。

羚锐制药的橡胶膏剂一直以风湿类、骨科止痛贴剂为主。2009 年开始，公司投资 2 亿元，引进、消化德国莱普泰克公司成熟的骨架型芬太尼透皮贴剂技术和德国瀚辉公司的芬太尼透皮贴剂专用设备，建设了一个独立的芬太尼贴片生产基地，生产国际最先进的芬太尼贴片(骨架型)，进一步提升了我国透皮贴剂的研发和生产技术水平。

2013 年下半年，羚锐制药的芬太尼贴片(骨架型)重磅上市，这是公司首个麻醉镇痛类贴剂产品。公开资料显示，芬太尼透皮贴是一种人工合成的强效麻醉性镇痛药，其镇痛效力为吗啡的 50～100 倍、盐酸哌替啶的 1 000 倍，而且与注射剂比较，其作用时间长，血药浓度下降慢，特别适用于肿瘤中度到重度的慢性疼痛，被业内公认为缓释产品中的重磅药物。值得一提的是，按国家麻醉药品监管政策规定，芬太尼透皮贴剂的生产企业仅限 1～3 家，因而形成了较好的竞争格局，这也是羚锐制药看好这个产品的关键原因之一。目前，芬太尼透皮贴正逐步成为公司的另一支柱产品。

如果说科技是引擎，质量是车轮，那么营销则是企业发展的龙头。羚锐制药也十分注重营销工作的不断突破创新。

公司 2012 年实行区域营销代表负责制，以灵活的营销政策加上激励机制，让营销人员奋力开拓，初步形成了覆盖全国的产品营销网络。通过营销体制改革，不断扩充营销队伍，招聘营销人员，由渠道驱动逐渐转型为终端驱动。利用公司品牌影响力，定期推出产品促销活动，在较为成熟的市场上精耕细作，不断往产品覆盖较薄弱的地区推广。通过自建队伍或者寻找合作伙伴等方式做好医院市场的销售工作。同时利用先进的互联网销售与传统销售模式的有效结合，实现销售业绩的增长。

2015 年，公司向控股股东羚锐集团等定增募资 5 亿元，其中 3 亿元用于营销网络建设及品牌推广，2 亿元补充流动资金。这次定增分为营销网络建设、品牌推广两部分，其中营销网络建设包含销售队伍建设、传统终端建设、第三终端建设和电商终端建设。通过这一举措，公司既有销售队伍积累的丰富成功经验得以继续复制推广，销售人员和配套措施进一步完善和扩充，极大地提升了公司的营销网络覆盖率；精耕细作现有营销网络和加大新的终端开拓，进一步提升了公司产品整体销量。

三、布局“大健康”助推健康中国

随着中国人口老龄化加剧，老百姓的健康意识显著增强，居民消费结构不断升级，政府将国民健康提高到国家战略的高度，对健康产业的发展提供了前所未有的支持，也推动了健康服务消费的扩张。

不断满足人们对健康的需求，保障人们的健康，也是医药企业的责任。近年来，羚锐制药在做好医药行业的基础上，也立足当地资源，围绕“大健康产业”积极布局，涉足保健和养生产业，打造大健康产业链条。

中医药是中华民族的瑰宝，它与国画、京剧并称为中国三大国粹。中医药有着调摄情志、适度劳逸、合理饮食、谨慎起居等养生调摄之理论和方法，在延缓衰老、驻容美颜、维系健康方面颇受欢迎。中医强调“阴阳平衡”“天人合一”“辨证施治”，将预防疾病放在整个医学体系的重要位置，通过防病于未发之时来保障机体的健康，即所谓“上工治未病”。这种防患于未然的理念和系统论、整体论的认识特点，已为现代医学理论所接受。大健康强调事前预防、防患于未然等理念，与中医提倡的“治未病”理念高度契合，是一个比现有“医药行业”外延更广泛的概念。

羚锐制药董秘叶强介绍，作为中成药药企，羚锐制药进军“大健康”产业具有天然的优越性。首先，羚锐制药具备研发及质量优势。中医讲究“药食同源”，在完善的研发体系和质量控制下，羚锐制药从药品生产到食品生产的跨越几乎不存在技术壁垒，且可以从草本或动物体中提取有益成分，放大中药衍生品在日化品、保健品或其他市场上的发展空间。其次，羚锐制药具备品牌优势，品牌效应已深入人心。羚锐制药生产的高技术、严管理、重功效的特点，使其大健康的衍生品更易获得消费者认可。

羚锐制药总部所在地是河南新县，地处大别山革命老区，自然地理环境十分适合油茶树生长，其境内有着宝贵的野生油茶林资源，而油茶籽可以榨出高品质的植物食用油——山茶油。正是基于此，羚锐集团投资成立了河南绿达山茶油股份有限公司，以“公司＋油茶专业合作社＋基地＋农户”的经营模式，整合新县及大别山区的油茶资源，着力打造绿色、健康、原生态的山茶油资源和山茶油品牌企业。

此外，羚锐集团还投资成立了信阳羚锐好味道股份有限公司、羚锐正山堂养生茶股份有限公司,开发生产了养生红茶、保健茶、香菇酱等健康产品。

在全面实施"十三五"战略规划的开局之年,羚锐制药组建了大健康事业部。大健康事业部以"建设健康快乐的团队、创造呵护健康的产品、探索健康发展的模式"为宗旨,助力公众享受科技创新,提升生活质量。大健康事业部整合了养生信阳红茶、羚锐银杏保健茶、羚锐牌辅助降血压茶及羚锐好味道香菇酱等健康产品,在同一平台进行运营。

在贴膏剂产品上,羚锐制药也很注重相关健康产品的开发,向市场推出了羚锐小羚羊退热贴、暖洋洋静电理疗贴、舒腹贴膏等新产品,进行了鼻爽贴、晕车贴等产品的研发和试产工作,丰富了公司外用贴剂产品的种类。

按照羚锐制药的发展规划,公司将积极布局大健康产业,把中医"治未病"的思想与现代健康理念有机结合,依托公司多层次的产品群,在大健康领域全面发力。大健康产业不仅成为羚锐制药的另一个增长引擎,也是企业践行"造福人类"理念的具体实践。

四、"做人,最重要的是要有责任感"

羚锐制药植根于革命老区,而羚锐制药的创始人熊维政也被人亲切地称为"熊老区",因为身为全国人大代表的他每次发言必言老区,情真意切,慷慨激昂,连年为老区发展鼓与呼。熊维政说:"因为我是来自老区的代表,所以把握每一次机会,多为老区的发展提出建议,是我的责任。""做人,最重要的是要有责任感。"这是熊维政在不同场合都反复强调的一句话。

羚锐制药在自身发展壮大的同时,也始终以回报社会、回报老区人民作为企业的责任,在羚锐制药的企业品牌中,公益是非常耀眼的一抹亮色,每年的公益活动开展得有声有色。

2016 年夏天,受持续强降雨影响,河南新县县城及部分乡镇遭受了严重的洪涝灾害,居民受灾严重。7 月 7 日上午,羚锐制药总经理熊伟带领志愿小分队携爱心物资看望慰问了新县消防官兵和位于光彩实验学校安置点的受灾群众,为他们送去羚锐通络祛痛膏、舒腹贴膏、氟哌酸等应急药品和香菇酱、山茶调和油、姜茶、方便面、面包等食品。当天下午,小分队又赶赴受灾严重的陈店乡、泗店乡、箭厂河乡看望受灾群众,将爱心物资捐赠给各乡乡政府,由乡政府统一安排。值得一提的是,受洪水影响,羚锐集团的相关企业中药材种植基地、养殖基地亦遭受了巨大的经济损失。不过,企业在做好自救、确保安全生产的同时,还积极组织志愿小分队投入到抗洪救灾的战斗中。

2016 年 5 月 16 日,"点亮未来,守护健康"羚锐小羚羊爱心万里行活动启动仪式在国家会议中心隆重举行。这一项目旨在关注留守儿童健康成长,及时响应党团号召,开展一系列关注"留守儿童成长"的公益活动。羚锐制药总经理熊伟介绍,为了让留守儿童健康成长,并邀请到更多的志愿者参与到公益队伍中来,羚锐制药联合团中央、未来网捐赠价值 1 000 万元爱心物品和常备药品,羚锐志愿者跋涉 9 个省市,行程 10 000 公里,去传递爱心。

以上只是羚锐一系列公益活动中的两件"小事"。羚锐人对公益慈善事业有着一种特殊的情怀,大别山老区人民淳朴、善良、富有爱心的特点在羚锐人身上有着鲜明的体现。在长期的爱心公益活动实践中，羚锐形成了一系列常态化的品牌公益项目。

在每年的春节期间，熊维政都会带领管理人员看望慰问新县光荣院老人，给他们拜年；在全国助残日期间，羚锐每年都会捐赠药品、物品，为贫困残疾人家庭送温暖；六一儿童节前后，开展资助孤贫儿童活动，让他们度过一个快乐、祥和的节日；每逢高考时节，公司都会在全国两百多个营销区域，组织上千名羚锐志愿者开展"防暑降温，助力高考"活动，为考生和家长免费发放通络祛痛膏、羚锐小羚羊退热贴、舒腹贴、晕车贴、鼻爽贴等药品；建军节期间，开展拥军活动，慰问人民子弟兵；8月份是升学季，为让老区新县的贫困学生顺利圆梦大学，羚锐集团组织开展金秋助学活动，为考上大学的学子发放助学金，此项活动已连续开展10余年，1 000余名学子得到资助；扶贫日期间，公司又会组织开展为贫困乡亲送"温暖包裹""爱心包裹"活动；公司在北京大学光华管理学院、郑州大学药学院、河南大学药学院、河南中医药大学设立羚锐奖学金，累计资助品学兼优的学子近600名；公司捐建新县复羚未来星希望小学和周河乡希望小学，为老区新县的教育贡献力量。

羚锐的公益步伐早已走出了老区，走向边区、民族地区和更多的贫困地区。公司在四川省凉山彝族自治州甘洛县捐资建设羚锐希望小学，长期对口支援新疆建设兵团农垦十三师红星四场，连续近十年参与以"情系西藏，关爱阿里"为主题的爱心捐助活动……这些地方都留下了羚锐人的身影和前行的足迹。当1998年洪灾、汶川地震、青海玉树地震、南方雪灾等自然灾害发生后，羚锐人第一时间将救援物资运到受灾地区，切实体现了老区企业的责任和担当。

对于当地百姓来说，羚锐更是帮助他们脱贫致富的良心企业。新县位于大别山腹地，是全国著名、河南省唯一的"将军县"。新中国成立后，由于战争的创伤、工业基础薄弱以及山区地域条件限制等因素，和许多革命老区一样，新县的发展曾经一度落后于时代步伐。

羚锐就是起始于扶贫，当初依靠25.8万元扶贫贷款起步，经过20余年的艰苦创业，逐步发展壮大成为资产规模近30亿元，年创利税3亿元的企业，同时也成功探索了一条山区、老区、贫困地区产业扶贫的新路子。

羚锐在企业发展的过程中，立足新县特色产业以及银杏叶、茶叶、油茶、中药材等特色资源，聚焦医药制造主业的同时，积极涉足大健康产业、医疗器械、中药材种植养殖、宾馆餐饮服务、文化旅游等产业，投资建立了河南羚锐生物药业有限公司、河南羚锐正山堂养生茶股份有限公司、河南绿达山茶油股份有限公司等，形成集团化、规模化的产业格局和运营态势。2015年羚锐集团仅在老区新县就缴纳税款1.39亿元，2016年羚锐集团在新县缴纳税款1.97亿元，均占新县年财政收入的40%以上，成为老区新县的支柱企业，有力地推动了地方社会经济发展，也吸纳更多的农民变身产业工人，就近就业，既能挣钱，又能顾家。

羚锐制药还从自己需求的大宗原材料入手，创建了中药材种植、养殖示范基地，由公司的技术专家培训当地农民，给种植大户提供种苗和技术指导，协议回收药材，带动周边上万农户增收致富，通过产业增加老区造血功能。

因在扶贫开发工作中成绩突出，羚锐制药先后获得了"国家扶贫龙头企业""国家扶贫开发工作先进集体"等荣誉称号；熊维政荣膺"中国扶贫开发典型人物"。

五、公租房让员工居有其屋

“让员工真正从企业发展中获得实惠，并能够有尊严地工作和生活。”这是羚锐制药创立以来，对员工始终坚守的一个理念。随便问问羚锐的基层员工，对于这几年的福利提升，都能给你唠上好半天——员工互助基金、员工生日蛋糕券、公租房、金秋助学圆梦……言语中透出的自豪，让人深受感染。一位就职经历非常丰富的基层员工这样说：“在整个医药行业，能把员工福利做到这个份上的，恐怕也只有羚锐了。”

在羚锐员工福利中，力度最大、最有说服力的，是 2012 年 11 月底正式启动的公租房项目。羚锐员工队伍比较年轻，员工又大多来自全国各地，住房问题让青年员工们深感“压力山大”。为帮助青年员工，特别是骨干人员解决住房的后顾之忧，进而吸引并留住人才，公司及时投入资金，启动了公租房项目暨人才安居工程建设：在新县县城区的裴河建设了几十套职工住宅周转房，以满足已婚、无房、家在外地的羚锐青年员工的过渡性需求。

同时，公租房还设有员工宿舍，按 4 人标间进行设计装修，里面有电视、厨房及相关餐饮用品，可“拎包入住”，提升住宿员工的生活品质。这也是羚锐制药在公司总部所在地首个企业自筹资金建设的公租房项目。

除了住房问题，企业对员工的关注不一而足，为员工办实事、办好事，把每一位员工的生活疾苦都挂在心上。公司建立有“员工互助基金”，热心扶助生活困难职工；还大力开展“金秋助学”“金秋圆梦”活动，帮助贫困员工子女顺利步入大学校园得以深造；热情为年轻人婚恋牵线搭桥，为公司青年员工解决婚姻问题；定期组织员工进行年度健康体检，并为员工组织举办集体过生日活动……

羚锐技术中心的小郭前两年离开了羚锐，回河南南阳老家打拼，并进入了一家很不错的医院工作。但几经周折，他又回到了羚锐。这位 80 后青年感慨地表示，出去转了一圈后发现，外面的世界并不是想象中的那么精彩，也不是所有的企业都能像羚锐这样规范、稳定，有发展前景。如今，郭立已经住进了羚锐公租房，铁了心与企业共同发展了。企业的快速发展及其越来越稳定的盈利能力、越来越完善的员工福利以及职业发展机会，使得员工队伍越来越趋稳定。而且，一些离开了的员工也像小郭这样选择了回归。

六、诚信立企　始终如一

在企业发展中，熊维政一直非常重视诚信。在创立之初，羚锐制药就确立了“诚信立业，造福人类”的企业理念，并把它融入到生产经营活动的各个层面和员工的行为规范中。

公司通过落实与深化企业精神文明创建活动，在员工中广泛开展了“敬业爱岗、诚实守信、办事公道、服务客户、奉献社会”的理念教育；制定了《羚锐员工手册》《羚锐人八荣八耻》等，要求员工诚信待人、诚信做人,并在此基础上牢固树立了为客户和消费者服务的观念,为客户和消费者提供优质产品与服务。“产品质量关系企业的生命,药品质量关系人的生命。”这是熊维政和现任羚锐制药董事长程剑军教育员工的口头禅。

作为一家上市的医药企业,羚锐制药更是强化了对上市公司诚信建设的认识。羚锐制药认为,上市公司的诚信就是要及时、准确和全面地向投资者公开披露公司的有关事项,向投资者提供充足的信息,使投资者能够在公司的价值和自己的投资行为中做出理性的判断。公司的董事会、监事会、管理层应勤勉尽责,以诚信为本,切实管理好企业,以优良的业绩回报投资者。

羚锐制药也是这么做的,一是公司专门建立了诚信建设工作领导小组,在公司内部进行自查;二是完善公司的管理治理制度,及时对各项规章制度进行修改;三是强化内部风险控制制度,提高内部遵纪守法、诚信守信的意识;四是加强公司与监管机构的联络,建立定期汇报制度,自觉接受监督;五是与投资者进行有益的沟通,增强公司的透明度;六是切实经营,管理好企业,以优异的业绩回报股东。

羚锐制药在快速前进的同时,积极履行上市公司利润分配义务,加大现金分红力度,让投资者充分享受到发展带来的红利。上市 15 年来,公司以现金分红、送股、配股等不同方式发放红利共计 14 次,且分红金额占归属上市公司股东的净利润比例较大,这不仅看出公司对投资者回报方面的诚信度,也体现出公司持续快速发展的信心和决心。

2011 年来羚锐制药利润分配情况如下表所示:

分红年度	每 10 股分红(元)(含税)	每 10 股转增(股)	现金分红总额(含税)(万元)	归属于上市公司股东的净利润(万元)	现金分红占归属于上市公司股东的净利润的比率(%)
2016	1.50		8 884.81	34 577.22	25.7
2015(注 1)	0		0	13 247.75	0
2014	0.60		3 213.38	7 617.09	42.19
2013	1.50	5	5 359.00	10 536.71	50.86
2012	1.00	5	2 290.58	4 245.36	53.95
2011	1.50		3 010.80	2 985.14	100.86

注 1:因公司在实施 2015 年度非公开发行股票发行程序,故 2015 年度未进行利润分配,但公司承诺 2016 年中期进行利润分配,方案为:每 10 股派发现金红利 1.5 元(税前),共派股利 8 884.81 万元,目前已实施完毕。

羚锐制药已迎来高速发展期,“诚信立业,造福人类”的文化理念越来越深入每个羚锐人的心里。公司不断做强做大,承载的责任也越来越重,这份责任的背后是诚信,诚信于政府,诚信于市场,诚信于消费者,诚信于投资者,羚锐制药才会搭上发展的快车,才会逐步实现打造卓越医药企业的愿景,才会在当下社会的竞争洪流中崭露头角,争当行业先锋。

13. 平高电气：将诚信融入企业文化中

河南平高电气股份有限公司(以下简称“公司”或“平高电气”)于2001年2月在上海证券交易所挂牌上市(股票代码:600312)。公司是国家电工行业重大技术装备支柱企业,我国高压、超高压、特高压开关及电站成套设备研发、制造基地。公司核心业务是高压、超高压、特高压交直流开关设备的研发、制造、销售和服务,拥有11家全资或控股子公司、1家合营公司。公司研发实力雄厚,技术创新能力强,拥有国家认定企业技术中心,建立了交直流、全系列、全电压等级开关设备科技研发体系。

平高电气产品广泛应用于我国重点电力工程,曾先后为我国首条特高压交流试验示范工程晋东南-南阳及锡盟-山东等国家重点工程提供输配电设备。作为中国自主品牌企业,平高电气已将发展的步伐定位于国际、国内两个市场,产品远销欧洲、东南亚、中东、南美洲、大洋洲等40多个国家和地区。

一、诚信是企业文化的核心

栉风沐雨、创新超越,平高从无到有,从小到大,由弱变强,从一个名不见经传的三线企业发展成为高压开关行业的领军企业,从仅能生产35千伏少油断路器,到掌握交直流、全系列、全电压等级开关产品的核心技术,公司已发展成为国家大型一类企业,跻身中国电气工业十大领军企业、中国机械工业100强企业,公司的价值追求是秉承“诚信、责任、创新、奉献”的核心价值观,这也是公司、员工实现愿景和使命的信念支撑和根本。

诚信是平高电气主导的企业文化。2016年4月15日,由中国合作贸易企业协会、中国企业改革与发展研究会等单位联合主办的“2016中国企业科学发展大会暨诚信盛典”在京隆重召开。国务院研究室、国务院国资委、国家发改委、商务部、工信部、联合国工发组织等有关领导,知名专家学者,以及中国企业信用500强代表和诚信企业、企业家代表约200多人参加了本次大会。平高电气以90.813的信用指数入选“2015中国企业信用500强”名单。

2012年10月25日,由河南证监局、河南上市公司协会联合主办的河南上市公司诚信建设研讨暨《河南上市公司诚信公约》签约大会在河南郑州召开。在大会上,平高电气控股股东、平高集团董事长介绍,平高电气是平高集团的核心企业,公司经营主要坚持“四化”:专业化、系列化、精品化、国际化。而“四化”经营理念与企业的诚信文化建设息息相关,如果一个企业没有诚信的文化基础,那就很难做成诚信品牌。

行业特点决定了平高必须诚信务实地做好产品。平高生产的产品主要用在电力方面，尤其是高压输电行业，处于这个行业对产品本身质量的要求是非常高的，企业所有的员工如果不以诚信的文化作为基础，很难做出高品质的产品。

国家电网公司的文化，也是平高自身的文化。其核心内涵是八个字：诚实、创新、贡献、务实。在平高电气的企业文化里面，就把诚实放在企业文化的第一重要位置。结合国家电网公司的文化，平高也有自身的文化。在平高厂房里面，一进厂房有一个大的标识，上面刻了四个大字——承平臻高。“承平”，就是希望能够传承、继承平高过去40年的优秀历史；“臻高”，臻是达到的意思，同时也是美好的意思。平高人把它寓意为要做出精品来，同时也要使广大员工过上美好的生活。平高电气用这四个字作为企业文化理念，踏实做人、务实做事，这也是平高对于诚信文化建设的理解。诚信是道德范畴的事情，如果以道德层面的事情约束企业，就应该把它融入到企业文化里面。光靠教导、传教去说，那是难以实现的。

在过去3年，平高电气在研发上的投入均超过了高新技术企业规定的比例。之所以有这么多的研发投入，是因为随着市场环境的变化，我国电网电压等级迅速抬高、技术发展进入最快发展期，公司必须补充产品系列、加大新产品研制、提高技术水平，迅速进入国际市场，为打造国际一流电工行产业集团而奋斗。

二、诚信是员工行为的根本准则

1. 诚信是企业立业、员工立身的道德基石

平高每一位员工、每一个部门、每一个单位都重诚信、讲诚信，遵纪守法，忠诚企业，这是公司履行职责，实现企业与员工、公司与社会共同发展的基本前提。公司董事会遵照《公司法》《证券法》《上海证券交易所股票上市规则》等法律法规、规范性文件的要求，诚实守信、勤勉尽责地履行法定职责。董事会下设的专业委员会权责分明，运作规范，不断提升董事会的议事质量和工作效率，忠实勤勉地履行职责，切实维护公司和全体股东尤其是中小股东的合法权益。

2. 诚信是勇挑重担、尽职尽责的工作态度

公司在经济社会发展中担负着重要的政治责任、经济责任和社会责任。平高电气秉承诚信的原则坚决贯彻公司股东大会各项决策，转化成为推动工作落实的强劲动力，同时积极实施“4＋2”业务布局和“3＋1”场地布局发展战略，做到对国家负责、对股东负责、对企业负责。平高电气始终加强监管法规宣传，全面依法治企，积极适应经济发展新常态对转变企业发展方式提出的新要求。持续按照《公司法》《证券法》《上海证券交易所股票上市规则》等法律法规、规范性文件的规定依法经营，规范运作。结合日新月异的监管规范制定或修改公司治理制度，完善公司制度架构，提高公司治理水平，使公司各项经营行为、决策有法可依。增加公司信息透明度，保障公司对外披露信息的真实、准确、完整、公平、公开、公正，切实保护投资者的利益，提升公司市场形象。公司在董事会的坚强领导下，先后荣获“全国‘五一’劳动奖状”“全国500家最大电器制造企业”“中国电气产品制造

十大领军企业”“中国电力设备十佳服务明星企业”“中国企业信息化500强”“国家级守合同重信用单位”“国家火炬计划重点高新技术企业”“全国质量管理创新基地”“全国质量检验工作先进企业”“国家电网特高压交流试验示范工程特殊贡献单位”等荣誉称号。

3. 诚信是公司发展、事业进步的根本动力

平高前身是平顶山高压开关厂，始建于1970年，是根据原国家第一机械工业部统一部署，由原沈阳高压开关厂分迁700名职工、100台设备及45万元资金，在平顶山兴建的中部地区第一家高压开关企业。40多年来，一代代平高人栉风沐雨，励精图治，勇于改革，大胆创新，用自己的心血和汗水谱写了一曲曲波澜壮阔、气势恢宏的时代乐章，演绎出了一个又一个为业内所瞩目的高压开关制造业神话。1996年，平高按照《公司法》改制为有限公司，在企业体制上实现了由“工厂制”向“公司制”的转变。1998年通过深化现代企业制度改革等方式，于2001年实现平高电气股票在上交所成功上市，并在2010年站在新的历史起点，加入国家电网公司。

没有诚信就不可能建成世界一流电网、国际一流企业，公司发展历程就是鉴证公司始终如一秉承诚信的过程，同时诚信也是对股东最大的责任，业绩是对股东最好的回报。平高电气自2001年1月IPO以来，一直以扎实优质的业绩、阳光透明的形象受到资本市场的青睐，并获得监管机构、中小股东的一致好评。截至2017年6月，公司共成功实施三次资本运作，累计增加发行股份6.07亿股，募集资金净额60.71亿元，共计12次现金分红，累计现金分红23.73亿元，占归属于上市公司股东净利润的55.8%，以阳光、透明、规范、绩优、成长的积极形象展现于资本市场，以优厚的分红回馈投资者，充分彰显了公司的社会责任和社会价值。

4. 诚信是爱国爱企、爱岗敬业的内在体现

公司上下坚决贯彻股东大会决策，积极承担社会责任，平高员工在平凡的岗位上恪尽职守、埋头苦干，脚踏实地做好本职工作，坚持在诚信中体现价值，在诚信中赢得尊重，在诚信中提升形象。平高电气是沪港通重要标的公司，公司始终以诚信、平等、开放的态度对待所有投资者，与国内外股东、国内国际券商投行、公募基金保险社保、中小股东等市场主流投资者加强交流，增进投资者对公司的了解与信任。同时建立以信息披露为核心的投资者关系管理战略，探索多样化的投资者关系管理模式，提高公司透明度、国际知名度，打造产业和资本市场双国际化的平高电气。

5. 诚信是企业塑造人、引导人、凝聚人的核心

公司董事会按照真实性、及时性、准确性和完整性的信息披露原则，认真执行上交所及公司信息披露相关规定，优质高效地对外披露定期报告、决议公告及临时公告，信息披露真实、充分、客观、公正，受到监管部门的高度评价和广大投资者的一致认可。同时根据《企业内部控制基本规范》及其配套指引相关监管要求，结合公司业务、架构变化，制定《内部控制流程手册》，进一步保证经营管理合法合规、流程运行合理有效、公司资产安全和财务报告等相关信息真实完整。在内部控制日常和专项监督的基础上，形成内部自我评估报告，提出管理建议，进一步保障公司股东各项权益。

公司将继续秉承“诚信、责任、创新、奉献”的核心价值观，以更坚定的决心、更严实的作风、更有效的工作，把握机遇，迎接挑战，全面完成董事会各项目标任务，以更加优异的业绩和丰厚的回报回馈投资者，承担更多的社会责任反哺社会！

在2017年度印度国家电网公司供应商大会中，平高集团有限公司凭借着出色、稳定的产品性能及高效、高质的施工安装服务，被印度国家电网公司评为“2017年度GIS设备优秀运行业绩供应商”，成为了唯一获此殊荣的外国GIS设备供应厂商。印度作为平高集团传统的国际市场，电力市场发展空间广阔。近年来，平高集团大力实施国际化发展战略，积极开拓印度电力市场，并成功将765千伏、420千伏等不同电压等级的产品打入印度。

三、诚信、责任、创新、奉献

平高电气始终坚持开放创新、合作共赢思路，统筹优势资源，秉承“研发一代、应用一代、储备一代”的产品技术创新理念，主动参与国际竞争，从引进国外技术到与国际巨头同台竞技，平高电气走出了一条有自身特色的创新发展之路，实现了产品技术从“跟随者”向“并行者”乃至“领跑者”的转变，强基固本，实现了尖端技术弯道超车。

以“三个建设”（党的建设、企业文化建设、队伍建设）为保证，全面推进“两个转变”（转变公司发展方式、转变电网发展方式），建设“一强三优”（电网坚强、资产优良、服务优质、业绩优秀）现代公司是公司发展的总战略。

加强“三个建设”、推进“两个转变”、建设“一强三优”现代公司是紧密联系、相互促进、有机统一的。推进“两个转变”是建设“一强三优”现代公司的战略途径；加强“三个建设”是推进“两个转变”的重要保证。

战略目标——把公司建设成为“一强三优”的现代公司。

战略途径——“两个转变”。

战略重点——坚持“三抓一创”（抓发展、抓管理、抓队伍、创一流）的工作思路，大力实施电网发展战略、经营管理战略、人才强企战略、科技发展战略、信息化战略、金融支撑战略、产业支撑战略、国际化战略、企业文化战略、品牌发展战略等，推动公司又好又快地发展。

战略保障——全面加强“三个建设”。

核心价值观：诚信、责任、创新、奉献。

“诚信、责任、创新、奉献”的核心价值观是公司的价值追求，是公司和员工实现愿景和使命的信念支撑和根本方法。

“诚信”，是企业立业、员工立身的道德基石。每一位员工、每一个部门、每一个单位，每时每刻都要重诚信、讲诚信，遵纪守法、言行一致，忠诚国家、忠诚企业。这是公司履行职责，实现企业与员工、公司与社会共同发展的基本前提。

“责任”，是勇挑重担、尽职尽责的工作态度。平高电气认为企业在经济社会发展中担负着重要的政治责任、经济责任和社会责任。要求每一位员工都要坚持局部服从整体、小局服从大局，主动把这种责任转化为贯彻公司党组决策部署的自觉行动，转化为推进“两个转变”的统一意志，转化为推动工作的强劲动力，做到对国家负责、对企业负责、对自己负责。

“创新”，是企业发展、事业进步的根本动力。公司发展的历程就是创新的过程，没有创新就不可能建成世界一流电网、国际一流企业。需要大力倡导勇于变革、敢为人先、敢于打破常规、敢于承担风险的创新精神，全面推进理论创新、技术创新、管理创新和实践创新。

“奉献”，是爱国爱企、爱岗敬业的自觉行动。企业对国家、员工对企业都要讲奉献。在抗冰抢险、抗震救灾、奥运保电、世博保电等急难险重任务面前，公司员工不计代价、不讲条件、不怕牺牲，全力拼搏保供电，这就是奉献；在应对国际金融危机、缓解煤电油运紧张矛盾、落实国家宏观调控措施等重大考验面前，公司上下坚决贯彻中央的决策部署，积极承担社会责任，这也是奉献；广大员工在平凡的岗位上恪尽职守、埋头苦干，脚踏实地做好本职工作，同样是奉献。坚持在奉献中体现价值，在奉献中赢得尊重，在奉献中提升形象。

14. 安阳钢铁：诚信经营　履行社会责任

"以人为本，和谐发展；诚信守法，满足需求；持续改进，创造完美"这一管理理念自安钢成立之初就贯穿企业发展始终。

1958年，为改变河南省基础工业落后的局面，来自祖国各地的3万多名创业者汇集安阳，用激情、用汗水、用智慧，在一片庄稼地里建起了河南第一座年产10万吨钢的钢厂——安阳钢铁公司，结束了河南少铁无钢的历史，开创了河南钢铁工业发展的新纪元。

从1958年到1979年的22年里，安钢历经初期建设、厂矿关闭、工程下马和十年"文革"的创伤以及"拨乱反正"、恢复整顿的新阶段，初步形成了"四五六六"生产规模(指40万吨钢材、50万吨钢、60万吨铁、60万吨焦炭，当时全国只有四五千万吨钢的规模，安钢算是个中型钢铁联合企业)，为改革开放后实现快速发展奠定了基础。

1980年，安钢依靠承包经营，大力推进技术改造，狠抓基础管理，调整产品结构，提高产品质量，走上自我积累、自我改造、自我发展的道路，全厂面貌发生了根本改变。

1985年，国务院、省政府批准了安钢"七五"至"八五"改扩建总体规划。安钢抓住有利时机，深化内部改革，转换经营机制，强化企业管理，推进技术进步，走上了一条内涵挖潜、集约经营、滚动发展的道路。1989年在全国地方企业中率先突破年产钢100万吨，跻身全国大型钢铁企业行列，提前5年完成国务院要求的增钢目标。

1996年以后，安钢确立"立足当前求效益，着眼未来求发展"的指导思想，一手抓改革，实施分离辅助，兼并重组，资本运作；一手抓发展，实施结构调整，加快装备大型化进程。这一决策，明确了方向，增强了信心，全体职工万众一心，大干快上，生产、效益不断迈上新台阶。1997年产钢突破200万吨，2002年产钢突破400万吨。

2001年8月1日，经证监会批准，"安阳钢铁"在上海证券交易所上市。

在近60年的发展历程中，公司诚信经营，积极履行社会责任，坚持走服务型钢铁企业之路，让质量、服务、技术成为提升企业附加值、扩大市场份额和打造竞争力的重要动力，与中国钢铁行业脉搏共振的"安钢"品牌一次次在全国叫响。

一、坚持质量兴企，以优异的质量成就卓越的品牌

近年来，质量管理已融入安钢的血脉。早在1996年，安钢就建立了一套较完整的质量保证体系。如今，安钢更是硬起手腕管质量，建立集中、统一、垂直的精细化管理模式，每月对主要生产单

位进行专项检查，对工艺纪律和库检更是达到了现场跟踪每周一库、一厂的高频率，从源头到产品售后实现全过程集中管控。

近年来，安钢产品质量呈现“一高一低”（即产品合格率高、产品质量损失率低）发展势头，钢材质量损失率和常规产品质量异议率持续在全国同类型企业中保持较低水平。

二、提高优质服务，延伸服务内容，树立“全过程增值服务”的理念

“优质服务是赢得客户的先决条件。”如今，质量范畴不仅仅是产品，巨大的竞争压力把服务质量也推到了风口浪尖。

今年初，安钢签下了桥梁板 35 天交货的订单。该企业采购到桥梁板后，先要运到武汉进行深加工，而后才能运抵太原施工工地使用。为降低客户运费，安钢把喷砂除锈和钢结构件加工也一并拿下。仅此一项，就为客户每吨省下 400 多元运费。为按时交货，安钢各个部门一路“绿灯”，交货仅用了 32 天，为客户工程按时竣工奠定了基础。

EVI 先期介入服务模式为安钢拓展市场加分不少。安钢的主导产品——商用汽车轻量化用钢能够在市场上受到青睐就归功于此。安钢首先重点走访了几家大型商用车企业，根据用户需求开展高强汽车用钢析出强化工艺、高强汽车用钢焊接性能等课题的研究，并与用户进行技术交流，全程跟踪车辆的设计、制造过程。为确保使用质量，他们对使用新材料的车辆进行了一年多的全程跟踪路测。

优质的售后服务更受客户“点赞”。在安钢，质量异议处理特点是“反应快、跑得快、结案快”，截至目前，安钢的结案率维持在 92%以上。

三、坚持技术创新，为品牌优势提供支撑

尽管面临巨大的生产经营压力，安钢在技术创新方面的投入却未减反增：在规模上，技术中心由三四十人，扩充到现在的一百余人，后期还将引进一批高技术人才；在硬件上，投入巨资购买了一批顶级的实验设备；在职能上，肩负技术研发、售后服务、质量管理等多重身份；在产业链技术延伸上，开展了冷轧、热处理调质线的工艺准备研究，有效提高了产品质量和档次；在收入分配上，公司重点向一线研发倾斜，并与销售指标挂钩考核。

四、完善安全管理，保障职工安全，打造安全生产先进企业

公司安全生产工作贯彻落实《安全生产法》，贯彻落实“生产服从安全，任何时候，生产都要以安

全为前提”和“先安全后工作，不安全不工作，不安全不操作”的安全理念和工作要求，坚持预知、预测、预防、预控的“四预”方针，强化“精细严实”的工作作风，围绕抓人员、抓隐患、抓风险、抓思想懈怠，倒逼“管业务必须管安全，管生产经营必须管安全”责任落地，推进各级隐患排查治理，开展事故回头管理，加强重大风险管控，实现了安全形势总体稳定好转。

五、深入发展循环经济，大力促进节能减排

作为大型钢铁企业上市公司，在科学发展观的引领下，围绕“绿色安钢、亮丽安钢、和谐安钢”的奋斗目标，“节能创效、环保安全”两条主线，加强能源环保管理，强化节能减排、环境综合整治和提标改造，充分挖掘节能潜力增加效益，加大环境综合治理力度改善环境，推进企业绿色转型生态发展，严格执行国家能源环保法律、法规和产业政策，响应节能减排要求，加快结构调整步伐，走绿色转型、生态发展道路，做到全过程、全方位减少和控制污染物排放，使厂区及周围区域的环境质量日趋改善，排放污染物持续下降。公司近年实现了重大环境污染事故为零；生产经营符合国家法律法规要求，全年无环境违法事件；污染物排放达到国家和地方排放标准，主要污染物排放量满足政府节能减排要求和总量控制指标；冶金渣、含铁尘泥等工业固体废弃物综合利用率100%。

公司的节能环保工作得到了各级政府的高度认同，先后荣获“全国环境保护先进企业”“全国资源综合利用先进企业”“全国节能先进集体”等荣誉称号，成为国家第一批“资源节约型、环境友好型”企业创建试点单位、河南省循环经济示范企业。

六、钢城上空展露出让人心旷神怡的安钢蓝

“生产服从环保，任何时候生产都要以环保为前提，这是社会责任，是以人为本，是民生，是企业的底线，也是安钢的宗旨。”在安钢第二原料场，一块巨幅宣传牌格外醒目，时刻提醒着广大干部职工要清洁生产、爱护环境，牢固树立“环保优先、清洁生产”的理念。

为了头顶一方蓝天，安钢以壮士断腕的气概，全力以赴，把环境综合整治作为各项工作的重中之重，全方位、立体化、全员参与开展环境综合整治。安钢秉承“不该花的钱一分都不能花，该花的钱一分都不能少”的原则，陆续投入大量资金，强力推进环保配套工程项目的实施。焦炉装煤除尘、堆料场扬尘治理、酚氰废水输送管道改造、焦炉推焦溢散烟气收集等多个项目正在紧锣密鼓地实施当中，其中大部分项目已经建成投用，从根本上强化了安钢的生产控制与环保设施运行标准，彻底杜绝了各类超标排放。

如今漫步厂区，放眼远眺，岿然耸立的焦炉尘烟不起，逶迤绵延的烧结生产线运行平稳，巍峨挺拔的高炉炉火正红，宽敞洁净的大道旁、错落有致的厂房间，绿油油的草地、精致典雅的景观、焕然

一新的厂容厂貌，让人仿佛走进了美丽的风景画。

今后，安钢将继续秉承“以人为本，和谐发展；诚信守法，满足需求；持续改进，创造完美”的经营理念，诚信经营，规范运作，积极履行社会责任，加强投资者关系管理，及时做好各项信息披露，全力保持稳健经营的良好态势，为保障广大股东的权益而努力奋斗。

15. 中孚实业：诚信为本 共赢发展

河南中孚实业股份有限公司是以铝精深加工为主体、拥有煤电铝全产业链的大型现代化国际企业，也是河南省铝工业煤电铝一体化转型升级示范性企业。公司于2002年6月在上海证券交易所挂牌上市。公司注册资本17.42亿元，现有总资产264亿元，员工9 400余人，拥有75万吨电解铝产能、80万吨铝精深加工产能、配套210万吨原煤、900兆瓦火力发电和18万吨炭素的产业规模。2016年，在国家、省市各级政府的大力支持下，中孚实业经营局面焕然一新，转型升级高精铝项目生产线基本投产，财务结构得到优化，盈利水平大幅提升，公司成功转型为国内首家全产业链的国际化高端铝合金新材料企业，整体保持快速向好的发展态势。中孚实业自成立以来，始终将诚信作为企业核心发展理念，积极履行实业报国的社会责任，实现了企业与社会的和谐共赢发展。

一、完善公司治理体系，夯实诚信建设基础

公司严格按照《公司法》《证券法》《上市公司治理准则》《上海证券交易所股票上市规则》《上市公司信息披露管理办法》《企业内部控制基本规范》《企业内部控制应用指引》等法律法规及《公司章程》的要求，持续致力于企业内部控制体系规范建设，不断完善公司法人治理结构，加强信息披露工作，规范公司运作，提高公司治理水平。股东大会、董事会、监事会与经理层之间权责分明、各司其职。中孚实业董事会下设审计委员会、薪酬与考核委员会、提名委员会和战略委员会，并制定了各专门委员会工作细则，各项决策程序规范，严格按照公司章程及董事会议事规则对重大事项履行决议程序。2016年，公司相继修订了《股东大会议事规则》《募集资金使用管理办法》；制定了《河南中孚实业股份有限公司关联交易管理制度》《河南中孚实业股份有限公司投资者关系管理制度》，进一步从制度方面提高规范运作水平，夯实诚信建设基础。

二、加快产业转型升级，为社会提供高端供给

近年来，中孚实业按照国家、行业经济转型的要求，主动推进供给侧结构性改革，小机组、小电解槽全部提前淘汰，率先完成去产能任务，不再建设新的电解铝项目，集中精力通过技术创新、提质增效等措施，做强做优现有产能。更重要的是，公司自2010年至今，连续6年进行了产业的转型升级，以“国际一流、国内领先”为目标，投资建设了核心转型升级高精铝项目。该项目是中国铝工业

转型升级标志性项目，主要设备全部由德国西马克、西门子等国际一流企业制造，采用“1＋4”铝板带热连轧＋冷轧生产技术。项目立足于节能、环保、规模化、批量化、高端化生产模式，产品定位于高端市场，着力实现“高端行业使用、高品质保证、高附加值”。目前，公司高精铝项目生产线基本投产，进入设备调试、产能释放、市场开发阶段，目前正全力进行剩余精整设备的安装调试。公司铝精深加工产品获得了中国、美国、英国及挪威船级社产品认证和TS16949汽车板认证，取得了欧盟市场通行证，具备了压力容器用铝板带产品向欧洲供货的条件。罐体、罐盖料、拉环料、高档铝箔坯料、汽车板、舰船板等高性能铝合金板材已走出国门，开始在全世界广泛销售，与20多个国家和地区的300多家用户建立了供货关系，海内外市场订单充足，高精铝项目成为了公司参与国际市场的核心竞争力。2017年以来，中孚实业瞄准项目设计目标产品，发挥设备性能优势和技术资源优势，不断提高产品质量，大力开拓国内外市场，国际市场对公司产品赞誉有加，市场开发稳步推进，不断满足国内外高端市场高端客户的产品需求。

三、诚信共赢，和谐发展

中孚实业之所以能够由传统企业成功转型为国际化高端铝合金新材料企业，得益于国家的好政策，得益于社会各界及全体股东的大力支持，更得益于公司全体员工的坚守“诚信为本、共赢发展”的理念。

1. 诚信对待国家

我国将生态环境质量纳入基本公共产品范畴，节约资源、保护环境已上升为对公众公共利益的保护。近年来，公司对在运产能投入大量资金进行了环保改造和升级。所属各单位环保装备先进，运行安全稳定，运行效果处于行业领先水平。其中，电力公司已于2016年完成了超低排放改造，在标准状态下烟尘排放浓度平均为2.5 mg/m^3，二氧化硫排放浓度平均为25 mg/m^3，氮氧化物排放浓度平均为35 mg/m^3，各项指标均优于超低排放标准。目前，中孚实业下属炭素公司煅烧、焙烧超低排放改造已全面完成，率先在河南炭素行业中实现超低排放。电解铝生产超低排放改造正在加快推进中，有望率先在河南电解铝行业中实现超低排放。按照“山水园林企业、环保生态工厂”的建设目标，截至目前，公司工业园区厂区绿化率超过了30％。

2. 诚信对待社会各界

中孚实业积极履行社会责任，诚信对待社会。自2002年至今，中孚实业吸纳社会就业10 000余人，纳税47.9亿元，为巩义市区供热、城市供水等社会民生工程投入5亿多元，支持社会公益事业1 764万元，为地方经济社会发展做出了应有贡献。

3. 诚信对待股东

诚信是公司对股东最大的责任，股东的支持与认可是保持企业永续发展的根源。中孚实业自上市以来，共进行现金分红9次，分红总金额达33 373万元；送转股达4次。2015年6月，为进一步维护公司全体股东的合法权益，公司对《公司章程》中利润分配相关条款进行进一步修订完善，目前公司执行的利润分配政策为:“公司采取现金、股票或者现金与股票相结合的方式分配股利,公司可以进行中期利润分配。在当年盈利的条件下,且在无重大投资计划或重大现金支出发生时,公司应当采用现金方式分配股利,公司最近三年以现金方式累计分配的利润不少于最近三年年均可分配利润的百分之三十。”

4. 诚信对待员工

公司不断提高员工工资待遇,持续改善员工工作生活环境,增强了全员的凝聚力和向心力。公司深入实施“千人产业人才计划”,即用3～5年时间,培养“1 000名基层业务骨干、100名行业专家、20名高端领军人才”,同时进行了配套的职业薪酬改革,为广大员工岗位成才、提升专业技术技能、提高工资待遇提供了广阔的发展平台。2008年,因淘汰落后产能,近3 000名失去岗位的员工全部在公司内部转岗就业,没有给社会增加任何负担。2012年人均工资增长10%, 2015年人均工资增长13.5%。2017年以来,公司大力倡导精益求精的“工匠精神”,出台了优秀员工特别加薪办法,激励全体员工积极参与技术“比武”、提高岗位专业技能。近年来,公司先后建成了3 200多套员工福利住房,常态化举办各类文化活动,不断满足广大员工日益增长的物质文化需求。

当前,中原经济区建设已经上升为国家战略,给地处中原的中孚实业发展提供了千载难逢的大好机遇。面向未来,中孚实业将秉承诚信为本的核心发展理念,继续坚持“创新、协调、绿色、开放、共享”的发展战略,以创新和技术领先为突破口,大力开发新技术、新材料、新产品,积极进军互联网大数据新产业,在转型升级、节能降耗、环保减排等各方面着力打造行业标杆,将企业建设成具有国际竞争力的高端铝合金新材料基地,为促进中原经济区加快建设、实现中部崛起做出新的更大贡献。

16. 瑞贝卡：为全球女性精诚打造“顶上时装”

董事长谈诚信

瑞贝卡董事长郑有全:诚信是企业成功之基

诚信,是中国的传统美德,是企业在市场经济中取得成功的基础。公司自成立以来,坚持把诚信作为企业的经营之本,始终秉承“精诚、创新、发展”的企业理念,依法经营、诚实守信,真诚对待员工、客户、股东、债权人等相关各方,确保股东受益、员工成长、客户满意、政府放心,努力追求企业经济效益与相关方利益的最大化。

公司自2003年上市以来,在广大投资者及社会各界的关心和支持下,同时借助资本市场融资平台,实现了公司的持续健康发展。公司在获得长足发展的同时,也十分重视股东回报,上市以来,公司坚持实行持续、稳定的股利分配政策,实现连年持续向股东派发现金分红。

诚信公约阳光行活动,对上市公司进一步增强诚信意识、规范自律行为、加强诚信建设、提升资本市场形象将起到积极的推动作用,公司将按照河南证监局的要求和上市公司协会的自律准则,认真履行承诺,诚信经营、规范发展,为股东提供回报,为社会创造财富。

正文

许昌,坐落于河南中部,是当年曹操“挟天子以令诸侯”之地。如今,这座历史文化名城,也是中国最大的发制品生产基地,以一顶顶造型各异、色彩纷呈的假发引爆全球假发市场,引领着中国乃至全球的“顶上时尚”,而“假发大王”——瑞贝卡(Rebecca)则是这座城市最耀眼的明珠。

20世纪90年代初,瑞贝卡只不过是一个制作假发的小作坊,现在是发制品行业的全球第一。瑞贝卡的成功源于对细节的关注,对质量的执著,对“创新、创造、实现客户梦想”的自觉定位,以及对“精诚、创新、发展”企业理念的一以贯之。

一、三次跨越成就“中国发制品第一股”

公元前2000年,古埃及人最早开始使用假发,也因此成为世界上最早使用假发的民族。

公元前800年,假发从古埃及传到欧洲。16世纪,英国女王伊丽莎白一世喜欢戴红色假发,假发从此成为欧洲贵族必不可少的时尚品。

中国出现假发,是在清朝末年,清光绪二十六年(1900年)。

一个偶然的机会，一个叫白锡和的许昌泉店商人，遇到了德国人亨特，从此便做起了人发生意。“找头发换针……”当时，白锡和用亨特提供的德国制造的“飞马牌”钢针，换取农户家中随意丢弃的人发。游走四乡的货郎找头发换针，一度是许昌人留给别人的最深印象。

许昌泉店的档发由于色泽光亮、手感柔软、着色佳、性能好，逐渐声名远播，被誉为“许泉发”，许昌也逐渐成为中国最大的人发集散地。

这个一度让许昌人扬眉吐气的人发生意，延续了近百年。不过，在改革开放以前的一百年里，许昌档发行业从事的仅仅是原材料的粗加工，其附加值非常低。

20 世纪 90 年代初，一家颇具传奇色彩的企业——“Rebecca”在许昌崛起，搅动了传统档发产业的“一池春水”，也给中国乃至世界时尚领域注入了强大的活力。

2013 年，河南上市公司诚信公约阳光行活动走进瑞贝卡，在瑞贝卡展厅参观的过程中，与会人员不自觉地被瑞贝卡发制品的造型、颜色、光泽、手感、气味等突显出的时尚、精品气质所吸引，纷纷试戴、留影。在观看瑞贝卡企业宣传片时，大家了解到瑞贝卡经过三次艰难的跨越，如今已经成为了发制品行业的全球第一，纷纷感叹这来之不易的成绩。

说起公司的三次跨越，瑞贝卡董事长郑有全非常感慨。从清朝末年至今，精明的犹太人、韩国人、日本人纷纷把中国市场变成他们淘金的理想场所。而国内之前这个行业比较落后，一直都是做原材料的简单加工和廉价出口。肥水外流让郑有全心里产生了极大的不平衡。郑有全祖祖辈辈都跟头发打交道，而一直对发制品市场拥有较强悟性的郑有全，敏锐地觉察到这是个难得的机遇。在凭借为韩国企业提供原材料完成企业的原始积累后，这位平时看起来沉默寡言但始终胸怀大志的创业者，终于决定自创品牌，拿回属于中国人的那一块市场蛋糕。于是 1990 年，郑有全在许昌县城创办了许昌县发制品总厂，这就是“瑞贝卡”的原型，也是它历史上的第一次跨跃。

人们常说：狮子之所以能成为霸王，很大程度上是因为它有独步天下的勇气。而对于郑有全和他的团队而言，在勇气的背后，还有一个又一个的困难需要他们的聪明才智、坚韧不拔和吃苦耐劳去克服。在当时，以韩国企业为首的国际发制品市场，渠道、技术、设备都控制在“他人”手中，瑞贝卡必须从头开始，另谋发展空间。探索中的郑有全，最后将目标聚集在北美市场。北美是最大的发制品消费市场，市场规模占国际发制品规模的 60%左右。其中，美国的发制品市场规模约为 5.5 亿至 6 亿美元，是消费量的主要贡献者。1993 年，瑞贝卡通过与美国新亚公司合资，成功进入并逐步占领美国市场。这是瑞贝卡历史上的第二次跨跃。

2003 年瑞贝卡如凤凰浴火重生，驶向股份发展的快车道。经过痛苦的自我改革，同年 7 月，瑞贝卡(600439)在上交所上市，总股本 9 000 万股，流通 A 股 2 400 万股，成为中国发制品第一股。这也是瑞贝卡的第三次跨跃。

二、诚信经营，中国假发挺进美国和非洲

在创办初期，瑞贝卡的发制品均由批发商和外贸部门转口到海外，如何把产品直接推向国际市

场，特别是抢滩世界最大的发制品市场——美国，是郑有全苦心琢磨的问题。

1992 年的夏天，一个偶然的机会，郑有全结识了美国新亚国际有限公司的老板麦克，对方在洛杉矶等地经营发制品生意，实力非常雄厚。麦克得知世界上最大的人发集散地许昌也成立了一家假发生产企业后，感到很新鲜，因为这个行业一直被日韩公司所垄断。进行实地考察后，麦克觉得郑有全的生产设备虽然简陋，但产品质量和成色都不错，他敏锐地觉察到，这家企业后劲足，大有潜力可挖，便主动伸出了联手经营的橄榄枝。

1993 年春天，双方合资 180 万美元，在许昌创办了河南瑞贝卡发制品股份有限公司。产品通过麦克的公司直接销往美国市场。产品挺进美国市场不久，郑有全就尝到了甜头，这一年他的利润一下增长近 10 倍，工厂设备也得到了更新，工人由原来的 30 多人增加到了 300 人，其中不乏大学生和专业技师。也就是在这一年，瑞贝卡发制品股份有限公司获得了进出口权，实现了产品供需直接见面，进入了国际贸易大循环的行列。

在此期间，郑有全遇到了很多有趣的事。有位纽约客户过去一直经营其他国家的发制品，见瑞贝卡公司产品走俏，改为进瑞贝卡的货，没想到做第一笔买卖便亏了本。这位客户想不通便写信给郑有全，直截了当说出了这件令自己烦心的事，并抱着试试看的想法，问他能否给自己点补偿。这在生意场上无疑是个笑话，但郑有全反而觉得这个美国人很可爱。经调查，事实的确如此。郑有全马上答应了对方的补偿要求，理由是：快乐比赚钱更重要。那位纽约客户为他的大气和幽默所折服，很快两人便成了哥们儿。一直到现在，那位纽约客户都是郑有全“最忠实的盟友”，每年为瑞贝卡带来几百万美元的利润。

有一次春节前，按照约定，公司通过青岛一家船运公司给美国芝加哥客户发去了一批货，可春节过后芝加哥客户却一天一个电话催促说没接到货。郑有全和船运公司沟通后得知，员工将货物暂存库房，回家过年了。他耐心地向客户解释，可对方却一点不讲情面地说：“你们必须搞清楚，我是在和瑞贝卡公司做贸易，而不是和船运公司。”郑有全感到言之有理，主动提出给对方一笔补偿。由于郑有全注重“按规矩办事”，多年来双方合作得非常愉快，后来对方还把钱退了回来。这位老板还通过一位女明星的介绍，把产品卖到了好莱坞，一下使瑞贝卡的知名度大增。

在尼日利亚、加纳、贝宁等国考察时，郑有全惊讶地发现，在非洲这块神奇的土地上，竟有一个庞大的发制品市场。尼日利亚的拉各斯城几乎所有的门店都是大大小小的假发摊点。经过周密的市场调研后，郑有全决定在尼日利亚成立分公司，运作以西非为中心，辐射周边的非洲市场营销格局，实现中高档产品中国产非洲销、低档产品当地产当地销的非洲开发路子。出国建厂使郑有全在市场开发上获得了更多主动权，不仅能够享受当地税权、用工等多方面的优惠政策，更重要的是“本土化”迅速扩大了公司的销售区域，很快便占领了非洲低档产品市场 65％ 的市场份额。

令郑有全感到惊喜的是，奥巴马担任总统后，第一夫人米歇尔·奥巴马首先免费为他做了回“广告”，原来她早就是瑞贝卡的忠实“粉丝”了。瑞贝卡假发在美国的受宠，引起了诸多国际媒体的关注。2011 年新年前夕，美国 CNN 及日本《朝日新闻》等媒体，纷纷报道了中国河南瑞贝卡集团公司董事长郑有全的传奇故事，并称其为“白手创业的英雄”。

假发制品是全球非裔女性的生活必需品，欧美白人女性的传统时尚佩饰品，亚洲时尚女性的发型装饰品，全球少发、脱发人群的日常佩戴品以及其他演艺、律师、美容教学的功能性需求品。现在瑞贝卡的公司业务遍及全球多个国家和地区，目前在境外设立8家销售型子公司（非洲6家，英国、巴西各1家）和3家生产型子公司（尼日利亚、加纳和柬埔寨各1家），产品主要销往北美、非洲、欧洲以及亚洲等地区。

经过二十多年的发展，瑞贝卡已成为全球假发制品行业龙头。全球每五顶假发制品中就有三顶是瑞贝卡的产品，具有行业定价权。虽然公司总部在河南许昌，但产品行销世界各地，在欧洲，瑞贝卡是发制品的第一品牌；在非洲和北美，高档假发市场同样是第一。

瑞贝卡领先全球的不仅是产品的数量和规模，更是品质和风尚。

三、工匠精神保质量

瑞贝卡领先全球的品质和风尚从何而来？瑞贝卡副总经理张天有的解读是：工匠精神。

资料显示，截至2015年，寿命超过200年的企业，日本有3 148家，德国有839家，荷兰有223家……这些企业长寿的秘诀是什么？有机构经过研究发现，这些企业都传承着一种精神——工匠精神。

瑞贝卡能从一个小作坊成长为一家上市公司，早早就实现了“卖全球”，工匠精神更是贯穿企业上下。比如，公司每年都评选出技术标兵100多人，首席员工20多人，累计发放各项奖金和技术津贴360余万元。2004年，全国发制品行业技能大赛在许昌举行，瑞贝卡的员工一举拿下所有比赛项目的前两名。

瑞贝卡的工匠精神都体现在哪些方面？公司的“金手指”李红就是证明。

李红，全国劳动模范，1991年入厂，至今已在质量管理岗位上工作了26个年头。说起李红的傲人之处，大家都说她有双“金手指”。比如，在手感处理方面，往往别人做很多次实验也做不成功的产品，到她那里，经她的手一摸，然后写个配方，往往一次就成功了。那么，她是如何练成这身本领的呢？用她的话说就俩字：“用心。”同事们有一次翻看她的配方笔记本，发现竟然有312本，也正是她数十年如一日的极致化钻研，才练就了“金手指”。

在张天有看来，工匠精神就是热爱行业，用心去干，追求极致，不仅专业，而且专注。工匠精神代表着坚定、踏实，代表着精益求精。李红是代表，却不是唯一。

虽然瑞贝卡是专注做假发的企业，但行销海外的瑞贝卡假发，演绎的却是质量的真功夫。瑞贝卡人始终坚持“质量第一，从头做起；精益求精，一丝不苟”的质量方针，把产品质量管理和控制放在首位。在原材料选购上，注重集中最优质的原料。曾经质检部有一名检验员，对董事长郑有全儿时的伙伴送来的人发，没按规定严格把关，更没有发现人发里掺了犀牛毛的问题，被发现后，这名检验员受到经济处罚和通报全公司的处理。原料部部门经理的婶婶送来的人发，质量很差，却要求侄女按最好的人发质量价格给予收购，部门经理坚持按质量定价，她婶婶很不高兴，拂袖而去。部门经理得罪了亲人，却避免了公司利益受损失。

瑞贝卡是劳动、技术密集型企业,公司13 000多名员工里绝大部分是农民工,为了提高这些农民工的素质和工作技能,瑞贝卡开展了持之以恒的岗位练兵活动。为使员工能保质保量掌握发制品清理、染色、制作定型等要求很高的工艺技术,他们把制作假发的一系列工艺程序及标准要求,作为岗位练兵内容,定期进行考核。公司开展"技术能手"比赛,把制作假发操作技巧作为技术能手比赛的重要内容。参赛员工在公司人事部门人员、管理人员和质检人员的共同裁判下进行,按照完成规定操作的时间长短和完成物件质量,综合评分,授予"文武双全"者"技术能手"荣誉称号。

这些年,成千上万的农民工走进瑞贝卡,在企业的培训和文化熏陶下,他们变成了工匠,而他们也帮助瑞贝卡成为了世界上规模最大的发制品专业公司。

为确保产品质量,公司严格按照国际惯例和国标要求实施质量管理,推行全面质量管理、精细化作业和"零缺陷"质量管理模式。在各道工序层层严把质量关的前提下,加强产品生产过程的质量控制,把质量管理的重点放在"事前预防和事中监督"上来,把不合格品切实消灭在萌芽状态,确保产品质量稳定提高。瑞贝卡通过了 ISO 9001:2000 国际标准质量体系认证和 IQNet(国际认证联盟)质量体系认证。"瑞贝卡"这一商标也被国家工商总局认定为"中国驰名商标",被河南省商务厅认定为"河南省国际知名品牌"。

对质量的严格把关,对时尚的专注,让瑞贝卡假发受到了很多明星的喜爱,范冰冰就是其中一位。从清纯无敌的邻家小妹,到霸气十足的百变女王,时而长发妩媚,时而短发干练,时而卷发时尚,时而直发复古……范冰冰总是能在合适的时机展现自己不同的魅力风情。这其中,瑞贝卡时尚假发绝对功不可没。

作为时尚潮流的先锋人物,范冰冰坦言,自己很早就与瑞贝卡结下了不解之缘,她在多部影片中表现出来的多变造型,除了造型师的精心打造外,多半是瑞贝卡时尚假发的功劳。在平时的生活中,她也是瑞贝卡的忠实"粉丝",瑞贝卡时尚假发早已成为她衣橱中不可或缺的一部分,家中的假发达数百顶之多。

四、创新造就瑞贝卡神话

走进瑞贝卡工业园,最引人注目的当数9层高的科技大楼。这里不仅有发制品行业唯一的省级发制品工程技术研究中心、博士后科研工作站,还进驻着国家发制品标准技术委员会。每年瑞贝卡将销售收入的5%投入到这里,再从这里产生数百个新产品样式推向全球市场。

"是创新造就了瑞贝卡神话,创新是推动瑞贝卡不断发展的灵魂。"郑有全始终这样认为。在2013年的河南上市公司诚信公约阳光行活动中,有记者问道,瑞贝卡的核心竞争力是什么?郑有全毫不犹豫地说:"每一个时期,每一个企业的核心竞争力是不一样的。要我个人来理解,'创新'这两个字是永恒的,不变的。打造品牌、技术改良、团队建设、市场开发,所有与核心竞争力有关的,都与创新有关,都离不开创新。"

在瑞贝卡发制品逐步走向世界后,随着产业规模的不断扩大,人发原材料逐步供不应求。不甘于困境的瑞贝卡人积极探索,开辟了一条新的发展道路,就是生产化纤丝的假发以赢得非洲市场的认可。

“因为化纤丝不受材料限制,可以大批量地生产,而且它不会像真发那样戴久了会热,所以它有着真发不可比拟的优势,尤其是在假发销量极大、而价位较低的非洲,更是如此。”郑有全介绍说。

2005年,瑞贝卡率先在国内开始了化纤丝的研发工作,两年后,化纤丝正式投产。借此,瑞贝卡开始摆脱原材料的限制,开辟出一条现代化发展的新兴之路。之后瑞贝卡在原材料的创新上没有停滞,2014年,在许昌市召开的工业企业和科技创新表彰大会上,瑞贝卡的“阳离子改性聚酯假发纤维”成果获科学技术进步特等奖、“假发用蓄光PVC纤维”成果获科学技术进步一等奖。这两项科研成果,其技术水平均居国内领先地位,并且填补了我国高档仿人发纤维生产技术的空白,实现了原材料代替进口,促进了整个发制品产业升级,提升了中国发制品行业的科技含量和核心竞争力。

发制品行业壁垒较高的环节就在于原材料及产品研发,过去化纤发丝的生产技术和设备长期由日本垄断。瑞贝卡经过多年研发,已打破日本长期以来的垄断,成为目前国内唯一一家能够独立生产化纤原丝的发制品企业,具备完整产业链的技术壁垒。纤维发丝采用自动化生产,就成本而言,瑞贝卡的成本比日本低很多,而且质量也有保证。

长期以来,瑞贝卡坚持“加大科研投入,完善开发实施,促进技术进步”的理念,依托“国家级企业技术中心”“博士后科研工作站”“河南省发制品工程技术中心”“假发纤维院士工作站”等研发平台,走招聘与培养、内引与外联结合的路子,坚持“人无我有,人有我新,人新我优,人优我廉”和“一品为主,多品开花”的开发原则,不断满足消费者对发制品款式多样化的需求。公司先后从美国、韩国等地聘请专家和技术人员,相继成立了科研开发部,技术部以及工艺发、女装假发、化纤发、男装发等开发研究室,形成了较为完备的科研设施和开发体系。

创新为企业带来了丰硕的成果。仅2015年,公司确认新产品868款,新产品接单量占总产量的39.03%;公司各研发团队完成技术创新项目31个,其中28项已在生产中推广应用;发用纤维材料全年开发新色号72种,多项性能指标得到提升,缩小了与日、韩企业的技术差距。全年共申报专利25项,其中发明专利1项、实用新型专利3项、外观专利21项;授权10项;鉴定省级科技成果2项;申请国内外商标注册16件,收到商标注册证8件。

“一个成功的企业家应当具备强烈的创新精神、创新意识与创新能力,要有对市场变化的灵敏触觉和对经济生活的高度敏感以及永不满足的冲动。如果不重视科技创新,即使像我们瑞贝卡公司这样的全国发制品业的龙头,也会丧失活力,慢慢垮下去。”郑有全说。

五、清洁生产常抓不懈

假发的生产过程十分有趣。最初,工人们将屡屡“发丝”缝在一个半圆的发套上,机声隆隆,犹如一个大纺织车间。缝纫后,假发被套在了头模上,发丝十分杂乱,需要“大刀阔斧”地修剪。这时的车间,如同一所大型美发培训学校,“喳喳喳”的剪刀声此起彼伏。修剪过的假发,进入了造型和烫染程序，车间一下子变身为时尚造型店，生产出“风情万种”的假发。

可能在很多人心目中，生产假发的地方肯定是毛发乱飞、灰尘满地，各种脏乱差。但是瑞贝卡完全不是这样。公司一直比较重视环境保护工作，在加强安全与生产经营管理的同时，努力让环境影响最小化。公司于1999—2004年，先后通过了ISO 9001质量管理体系、ISO 14001环境管理体系以及GB/T 28001职业健康安全管理体系认证。近年来公司先后被许昌市环境保护局评为“市级绿色企业”，被河南省环保局、工信厅评为“省级绿色企业”“河南省绿色企业”等荣誉称号。

公司专门成立了安全环保处和清洁生产办公室，主要负责环境保护和开展清洁生产审核。按照ISO 14001:2004国际标准建立了环境管理体系，制定了环保管理标准和环保工作标准、环保监督、专责岗位工作标准，建立健全了各项规章制度、《环保应急预案》，做到了有计划、有措施、有检查落实，加强了管理，使环保工作真正做到领导重视、机构健全、管理规范。

公司在生产过程中采用清洁生产技术，进行中水回用，减少废水排放量，改变了传统的废水治理模式，把节能、降耗、减污、增效等清洁生产贯穿到每个生产环节，为实现清洁生产和创建和谐公司奠定了基础。

在公司的高度重视下，瑞贝卡也是发制品行业首家通过清洁生产验收的企业。公司于2005年首次通过清洁生产审核验收，2014年8月通过了第二轮清洁生产审核评估验收。

2015年，瑞贝卡要求公司安全环保部门继续加大清洁生产宣传和环保教育力度，定期对公司环保、清洁工作进行监督和检查，做到环保、清洁生产常抓不懈，不断增强员工的清洁生产意识，通过持续的清洁生产，切实做到节能降耗、减污增效，确保环保工作真正落到实处。作为“河南省工业清洁生产示范企业”，瑞贝卡表示，将继续致力于环境保护意识的提高，切实加强环境保护工作，保护生态环境，促进公司及社会的可持续发展。

17. 中原高速：诚信建设开启“美丽中原”新篇章

作为河南省唯一一家路桥类上市公司，河南中原高速公路股份有限公司(以下简称“中原高速”或“公司”)始终以科学发展观为统领，以建设“平安、优质、富强、廉洁”的“美丽中原”为中心任务，形成“主业突出、多元反哺”的多业态经营发展状况。截至 2016 年底，公司通车运营总里程 753 公里①，其中高速公路四车道里程 371 公里，六车道 149 公里，八车道 209 公里，郑新黄河大桥为双向六车道 24 公里。资产规模由设立时的 22.79 亿元扩张至 484 亿元。在主业稳健投资的基础上，利用高速公路经营现金流量充沛的行业特性，支持多元化经营企业的业务开展和自主发展。目前公司经营范围已由经营性收费公路的投资、建设、运营管理等，拓展到股权投资，房地产开发，公路、桥梁、隧道工程项目的监理业务，油品经营等相关行业。公司子公司秉原投资发起的河南首支母基金率先加入中国母基金联盟；英地置业作为 27 家入选的河南房企之一，再次入围“2017 年中国房地产 500 强”；参股筹建的中原银行、发起筹建的中原农险也均已正式开业。

一、高效服务促发展

公路交通作为国民经济的重要基础性行业，尤其是高速公路网络的建成延伸了经济活动的区域，高速公路充分发挥着地区经济排头兵的先导作用，有力地促进了我国的经济发展和社会进步。

工程建设方面，机场高速改扩建项目于 2016 年 6 月 27 日提前建成通车，荣获两项省级样板工程，路面平整度创我省高速公路改扩建项目最高水平，项目部被省政府评为郑州新郑国际机场二期扩建工程先进单位。商登高速郑州境段建设快速推进，荣获一项省级样板工程，“挂篮施工的安全环保托盘”和“挂篮不收起桥梁养生装置”两项实用新型专利获国家知识产权局授权。桥头锥坡防护、边沟砌筑及边坡绿化工程被交通运输部质量安全督察组誉为“样板中的样板”，并作为全国高速公路建设的典范进行推介。郑新黄河公铁两用桥成功入选 2014—2015 年度中国建设工程鲁班奖。

通行费管理方面，公司持续开展“微笑中原”“星级评定”等活动，深入推进“美丽中原”建设，积极探索微笑服务新举措，以“热心、耐心、诚心、爱心、责任心”五心服务有效提升收费服务质量水平，司乘满意度不断提高。在 2016 中国技能大赛——河南省收费监控员职业技能竞赛中，公司获得团体奖一等奖 1 个、二等奖 2 个、三等奖 1 个。

路政管理方面，圆满完成了春运、法定节假日、恶劣天气、机场高速改扩建等涉路施工期间的通

① 1 公里=1 千米。

行保障工作，为公司树立了良好的社会形象。根据河南省政府2016年蓝天工程实施方案及相关文件要求，积极组织开展了黄标车禁行宣传工作，按要求在所辖各高速入口设置了黄标车禁行标志牌。开展了高速公路应急救援试点工作，组织道路救援2 461次，收到表扬信22封、锦旗13面，“美丽中原”品牌形象进一步提升。

高速公路养护方面，公司深入落实预防性养护、绿色养护理念，加强日常路桥病害调查和汛期水毁隐患排查，及时修整损毁路面，维护路况完好。开展春季绿化、夏季养护，打造高速公路“绿色长廊”。按照环保部门要求，在养护施工中采取切实有效的防尘降噪措施，为大气污染防治工作做出贡献。

机电运维方面，机电系统运行平稳，智慧交通基础扎实，设备参数更优良，修复各类故障2 311起，机电系统年完好率达99%以上，电缆防盗系统实现主动预防预警。在全省率先完成整车式、轴组式计重设备一期改造任务。郑漯、平顶山分公司监控系统实现高清化，航空港分公司机电维护及通用业务二维码管理信息系统投入使用。

服务区管理方面，在全省服务区范围内率先开通了线下支付平台，为司乘提供方便快捷的移动支付系统，服务体验及服务质量得到有效提升。在全国高速公路服务区验收评定中，许昌服务区被评为“全国百佳示范服务区”，金明、漯河、禹州、平顶山南、尧山服务区被评为“全国优秀服务区”。郑开高速金明服务区国防交通教育基地建成并向社会免费开放，是全国首个高速公路国防交通教育基地、最大的高速公路交通教育展馆、第一家公益性国防交通数字教育平台，被省政府确定为河南省国防教育基地。

二、利润分配有保障

中原高速按照《公司法》《证券法》《上市公司治理准则》等法律、法规、规章和《公司章程》的规定，不断健全规章制度，完善公司法人治理结构。严格按照中国证监会和上海证券交易所关于上市公司信息披露的有关规定，及时披露各类定期报告和临时报告。认真履行信息披露义务，做到信息披露的及时、准确、真实、完整、公平，保证投资者平等地获取公司的信息。

随着经济效益稳步增长，中原高速高度重视对投资者的合理回报，结合实际盈利和经营发展情况，制定了积极的利润分配政策。上市以来，持续每年进行现金红利分配，积极回报股东。《公司章程》规定，公司每个年度以现金方式分配的利润不少于当年实现的可分配利润的10%，且任意连续三年以现金方式累计分配的利润原则上应不少于该三年实现的年平均可分配利润的30%，具体每个年度的分红比例由董事会根据公司年度盈利状况和未来资金使用计划提出预案。2014—2016年，公司累计发放现金股利约8.27亿元，完全达到《公司章程》中关于利润分配的要求，反映出公司积极回报投资者的意识和决心。

三、强化责任勇担当

中原高速高度重视对债权人合法权益的保护，并作为责任，严格按照与债权人签订的合同履行偿债付息义务，及时向债权人通报重大信息，主动接受债权人的监督，保障债权人的合法权益。公司自成立以来保持了良好的商业信誉，获得工商银行等合作银行的“AAA”信用等级评定。在经营决策过程中，充分考虑债权人的合法权益，针对业务开展情况，建立中长期和短期融资计划，坚持在控制财务风险的基础上实现融资成本最小化的融资原则，合理利用资金，优化债务结构，从根本上保障了债权人的合法权益。

公司自成立以来，严格依法履行纳税义务，坚持诚实守信、规范经营、勇于担当，取得了跨越式的发展，资产、经营规模不断扩大，综合实力迅速提高，企业竞争力得到不断增强，成为所在地区的重要纳税企业。截至2016年底，累计缴纳税费总额44.3亿元。

四、合理施工重环保

在环境保护上，作为以高速公路建设、运营和管理为主业的上市公司，在高速公路论证、设计、施工以及运营过程中充分考虑对周边自然环境的影响，从不同环节、不同层次、不同阶段上采取有效措施开展环境保护工作。

在工程建设中，建立健全环境保护体系，成立环保领导小组，配备足够的环保设施和专业技术人员，把环保指标以责任书的形式层层分解到有关单位和个人，列入承包合同和岗位责任制，建立一个懂行善管的环保自我监控体系。在整个施工期间，对施工场地及施工便道实施洒水等各种有效措施，做到晴天不扬尘、雨天不泥泞；在土石方等运输作业过程中，使用帆布等遮盖物加以覆盖或适当洒水喷湿；在建设范围内长期暴露无植被覆盖的区域用防尘网遮盖；施工拌合机械运转时要求安装防尘设备，有效减少扬尘；施工机械选用低噪声设备和加工工艺，代替高噪声设备与加工工艺，在通风机、鼓风机、压缩机、燃气轮机、内燃机及各类排气放空装置等进出风管的适当位置安装消声器；在商登高速郑州段南水北调特大桥主跨主梁施工期间，为了防止施工过程对水质造成污染，在施工过程的主梁挂篮施工中，在挂篮下设置密闭防护装置，防止污水、废渣等对主干渠水的污染。工程结束后，对施工现场进行复耕或还林处理，及时清除临时设施、场内剩余工程材料、施工废料，生活、生产区还耕等。运营阶段，在生活区、办公区种植花草、树木，美化生活环境，减少空气污染。

五、落实政策重民生

中原高速在追求经济效益、保护股东利益的同时，一直把履行企业社会责任放在企业发展的重要位置。公司致力于提高交通运输效率,向社会提供安全、便捷、舒适、文明的高速公路通行服务,满足社会发展的交通需求,在实践中追求企业与员工、与社会的和谐发展,以实际行动回报社会。2016 年,不仅为股东持续创造投资回报,也为员工、客户、公路通行者、沿线社区群众及其他利益相关者谋求福祉,在环境保护、社区建设、精准扶贫、公益事业、构建和谐社会等方面尽到了上市公司的社会责任。

(一) 积极落实政策,履行服务民生的社会职能

① 中原高速根据国家“绿色通道”政策规定,在公司所属每一个收费站设置“绿色通道”专用车道,对符合运输鲜活农产品的车辆,严格执行国家免费通行政策。2016 年“绿通”拆分后免费金额约 2.15 亿元(数据由河南省高速公路联网监控收费通信服务有限公司提供)。使国家能源安全和各项惠农支农政策得到贯彻落实,为稳物价、保民生、促发展贡献力量。

② 根据《国务院关于批转交通运输部等部门重大节假日免收小型客车通行费实施方案的通知》(国发〔2012〕37 号)规定,中原高速认真落实重大节假日 7 座以下小型客车免费通行政策,采取得力措施,确保免费政策落实到位,多举措做好节假日期间小型客车免费和安全保通工作。节假日期间针对小型客车免费会增大车流量,易造成拥堵的情况,及时制定应急预案,收费站提前部署,开足车道,并相应增加人员,确保各项措施政策能够严格落实;同时,加强安全宣传工作,利用电子显示屏、板报和班前班后会等方式宣传安全知识,增强司乘和员工的安全意识。在重点路段、重点站实行定人定岗指挥疏导,执行 24 小时保通清障救援,保障车辆高效、快捷通行。2016 年全年重大节假日 7 座以下小客车拆分后预估免费金额约 2.28 亿元(数据由河南省高速公路联网监控收费通信服务有限公司提供)。

③ 真诚奉献,积极投身各类公益事业。在做好企业经营管理的同时,中原高速还积极参与社会公益事业,服务社会。中原高速所属基层各单位自发组织开展的学雷锋献爱心活动已成常态,带着爱心走进敬老院,将温暖带进老人的心田,为他们送去暖心慰问。设立“学雷锋便民服务台”,统一佩戴“志愿服务队”礼仪绶带,为司乘人员提供热水、路网指南图、维修工具、应急药品等,以实际行动向过往乘客播撒关爱。在“六一”儿童节到来之际,各单位代表到福利院和孤儿院,举办关爱孤残儿童、助力精准扶贫活动,为孤残儿童送去爱心书包、彩笔文具及爱心捐款。2016 年“八一”前夕,中原高速向河南省拥军优属基金捐赠照相机 30 部,总价值 6.3 万元。向河南省青少年发展基金会捐赠 5 万元,用于困难大学生救助。

(二) 保护职工权益,促进员工和企业和谐发展

公司严格遵守《劳动法》并按照有关法律法规的规定,切实维护员工的切身和合法利益。执行以绩效为驱动的岗位工资制,按照以岗定薪、按绩取酬的原则,根据员工的综合绩效考评结果而定,使薪酬体系更为公平且具有竞争力。修订了《公司休假管理办法》,确保员工合法权益,每年组织全体员工进行身体健康检查,保护女工合法权益。对员工表示生日祝贺,伤病、婚丧探访,帮助困难员工,体现人性化关怀。鼓励和支持员工在职教育和专业技术职务等学习,并积极组织员工参加专业

培训,努力为员工学习和提高自身素质、创造职业和人生价值提供良好条件。

六、精准扶贫显成效

为全面贯彻《国务院关于印发“十三五”脱贫攻坚规划的通知》(国发〔2016〕64 号)精神,认真落实《中国证监会关于发挥资本市场作用服务国家脱贫攻坚战略的意见》(证监会公告〔2016〕19 号),中原高速结合自身生产经营情况、战略发展规划、人才与资源优势,着力开展精准扶贫工作,主动承担社会责任,对口帮扶济源市大峪镇王庄村扶贫工作。

① 成立扶贫工作领导小组,委派公司副总经理刘剑君任驻村第一书记,迅速摸清该村贫困户情况,获得一手资料制订精准扶贫计划。一年来,刘剑君爬遍了村子的 6 个村民组的沟沟坎坎;分别组织到贫困户、低保户、空巢老人、党员等的各个慰问活动,全年合计几十次,耗费资金 2 万余元;出人、出车、出资金带领村民外出考察学习,开拓视野,转变观念;积极开展“五进”活动,分别协调组织送文艺、健康、温暖、书画、摄影、公益等下乡进村入户活动,丰富了群众的文化生活,宣传了村子的形象,提升了知名度。

② 设立结对帮扶和助学解困基金,先后协调资金 1 500 多万元,帮助该村改善环境,完善基础设施建设,带领村民实施产业转移,发展经济作物种植、特色养殖及农业休闲旅游,成立了王庄村休闲旅游农民专业合作社。鼓励村民就地创业,开设农家乐、垂钓、采摘等经营项目,发展乡村休闲游。以汽车文化为主体元素,打造汽车主题山村,将报废汽车改造成汽车旅馆、餐厅、超市、酒吧,计划分三年时间实施。通过多方努力,已帮助 31 户 94 名群众脱贫,探索出了一条脱贫致富奔小康的新路子。

③ 2017 年,驿站核心区、休闲游乐区、农耕采摘体验区启动营业。以老宅环境改造为牵引,积极申报传统村落。本着整体规划、分布实施的原则,修旧如旧,最大限度保持原有风貌,体现特色,突出乡村、乡土气息。积极实施保护性开发,探索尝试有偿租赁经营模式,打造特色民宿,突出和城市不一样的风情、餐饮、住宿,使游客体验到乡土风情、农家大锅台、民宿客栈。以河道整治为突破口,倾心打造美丽新乡村。对 900 米河道进行综合治理;积极实施小流域清洁工程,同时实施污水治理工程,在王庄、汽车驿站、新社区对村民的污水进行处理后再排放。以此为契机,把河道打造成村子一个亮点,打造美丽乡村,突出一河两岸风景。

中原高速公司深深懂得,诚信是做人之本、立业之基。近年来,公司不断加强诚信建设,开启“美丽中原”新篇章!在社会各界的大力支持和帮助下,不断完善公司治理,强化科学管理,加强规范运作,促进了企业经济效益和社会效益的双提升,在维护股东权益、发展地方经济、服务公众、员工成长、环境保护、社会公益等方面都取得了良好的进展。

18. 平煤股份：内诚于心，外信于人

董事长谈诚信

平煤股份董事长刘银志：诚信建设是资本市场走向成熟的必备条件

诚信是一种深层的世界观、价值观和道德观，是一个国家、一个民族文明程度的重要标志，资本市场的诚信建设和发展是内在统一、互为促进的。诚信建设是市场稳定发展的根基，发展是诚信建设的具体体现，离开诚信建设，发展就失去了基础，这个市场最终是不健康的。因此，诚信建设是所有资本市场走向成熟的必备条件。

上市公司作为资本市场的基石，必须建设符合自身特点的诚信体系，在企业内部形成"内诚于心，外信于人"的价值理念和表里如一、言行一致的行为准则，才能逐步得到资本市场的认可，才能为自身的持续发展打下良好基础。

我国的传统文化中蕴藏着丰富而深刻的诚信内涵，讲信用、守信用是国人公认的价值标准和基本美德。作为一家国有控股上市公司，平煤股份自设立以来始终提倡和践行"内诚于心，外信于人"的理念，不断就诚信建设进行学习探索，为公司的生存和发展铺垫了一个良好的平台。在河南证监局、上市公司协会的倡导下，我们将持续推进和深化诚信建设，努力完成上市公司在资本市场发展中的神圣使命。

正文

受困于煤炭行业发展的不断下行，这两年煤炭企业的日子并不好过。但即使在企业发展的瓶颈期，平煤股份依然严守安全生产底线，把保障职工生命健康作为公司最大的诚信建设工程；稳步提高产品质量，把保证产品质量作为对客户的最大诚信；坚持依法纳税，积极承担社会责任，尽力回馈社会；积极响应国家化解过剩产能的要求，转战光伏行业谋转型。对政府、对员工、对客户、对投资者，平煤股份始终以一颗赤诚之心，做到"内诚于心，外信于人"。

一、转型发展不迟疑

长期以来，中国的能源发展高度依赖煤炭，不仅带来了严重的环境污染，而且能源利用效率低下。十八届五中全会首次将"生态文明建设"作为引领经济发展的重大战略举措，列入"十三五"规

划的任务目标，这对煤炭消费总量的控制提出了更高的要求。

需求受到压制以及严重的过剩产能对困境中的煤炭行业形成双重压力，倒逼煤炭产业加快“供给侧改革”。

2016 年 2 月，国务院印发《关于煤炭行业化解过剩产能实现脱困发展的意见》，提出促进行业调整转型，鼓励利用废弃的煤矿工业广场及其周边地区，发展风电、光伏发电和现代农业。盘活土地资源，支持退出煤矿，用好存量土地，促进矿区更新改造和土地再开发利用等多项措施，这一意见给困境中的煤炭行业指明了一条转型之路。在上述政策措施的激励下，光伏行业成为煤企转型发展的重要突破口。

2016 年以来，平煤股份迅速行动，毫不迟疑，一方面关停亏损矿井，一方面谋求转型。2016 年 3 月 15 日，平煤股份宣布与乐叶光伏设立合资公司，拟建年产 2GW 高效单晶硅电池项目。项目拟定位于平顶山市宝丰县产业聚集区，项目建设周期预计为 12 个月。计划将购置 20 条 PERC 电池生产线及辅助生产设备，建设年产 2GW 高效单晶 PERC 电池产能。

平煤股份方面表示，平煤和乐叶的合作是一拍即合。平煤在当地拥有的资源能够顺利实现项目落地，乐叶光伏拥有先进的技术，可以为项目提供技术支持。同时乐叶光伏承诺每年不低于产量 50％的采购量，也解除了产品销售的后顾之忧，同时这也将有力地推动光伏行业的发展，可以实现双赢。

关闭亏损矿井后，对平煤来说可以减少一定的损失，但同时员工的安置也成了一个头疼的问题。投资设立的宝丰光伏产业园正好成为平煤股份员工分流的重要承接地。平煤股份在对外投资公告中称，宝丰光伏项目需要员工 1 746 人，这几乎占到平煤股份分流 2 万人目标的 1/10。

二、安全生产不懈怠

2012 年前的 10 年时间，是煤炭行业发展的“黄金十年”。近几年，煤炭企业遭遇了前所未有的冲击和挑战。面对重重困难，平煤股份认为，企业越是困难越要抓好安全，抓不好安全企业更困难，秉持这种强烈的安全意识，强化安全生产，把保障职工生命健康作为公司最大的诚信建设工程。

首先，公司坚持不懈地抓好煤矿安全质量标准化工作。一方面全面组织开展“安全生产标准化年”活动，坚持“安全、标准、整洁、实用”原则，量化、细化作业标准，狠抓现场管理，规范操作，做到安全生产标准化、动态达标常态化，实现“岗位、专业、企业”三达标，促进公司安全生产形势持续稳定健康发展。另一方面把安全质量标准化工作与安全绩效考核相结合，由抓结果向抓过程、抓内涵、抓精细、抓动态转变，认真制定各专业安全质量标准化检查、验收、考核、评比办法，加强对各基层矿井的业务指导和动态检查，坚持专业互检考核和现场会制度，推广先进的技术和管理经验，努力实现“专业达标”，以推进示范采掘工作面创建为切入点，积极创建“五优”矿井和示范矿井。

特别是 2015 年，公司经营形势异常艰难，安全压力有增无减。而平煤股份始终牢记“三不四可”，即三不轻言：安全生产无论任何时候，都要在态势判断上不轻言好转，在工作评价上不轻言成绩，在责任落实上不轻言到位；四个可以：在安全与生产、安全与效益、安全与成本、安全与发展发生矛盾时，产量可以降，利润可以减，成本可以增，矿井可以关，坚决做到不安全不生产。严防死守安全生产底线，保持了全年安全平稳态势。

人是安全生产的第一要素，为了加强员工的安全意识，公司积极开展安全培训工作，提升职工职业素质，加强区队班组建设，大力创建无违章、无隐患、无事故“三无”区队班组。进一步强化系统管理，积极推进“两优化一达标”活动，确保各矿生产接替平稳、通风系统可靠，深入开展隐患排查治理工作，强化责任追究制度落实，激发基层单位落实各层级安全责任的主动性，促进公司矿井安全生产健康稳定发展。2015 年，公司大力开展安全警示教育，持续 3 个月组织安全巡回宣讲和事故大反思、大讨论活动，真正让职工把安全第一理念内化于心、外化于行。

安全生产，重在预防。平煤股份非常重视安全风险预控管理体系建设。以危险源辨识为基础，以防控重大事故、人的不安全行为管控为重点，抓好风险预控，积极推行安全生产系统评估评价机制，定期组织开展系统安全评估、评价，针对评估、评价发现的问题，科学制定整改方案和安全保证措施。公司建立了隐患排查治理责任体系和隐患排查信息化平台，实行有患必究、重患必停，提高了超前防控水平和综合保障能力。目前，公司煤矿单位已基本建成一套完整的安全风险预控管理体系，并在逐步完善中取得显著效果。

平煤股份还建立了完善的应急救援体系。公司救护队是全国最早建设的 3 个矿山救护中心之一，具备国家级矿山救援基地和抢险救灾一级资质。继 2012 年建成国家陆地搜寻与救护平顶山基地之后，2013 年建成国家矿山应急救援队，并接受国家安监总局授旗。目前，公司救护大队辖属 15 个救护中队、4 支消防中队，指导 12 个兼职救护队，形成了指挥统一的应急救援网络体系，建立了公司和矿井两级事故预防和应急救援体系，制定完善了重特大生产安全事故应急救援预案，并积极开展应急演练，检验了应对突发事件的处置及协调能力。2015 年，公司投资建设的平煤股份矿山医疗救护中心综合楼项目完工，也进一步提升了公司的应急救援能力。

三、持续创新不放松

即使在当前经济形势异常严峻的情况下，平煤股份依然把制约煤矿安全生产的关键技术作为科研的重点任务，紧紧围绕制约区域瓦斯治理和煤矿安全高效生产的瓶颈问题，坚持自主创新，充分释放科技创新“服务安全生产、提高效率效益、推进可持续发展”的动力与活力，为公司持续安全健康稳定地发展奠定坚实的技术基础。

2015 年，平煤股份荣获国家、省、部、行业、市级科技进步奖 39 项，被国家工信部、财政部联合授予“国家技术创新示范企业”，成为了全煤行业第二家、河南第一家获此荣誉的企业。该荣誉是国家企业技术创新的最高荣誉。

此外，依托公司自主科技创新成果，“炼焦煤资源开发及综合利用国家重点实验室”成功入围国家科技部第三批企业国家重点实验室名单，这也是全煤行业唯一、河南首家由国家科技部确定的企业国家重点实验室。国家重点实验室的建成，将对公司炼焦煤资源开发及综合利用起到较为全面的辐射和指导作用，为深部炼焦煤资源开发灾害防治、煤基化工产业链优化升级、提高科技创新能力起到引领和示范作用。

创新需要人才支撑，公司全力贯彻落实“科教兴企、人才强企”战略，把人才作为企业核心竞争力，把人力资源作为第一资源，不断加强人力资源开发，畅通人才成长通道，提高人力资源管理效率，营造了尊重知识、尊重人才的良好氛围。

公司一方面切实重视安全生产教育，有针对性地组织各种应急预案演练，不断提高职工应对突发事件的能力；另一方面，加大业务技能培训力度，紧密结合岗位需求，围绕技术进步、设备更新，下大力气抓好职工业务技能培训，在巩固提高传统技术技能的同时，突出新技术、新设备、新工艺、新方法的学习，既要训练本职岗位所需的技术技能，又要训练相关专业的技术技能，培养更多的一专多能型人才。

在人才的培养过程中，也十分重视诚信文化建设，要求从领导干部自身做起，诚信待人，诚信做事，并结合煤炭安全生产特点，把诚信文化与安全文化、管理文化相结合，形成诚信价值观念，指导和规范企业及员工的行为，营造企业诚信守法、干部真诚共事、员工坦诚相处的良好氛围。

四、投资回报不缺席

作为一家已经上市的公众企业，刘银志表示，必须要对投资者讲诚信，在信息披露时将投资者利益放在第一位，尤其是确保中小投资者客观、及时、准确、完整、公平地获得信息，这是上市公司履行诚信的主要标志。在日常工作中，平煤股份高度重视信息披露工作，始终坚持以“公平、公正、公开”的原则，严格按照相关法律、法规的规定和《信息披露事务管理制度》要求，真实、全面、及时、充分地进行信息披露工作。定期报告和临时公告均在中国证监会指定的媒体披露，有利于平煤股份股东及时了解、掌握平煤股份经营动态、财务状况及所有重大事项的进展情况。注重信息披露的时效性，增加和细化定期报告披露的项目，提高披露信息的质量和效果。在企业诚信文化建设原则的指导下，平煤股份自上市以来，未出现重大信息披露差错。建立健全内控体系，严格执行内部信息管理制度，防控内幕交易，同时努力为股东创造价值。

投资者关系管理是上市公司与股东、债权人和潜在投资者之间的关系管理，也是企业诚信建设的重要途径和展示窗口。平煤股份非常重视投资者管理，积极通过多种方式与投资者和媒体进行沟通，听取并采纳投资者的合理建议。在接听投资者电话、接受网络平台咨询或现场来访时，上自高管、下至工作人员都能热情主动，尽可能为投资者提供方便。随着煤炭行业效益整体下滑，证券监管部门、媒体与中小投资者更加关注平煤股份的运作与经营情况，投资者关系维护工作压力进一步加大。对此，平煤股份一方面主动加强网络媒体监控，及时掌握市场动态；另一方面通过在线交流平台加强与投资者的日常沟通，引导投资者理性投资，保证公司良好的市场形象和稳定的投资者基础。

诚信是对股东最大的责任,业绩是对股东最好的回报。为了更好地回报股东,平煤股份自上市以来,历年均实行了积极的利润分配政策。上市近 10 年以来,累计向股东派发现金红利近 40 亿元。

2012 年,为增强平煤股份现金分红的透明度,便于使投资者形成稳定的回报预期,平煤股份通过征求意见,充分听取了中小股东的意见和诉求后,修改了《公司章程》中有关利润分配的条款。平煤股份现行的利润分配政策为:"公司采用现金、股票或者现金与股票相结合的方式分配股利。在有条件的情况下,公司可以进行中期利润分配。除特殊情况外,公司在当年盈利且累计未分配利润为正的情况下,采取现金方式分配股利,最近三年以现金方式累计分配的利润不少于最近三年实现的母公司年均可供分配利润的 30%。"

五、社会责任不忘记

市场经济是法制经济,依法诚信纳税既是履行法律责任,也是最好的信用证明。平煤股份认为,只有坚持守法经营、诚信纳税,才能树立良好的商业信誉和形象,实现长远发展。一直以来,公司主动按时足额缴税,不欠税、偷税、漏税、逃税,公司纳税总额逐年增长,自上市截至 2013 年累计纳税 152 亿元。

平煤股份始终按照既定的"清洁生产,保护生态资源;循环利用,实现低碳发展;全员参与,共建生态文明"的环境保护方针,以环保节能规划为主线,强化资源综合利用力度,深入推进清洁生产,加快推进重点环保工程提标升级改造。历年来,平煤股份主要污染物化学需氧量、氨氮、二氧化硫和氮氧化物排放始终呈下降趋势,危险废物处置合格率和煤矸石综合利用率均达到 100%,保持了良好的生态和环境安全态势,促进了公司可持续健康发展。

截至 2016 年,平煤股份已建成矿井水处理厂 16 座,每年可处理 3 800 多万吨矿井水,复用率超过 80%;建成生活污水处理厂 9 个,总设计处理能力每天 3.50 万吨,处理后的生活污水部分回用于工业生产和矿井绿化、抑尘等,其余达标排放。平煤股份按照"报废一枚,送贮一枚"的原则,报废放射源全部实现了安全送贮。报废的射线装置及生产过程中产生的废油、废酸等危险废物全部按照国家有关规定进行合法、合规处置。

同时平煤股份也勇于承担社会责任,在南方雨雪冰冻灾害期间,全力保障灾区电力供应。汶川地震发生后,第一时间组织救援队,前往灾区支援。在河南省电煤供应紧缺期间,首先优先保证省内电煤供应,为中原经济区做出了应有的贡献。

现今,国家出台了一系列推动国有企业改革的政策,这对于平煤股份来说既是挑战,也是机遇。但是深化诚信建设的工作,平煤不会放松,将始终如一地持续推进下去。诚实守信是做人的基本准则,也是企业经营与发展的根基。平煤股份表示,将坚持诚信为本、始终如一,不断强化市场竞争优势,努力创造更好业绩,回报股东,回馈社会。

19. 明泰铝业：做百年名企 创长青基业

诚信是做人之本，立业之基。古往今来，一个人若没有诚信则无法立足于世，一个企业缺乏诚信必然无法真正做大做强。有名言曰，诚信是道路，随着开拓者的脚步延伸；诚信是智慧，随着博学者的求索积累；诚信是财富的种子，只要你种下诚心，就能找到打开金库的钥匙。

明泰铝业成立于1997年，抢占了中国民营铝加工行业的发展先机。过去20年来，中国铝加工材、铝制成品经历了黄金年代，产销量增长之迅速、产品用途之广泛、种类之丰富、加工技术发展之日新月异令业界震惊，而明泰铝业正是其中的佼佼者，以诚信精神和“明泰速度”著称，在铝加工企业中遥遥领先。近几年，中国铝产品已经出口到几百个国家和地区，出口目的地甚至延伸到新兴市场和发展中国家，但遗憾的是，中国大部分铝加工企业仍在大规模生产低附加值产品，高附加值的高端装备制造用铝产品仍被国外所垄断。

在中国经济新常态的今天，明泰铝业领行业风气之先，紧跟转型升级潮流，募投资金用于建投轨道交通和汽车用铝产品项目，积极扩大铝应用领域，开拓新的市场蓝海。同时积极开拓国际市场，紧随国家“一带一路”战略，响应国家“走出去”的号召。

明泰铝业以做强中国铝加工行业为己任，立志做百年名企，创长青基业，把20年来形成的“明泰诚信精神”和“明泰速度”推上新高度，谱写铝加工产业转型升级的壮丽诗篇。

诚信是力量的象征，没有诚信精神，企业便没有了灵魂，终究不可持续。

一、产品质量篇——以诚为本

明泰铝业掌握核心技术，拥有领先工艺，在国内铝板带箔生产企业中排名前三，在全球铝板带箔生产企业中排名位列前茅。凭借过硬的产品质量，明泰铝业获得了SGS认证机构颁发的ISO/TS 16949汽车用铝产品认证证书，通过挪威船级社认证、《中国船级社工厂认可证书》、《武器装备质量管理体系认证证书》，并率先与中国工程院院士王国栋先生共同成立了河南省高性能铝合金板带箔生产及应用技术院士工作站，主要进行汽车覆盖件用铝合金板带生产及工艺技术的研究与开发。

明泰铝业2016年产销量已超52万吨，产品涵盖1～8系全系铝合金牌号，广泛应用于印刷、建筑、模具、包装、交通运输、军工、造船、电子电器和航空航天等多个行业，其中7075航空铝、3003动力电池壳料、5252手机外壳料、6061手机按键用铝、8011药用铝箔、8021电池软包铝箔、5083船用铝板等产品热销海内外，受到客户的热烈追捧。目前，公司海外出口量占公司总销量的三分之一，产品出口到美国、加拿大、日本、韩国等40多个国家和地区。

明泰铝业生产部负责人表示,公司生产车间对差错零容忍,管理模式独特、先进,对工人采取高效的激励措施和管理方法,激发了他们的干劲和工作热情。公司生产的花纹板全国市场占有率最大,排名领先,2系和7系航空、军工、船用铝板带材以及药品、食品、电子及家用铝箔均属于高附加值产品,市场前景向好,产量逐步扩大,有望为公司带来高额利润。

明泰铝业技术部负责人表示,公司在成品检验方面要求非常严格,要经过至少5道检验环节,残次品率控制在3%以内,设定的合格率目标为97%以上。

正是由于上至高管下至一线工人的艰苦付出,多年来,明泰铝业先后获得"中国铝板带箔十强企业""全国有色金属行业先进集体""优秀民营企业""铝板带箔工程技术研究中心""出口重点企业""智能制造工厂"等荣誉。"泰鸿"牌商标被河南省工商局和河南省商标协会认定为"河南省著名商标""河南省名牌产品"。

如今明泰铝业正在向高端智能装备制造企业转型升级,产品质量的提升是前提条件。因此,不断加大设备优化和技术研发投入力度,强化公司在装备和生产工艺、研发、人才储备等方面的优势地位,不断提升技术含量,争取研发并大量产出更多高附加值的精品。

基于20年来一以贯之的诚信精神和品质保证,明泰铝业在海内外收获了很多优质客户,产品质量获得了海内外终端客户的一致认可。公司生产的铝产品被宇通、比亚迪等名牌汽车厂商以及三星、华为等手机厂商采用,同时,与公司有业务合作的还包括中车、银隆客车、乐凯集团、OPPO、VIVO手机等知名公司。

明泰铝业以"诚信精神"和"明泰速度"在众多铝加工企业中迅速崛起,平均交货周期控制在1个月内,在客户心目中打上了诚信、高效的明泰烙印。凭借积累多年的企业信誉,明泰铝业享有充足的银行信用贷款额度,是银行及上下游客户的优质合作伙伴,在与这些客户谈判时也具有较强的议价地位。由于下游客户一般为优质大客户,应收账款的回款周期较短,一般为1个月以内,很少有长时间拖欠的情况发生。上游客户也非常乐意与明泰铝业长期合作,明泰铝业本着诚信的精神,从不拖欠上游供应商款项,采购合同履约率为100%。

2011年,明泰铝业在上海证券交易所上市。凭借资本市场的有利地位以及在投资界的良好信誉,公司于2015年首次非公开发行股票募集资金7.3亿元用于年产2万吨交通用铝型材项目,并与中车达成战略合作。如今该项目已经投产,其他进口设备正在采购过程中,主要生产铝合金地铁车厢及大部件,产品已经开始交付中车。

随着中原地区轨道交通的快速发展,明泰铝业凭借20年来形成的诚信精神和"明泰速度"已然跻身于河南轨交市场,明泰立志将这种精神和品质传递下去并发扬光大,成就百年长青基业。2017年7月,明泰铝业12.5万吨车用铝合金板项目已收到证监会发行批复,公司拟发行募集12.15亿元进军乘用车用铝轻量化市场。这一切都离不开公司对投资者关系管理的深刻理解和实践。

二、投资者关系篇——打造信任的基石

投资者关系管理诞生于美国20世纪50年代后期,又被称为公共关系管理。但遗憾的是,中国一些公司尚未意识到投资者关系管理的重要性,在对外关系方面仍然较为被动。事实上,公司在经营过程中,必然面临复杂的竞争环境,过于低调的公司并没有向潜在投资者及社会公众做出有效沟通,舆论对公司的盈利模式容易发生误解,一旦公司经营出现困境,或陷入舆论漩涡,再紧急启动危机公关显然无法弥补投资者的损失,公司的品牌形象也会大打折扣。

明泰铝业董事会秘书认为,对于上市公司来讲,优秀的投资者关系管理不是一问三不知,对投资者和公众三缄其口,百般遮掩,更不是讲虚幻的投资故事,通过讲故事来操纵股价,愚弄投资者,而是高效解决股东和公众对公司经营的信息不对称问题,在合规的前提下,把公司的优势、价值和风险都介绍给投资者,宣扬公司的价值观和战略方向,使更多的成熟投资者参与公司决策,共同提升公司的品牌影响力。

优秀的投资者关系管理能够为公司带来极大的无形价值,促进公司的利润增长,反之亦然。明泰铝业自2011年上市以来非常注重与投资者的沟通交流,在保障中小投资者知情权方面付出了大量艰辛的努力。公司从多个方面与投资者建立了沟通渠道:第一,公司在指定的信息披露媒体上定期发布详尽、合规的信息披露公告,按照监管要求准确披露信息,以满足投资者和公众的需求;第二,公司保证及时回复投资者及媒体在上证e互动平台提出的问题,从不敢懈怠;第三,公司证券部办公室一周七天安排专人值班接听投资者来电,及时查看邮箱并积极回复、解答投资者疑问;第四,投资者及媒体可通过预约,随时到公司现场进行参观、调研、一对一沟通,公司对来访调研的机构和媒体都一一登记,从不遗漏;第五,积极参与投资者交流会,对投资者保有敬畏之心,随时解答投资者疑问,争取最大限度地得到投资者和公众的认可。

2016年,明泰铝业积极参加证监局、上交所以及上市公司协会组织的培训会议10余次,同时主动参加券商组织的路演等活动,热情接待投资机构代表,并积极对外推介公司价值,为公司非公开发行股票做好准备工作。经统计,2016年,明泰铝业证券部累计接听来电近500通,来电人员包括投资者、机构、媒体等,近3年累计接听投资者来电近2 000通。

以诚信为本,以沟通为桥梁,明泰铝业获得了众多投资者的信任和支持。展望未来,公司将与中车加强合作,加快转型升级步伐,走上更为广阔的发展道路。明泰渴望更多优质人才的加盟,共创百年基业,将中国制造带向全世界。

三、社会责任篇——诚信精神吸引人才

以人为本是明泰铝业长期以来形成的企业文化和经营理念,自2015年明泰铝业董事长马廷义

先生提出“图新自强、财富共创”的口号，辅之以股权对中层以上干部及骨干员工进行激励，明泰生产一线，从高管、厂长到普通员工，都洋溢着“撸起袖子加油干”的豪情和韧劲，明泰人身上萌生了急切革新中国制造业、发奋图强的宏伟愿望。

2014年，明泰铝业对184名中高层员工推出限制性股票股权激励计划；2016年，公司再对581名核心员工实施股权激励计划。为明泰铝业奉献2年以上的核心骨干人员都成为了公司股东，这极大地调动了骨干员工的主人翁意识，激发了他们的工作激情，每个明泰人都时刻准备着为公司的转型升级战略贡献一己之力。

明泰铝业的一线员工及高管经常挂在口头上的一句俗语是：干活不论点，吃饭不论碗。正是成百上千明泰人日日夜夜的努力工作及明泰严格的管理制度才造就了如今明泰铝业在铝加工行业的领先地位，创造出了巩义市回郭镇的铝加工产业奇迹。

同时，明泰铝业时时关注困难职工，不忘“感恩社会、回哺家乡”的初心，为他们提供大病救助、助学资金等形式的帮助，助其渡过难关。2016年，明泰铝业内部分厂成立了爱心基金，所有员工不定期捐赠，以备困难职工不时之需。

为助力巩义回郭镇经济发展，引导帮扶困难群众脱贫，明泰铝业因地制宜，出资5 000万元成立了全资子公司河南明泰科技发展有限公司，在扩大铝箔产能的同时，培育扶植当地企业，促进就业，助力全面小康社会早日达成。

除了造福家乡，明泰铝业还积极履行社会责任，2016年向自然条件恶劣、经济条件落后的林州市任村镇白家庄村定向捐助资金100万元整，解决了修桥资金困难问题。

中国是四大文明古国之一，诚信文化渊远流长，随着社会的飞速发展，诚信精神被赋予了新的意义，产业转型升级发展过程中如果能够引入诚信文化建设，中国制造跻身世界先进地位将指日可待。在中国铝加工行业，明泰铝业带头庄严承诺，愿以诚信为本，引领铝加工行业的诚信风气之先，带领中国铝加工企业转型升级，进军航空航天等高端智能装备制造产业，为中国制造加油添彩。明泰铝业将用实际行动向世界宣告，继续发扬诚信精神，传明泰速度，创惊世伟业，造福一方百姓，为中国制造走向世界贡献应有的力量。

20. 中信重工：诚信文化助推企业创新发展

中信重工着眼于长期、可持续发展，深入挖掘企业60年艰苦创业凝结的文化底蕴，融汇中信集团“诚信、创新、凝聚、融合、奉献、卓越”的企业文化精髓，凝练出依托于“创新”这一核心发展理念，以打造百年基业为目标，以“诚信”为核心，以经营理念为基础，以“焦裕禄精神”为精髓，以岗位诚信体系为特色的诚信文化体系。

在经营环境动荡变化的今天，企业正处在淘汰别人或被别人淘汰的大变革时代。中信重工之所以能在危机挑战中保持持续发展态势，成长为全球具有综合竞争优势的矿业装备和水泥装备供应商和服务商，除了技术、装备等竞争优势外，另一个主要原因就是建成了独具特色的诚信文化体系，凝聚起了全体干部员工齐心协力谋发展的正能量和驱动力。

一、独具特色的员工岗位诚信体系

中信重工企业文化的鲜明特色在于员工岗位诚信体系的建立与有效运行。员工岗位诚信体系是一个由诚信心理需要、诚信动机、诚信行为、心理反馈各因素交互综合作用的动态闭环系统。员工诚信宣言、岗位诚信规范、群策群力活动和岗位诚信考核四个模块相互依赖、相互促进，形成一个四轮驱动的“螺旋桨”。

翻开中信重工编制的《岗位诚信规范》，文中涉及了从操作工到总经理在内的749个岗位，归纳出289条岗位不诚信行为。作为诚信价值观的重要体现，公司还制定了60字员工诚信宣言，全体员工在诚信宣言书上签上自己的名字，郑重做出诚信承诺，从“要我诚信”转变为“我要诚信”。

在中信重工，诚信倡导不只浮在企业文化的表层，公司还将其植入考核体系，与员工的薪酬和个人成长挂钩，如果有谁违背了诚信原则，那他受到的惩罚不仅是道德上的，还要与其个人经济利益相联系。根据考核办法，员工因为自身行为造成的不良后果，将成为影响自己岗位诚信系数的关键事件，记入个人岗位诚信档案，并直接影响到下一年的薪酬分配。

作为诚信文化的延伸和拓展，公司在全体员工中积极培育践行“客户至上的价值导向、精益求精的品质追求、创造卓越的职业担当”的中信重工工匠精神，并将其融入市场营销、技术研发、生产制造、质量管理、职能管理等各个环节，引导员工敬业奉献、精益求精、打造精品。

强力实施诚信管理，诚信文化影响到了每一个环节。岗位诚信管理体系的实施，公司产品的外观及质量显著提高，实现了为客户提供优质的产品和精致的服务，受到客户的普遍称道。如今，中信重工人对每台产品和每项工程都在努力做到“精心设计、精心组织、精心制造、精心施工、精心服务”。

二、植根于全体员工的生动实践

中信重工的诚信企业文化来自深厚的历史积淀，植根于企业全体员工的生动实践，成长于决策层的积极推动和全体员工的呵护培育。

“内化于心”——力求“全员认同”。一是组织举办企业文化活动。突出诚信文化主题，通过企业文化手册首发式、诚信宣言、职工“诚信之光”文艺晚会等活动，强化“践行诚信文化、争做诚信员工”的坚定决心。二是开展企业文化知识竞赛。知识竞赛分初赛、复赛、决赛三个阶段，吸引广大员工参与，促进广大员工对企业文化的广泛认知和接受。三是进行企业文化学习辅导。从公司董事长到基层领导，以“诚信”为主题，围绕什么是企业文化、如何理解中信重工的企业文化、怎样有效推进公司企业文化、怎样发挥企业文化在应对危机中的作用等问题，向员工做深入浅出的讲解。对新入职的大学生进行集中的企业文化培训，使新员工迅速认同中信重工企业文化。同时，把企业文化作为班前会的组成内容，促进企业文化落地班组。利用班前会、宣传栏等形式，积极宣贯企业文化内容；同时结合身边人、身边事，将企业文化的内容具体化、生动化。通过各种形式多样、灵活有效的方式方法，营造了浓厚的企业文化氛围，促进了诚信文化的“内化于心”。

“显化于物”——力致“亲身感受”。一是创制《企业文化手册》。将企业使命、愿景、核心价值观、岗位诚信体系、企业精神、公司理念、岗位诚信规范等内容纳入《企业文化手册》，使员工一目了然。二是设计使用企业文化视觉识别系统。充分利用班车、信封信纸、文件袋等各种物质载体搭建企业文化的识别系统，树立鲜明的视觉形象。三是设置系列文化石。在公司广场、绿地、树林、花丛中设置“腾飞”“铸魂”等文化石，既美化了环境，又陶冶了员工情操。四是构建焦裕禄精神文化景观链。命名焦裕禄大道、设立焦裕禄铜像、创建焦裕禄事迹展览馆，将焦裕禄带领员工研制的新中国首台直径 2.5 米双筒卷扬机请回公司永久安放；掀起向新时期焦裕禄式的好干部杨奎烈学习热潮，命名奎烈路、设立杨奎烈事迹展室等，以焦裕禄精神激励员工奋进。五是编创文本。公司抽调专业骨干，深入挖掘，创制《精神的路标——焦裕禄在洛矿》《生命的动能——杨奎烈故事》《足迹——中信重工企业文化故事》《永恒瞬间无限动力——党和国家领导人在中信重工》《诚信故事》系列书等文化读本，激励员工不忘初心、牢记使命、砥砺奋进。六是挖掘命名工业文化遗产。公司目前命名了包括习仲勋同志工作过的车间、建厂初期种植的常青翠柏、焦裕禄精神、中国首台直径 2.5 米双筒卷扬机诞生地、刘玉华姑娘组、洛阳矿山机器厂诞生地、“万斤钉”精神和杨奎烈精神等八处工业文化遗产。这些独特的工业文化遗产，见证着企业的发展历史，留存着珍贵的工业记忆，极具历史文化意义。

“固化于制”——力举“制度约束”。一是自上而下建立诚信文化建设推进组织，并纳入工作考核内容，与其他工作同部署、同检查、同考核、同奖惩。二是建立岗位诚信管理体系。岗位诚信管理体系是通过建立岗位规范，制定岗位诚信评价标准，对员工诚信度实施考核并与薪酬挂钩的不断循环的持续改进过程。通过岗位诚信管理体系，实现文化与管理的深度融合，促进了以诚信为核心的企业文化的落地。三是制定并推行岗位行为规范。中信重工要求干部以焦裕禄为楷模，时时谨记“行为操守”和“三四五戒规”。要求全体员工时刻铭记诚信宣言，恪守岗位诚信规范和工匠精神行为准则，以10类不诚信行为和292条岗位诚信质量关键事件扣分规定为戒，做到“忠诚企业，信守承诺，爱岗敬业，团结协作，勇于创新”。中信重工以岗位规范不断强化诚信宣言与员工达成的诚信心理契约，时刻激励员工自觉遵守岗位规范。企业上下以岗位规范为准绳量化员工诚信行为和结果，实现以“岗位诚信”提升员工个人价值和企业核心竞争力，不断追求和实现卓越目标。

“外化于行”——力推“知行合一”。精心设计和运作各类企业文化推进的活动载体，深化岗位诚信实践，争做诚信员工，打造诚信企业。一是开展季度“岗位诚信明星”评选活动。对评选出来的“岗位诚信明星”，采取发布表彰决定、橱窗展示、微信专题报道、报纸专版报道等多种形式进行集中宣传，积极发挥诚信典型的示范导向作用。二是持续开展“争当焦裕禄式干部、传承焦裕禄精神”活动、“学奎烈见实效”和“我与重工共成长、我为重工做贡献”活动。引导干部、职工积极践行企业文化，模范履行干部、员工岗位行为规范。各级组织结合自身特点，开展“党员示范岗”“先锋擂台赛”“争创诚信工序、诚信示范岗”等活动，树立诚信典型，发挥先进人物在企业文化建设中的榜样、聚合、导向作用。三是持续开展群策群力活动，把企业文化融入其中。公司连续13年持续开展群策群力活动，对岗位诚信行为进行激励，通过员工自身践履诚信行为的亲身感受，破除陈规陋习，实现自我完善并为企业发展献计献策。一年一个主题，一年迈上一个新台阶，使诚信文化体系在实践中得到完善和升华。

“惠化于人”——力创“和谐重工”。中信重工把诚信作为历史使命，以人为本，铸就企业的诚信之魂。一是组建中信重工大学，以企业大学的优势资源，打造高素质人才队伍。二是实施青年员工职业生涯导航和“金蓝领”工程，打造管理、技术、技能型人才职业生涯发展体系，促使员工与企业共同成长。通过业绩导向的薪酬制度和人文关怀，保留和激励最优秀的人才。三是发挥企业职工文化中心、体育中心、图书中心、员工艺术协会、阳光艺术团等企业文化设施和载体的作用，组织开展健康向上、特色鲜明、形式多样的群众性业余文化活动和大型运动会，营造健康、祥和、温馨的文化氛围，满足员工求知、求美、求乐的精神文化需求。四是在不断提高员工薪酬收入的同时，实施住房改造、中心医院改扩建等民生工程。同时对全体员工进行午餐补助，让员工实实在在地享受企业发展的成果。五是建设青年公寓。青年公寓是公司筑巢引凤的人才工程，为青年员工提供了舒适温暖的家。六是建设功能齐全、设施一流的员工俱乐部。为员工提供餐饮、文体活动等综合服务。七是实行员工健康休养制度。企业每年组织一线员工外出健康休养，使一线员工在青山绿水间休养身心，在拓展训练中增强团队合作，在学习中增长才学，精神饱满地投入工作。八是实行员工健康体检制度。以关心员工身体健康为出发点，利用企业医院的优势资源，每年组织全公司员工进行健康体检，为每名员工建立健康档案，为员工生命健康筑起一道安全屏障。九是设立员工洗衣房。由于工作性质，一线员工的工作服难免沾上油污、出现汗渍，洗换频繁。企业在厂区设立七个洗衣房，安排专人为一线员工洗衣。员工将脏衣服送来，第二天就可以穿上被烘干后平整干净的工作服。

“深化于基”——力促“落地生根”。公司各系统各单位持续推进企业文化建设工作与创新发展、生产经营、党建思想等工作紧密结合，抓特色、出成效，进一步促进了诚信文化在公司基层的落地生根。铆焊构件厂结合自身特色，提炼出“像铆钉一样塑造自己，坚韧不拔；像焊条一样熔化自己，无私奉献”的铆焊精神。重型装备厂以诚信文化为根基，以刘新安劳模工作室为依托，打造了一支强有力的工人创客团队。矿山机器厂以焦裕禄事迹展览馆和工业文化遗产为依托，查摆不足、转变作风、扎实工作。齿轮箱厂树立“四种意识”、提高“五个能力”、明确“八精理念”，引导员工以高度的责任感和使命感全面提升经营管理水平。销售总公司发挥《市场》《营销》《员工俱乐部》杂志的阵地作用，持续举办营销亮剑军校，为员工搭建高层次学习成长平台。

三、诚信文化推进企业创新发展

以“诚信”为核心的企业文化，为企业培养塑造了一支素质优良的人才队伍，助力企业快速构建了“核心制造＋综合服务”的新型商业模式，加快推进了企业由传统动能向“传统动能＋新动能”两轮驱动转变，由重型装备制造企业向集多板块业务于一体的先进装备制造企业转变，使中信重工在面临服务的煤炭、矿山、建材等传统行业持续去产能的新常态下，保持了良好的发展态势。

(1) 塑造了一支优秀的员工队伍

以诚信文化塑造诚信员工，以个人成长计划打造员工职业生涯发展平台，以基于诚信的绩效考核激发员工工作热情，中信重工打造了一支由首席技术专家、首席设计师与首席工艺师、大工匠、劳动模范、首席员工、岗位诚信明星等在内的爱岗敬业、敢打敢拼、素质过硬的优秀员工团队。公司大型磨机研发创新团队荣获“‘十二五’机械工业优秀创新团队”。杨金安荣获全国五一劳动奖章、中原大工匠、河洛大工匠，谭志强荣获全国五一劳动奖章、全国技术能手、最美洛阳人。曾获全国劳动模范的刘新安成功当选党的十九大代表，光荣出席党的第十九次全国代表大会。

尤其是，以建设国家首批双创示范基地为依托，以成立创新研究院为契机，公司工人创客群、技术创客群、国际创客群、社会创客群大力倡导诚信文化，持续进行创新，创新成果累累。2016 年，仅工人创客群开展 926 次攻关活动，10 502 人次参加，取得成果 107 项，为公司诚信文化注入了新的内涵。

2015 年 9 月 23 日，李克强总理在视察中信重工时说：“大众创业、万众创新，不仅是小企业或小微企业的生存发展之路，也是大企业的繁荣兴盛之路和兴盛之道，你们已经走在了大企业的前面了。”

(2) 促进了企业转型发展

以诚信文化为引领，不断传承焦裕禄精神红色基因，中信重工不断坚持深化改革、创新发展，在传统产业领域和新兴产业领域不断取得新的突破。

在传统产业领域，中信重工全面贯彻和实施国际标准与国际规范，大力实施创新驱动发展战略，积极践行“一带一路”国家倡议、供给侧结构性改革等，以企业国家级企业技术中心、国家级工业设计中心、我国矿山重型装备领域首个企业国家重点实验室为依托，凭借世界最大最先进 18 500 吨油压机为核心的国内领先、全球稀缺的高端重型机械加工制造能力，打造出了矿用磨机、提升机、回转窑、辊压机等一系列核心产品。公司主营产品矿物磨机入选全国制造业单项冠军。目前,公司产品覆盖“一带一路”沿线30多个国家和地区。公司与20多个国内外高校、30多个科研院所、世界3大矿业公司、世界5大水泥生产商、全国13大煤炭基地及10大钢企、国内外多家实验室以及2 322家供应商以及创新联盟、创新中心等建立了紧密的产学研用供合作共赢关系。

在做精做优传统动能的基础上,中信重工不断着力于打造企业新的增长极。近年,以特种机器人为代表的新产业市场化明显提速。公司先后签约江苏徐州、山东东营、江西共青城、内蒙古鄂尔多斯等多处特种机器人生产基地,实现了新产品、新技术的快速产业化。今年以来,公司特种机器人先后在江苏省消防总队、洛阳市公安消防支队、徐州市消防支队等地完成列装。2016年消防机器人创造1 400台订单的销售业绩,在国内特种机器人市场占有率稳居第一。目前,中信重工已发展成为国内最大的特种机器人研发和产业化基地。

(3) 打出了中国制造的金字招牌

中信重工实现了大型磨矿设备实验选型及设计制造技术、年产600万吨级高压辊磨设计及制造技术等30多项技术突破,培育出大型磨机、大型破碎机、大型辊压机、大型搅拌磨机等12大具有国际水平的核心产品。双压纯低温余热发电技术已从水泥行业拓展应用到干熄焦、炉冷烧结矿等新领域,累计新增合同总额70多亿元,新增利税10多亿元。国际市场版图覆盖欧美、澳洲、南美、南非等高端市场和新兴市场,产品覆盖“一带一路”沿线30多个国家和地区,构建了全球化研发、营销、生产、服务四大功能的国际化布局,形成了成套、主机、备件、服务四大全球化服务领域,成为全球最具竞争力的矿业和水泥装备供应商,不断打出了中信重工制造、中国制造的金字招牌。

(4) 提升了企业品牌形象

近年,中信重工已成长为国家级创新型企业和高新技术企业,中国最大的重型装备企业之一,国内最大的特种机器人研发与产业化基地。公司获评中国工业大奖、中国质量奖提名奖、全国首批双创示范基地、制造业单项冠军示范企业,连续6年蝉联“全国质量信用先进企业”和“全国矿山机械行业质量领军企业”。公司连续11次为神州飞船护航,拥有的国家级企业技术中心在全国887家技术中心综合评价中位列前十,仅2015年、2016年2年就获得国家级科技奖一等奖1项、二等奖4项。

不忘初心,继续前行,中信重工目前正以“战略引领发展、创新驱动发展、价值提升发展”的思路,通过不懈的努力,把诚信文化渗透到制度建设、流程建设以及员工行为规范中去,将企业塑造成一个充满生机的生态系统,实现组织管理的最高境界——文化管理,将中信重工打造成为一家主业突出、主体精干,具有核心竞争力的先进装备制造企业和具有投资价值的上市公司。

百年企业,已在路上。

21. 一拖股份："中国农机长子"以诚致成

董事长谈诚信

中国一拖董事长赵剡水：诚信建设永无止境

国有诚信必兴，家有诚信必和，人有诚信必贤。长期的发展历程中，诚信经营已经成为一拖股份企业文化基因的重要组成部分，加强诚信建设已经成为企业可持续发展的重要途径。

诚信不仅是企业生存发展的必由之路，也是资本市场繁荣发展的基石。一拖股份上市以来，信守承诺，诚信、公平地对待客户、境内外投资者及各相关利益方，坚持回报投资者的理念，建立了持续稳定的股息分配政策，在具备分红条件的情况下，每年拿出当年实现可供分配利润的约30%回馈投资者，并将分红政策加以完善写进了《公司章程》。

诚信经营是企业之本，诚信建设永无止境。一拖股份将信守《河南上市公司诚信公约》的承诺，不断完善公司治理，规范企业经营活动，加强内控建设，增强透明度，充分发挥示范作用，努力打造公司在资本市场的良好形象，也为树立和维护"诚信河南"新形象做出贡献。

正文

中国一拖集团有限公司(以下简称"中国一拖")从1958年生产出第一台拖拉机开始，在几十年的发展历史中，创造了一个又一个"中国第一"，成为河南洛阳工业的一个标志。

作为"共和国农机工业的长子"，中国一拖一直秉承"出第一的产品，育第一的人才，创第一的业绩"的核心价值观，从推出新中国第一台履带拖拉机、八挡小四轮拖拉机到建成国内首个大轮拖专业生产基地直至国内首台动力换挡拖拉机下线，中国一拖始终走在我国农机工业的前列。

1997年，中国一拖将与拖拉机相关的业务、资产等进行重组，独家发起设立第一拖拉机股份有限公司(以下简称"一拖股份")。同年6月，一拖股份在境外发行股票并在香港联交所上市。2012年8月，一拖股份回归A股市场并在上交所上市，成为中国农机行业唯一一家拥有"A+H"股资本平台的上市公司。得到两地投资者的信赖，一拖股份靠的是产品质量，靠的是过硬技术，更靠的是诚信。

一、兑现"耕地不用牛"的承诺

2011年11月22日，一个关于诚信的论坛在洛阳举行，这是洛阳自2007年在全国率先设立了

“11·22诚信日”后举办的首届诚信论坛。

一拖股份董事长赵剡水作为企业代表参加了论坛，并做了专题演讲，通过一拖几十年的经营历程，谈诚信对于企业的重要性。赵剡水说，50多年来，诚信之于一拖，首先就是贯彻企业对用户的承诺的过程。20世纪50年代，一拖对用户的承诺是：帮助中国农民实现“耕地不用牛”。

“耕地不用牛”，是中国农民多少年来近乎童话的期盼。新中国成立初期，刚刚解放的土地对农业机械的渴望，唤出了建设中国第一个拖拉机生产基地的宏伟蓝图。第一拖拉机制造厂是我国发展国民经济第一个五年计划期间，由苏联援建的156个重点工程中的大型项目之一。

经过多方选址，最后第一拖拉机制造厂定在了千年帝都洛阳。一拖在洛阳兴建的消息传开后，新中国的建设英才们便开始从祖国的四面八方向洛阳聚集，其中包括全国各地的几百名工程技术人员。当时一拖的总工程师罗士瑜就是从美国留学回来的专家；一些熟练工是从上海、沈阳、武汉等一些老厂调来的；聚集而来的还有农民、干部，也有很多拿过枪、打过仗的退伍军人……那是个轰轰烈烈的创业年代，所有人激情饱满，有着浓厚的学习风气、良好的精神状态，就是这些，弥补了知识的不足，战胜了条件的恶劣。当时一些老工人回忆说：“那时候哪有奖金、加班费，从领导到工人干劲都很足，什么时候需要什么时候上，很少有人在9点前回过家，可谁也没有怨言。”大家都有同一个目标，就是生产出中国人自己的拖拉机。

1955年11月1日，第一拖拉机制造厂举行了落成典礼，时任中共中央政治局委员、国务院副总理谭震林讲话，他说，这是我国沿着农业现代化道路迈进的胜利开端，我国农民早已盼望，“耕田不用牛”的伟大时代已经开始了。

1959年10月12日，中国第一拖拉机厂正式投产的前夕，周恩来总理专程视察一拖，时任厂长杨立功向周总理汇报了工程进度。当讲到一拖1958年7月20日生产出我国第一台54履带拖拉机，较计划进度提前1年时，总理语重心长地叮咛：“你们要记着，你们是‘中国第一’啊！要出‘中国第一’的产品，出‘中国第一’的人才，创造‘中国第一’的业绩！”

总理的殷切嘱托也成了一拖的核心价值观，50多年来，一拖人始终谨记对全国农民的承诺，谨记总理的嘱托，不断生产出适合中国农民需要的拖拉机。

对广大农民来说，就像中国一拖宣传语说的那样，“新的生活从‘东方红’开始”。在企业发展过程中，一拖始终把用户的需求放在首位，努力为农民致富创造条件。赵剡水表示，一拖的快速发展正得益于对农民用户的敏锐关注，“一拖知道农民需要什么。不论是困境还是顺境，一拖都特别关注市场，特别是关注农民，并一直和广大农村农民保持密切联系”。

20世纪80年代，我国实行联产承包责任制，一拖通过市场调研发现，农民更希望购买家庭用的农业机械，而一拖设计的小四轮拖拉机，引领了中国农机工业的风潮。

20世纪90年代中后期以来，在新疆、黑龙江等地，大农场对大型机械的需求在增加，而国外大型农业机械价格高、维护成本高，让不少用户望而却步，一拖适时推出了大轮拖系列，为农民提供了用得起、质量好、技术水平高的拖拉机。现在一拖已成为中国最大的大轮拖制造销售企业，并且迫使国外同类产品降价30%以上。

据悉，如今一拖股份将客户体验程序化，每月都召开专门例会，分析市场变化和用户需求。在河北邢台一用户家走访时，一拖服务人员发现其产品只被用于中耕之前的作业，后期基本闲置。深入分析后，一拖将产品地隙提高，并改进了传动模式。由于满足了当地的需要，该产品很快在当地热销。

2015年中国粮食总产量为6.21亿吨，实现"十二连增"，这一数字的背后，正是我国农业机械化水平的不断提高和农机制造水平的不断进步。作为中国农业装备制造业的领军企业，中国一拖旗下的"东方红"品牌，见证了中国农机工业发展和技术进步的全过程。

很多农民对东方红拖拉机有着深厚的感情，20世纪八九十年代，他们靠着东方红小四轮过上了温饱生活，现在又靠着东方红大轮拖实现了发家致富的梦想。50多年来，中国一拖累计为社会生产了300多万台性能优越、质量可靠的东方红系列产品，为我国粮食增产、农民增收及农业综合生产能力建设提供了强有力的技术装备支撑，为保障国家粮食安全、加快推进农业现代化进程及新型城镇化建设做出了重要贡献。

目前，中国一拖已经形成以17-380马力系列轮式拖拉机、履带拖拉机为核心的农业机械业务，以非道路用柴油机及喷油泵和喷油嘴部件为核心的动力机械业务，以及矿用卡车、叉车等其他机械业务和金融业务四大业务板块。凭借技术优势、品牌优势、渠道优势、产品优势，一直保持着大中轮拖、55马力以上农用非道路柴油机产品国内市场龙头的地位。

二、聚焦创新　引领产业升级

一拖在诞生之初就聚集了全国的工程技术人才，创新是一拖发展的关键词。

继1997年成功在香港H股上市后，2012年8月，一拖股份成功回归A股，成为中国农机行业唯一的"A+H"上市公司，受到广大投资者的高度关注。登陆A股后，一拖股份捷报频传，多次进入"A股交易龙虎榜"。

广大投资者最看好的，就是中国一拖坚持自主创新，保持企业在技术上的持续领先。正如一拖股份董事长赵剡水所言："一拖始终关注技术，时刻使自己清醒地站在农机技术的最前沿。"

10年来，中国一拖在大马力拖拉机领域实现了从无到有、由落后到赶超的转型发展，一次又一次引领了中国农机制造的转型升级，并最终实现了与世界同步发展的巨大转变。

2003年，中国一拖在对意大利菲亚特大轮拖技术进行多年消化吸收后，准确把握当时中国农机市场的需求趋势，推出80-100马力东方红系列大轮拖新产品，一举轰动市场。2004年，东方红大轮拖产销1.2万台，稳居国内70马力以上拖拉机销量第一。

东方红大轮拖在国内走红的同时，也迅速打开了国际市场。2003年4月一次出口委内瑞拉的530台大轮拖，成为新中国成立后第一笔大轮拖批量出口订单。东方红大轮拖在国际市场上一炮走红。2005年出口突破1 000台；2006年9月，近900台东方红拖拉机一次性批量走出国门，再次刷新我国大中型轮式拖拉机出口纪录。

2005年9月6日，中国一拖生产的东方红全系列25-188马力大中功率轮式拖拉机、70-150马力系列钢/橡胶履带拖拉机,成功入选“中国名牌产品”,并高居拖拉机名牌榜榜首。

2007年,中国一拖成功搭建起我国新一代大轮拖的技术平台,实现了国内行业的全面领先。“东方红”在用户心目中已经成为“放心拖拉机”的代名词。

市场和用户给予东方红拖拉机最充分的信赖,但一拖人并没有骄傲自满。创新是企业发展永恒的主题,一拖人一直走在创新路上。

新疆奎屯市生产建设兵团有一位职业农机手,姓赵。2015年底,当老赵计划为所在农场购置第二台动力换挡拖拉机时,心里着实为“是买进口货,还是用国货”开展了一番“斗争”。

所谓动力换挡,是指农机在行驶过程中,可以进行自动换挡等智能化操作。动力换挡拖拉机是配备了电子助力换挡、自动巡航等功能的“智能拖拉机”,目前已成为发达国家农机行业的主流机型。

老赵生活的奎屯地区大农场遍布,是国家农业发展最先进的地区。早几年,成片的田地里就跑上了动力换挡拖拉机,不过都是迪尔、凯斯、纽荷兰等国际品牌。

干了几十年农机手的老赵心里最清楚:动力换挡技术过去一直掌握在国际巨头手里,国产拖拉机几乎都是机械传动,想在市面上找一台国产动力换挡拖拉机,难!

老赵先在当地农机市场转了一圈。因为他买的第一台拖拉机,是美国迪尔的,所以自然就把市场上排列的所有进口拖拉机试了个遍。最后,老赵在大红颜色的东方红LF-2204拖拉机前停下了脚步。让这位“老机手”没想到的是,市场上的动力换挡拖拉机,竟然有了国货的身影。

不需要踩离合换挡,不需要下地调整农机具,因为配置了智能化控制的设备,驾驶员只需坐在装有空调的驾驶室里按几个按钮就能搞定一切。而且,GPS卫星导航和倒车影像一应俱全,地头死角全消失,精准农业成功实现。最重要的是,与目前国内相同功率段的机械换挡拖拉机相比,这台拖拉机平均节能30%,作业效率提升40%。

对老赵来说,更重要的是价格便宜。老赵心里盘算了一下——和进口货相比,这台东方红拖拉机功能一项也不少,各项指标也毫不逊色,而这样一台“高智商”拖拉机,售价只需70余万元,足足比进口同类型拖拉机便宜1/3。

“真没想到,东方红拖拉机这两年发展这么快,性能做得跟进口产品一样,价格还低这么多。就买它了!”老赵非常兴奋,当即下了订单。

中国一拖农业装备营销中心总经理刘沛介绍说,随着我国农业机械化进程的加快,东北、新疆等地区的大农场对拖拉机功率的要求不断提高,而在200马力以上重型拖拉机领域,发达国家已经普遍使用动力换挡技术,拖拉机可一次性完成更为复杂的复合式作业,可以大大提高生产效率。但过去拖拉机动力换挡技术长期被国际农机巨头垄断,我国该功率段拖拉机长期依赖进口。

为改变这种状况,2007年,中国一拖开始与国际知名研发机构合作,实施“PST项目”,瞄准欧洲21世纪轮式拖拉机先进技术水平,开发具有自主知识产权的动力换挡重型拖拉机,引领中国大功率拖拉机更新换代。

动力换挡拖拉机是一种全新技术平台的产品,从产品设计、试制、试验,到批量生产,都对企业提出了更高的要求。中国一拖引进了当今国际先进的制造工艺和手段,如高清洁度控制技术、在线测试和检验技术、特种焊接技术、制造信息化技术等，制造工艺达到了国际先进、国内领先水平。

2010 年 9 月 28 日，被誉为“中国最先进拖拉机”的东方红动力换挡拖拉机在一拖股份新建成的工业园开下总装线。历经 4 年时间，一拖终于成功推出拥有自主知识产权的新型动力换挡拖拉机。

东方红动力换挡拖拉机是“十一五”国家科技支撑计划“多功能农业装备与设施研制”项目的一项标志性成果。该产品的成功推出，不但打破了国际农机巨头在重型拖拉机领域的垄断格局，而且标志着我国新一代拖拉机技术平台的建立。

2012 年 9 月 25 日，我国农机行业的年度盛会——中国国际农业机械展览会在沈阳举行，中国一拖在展会上宣布，有“中国最先进拖拉机”之称的东方红动力换挡拖拉机完成商品化准备，正式批量面市。

业内人士认为，东方红动力换挡拖拉机技术与世界主流技术同步，该产品的商品化，意味着中国的国家粮食安全战略，将由国产高端拖拉机保驾护航。

中国一拖在大马力拖拉机领域不断创新，一次次引领中国农机行业转型升级，使中国制造的拖拉机在高端机型和全球市场拥有了与国际拖拉机巨头同台竞争的能力，让世界看到了中国“智能制造”的水平。

2016 年 3 月 1 日，由《中国农机化导报》、中国农机化协会等共同举办的首届“最具社会责任感农机企业”评选活动结果在北京出炉，中国一拖获此殊荣。专家表示，一拖的产品质量过硬，是大家信赖的产品；一拖耗巨资研发的动力换挡拖拉机，拉低了国外同等产品的价格，为农民省了大量资金。

在 2016 年全国两会上，全国人大代表、中国一拖董事长赵剡水表示：“对于中国一拖而言，我们首先要做的仍然是坚持创新驱动。”在重点领域的关键共性技术方面不断取得突破，掌握技术密集型高端农机产品及其制造技术……随着动力换挡拖拉机、无级变速拖拉机、精准变量复式作业机具、高效能联合收获机械等“中国智造”更多地走向国内外市场，中国农机装备制造业必将迎来更为广阔的前景。

三、布局全球 “聚核铸强”迈向卓越

中国农业机械化的发展速度和增长潜力，使中国市场受到全球农机巨头的格外关注。近年来，国外众多农机制造企业纷纷在中国建厂，中国俨然成为全球农机巨头的竞技场。然而与之不相适应的是，长期以来，中国农机制造业在中低端产品徘徊，企业间的同质化竞争日益加剧，传统的产品发展模式遇到了严峻挑战。

在参与市场竞争，特别是国际市场竞争中，中国一拖越来越深刻地认识到，依靠传统的中低端产品不可能在未来的市场竞争中取胜。从 2006 年开始，一拖加快实施国际化战略，以全球视野看待企业的可持续发展和国际化经营。

“国际化是必须的，若不主动，必将被边缘化。”赵剡水说，现在全球一盘棋，若固守本土，阵地必

将被蚕食，因此一拖必须要强力进军国际市场，实现全球化的资源配置。随着国际化战略的日渐清晰，中国一拖加快了全球市场的战略性布局。

2007年，中国一拖开始与国外先进研发机构合作，瞄准世界先进技术水平，开发具有自主知识产权的动力换挡拖拉机和达到欧盟欧ⅢB排放标准、拥有自主知识产权的电控柴油机，打破国际巨头对该领域的垄断。2008年，中国一拖在吉尔吉斯斯坦等国的组装厂投产，标志着中国一拖开始向海外输出技术。这一年，中国一拖完成全球营销布点，销售网络覆盖全球。

在整合全球技术和营销资源的同时，一拖还开始在全球范围内整合制造资源。2011年3月，中国一拖成功收购了意大利ARGO集团旗下生产拖拉机动力换挡传动系的法国McCormick工厂，并成立一拖(法国)农业装备有限公司。这是我国农机企业跨国收购第一例。这次收购不但提高了中国一拖的核心竞争力，使中国一拖得以扩大国内高端拖拉机的市场份额，还能快速进入法国及欧洲市场，为全球客户提供全系列动力换挡拖拉机产品。

中国一拖的目标是在法国建成一个基地、两个中心，即一拖欧洲制造基地、一拖欧洲研发中心和一拖欧洲区域营销管理中心。目前，研发中心已经成立。完成收购后，一拖迅速启动对法国公司传动系技术的应用开发工作，并派出研发团队在法国设立了研发中心，力争在最短时间内完成法国公司传动系与国内外拖拉机整机配套，开发中国和欧洲市场的适用机型。这将使一拖在全球市场上获得更大的市场空间。

随着国内外市场一体化步伐的加快，2010年起，中国一拖着手对市场布局进行战略调整，使生产、销售、服务等各个环节尽可能地向终端市场延伸。

2011年9月，一拖(黑龙江)现代农业装备基地举行了产品下线仪式，第一台在黑龙江制造的东方红拖拉机驶下生产线。黑龙江基地以大功率、中高端技术水平的轮式拖拉机为核心业务，是一拖股份为实现其“全球农业装备供应商”目标而在市场布局上做出的重要战略调整，其覆盖区域将包括东三省、东四盟以及远东地区。

与此同时，在洛阳总部，一拖建成了我国最先进的拖拉机生产基地。制造信息化技术、柔性制造技术、机器人技术、物流自动化技术等新技术的应用，不仅使产品质量控制水平国内一流，而且在生产管理、制造技术等方面均达到国内行业领先。

在西北的乌鲁木齐，一拖新疆现代农装基地2011年建成投产。依托一拖的营销渠道和东方红的品牌影响力，通过主机拉动，大力开发适应新疆及中亚市场、具有业务互补与协同发展性的农机成套机组产品，新疆公司将发展成为集制造、销售、服务与培训、研发、国际贸易五位一体的先进装备制造业基地。

在始终保持与美国、英国、奥地利等国家的国际知名研发机构合作，快速消化集成国际先进技术的同时，近年来，一拖股份还有效整合全球研发资源，并加大了对资本、人才、技术、市场等各类资源的配置和整合。

中亚是中国一拖重要的海外市场。以吉尔吉斯斯坦为例，该国以农牧业为主，对农业装备有巨大的需求，但在资金不宽裕的情况下，多数农民希望选择融资租赁、分期付款等购机方式。为更好地开拓市场，一拖经过两年多的谈判和前期准备，最终达成协议：吉尔吉斯斯坦农业银行以银行资产作抵押，由中国国家开发银行提供融资贷款定向购买东方红拖拉机，再由吉尔吉斯斯坦农业银行通过融资租赁方式销售给当地农民。

这是中国一拖国际化经营中的又一个成功案例。截至“十一五”末，中国一拖 160 马力以上拖拉机已累计出口逾千台，这意味着以中国一拖为代表的国产 160-220 马力拖拉机不但可以有效替代进口，而且开始在国际市场上受到用户的追捧。

“十二五”期间，在国家“一带一路”倡议的指引下，一拖继续加大海外布局。2013 年，一拖斩获埃塞俄比亚近 1 亿美元拖拉机订单，刷新我国农机出口纪录。2015 年 5 月 12 日，在中国和白俄罗斯两国元首的见证下，6 家中资企业正式成为中白工业园的首批入园企业，中国一拖位列其中。中白工业园是目前中国海外最大的工业园区项目，作为中白两国之间最重要的经贸合作，该项目是“丝绸之路经济带”上的核心节点之一，对国家“一带一路”倡议具有示范意义。

“中白工业园区将起到连接欧亚的中心平台作用，我们的东欧研发中心将来就是一拖进入东欧的‘桥头堡’。”赵剡水表示。事实上，在“一带一路”倡议沿线国家，中国一拖的中亚布局更早。

一拖目前在吉尔吉斯斯坦有近 2 000 台拖拉机的保有量，占到该国拖拉机保有量的 10%；在乌兹别克斯坦，一拖股份与保利集团合作在开拓履带拖拉机市场；还与河南一家公司联合进入了塔吉克斯坦农机市场。

在“21 世纪海上丝绸之路”所涉国家，一拖亦有行动。在泰国，虽然受到当地政局的一些影响，但一拖的渠道销售仍然非常稳固。近年来，一拖在菲律宾的渠道销售也斩获颇丰。

与此同时，随着“一带一路”倡议的深入，中国一拖的海外布局已不局限于拖拉机等农机的销售，开始步入战略升级版。在哈萨克斯坦，一拖与当地企业合作成立了现代农业产业园，提供种植、养殖、加工等一揽子服务。

“现在我们海外销售在集团的占比是 10%多一些，理想的比例是海外 30%、国内 70%，提升空间还很大。而国内的农业机械化率现在也只有 63%，处于中级阶段，国内市场同样空间巨大。”赵剡水表示。

“十二五”时期，既是拖拉机等核心产品的重要升级期，又是重柴等新兴产品的加速发展期，还是国际化发展的全面提升期，更是企业核心能力建设的关键突破期。在这一关键时期，中国一拖确定了“十二五”时期实现企业做强做优的“聚核铸强”的战略发展思路。

“聚核铸强”战略的内涵在于 3 个“聚”、4 个“能力”、3 个“做强”。其中，3 个 “聚”是指聚集核心资源、聚力核心业务、聚焦核心市场；4 个“能力”是指以提升自主创新能力、市场营销能力、国际化经营能力、人才强企能力为重点，不断提升公司创新和运营能力；3 个“做强”是指做强拖拉机、柴油机核心业务，做强零部件黄金供应链体系，做强国内国外两个市场，把中国一拖建设成为“卓越的全球农业装备供应商”。

这是全球化背景下，中国一拖提升企业竞争力的战略思考。赵剡水说，如今农机市场竞争激烈，发达国家的国际农机巨头往往从经营机制、产品技术到管控模式等各方面全副武装。而与他们在同一平台竞争的一拖，如果不靠“聚核铸强”提升竞争力，就无法跟他们抗衡。

四、精诚合作　打造诚信供应链

赵刿水常说，企业经营要有“底线”，市场经济是信用经济，企业与企业要想持久合作，信任就是其基本前提。

有专家指出，目前，企业与企业间的竞争已经转变为供应链与供应链之间的竞争。如何提高供应链的整体运作效能，是供应链中每个企业所关注的问题。供应链企业间诚信关系对供应链企业间合作的顺畅与效能的提高有着重要的作用，它是供应链企业间合作的前提和基础，是保证供应链正常运转的支柱。

在2015年、2016年连续两年的一拖股份供应商年会上，一拖都将“诚信”定为年会主题词之一，2015年的供应商年会主题为“诚信求真，务实创新”，2016年这一主题是“诚信、务实、公平、共赢”，可见一拖股份对于打造诚信供应链的真诚态度。

在2016年度供应商年会上，赵刿水说，当今企业间的竞争，实质上已经演变为全供应链协同能力的竞争，采购供应链作为供应链的重要构成，其战略地位不言而喻。一拖股份秉承诚信合作理念，构建新型采购管控体系，就是从战略的高度，努力提升采购供应链运行效能，培育有竞争力的采购保障体系。年会把“诚信、务实、公平、共赢”作为主题，就是要坚守理念和目标，继续与合作伙伴一起，打造、培育能支撑企业长期稳定发展的优势，为合作各方的协同发展提供有力保障。他希望广大供应商和中国一拖同心协力，共创企业发展美好未来。

一拖股份副总经理苏文生在会上做了主题报告，他从提高采购供应链运行效能，推进供需双方协同发展入手，阐释了构建诚信、公平、规范、专业的合作关系的重要性。他说，2015年采购工作面临诸多困难，一拖股份积极主动采取有效措施，供应商千方百计配合，双方同心协力，完成了各项目标。在双方的合作中，一拖股份始终致力于构建诚信、公平、规范、专业的合作关系，无论是准时化付款政策的有力落实，合作流程、制度的完善和修订，还是加强对合作政策执行的监管，都体现了一拖股份诚信、务实、公平的态度，推进了供需双方的协同发展。他也同时希望广大供应商和一拖股份携手，以务实的态度，深入剖析、查找问题，共同进步，加快采购供应链建设，推动供需双方协同发展。

针对2016年的采购管理工作，苏文生指出，2016年一拖股份将更加注重诚信、公平合作，持续改善合作关系，为企业的经营发展提供有力保障。

在《一拖股份:2016年社会责任报告》中，公司表示，坚持“诚信、合作、共享、双赢”的采购理念，培育公开透明的合作机制，提升信息共享和改进效率。公司强化供应商引进、合作、优化、评价、退出等环节的管理，制定了具体且可行的制度流程，在实际执行中阳光、规范操作，构建了诚信、公平、高效、共赢的合作机制，提升了采购供应链的竞争优势和运行效能。同时，公司在准时化付款方面积极履行承诺，强化采购准时化付款政策的执行，得到了合作供应商的广泛好评。

诚信之于企业，就是核心竞争力。正在推进“聚核铸强”战略的中国一拖，秉承一贯的诚信，将继续为中国农民制造质量过硬、技术先进的农业装备，进而实现一拖向世界一流的农机装备企业进军的目标。

22. 洛阳钼业：将诚信贯注全生命周期

洛阳钼业是全球领先的特种金属生产商，主要从事特种金属及基本金属的采选、冶炼、深加工等业务，目前运营资产遍布四大洲。公司拥有较为完整的一体化产业链条，是全球最大的钨生产商，第二大钴、铌生产商，前五大的钼生产商和全球领先的铜生产商，同时也是巴西境内第二大磷肥生产商。公司于2007年4月在香港联合交易所主板上市，于2012年10月回归A股于上海证券交易所主板上市，是国内为数不多的拥有“A+H”两地上市平台的矿业类上市集团。

新形势给全球矿业发展带来全新机遇与挑战，洛阳钼业站在新的历史起点上，主动适应社会经济发展新常态，有效增强成本控制力和核心竞争力，诚信为本、勇担责任，积极引领产业转型升级。截至2016年末，公司拥有总资产881亿元、净资产343亿元，当年实现净利润10.2亿元，在全行业普遍不景气、大型矿业公司多数出现亏损或业绩下滑的情况下实现了较好的盈利增长，实现了“十三五”时期的良好开局。

洛阳钼业的愿景是成为一家受人尊敬的国际化资源公司，在巩固和稳定现有业务极具竞争力成本优势的同时，以结构调整和增长方式转变为主线，致力于在全球范围内投资整合优质资源类项目，积极推进资源收购，“产融并举”加速公司发展。

洛阳钼业始终将合规建设、诚信建设作为首要发展任务和目标。公司高度重视诚信体系建设，将“守合同重信用”作为树立公司形象、促进公司发展的一项重要工作。公司秉承“以质量求生存，以管理求发展”“以诚取信、以信取誉、以誉取益”的企业经营理念，认真贯彻合同法及相关法律法规，逐步建立并完善了合同管理制度，使合同管理做到了有人负责、有据可查、有章可循。2016年，洛阳钼业凭借良好的信誉荣获国家工商行政管理总局颁发的“守合同重信用企业”荣誉。

一、跻身世界矿业之林

2016年，洛阳钼业的海外并购更是引起全球的行业震动，发起的大额定增更让洛阳钼业成为资本市场的焦点。洛阳钼业(603993.SH/03993.HK)于2016年10月1日和11月17日相继宣布年度内发起的15亿美元并购英美资源集团巴西铌、磷业务和26.5亿美元并购自由港集团刚果(金)铜钴业务56%完成交割。

2017年7月24日公司180亿元A股定增正式完成发行，并获得2.15倍的超额认购。海外重大资产收购从宣布到完成，仅用了5个月时间，A股定增获配机构涵盖了大型国有投资机构、战略投资机构以及大型公募基金，极大地优化了公司财务结构和股权结构。洛阳钼业相关负责人对媒体表示:“此次海外收购进展顺利。同时180亿元定增项目推进速度在A股是非常少见的。”这显示出资本市场对洛阳钼业的高度肯定。

二、致力成为最受尊敬公司

洛阳钼业的公司成长战略是成为一家受人尊敬的国际化资源公司,执行安全、环保和职业健康的最高行业标准,为股东、员工及社会创造丰厚回报,愿景和价值观指引着公司的高速发展。

公司历来重视对股东们的回报和利益保障,在《公司章程》中明确载入利润分红的政策。公司还结合外部融资环境、公司实际情况和投资者意愿,不断研究完善公司股利分配政策,细化相关规章制度,建立持续、稳定、科学的投资者回报机制,切实提升对公司全体股东的回报。公司近3年累计现金分红20亿元,现金分红比例占公司实现年度可分配净利润比例高达57%以上。

洛阳钼业认为,认真做好产品是企业诚信最基本的内涵,为此,公司积极开展全面质量管理,认真推行ISO 9000族质量管理标准,建立了从产品开发、生产过程控制、产品检验与包装,到售后服务全过程的质量管理体系,保证“不合格的原材料不投入使用”,产品实行“三次把关”检验制度,不合格的产品不出厂,确保了企业名牌战略的顺利实施,使得“鸣华”系列产品畅销全国各地,成为客户心目中最理想的品牌。2002年,钨钼系列产品被中国技术监督情报协会评为“质量过硬,服务放心”品牌,并获得一系列荣誉。

三、严控三关　践行诚信为本

诚信是上市公司的责任,也是基业长青的灵魂。洛阳钼业始终严格遵守法律法规和自律规则,恪守诚实信用的行为准则,重信守诺,并在环保、安全、质量与研发几个方面践行诚信经营理念。

一是环保先行,绿色发展。公司始终秉承“环保先行、绿色发展”的理念,以建设资源节约型、环境友好型企业为目标,将实现能源与环境的和谐发展作为公司的重要责任,并放在生产经营的突出位置。把构建资源节约、环境友好、矿地和谐的绿色矿业理念贯穿到公司文化建设体系之中,认真贯彻执行环境保护工作的方针、政策,全面规范地建设安全、环保、水土保持、矿山生态恢复治理等环保工程和配套设施,积极采用先进技术、先进工艺、先进装备,努力提高资源有效利用率和排放物回收再利用水平;大力推进清洁生产,完善节能减排体系建设,切实加强污染减排工作,努力提高公司环境管理能力,实现公司环境保护可持续发展。公司建立并实施ISO14001环境管理体系认证,每年定期组织开展公司环境内部审查和外部监测活动,确保环境管理体系的可控性、长效性。公司先后被国土资源部授予“全国地质灾害群测群防突出贡献奖”“国家级绿色矿山试点单位”,被国土资源部、财政部授予“钼钨铁资源综合利用示范基地”,被水利部授予“全国水土保持工作先进生产建设单位”,被中国生态小康论坛组委会授予“中国生态小康示范基地”及被河南省林业厅授予“河南省绿化先进单位”。

二是安全大于天，推行“零伤害”。公司高度重视员工职业安全和健康，通过了GB/T28001职业健康安全管理体系认证，强力推行公司安全生产标准化建设，完善规章制度、安全操作规程和应急处置预案，并系统梳理风险作业、危险作业点等，使得安全生产环境得到有效改善。对员工进行安全培训和健康检查，开展应急演练等活动，以实现对员工健康安全的有效管理，预防员工人身安全事故和职业危害事件的发生。

公司长期坚持安全教育培训率100%，特种作业人员持证上岗率100%，特种设备定检率100%。秉持“安全第一、预防为主、综合治理”以及“零伤害”的安全生产方针，把广大员工生命安全放在首位，正确处理安全与速度、质量与效益的关系，大力营造关爱生命、关注安全的舆论氛围，制定《安全行为十大准则》，真正把实现“零伤害”作为公司安全管理的第一要务。通过贯彻安全管理“零伤害”的理念、安全培训和风险评估的有效安全管理办法、PDCA循环实现安全管理的持续改进提高以及“十大黄金生命准则”的学习，修订完善了《安全操作规程(试行版)》及《洛钼集团安全生产奖惩办法》等文件，安全生产管理成效显著。

三是严控质量，致力研发。质量是公司的生命，质量管理是公司管理的重中之重。依照国际标准要求，公司建立、实施和通过了ISO9001质量管理体系认证。同时，根据《中华人民共和国产品质量法》和《钼精矿化学分析方法》(YS/T555)等法律法规，公司制定了《洛阳钼业钼精矿质量考核办法(试行)》，稳定和提升了钼精矿质量，给下游冶炼环节提供了优质原料，确保了冶炼生产的稳定衔接和降低了冶炼环节生产成本。

此外，公司具备先进的技术和强劲的研发能力，专利技术的研发和生产转化形成了先进高效的生产设施及生产流程，使洛阳钼业得以生产更高品质的产品。2016年，“露天矿数字化采矿生产管理集成系统”“从钼浮选尾矿中回收低品位白钨资源的技术及产业化”2个项目入选第四届中国工业大奖提名奖，且分别获得“2016年中国有色金属科技进步二等奖”和“2015年中国有色金属科学技术一等奖”。值得一提的是，公司作为高新技术企业，不断加强研发投入，近三年研发投入占主营业务收入的平均比例超过4%，投入金额约达3.15亿元。

四、人文关怀　建设和谐企业

洛阳钼业注重人文关怀，全方位关爱员工，保障员工身心健康，增强员工对企业的认同感和归属感，激发干事创业的热情。公司严格遵守运营实体所在地区法律规定，按不低于市场平均水平确定和调整员工工资，切实维护员工利益。为员工足额缴纳养老金等各项法定社会保险，并给员工提供伤残、死亡等意外伤害保险，使员工充分享受到相关福利。

一是推行完善的员工福利制度。公司保障员工的知情权、话语权和申诉权。建立员工监事选任制度，确保员工在公司治理中享有充分的权利，切实保障员工对企业重大事项的知情权和参与权。以收入分配、福利待遇、劳动保护为重点，推动员工在共建基础上实现发展成果共享，发挥工会作为员工权益代表者和维护者的作用，提供工会、人力资源部、信访办公室等申诉渠道，通过意见征集、企业内部报刊发表等方式，积极听取员工意见，增强员工的主人翁意识，促进公司和员工全面和谐发展，构建和谐稳定的劳资关系。

公司尊重和重视女性员工，根据岗位工作强度、作业环境等，合理安排女员工岗位，对女工的假期时长、个人保健、劳保用品等进行合理调整。其中澳洲子公司采取的“行为准则”强调公司对工作场所欺凌和骚扰零容忍的态度，平等待遇官员从受过专门训练的员工中挑选，向他们的其他同事提供支持、宣传和建议，公司也通过当地的组织向员工提供现场和非现场的援助计划。

洛阳钼业员工的薪酬政策主要是实行以岗位职责及量化考核结果为基础的薪点绩效工资制，并将绩效工资与公司的整体经济效益及个人业绩挂钩考核兑现，为所有员工提供一个始终如一、公平、公正的薪酬系统。洛阳钼业根据员工所在地国家或地区的法律规定及政策要求和公司规定，参加所适用的社会保险计划及退休金或保健计划。

二是坚持平等的雇佣制度。公司成立多年来，在用人招聘中始终坚持男女平等、民族平等、一视同仁的原则，通过社会招聘、接收应届毕业生及实习生等形式，积极向社会提供就业岗位。认真执行公司的招聘管理制度，按照招聘流程采用公开、公平、竞争原则，择优录取，杜绝任何职业歧视现象。

三是保障员工职业健康和心理健康。公司重视员工职业健康和心理健康，在建立健全员工职业健康安全保障机制，营造良好的工作和生活环境的同时，营造公平、开放的文化氛围，让员工有尊严地工作，增强员工的自豪感和归属感，使员工享受丰富的工余生活，促进员工间的交流，合理释放工作压力。

为了保障员工身体健康，公司各分、子公司都设有图书室、电脑房和健身房，并组织实施员工健康直通车活动，定期组织员工进行体检，对员工体检结果进行统计并建立员工健康档案。如 2015 年根据职工健康状况和需求组织年度职工健康体检，并协调郑州大学附属洛阳中心医院和美年大健康体检中心进行了 10 场健康知识讲座和义诊活动；培训基层单位急救员 65 名，为基层单位配备急救医药箱，与郑州大学附属洛阳中心医院合作建立洛钼集团医务咨询室，协调郑州大学附属洛阳中心医院专家每周五到公司医务室为职工提供坐诊咨询服务。

五、一诺千金　实现产业链共赢

从供应商到下游客户，提起洛阳钼业无不夸赞其一诺千金。唯有以诚待人、实现共赢，才能维护产业链的良性循环，进而实现龙头企业的责任，引领产业可持续发展。

洛阳钼业坚持诚实守信、互惠互利的原则，与供应商之间一直保持平等的沟通和理性的管理，追求合作共赢，谋求共同发展。公司注重维护供应商的产品利益，充分尊重并维护供应商的合法权益，保护其商业机密。通过及时发布招标信息，保证每一位供应商都能公平获得知情权、选择权和参与权，为供应商创造良好的竞争环境，杜绝暗箱操作等不良现象，实现互惠互利、共同发展。

与此同时，洛阳钼业坚持“质量保障、诚信经营”的理念，为客户提供优质产品的同时，做好快捷、全面的售后服务工作，实现与客户长期、稳定、共赢的合作，持续提升客户的满意度、信任度和忠诚度。公司制定并推行《洛钼集团产品质量管理办法》,对主要产品质量的标准、管控、考核等进行了规范,为强化质量管控、提高产品品质奠定了制度基础。钼精矿质量合格率达到94%以上。公司积极与同行和客户进行沟通交流,采用现场办公、电话协调、邮件沟通、定期拜访以及客户反馈的方式,及时了解客户的需求心理、解答客户的疑问、打消客户的疑虑,切实履行“质量保障、诚信经营”的理念。

六、大爱无疆　彰显仁者风范

扶贫工作是党中央、国务院的一项重要战略部署,洛阳钼业坚持发展成果共享,积极参与扶贫工作,热心公益事业,主动承担社会责任,注重企地和谐,带动区域经济提升。

公司积极配合栾川县政府的扶贫助教工作,2014年至今,每年向栾川县捐助1 500万元扶贫资金和200万元教育扶贫资金。洛阳钼业的澳洲子公司长期支持土著奖学金项目,并在2015年推出了一项志愿者计划,鼓励员工利用他们的技能和经验协助当地的社会团体和社区项目,全年志愿者活动累计时间达到1 097小时,为社区活动捐赠和赞助共计33.1万美元,公司还在澳大利亚2015年矿山繁荣奖评比中被授予“年度非煤矿山奖”。

洛阳钼业的扶贫助困担当,受到社会各界的一致好评,先后被授予“河南省社会扶贫先进单位”“洛阳市社会扶贫爱心企业”和“栾川县捐资扶贫功勋企业”等称号。洛钼集团董事长李朝春强调:“洛钼扶贫既是洛阳钼业响应洛阳市委、市政府开展社会化公益扶贫‘爱心圆梦工程’活动的号召,也是洛阳钼业回馈社会、惠泽当地义不容辞的责任”。

七、深化改革　矢志打造诚信企业

未来,洛阳钼业将结合实际,对内部继续深化改革整顿,推行全面预算管理,通过技术创新、经营考核提高指标、优化生产布局等措施,持续降低成本,提高核心竞争力,保持现有业务板块的优势及盈利能力;提高资源综合利用水平,以适应更高标准、更加严格的环保要求,推进节能减排项目的建设和节能生产;推进企业文化,引导员工遵章守纪、尽职尽责,将文化优势转化为生产力优势;对外坚持面向市场和客户,推进战略合作,优化采销业务流程和时间,提高采销效率,集聚创新力量,形成更高效的市场开发机制;履行社会责任,做好政府、媒体和民众的协调工作,构建和谐地企关系,强化与各级政府、投资者、员工、供应商、客户、行业协会等非政府组织间的沟通机制,尊重和维护利益相关方的合法权益,树立公司的品牌形象,推动公司实现长远发展。

洛阳钼业表示,诚信已成为公司最为看重的内生基因。公司将一如既往地将合规建设、诚信建设作为发展的首要任务和目标,努力提高诚信意识,维护公司市场信誉,保护投资者合法权益,为塑造尚信、守信、互信的市场文化贡献自己的力量。展望未来,我们将积极承担对国家、社会、自然环境及利益相关方的责任,坚定不移地将诚信进行到底!

23. 思维列控：漫漫思维路 诚信与之行

董事长谈诚信

思维列控董事长李欣：忠诚祖国、热爱生活、服务铁路、奉献社会、打造百年企业。

作为国内领先的轨道交通控制与信息化系统解决方案提供商，河南思维自动化设备股份有限公司自成立以来，一直致力于我国列车运行控制系统的自主研发、升级及产业化，在技术积累、人才团队、整体解决方案、产品质量、技术支持体系等方面形成了较强的竞争优势，良好的市场声誉、优异的品质、全方位的技术支持、稳定的客户群推动公司进入了良性的、可持续性的发展轨道，形成了一套符合我国铁路运营基本国情的列车运行安全保障系统，为保障历次铁路大提速和中国铁路发展做出了贡献。

公司从创立至今已走过二十五个年头，距离百年企业这一伟大目标还有很长一段实业路要走。作为一家刚上市不到两年的企业来说，思维列控是资本市场的新生儿，怀揣着对资本市场的敬畏之心，公司仍有很长一段资本路要走。在未来的几十年里，公司将继续坚持"以诚待人、以信为本"的经营理念，秉承"忠于祖国、热爱生活、服务铁路、奉献社会"的企业信条，高度重视产品质量，努力打造"实业＋资本"双轮驱动新模式，为实现百年企业这一伟大目标奠定基础。

正文

河南思维自动化设备股份有限公司成立于 1993 年，注册资本 1.6 亿元，主营业务为列车运行控制系统的研发、升级、产业化，是河南省列车控制工程技术研究中心、国家高技术产业化示范工程企业、国家规划布局内重点软件企业、国家火炬计划软件产业基地骨干企业。公司于 2015 年 12 月 24 日在上海证券交易所挂牌上市，成为我国列车控制领域首家 A 股上市企业(股票代码：603508)。

作为国内仅有的两家 LKJ 供应商之一，公司全面参与了我国列车运行控制系统的自主研发及技术推广，是 LKJ 专项技术的持有者，同时也是多项行业标准制定的重要参与者。二十多年来，公司专注于适合中国国情的列控技术研究，有效地适应了我国铁路线路及复杂路况、特定管理需求，LKJ 系列控制系统成为国内既有铁路主型控制装备。公司还开发了机车车载安全防护系统(6A 系统)、机车远程监测与诊断系统(CMD 系统)等产品，为中国铁路总公司、18 个铁路局(集团)等各级铁路部门提供了安全、可靠、智能的控制与信息化系统解决方案。

凭借安全、可靠、适用的产品品质以及较强的自主创新实力，公司获得了良好的行业声誉，在我国铁路行车安全系统领域处于优势地位。公司核心产品 LKJ 2000 是全路所有机车及时速 200 公里速度级别动车组必须配备的列控系统车载设备，产品已覆盖全国 18 个铁路局及地方铁路。近几年，公司LKJ系统市场占有率呈上升趋势，具体情况如下表。

项　目	2016年	2015年	2014年
公司在LKJ系统市场占有率	45.60%	43.70%	40.72%

根据中国国家铁路局发布的《铁路“十三五”发展规划（征求意见稿）》以及有关媒体报道，“十三五”期间，全国铁路“十三五”期间将延续“十二五”期间的积极发展态势。“十三五”期间，我国铁路固定资产投资规模将达3.5万亿元至3.8万亿元，建设新线3万公里。至2020年，全国铁路营业里程达到15万公里，其中高速铁路里程达3万公里。

“十三五”期间，在相关政策的推动下，国家铁路和城市轨道交通的建设正在快速发展，为轨道交通信息化产业带来持续的增长预期。公司凭借在列车控制领域的优势地位和技术优势，通过持续加大科研投入和资本运作，提升核心竞争力，力争取得稳健发展。

一、诚信经营，规范发展

市场经济是法制经济，依法诚信纳税既是履行法律责任，也是最好的信用证明。只有坚持守法经营、诚信纳税，才能树立良好的商业信誉和形象，实现长远发展。公司董事长李欣常说的四个字是——“敬业、诚信”，他以身作则，用自身的行动告诉每一个思维人，企业要做强做大，敬业、诚信是根本。公司成立二十多年来，一贯诚信经营、依法纳税，未曾有丝毫动摇。在追求经济效益、保护股东利益的同时，公司依法纳税，勇于承担社会责任。2014年公司纳税近8 000万元，2015年、2016年连续两年纳税超过1亿元。公司多次入围郑州市纳税百强、河南省纳税百强企业。

公司不大，纳税不少，也正是因为这一点，总有中间商找董事长，说可帮公司退税1 000万元，索要好处费30%，但都被董事长拒绝了……公司近年来经营业绩的稳定依靠的是思维人的诚信经营，而不是偷税漏税，钻国家的空子，这再一次印证了“忠诚祖国、热爱生活、服务铁路、奉献社会”的企业信条。

二、质量第一，安全护航

安全是铁路运输的生命线，安全、可靠、适用的行车安全装备是铁路运输安全的有力保障，能够直接控制行车安全的列车运行控制系统是行车安全装备的核心。

稳步提高产品质量，始终把保证产品质量作为对客户最大的诚信。质量是企业的信誉和生命，是提高企业盈利的基础。作为铁路行车安全装备供应商，树立了“质量第一、安全第一”的理念，建立了全员参与的全过程质量管理体系，严格执行与公司产品相关的铁路行业规范、标准和国家质量管理的法律法规。目前，公司已通过了IRIS、ISO9001、CMMI L3、CRCC和SIL4等专项认证，日常质量控制标准严格执行公司的质量控制流程和安全、卫生、环保标准。

为增强产品的可靠性、可用性、可维修性、安全性，公司建立了完备的RAMS审查和分析机制，对公司产品展开RAMS分析工作。公司列控系列产品在执行上述质量体系的基础上，同时执行铁路标准《列车运行监控装置　第1部分：技术条件》（TB/T 2765.1—2015）、国家标准《轨道交通机车车辆电子装置》（GB/T 25119—2010）的规定。

此外，公司还十分重视强化质量安全意识，定期对员工进行生产操作技能培训，建立生产员工技能档案，帮助员工形成良好的质量控制观念，提高生产过程中的质量控制水平，并对产品质量终生追溯，确保产品质量责任落实到人。

三、自主创新，科技兴企

“持续创新，科技兴企”一直是公司的核心竞争理念。公司注重研发投入和研发团队建设，2014年、2015年、2016年，公司研发投入分别为7 794万元、9 536万元、11 577万元，占当年营业收入的比例分别为12.15%、12.97%、18.97%。2017年上半年，公司研发投入占营业收入的比例达到20%。目前，公司拥有300余人的研发团队，建立了博士后科研工作站，投入4 000万元建设各个专业实验室，拥有专利及软件著作权200余项。成立了立足前瞻技术研究、轨道交通领域技术创新的研究院，积极开展多种形式的技术合作与交流，凝聚培养了一批行业技术专家。公司是“河南省列车控制工程技术研究中心”“河南省优秀软件企业”“河南省创新龙头企业”“全国电子信息行业优秀创新企业”。

截至2016年12月31日，公司共获得相关专利116项，计算机软件著作权210项，参与6项行业标准以及8项技术规章制定。较强的专业积累和持续增加的科研投入确保了公司核心产品、技术发展的稳定性、延续性，对公司的持续盈利能力提供了有力的支撑。

四、合规披露，加强内控

(1) 坚持合规披露，不做假账。上市公司公开披露的信息是广大投资者判断公司质量、做出投资选择的主要依据。对投资者讲诚信，首先是在信息披露时将投资者利益放在第一位，尤其是确保中小投资者能够及时、准确、完整、公平地获得信息，这是上市公司履行诚信的主要标志。在日常工作中，我们高度重视信息披露工作，注重信息披露的时效性，细化定期报告披露的项目，提高披露信息的质量和效果；按照会计准则的规定加强会计核算，真实、公允地反映公司财务状况和经营成果；以上市公司信息披露规范体系为基础，自愿进行更充分的信息披露。

(2) 加强日常警示教育，杜绝内幕交易。公司每周开展资本市场违规案例警示教育，定期开展新政策、法规学习，并在重大事项及敏感期前通过邮件、短信等多种形式及时向包括董监高在内的相关内幕信息知情人推送提示信息，使全员树立了正确的价值理念，从源头上杜绝内幕交易行为。

五、创造财富，积极回报

公司在取得长足发展的同时，也十分重视股东回报。上市以来，连续两年进行了现金分红，持续提升现金分红比例，累计派发现金红利 6 447.71 万元。其中 2015 年现金分红 2 703.71 万元，占公司净利润的 10.00%；2016 年现金分红 3 744.00 万元，占公司净利润的 20.03%。

2017 年 11 月，由河南证监局指导、河南上市公司协会组织的河南上市公司诚信公约阳光行活动走进了思维列控，思维列控董事长在面对投资者提问时表示："为维护公司股东及投资者的合法权益，公司自上市以来，每年都保持一定的分红比例，预计 2017 年公司分红比例不低于 20%，这是对公司所有股东的承诺"。

作为一家新上市公司，公司从初创至今一直奉行合法经营、诚实守信的经营方针，保护投资者合法权益。在取得长足发展的同时，坚持以丰厚的业绩回报股东。未来，思维列控将依托列控系统换型和智能制造升级，积极参与智慧铁路及"一带一路"建设，并充分运用上市公司平台，努力提高公司盈利能力，持续回报股东、回报社会，为营造良好的资本市场环境贡献一份力量！

六、以人为本，关爱员工

公司坚持企业文化建设，外塑形象、内增凝聚力，引导员工积极参加管理，尊重个人尊严、追求个人梦想、展示个人价值，形成了以"在企业发展实践中享受幸福生活"为核心价值观，涵盖"精以敬业、诚以待人、信以守诺、实以惠客"的经营理念和"以建立现代企业制度为基础、以人性化自主管理为方向"的管理理念等为主要内容的企业文化，使得企业文化成为公司员工共同意志的体现和公司不断发展的精神源泉。

(1) 推进股权激励。为推进股权激励，上市前公司董事长出让了 5%的股份；为完善公司的法人治理结构，公司引入 2 名高管进入董事会；为促进公司建立、健全激励约束机制，进一步调动公司高管及核心员工的积极性，2016 年上市公司对 3 家子公司实施了股权激励，2017 年上半年，公司又在上市公司层面实施了股权激励。虽然由于各种原因，公司暂停了股权激励计划，但公司一定会择机重启。

(2) 完善员工福利。员工福利，制度先行。公司在合理化建议、员工继续教育、带薪年休假、健康体检等方面建立了一系列制度，从根本上保障了公司员工福利，让员工福利有据可依。

(3) 关注弱势群体。为应对困难职工重大疾病和重大灾祸，公司对困难职工予以补助或给予医疗费用报销。同时，公司还设立职工互助基金，及时化解员工在工作生活中遇到的特殊困难，为员工构筑起一道抵御风险的堤坝，让企业成为职工的心灵港湾。

面向未来，公司将继续秉承诚信为本的核心发展理念，抓住国家轨道交通发展机遇，围绕轨道交通信息化建设需要，充分发挥公司在铁路行车安全系统方面积累的成熟经验和资源优势，在城际铁路、市域铁路、地铁等其他轨道交通领域进行业务拓展，实现基于铁路业务的多元化产业链延伸，实现由产品经营向产业经营的战略转型，全面建成“国内领先的轨道交通安全控制与信息化系统提供商”，为河南资本市场持续健康发展和中原经济区建设做出贡献。同时，公司作为河南上市公司协会的一员，将认真遵守《河南上市公司诚信公约》，主动承担社会责任，全力支持河南资本市场诚信建设的大业，时刻把《诚信公约》铭记于心，并付诸行动，树立和维护诚信河南新形象。

二 中小板上市公司诚信足迹

1. 华兰生物：成功是最好的诚信

华兰生物工程股份有限公司(以下简称“华兰生物”)成立于1992年,是从事血液制品研发和生产的国家级重点高新技术企业,并且是首家通过血液制品行业的GMP认证的企业。公司以雄厚的技术开发实力、领先的技术水平、一流的生产检测设备、科学规范的经营管理和完善的质量保证体系,在全国同行业企业中处于领先地位。

目前华兰生物拥有30余家全资控股子公司,总市值超过280亿元,是国内拥有产品品种最多、规格最全的血液制品生产企业,血浆处理能力居国内乃至亚洲首位,主要财务指标连续多年高速增长。

公司先后承担多项国家、省、市级科技攻关项目,其中外科用冻干人纤维蛋白胶被列入国家863计划。华兰博士后科研工作站、河南省生物医药工程技术中心和中国科学院生物技术创新与产业化共同基金及中国科学院的多个联合实验室的成立,为企业的高成长性和核心竞争力奠定了坚实的基础。

公司致力于对“华兰”品牌的建设与管理,创建了以质量为基石、以诚信为根本、以品牌为依托、以市场为导向的良性的自主品牌发展之路。20多年来凭借安全、稳定、高效的产品赢得了广大用户的信任,现已发展成为国内品牌影响力最强、最具竞争力的大型生物医药企业之一。华兰在国内血液制品、疫苗行业起到引导市场、带动产业发展和科技创新的龙头作用,“华兰”商标被认定为“中国驰名商标”,并荣膺“国家高技术产业化示范工程企业”“河南省先进高新技术企业”“河南省高新技术产业化项目实施先进单位”等称号。公司经过20多年高速发展,目前生产规模、市场占有率均居行业前列,成为血液制品、疫苗产品行业的龙头企业。

一、阳光行走进华兰生物

2013年11月20日上午,河南上市公司诚信公约阳光行走进华兰生物。华兰生物董秘谢军民代表安康董事长在致辞中表示,华兰生物始终将诚信回报股东、奉献社会作为公司的使命和责任。上市9年来共现金分红8次,累计分红56 591.09万元,占公司募集资金总额的91%,与广大投资者分享了企业发展的成果。下一步公司将继续秉承“血液制品安全无极限”的质量方针,坚持“以质量安全保证信誉”的经营宗旨,加强诚信意识,规范公司行为,努力为人民大众健康和国家公共卫生安全保驾护航,以更加优异的业绩和丰厚的回报回馈投资者。

华兰生物认为,诚信是一个人立足社会之本,也是一家公司立足社会之本。对于一家上市的公众公司来讲,诚信尤为重要,对于华兰生物这样一家从事血液制品这个生命攸关的行业的上市公司来讲,诚信更是重中之重,它需要以各种形式,从不同的层面渗透到企业的每个角落。诚信虽不是公司治理的明文条令,却是公司治理的真正灵魂。

华兰生物上市和增发共融资6.2亿元,为公司的发展提供了资金支持和资金保障,华兰生物也将诚信回报股东、奉献社会作为公司的使命和责任。

华兰生物在自身不断发展壮大的同时,不忘担负一份社会责任。无论是非典疫情、汶川地震、玉树地震还是南方干旱,华兰生物都捐款捐药。特别是2008年汶川地震后,为确保大灾后无大疫,公司捐赠100万人份总价值3 600万元的流行性感冒裂解疫苗,用于灾区人民的免疫接种,为此被民政部授予“2008年度中华慈善奖——最具爱心外资企业”的称号。截至目前,公司先后向受灾受困的地区和人民捐款捐药累计价值超过7 000万元,在社会上树立了良好的品牌形象。

华兰生物承诺,公司将继续秉承“血液制品安全无极限”的质量方针,坚持“以质量安全保证信誉”的经营宗旨,加强诚信意识,规范公司行为,塑造诚信形象,紧抓行业发展机遇,承担更多的社会责任反哺社会。

关于投资回报,谢军民表示,华兰生物的分红远远超过《河南上市公司诚信公约》规定的指标。华兰上市9年以来分红8次,转股6次,分配现金合计约5.66亿元,占募集资金总额的91%,分红量远远超过募集资金的总量。最早华兰没上市发行的时候股本是4 500万元,发行了2 200万元,后来增发过一次是800万元,实质上华兰生物是6 000万元左右的股本,现在已经达到了将近6个亿。很多投资者在股东开会的时候都表达了自己的心情,做华兰的股东,过完权以后,现在大概是每股300块钱,华兰生物发行价是15元,已经翻了20倍,从分红比例等各项指标完成情况来看,华兰生物都严格履行了《河南上市公司诚信公约》的规定。

2016年7月,诚信阳光行再次走进华兰生物,董事长安康介绍,华兰生物2004年上市之后诚信经营,努力提升公司经营业绩和实力,从单一生产血液制品的公司发展成为集血液制品、疫苗、基因工程药物研发、生产、销售为一体的大型生物制品集团公司,产业遍及河南、重庆、北京、江苏、广西、贵州六省市,市场覆盖全国并出口海外。公司营业收入从上市前的2.53亿元提高到2015年的14.7亿元,净利润从0.35亿元增长至2015年的5.89亿元,总资产由上市前的3.48亿元增加到目前的42.5亿元,市值从上市时的10亿元增加到目前的340亿元。作为《河南上市公司诚信公约》的签署单位,华兰生物积极践行诚信经营承诺,提升产品和服务质量,以良好的经营业绩回报股东和社会。公司上市以来,公司共送转股7次数,股本扩张20余倍;派现11次,派现总额为13.8亿元,是募集资金的2.2倍,成为对投资者回报较高的上市公司之一。

二、诚信质量报告见真诚

2014年，华兰生物主动发布了《社会责任报告》，以客观、公正的态度，报告了公司遵守《河南上市公司诚信公约》的情况，报告内容包括提高了企业员工的质量意识、质量组织管理体系、质量理念等。

华兰生物认为，质量不仅仅是技术问题，最终反映的是员工和企业的素质问题。企业以创品牌为目标，加强品牌意识教育。宣贯品牌领先、冲击未来的理念，在企业内形成了人人关心质量、创品牌人人有责的良好氛围。企业还通过广泛开展生动活泼的质量意识活动，加速企业转变全体员工的陈旧质量观念，增强员工的竞争意识和责任感，在职工中牢牢树立爱岗敬业精神，追求顾客满意度100%。企业只有在质量意识的教育和活动中，培养职工的团队精神，才能真正把全面质量管理落到实处，才能让企业的质量意识得到贯彻和提高。

华兰生物"生物制品安全无极限"的方针，把品牌建设作为企业生产经营的大事来抓，提出了"技术是品牌的核心、质量是品牌的生命、人才是品牌的保证、文化是品牌的灵魂、创新是品牌的动力"的工作思路。

三、诚信的企业文化传承

企业文化是企业个性化的根本体现，它是企业生存、竞争、发展的灵魂。如果一个企业要追求效益，没有积极向上的精神和良好的文化氛围，那么这个企业就不能健康发展，当然更不能成为一流企业。

公司领导意识到制度和收入调节虽然是主要的管理手段，但仅仅靠这些硬管理是远远不够的。"员工是企业的财富"，员工的积极性与创造力关系到企业的未来。作为组成企业的每个人，他在企业中形成的质量观、道德观直接影响着日常工作的态度。因此，企业要树立良好的文化内涵，就要注重员工精神方面的培养。

公司历来重视厂内的厂容厂貌，年年投入，花大力气整治工作场所的环境卫生。许多职工开始不理解，认为只要搞好质量、产量就可以了，费那个劲干啥。但当他们看到厂区宽敞整洁，年年有新的变化，生产环境更安全，带来了好心情，工作效率也相应提高了。

公司每年会制订详细的职工培训计划，中途如果部门根据需要提出培训申请也尽量安排。如果员工自己外出充电，公司领导都是非常鼓励和支持的，尽量提供工作和学习上的方便。这样保证每个有需要的员工都能得到提高自身素质的机会。培训的方式也是多种多样，聘请公司内外高级工程师系统授课、委托外机构培训、观看教学光盘、寓教于乐的文体活动，内容涉及质量、生产技术、安全等多方面。另外安排专人办集团公司宣传资料——华兰生物园，期期都有新气象、新发展，职工看到企业的高速发展和强大的集团公司支撑，信心更足了。厂内还有定期的画廊海报，横幅标语，着重宣传质量法规和质量知识。这些全方位、持久的宣传教育在潜移默化中增强了职工的质量意识和责任感，意识到位，就能逐渐变成“要我做好”为“我要做好”，抛弃还凑合、差不多等与追求高质量相违背的观点，从而产生质量效益，提高产品质量。

构建全方位的沟通机制，是落实诚信质量管理的重要环节，华兰生物的诚信沟通机制覆盖了公司运营的所有主要领域：

(1) 与员工沟通。通过工会组织、职工大会、调查问卷、企业报刊、例会等方式使员工了解企业文化、制度、目标、措施、动态等。

(2) 与供应商和客户沟通。通过供货会、展会、行业会议参观介绍，拜访、宣传资料、现场指导等方式与供应商和客户保持沟通。

(3) 与政府沟通。定期上报统计报告、数据，参与政府各项会议及座谈会。

(4) 与公众沟通。通过标牌、报纸、杂志等媒体广泛宣传；通过员工穿着配戴，参与相关社会活动等形式，让社会了解。

(5) 公司把“厚德载物，诚信守法”作为企业的基本准则，也将其作为每个员工必须遵守的处事原则。

(6) 多年来，公司秉承“诚信、敬业、创新”的价值观，恪守经营道德，在与顾客和供应商等往来中建立了诚信合作、互惠互利的伙伴合作关系，实行共赢。

(7) 公司追求薪酬系统的简明化和科学化，在制定及管理薪酬系统的过程中始终以公平公正、竞争性、激励性、公司经济效益相结合、合法性五个原则。

(8) 公司每年通过各种评比先进工作者、优秀员工等形式对员工进行奖励，使员工从工作中不仅得到薪资，还有荣誉、自信、尊严、自身价值等。

(9) 公司通过树立标兵、内部刊物表扬、通报表彰、颁发荣誉证书等形式鼓励员工，从而增强员工凝聚力和向心力，创造更高的绩效。

(10) 公司建立完善了独立的监督运行机制对公司和高层领导的工作进行监督；成立了工会，保障各级职工的利益。

四、公司治理见证诚信建设

按照《公司法》《公司章程》以及其他法律法规的规定，建立了规范的公司治理结构和议事规则，明确决策、执行、监督等方面的职责权限，形成了有效的职责分工和制衡机制。建立了股东大会、董事会、监事会和经理层“三会一层”的法人治理结构，制定了以《公司章程》为基础，以《股东大会议事规则》《董事会议事规则》《监事会议事规则》等为主要架构的规章制度，明确决策、执行、监督等方面的职责权限，形成科学有效的职责分工和制衡机制。

三会一层各司其职、规范运作。

董事会内部按照功能分别设立了战略、提名、审计和薪酬与考核四个专门委员会，制定了《董事会战略委员会工作细则》《董事会提名委员会工作细则》《董事会审计委员会工作细则》《董事会薪酬与考核委员会工作细则》。公司董事会秘书办作为董事会下设事务工作机构，协调相关事务并从事上市公司的信息披露和投资者关系管理工作。公司为进一步完善法人治理结构，改善董事会结构，强化对内部董事及经理层的约束和监督机制，保护中小股东及债权人的利益，促进公司的规范运作，还制定了《独立董事工作制度》。

公司积极组织董事、监事、高级管理人员参加上市公司董事、监事、财务总监、董事会秘书培训班，进一步强化和提高了董事、监事、高级管理人员对规范运作和诚信意识的认识和理解，牢固树立公司规范化运作的理念；保证了公司董事、监事、高级管理人员等在工作中积极履行职责，规范自身行为，确保了公司内部制度的规范运作。

股东大会、董事会、监事会以及独立董事和董事会秘书严格按照《公司法》《证券法》等有关法律法规、《公司章程》和公司内部制度的规定规范运作，依法履行各自的权利和义务，杜绝了违法违规情况的发生。

尤其对于敏感的关联交易，公司力图完善和用行之有效的制度建设规范之。公司关联交易的内部控制遵循诚实、信用、平等、自愿、公平、公开、公允的原则，不得损害公司和其他股东的利益。公司按照《深圳证券交易所中小板上市公司规范运作指引》等有关法律、法规的要求，结合公司相关实际情况在《公司章程》等制度中对关联方、关联关系、关联交易价格、关联交易的批准权限、关联交易的回避与决策程序、关联交易的信息披露、法律责任做出明确的规定，保证了公司与关联方之间订立的交易符合公平、公开、公正的原则，确保各项关联交易的公允性。公司要求发生的重大关联交易均应首先得到独立董事的书面确认意见后再提交董事会审议，关联董事应进行回避。在提交公司股东大会审议时，关联股东亦应回避表决。本报告期内，公司发生的关联交易审批程序合规，符合公司经营发展需要，不存在损害公司和其他股东的权益的情况。

公司建立了多渠道、多样化的投资者沟通模式，保持与投资者，特别是中小投资者的沟通交流。通过公告、股东大会、投资者热线电话、网上说明会、深圳证券交易所互动交易、现场参观等多元化渠道，搭建与投资者沟通交流的平台，及时向投资者反馈公司动态，详细解答投资者对公司经营管理提出的问题，对可以公开的信息做到不回避、不隐瞒，同时认真听取投资者的建议和意见，加深投资者对公司的了解和认同，保持投资者与企业的良性互动，巩固了公司与投资者之间长期、稳定的良好关系。

公司把投资者关系管理作为一项长期、持续的工作来开展，不断学习先进的投资者关系管理经验，以更好的方式和途径使广大投资者能够平等地获取公司经营管理、未来发展等情况，力求维护与投资者的良好互动关系，踏实地进行投资者关系管理工作，树立公司在资本市场的良好形象。

利益相关者的意见不仅对企业的成功有重大影响，还能推动企业的可持续发展，减少企业经营的风险。我们一直维护自然和社会生态资源的和谐共荣，真诚善待给企业带来业绩增长和未来价值的核心资源，持续创造价值，从而奠定企业存在的价值根基，成为员工爱戴、社会尊重、客户信赖、投资者受益的好企业。

公司在利益相关者权益保护方面主要做了以下四项工作:

(1) 加强预算管理,认真做好资金安排和资金的使用计划,及时支付供应商货款,没有发生因资金支付不到位而引起的供应商投诉情况。

(2) 与供应商互利共赢,公司不断完善采购流程,建立公正、公平的采购体系。公司为供应商创造了良好的竞争环境;公司建立了供应商档案,与供应商、客户签订合同或协议,能够在约定的时间和条款生效后积极履行合同,保证了供应商和客户的利益;公司不断完善供应商评估体系,对供应商有着严格的质量标准,建立了有效的采购流程,对供应商诚实守信,牢固树立"互惠互利、合作共赢"的理念。公司要求供应商遵守商业道德和社会公德,所提供产品必须符合国家相关法律法规要求。公司定期对供应商进行合格供应商业绩评价,并与供应商保持良好沟通,做到互惠互利。

(3) 由医学部专门解决客户对血液制品和疫苗产品相关问题的咨询,做好公司产品的售后服务。建立了 24 小时响应制度,设立免费咨询电话 ,确保第一时间接受客户咨询,做好销售市场的开拓和维护工作。

(4) 严格控制产品质量和安全,做好产品的售后服务工作。公司建立了严格的质量保证体系,严格按照《血液制品管理条例》的规定进行原料血浆的采集,有效保证了原料血浆的安全性。血液制品和疫苗产品的其他原辅材料也均需通过供应商评估、投产前检验等多步严格管理措施保证其安全;公司血液制品和疫苗产品的生产全过程严格按照《中国药典》和 GMP 的要求进行生产和质量管理;公司血液制品和疫苗产品每批均经过国家食品药品监督管理局指定的药品检定机构检验,检验合格后方出厂销售;公司产品投放市场后,在使用中进一步观察制品的有效性和安全性;血液制品和疫苗产品均采用电子监管码制度,建立了完善的售后质量管理体系,每一瓶制品都有完整的可追溯性。

如果产品在投放市场后接到用户来电来函的投诉,公司会迅速启动该产品的质量调查程序。如确定存在产品质量问题或者潜在的质量风险,可立即启动"产品回收程序"对制品进行召回;如不属于产品质量或者潜在的风险问题,公司会根据具体情况予以全方位的售后服务。公司通过建立完善的管理制度如"来信来函及用户访问制度""质量投诉和药品不良反应处理制度""产品投诉管理程序""产品召回制度""产品退货处理制度",来保证公司产品临床使用的安全性、有效性、可靠性以及产品售后的及时性和规范性。

我们坚持落实中央创新、协调、绿色、开放、共享的发展理念,持续为股东、社会、客户、员工等创造价值,从而使企业"基业长青"。

2. 新野纺织：诚信新纺

诚信是中华民族的传统美德，也是现代企业经营运作的一个基本原则。作为上市公司的新野纺织始终秉持“严细实恒、开拓创新”的企业精神，以“实现客户最大价值，助力员工共同成长，成就股东最大利益”为己任，通过不断完善公司治理结构，规范内部控制制度，建立有效的投资者沟通机制，提高公司信息披露质量，真诚对待员工、客户、股东等相关各方，为公司的生存和发展打造了一个良好的平台。

公司主要从事棉纺及棉织品、服装加工销售，经营本企业自产产品及相关技术的进出口业务。生产规模和经济效益连续10多年位居全国棉纺织行业前列和全省同行业第一位。10年来公司生产规模由折合纱锭35万锭增加到160万锭，增加了357%，无梭织机1 600台，增加了70%。公司目前的产品主要有棉纱、棉布、色织布三大系列。目前的产能为服装面料1.5亿米。年利润由4 930万元增加到2亿元，增加了305%。按照中国棉纺织行业协会2016年中国棉纺织行业主要经济效益指标的排名结果，2016年公司主营业务收入行业排名全国第6位，出口交货值行业排名全国第14位。

公司的不断成长得益于国家经济的快速发展，更得益于资本市场的大力支持，为公司转型升级、提升产能、抓住市场机遇提供了资金保障。

2013年12月13日，河南上市公司诚信公约阳光行走进新野纺织。会上董事长魏学柱发表了致辞，在面对面现场沟通和交流提问环节，针对《河南上市公司诚信公约》条款和投资者关心的焦点、热点问题，向与会的河南上市公司协会、投资者、券商分析师及媒体代表做了细致全面的解答和沟通交流。并表示，诚信公约阳光行活动的开展，提高了河南上市公司在资本市场的形象，传递了河南上市公司健康发展的正能量。公司将积极履行《诚信公约》的相关约定，继续按照中国证监会、河南证监局的要求和上市公司协会的自律准则加强公司治理，规范运营，主动沟通、回报股东，树立资本市场良好的形象。

新野纺织自上市以来，通过不断完善公司治理结构，规范公司内部控制制度，建立有效的投资者沟通机制，加强与投资者的沟通和联系，使广大投资者能够更多地接触和了解公司的生产经营、未来发展状况，参与公司的经营管理，力求通过及时、有效的信息披露，使公司运作透明化，维护与投资者的顺畅关系，树立公司良好的市场形象，保护股东特别是中小股东和债权人的知情权。公司严格按照《公司法》《证券法》《深圳证券交易所中小企业板上市公司规范运作指引》《上市公司治理准则》等法律法规要求，开展公司治理工作。不断完善公司法人治理结构，建立和完善内部控制体系，提高公司规范运作水平。目前，公司已形成了权责分明、有效制衡、科学决策、协调运作的法人治理结构和各司其职、各负其责、相互配合、相互制约的内部控制体系。公司股东大会、董事会、监事会各尽其责、恪尽职守、规范运作，切实维护了广大投资者和公司的权益。

1. 关于股东与股东大会

公司能严格按照《深圳证券交易所股票上市规则》《公司章程》及公司《股东大会议事规则》的规定召集并召开公司股东大会，邀请律师进行现场见证，保证会议召集、召开和表决程序符合法律规定。公司采用现场投票和网络投票相结合方式召开三次股东大会。审议影响中小投资者利益的重大事项时，对中小投资者(即单独或合计持有上市公司5%以上股份的股东以外的其他股东)的表决单独计票并披露。确保全体股东特别是中小股东享有平等地位，充分行使自己的权力，提高投资者对公司决策的参与度。股东大会会议记录完整，股东大会决议披露及时充分。

2. 关于控股股东与上市公司的关系

公司与控股股东在人员、资产、财务、机构和业务等方面完全分开，具有独立完整的业务及自主经营能力。公司董事会、监事会和内部机构独立运作。公司控股股东能严格规范自己的行为，依法通过股东大会行使出资人的权利，未出现越过公司股东大会直接或间接干预公司决策和经营活动的行为。公司不存在控股股东占用公司资金的现象，公司也没有为控股股东及其子公司提供担保的情形。

3. 关于董事与董事会

公司董事会由九名董事组成，其中独立董事三名，占全体董事人数的三分之一，董事会的人数及人员结构、选聘程序均符合法律法规和《公司章程》的规定。公司董事会下设薪酬与考核委员会、审计委员会、提名委员会和战略与发展委员会四个专门委员会，在促进公司科学决策、规范运作、健康持续发展等方面发挥了重要的作用。公司严格按照相关规定，规范董事会的召集、召开和表决，公司全体董事能够勤勉、尽责地履行义务和责任，认真出席董事会、列席股东大会，积极参加相关知识的培训，熟悉有关法律法规，促进董事会规范运作和科学决策。公司独立董事能按照相关规定，不受上市公司主要股东、实际控制人影响，独立地履行职责。

4. 关于监事与监事会

公司监事会由五名监事组成，其中两名为职工代表监事，监事会人数、构成及选聘程序均符合法律法规和《公司章程》的规定。公司严格按照相关规定，规范监事会的召集、召开和表决。公司监事勤勉尽责，对公司重大事项，关联交易，公司财务以及董事、高级管理人员履行职责的合法、合规性进行监督，维护公司及股东的合法权益。

5. 关于绩效评价与激励约束机制

公司建立了覆盖高管、部门(单位)及员工个人的绩效考核体系，绩效考核和员工的薪酬挂钩。合理的绩效考核体系，激发了员工的积极性和创造性，提升了公司的核心竞争力。未来，公司还将探索更多形式的激励方式，形成多层次的综合激励机制，完善绩效评价标准，更好地调动管理人员的工作积极性，吸引和稳定优秀管理人才和技术、业务骨干。

6. 关于信息披露与透明度

公司严格按照《信息披露管理制度》的要求，加强信息披露事务管理，履行信息披露义务，公司董事长为信息披露工作第一责任人，董事会秘书为信息披露事务的直接责任人，公司董事会办公室为信息披露事务的日常工作部门，具体负责公司的信息披露事务。公司指定《证券时报》《中国证券报》《证券日报》和巨潮资讯网为公司信息披露的报纸和网站，真实、准确、及时、完整地披露信息，确保所有投资者公平获取公司信息。同时公司与投资者建立了畅通的沟通渠道，设立投资者咨询热线，积极回复深交所互动易平台提问，举办年度网上业绩说明会及现场交流等方式与投资者进行充分的沟通和交流。公司不断强化董事、监事、高级管理人员信息披露责任意识，严格执行公司信息披露管理制度及责任追究机制，增强信息披露的真实性、准确性、完整性和及时性，提高公司信息披露的质量和透明度。

7. 关于相关利益者

公司充分尊重和维护利益相关者的合法权益，重视公司的社会责任，努力实现股东、员工、社会等各方利益的协调平衡，共同推动公司持续、健康地发展。规范公司治理，努力保障公司股东合法权益。公司一如既往地积极开展公司治理工作，建立了较为健全的公司治理结构和日趋完善的内部控制体系。

诚信公约阳光行活动的开展，提高了河南上市公司在资本市场的形象，传递了河南上市公司健康发展的正能量。公司积极履行《诚信公约》的相关约定，按照中国证监会、河南证监局的要求和上市公司协会的自律准则加强公司治理，规范运营，主动沟通，回报股东，树立资本市场良好的形象。

3. 恒星科技：恒星，恒信

诚招天下客。人无信不立，企业亦是如此。市场经济的本质是信用经济，信用就是最好的品牌和资源。只有真正诚实守信、重诺笃行的企业，才能在这个竞争激烈的时代赢得成功。成立二十多年来，恒星科技始终坚持诚信经营，切实将诚信融入企业的价值观，致力于为客户提供最优质的产品和服务，不仅赢得了客户与合作伙伴的一致信赖，也为恒星科技这张名片增添了越来越多的光彩。

河南恒星科技股份有限公司创建于1995年，是河南省大型重点企业，国家火炬计划重点高新技术企业，全国最大的镀锌钢丝、钢绞线生产厂家，河南省最大的子午轮胎用钢帘线生产厂家。2016年公司总资产42亿元，实现营业收入20亿元，净利润1亿元。公司主要生产子午轮胎用钢帘线、胶管钢丝、超精细钢丝、镀锌及合金镀层钢丝、钢绞线、PC钢绞线。产品广泛应用于汽车轮胎、橡胶软管、电力电缆、架空电力线、高速铁路、港口、光伏太阳能用硅晶片切割等行业，隶属于七大战略性新型产业中新材料领域，年产特种钢丝制品40万吨，是国内金属制品行业细分龙头企业。

作为生产型企业，谈诚信首先就是要把产品质量做好，把产品品牌做强。在生产经营过程中，恒星科技始终坚持诚信经营管理，严格履行合同协议，杜绝生产假冒伪劣产品、不公平竞争、欺诈等不良行为，立志把每件精品奉献给客户，让恒星品牌闪耀四方。为保证产品质量，公司斥巨资购进德国核心生产设备，从美国和日本进口了Instron 3365材料试验机、AA-6300原子吸收分光光度计等各种先进的检测仪器，确保了检验数据的精确可靠。在产品质量管理方面，公司也始终坚持以客户需求为目标，很早就实施了生产全过程的精细化、专业化管理。凭借恒星人对产品质量孜孜不倦的追求，公司于1998年就通过了ISO9002产品质量管理体系认证，2003年又通过了ISO9001:2000质量管理体系换版认证工作。公司"恒星"牌系列产品先后被评为"河南省名牌产品""河南省高新技术产品""郑州市名牌产品""国家免检产品"等多项荣誉称号。除此以外，公司还先后被授予"河南省质量管理先进企业""河南省百强民营企业""郑州市工业综合实力50强""河南省高新技术企业""中国最具品牌价值中小企业百强""中国民营500强"等十多项省部级荣誉称号。2014年11月，公司"恒星及图"商标被认定为中国驰名商标，这成为恒星科技品牌战略发展中一个重要的里程碑。

诚信是企业立足之本，更是企业制胜之关键。恒星科技始终把诚信作为企业最大的无形资产，只要是违背了诚信原则，再大的生意也宁可不做。正是依赖诚实守信这一道德利器，公司得到了国内外客户的普遍高度认可，形成了一大批具有长期稳定合作关系客户的网络，为公司产品造就了良好的品牌优势，并拥有越来越高的市场认知度。公司钢绞线产品经上海电缆研究所、中国水电物资总公司实地检测，被指定为三峡电力外送、西电东输及特大型工程专用产品，并参与制定了《架空绞线用镀锌钢线》《橡胶软管增强用钢丝》国家标准。目前，公司与200多家电线电缆生产厂家、送变电公司建立了长期稳定的业务关系，国内市场占有率达到40%以上，钢帘线产品也与国内20多家轮胎厂建立了稳固的供需关系。2001年，公司取得自营进出口权后，产品也逐步打开了国际市场，公司已与欧洲、南美、中东、南亚等20多个国家建立了广泛的业务往来。

守法既是诚信的底线，也是诚信的核心评判标准。公司自成立以来，严格遵守劳动保障、就业方面的法律法规，依法规范用工行为，保障和维护职工合法权益，依法调处劳动争议，构建和谐劳动关系；严格遵守安全生产相关法律法规，建立健全安全生产责任制度，加强监督管理，确保安全生产；严格遵守产品质量安全相关法律法规，加强质量管理，确保产品质量安全；严格遵守工商、税收、财会、金融、海关等相关法律法规，信用信誉良好；严格遵守合同、价格、反倾销、反不正当竞争、招标投标、禁止商业贿赂等法律法规，诚信经营；严格遵守知识产权法律法规，努力自主创新；严格遵守环境保护、节能减排、资源利用等法律法规，节能降耗减排，保护资源环境；严格遵守《消费者权益保护法》，提高服务品质，保障和维护消费者合法权益。以此为基础，公司维护和发展了与顾客、供应商、员工、公司股东以及工商、税务部门之间的长期良好关系。

对上市公司而言，信息披露也是其是否诚实信用的一种直接体现。做好信息披露工作，树立良好的诚信形象，不仅有利于保护持股公众对公司相关信息的知情权，也可以对公司业务和市场估值带来良性促进。恒星科技自2007年上市以来，建立并不断完善《信息披露管理制度》，充分明确公司董事、监事、高级管理人员及信息披露负责人的职责和义务。公司严格按照法律、行政法规、部门规章、《股票上市规则》和其他有关规定，及时、准确、完整地在指定媒体及网站进行信息披露工作，无论何时都要坚决守住法律底线，永远不做弄虚作假的事情。此外，公司也建立了《内幕信息知情人登记管理制度》，明确了内幕信息管理工作负责人的职责，并建立了相关登记档案。公司还建立了财务信息披露诚信教育机制，不断加强对会计人员的诚信教育，强化市场主体和会计人员的会计诚信观念和信用意识。每年，公司董事、监事、高管都积极参加上市公司协会组织的“董监高培训”，不断加强并认知各自的责任和义务，严格防控，禁止内幕交易事件发生，公平对待公司股东，切实保护投资者利益，特别是中小投资者的合法权益。公司在日常工作中，也做到安排专职部门和专职人员接待投资者来电、来访，积极回应投资者的意见和建议，确保公司相关事项均在阳光下开展。

当然，诚信不仅体现在企业经营管理上，也体现在企业对履行社会责任的态度和作为上。恒星科技在谋求企业发展、创造效益的同时，始终谨记“用真情回报社会，以产业报效国家”的使命感和责任感，积极、主动承担各项社会责任，切实构筑企业与员工、社会、环境等的良性互动关系。公司为给当地残疾人创造就业机会，出资设立了全资子公司恒星金属这一福利企业，以实际行动为家乡人办实事。公司关爱员工，积极了解并满足员工的合理需求，为员工解决力所能及的问题，切实为员工办实事，不断改善员工的工作条件。公司也十分重视对环境的建设和保护。考虑企业生产过程涉及排污，公司根据环保部门的要求，购进安装了多套水处理设施，并安排专人负责跟班操作，对生产线所排废水和生活废水进行处理，并对部分处理过的废水回收利用。公司还对生产过程中产生的噪声采取多种方式进行治理，减少噪声对生产及周边环境的影响，切实维护环境的舒适度。针对近两年社会非法集资的乱象，公司积极配合相关部门，在公司内部及周边开展抵制非法集资宣传活动。公司在公司厂区、展厅及员工宿舍楼摆放宣传展架及横幅，利用公司数字标牌及公司诚信墙等向社会公众介绍打击和防范集资诈骗的基本知识、常见问题等，并定期组织员工进行专题学习，要求全员都要提高风险防范意识。

"信用就是商人的命根,哪怕是砸锅卖铁也不能丢信用,这是我经商的底线。"恒星科技前董事长谢保军如是说。应该说,正是凭借诚信之助力,恒星科技才有了今天的成长与壮大;也只有始终坚守诚信,恒星科技才能掀开未来更为壮丽的诗篇。在企业今后的发展过程中,恒星科技将以更加真诚的态度、更加饱满的热情和更加扎实的工作,实现公司诚信经营、诚信兴商。公司也将继续秉承科技领先和企业创新战略,不断增强公司的自主创新及研发能力,提升公司的核心竞争力及市场应变能力,全面推进企业转型升级,并努力为股东创造更大价值,使公司成为股东受益、员工成长、客户满意、政府放心、深受社会各界认同的优秀上市公司!

4. 中航光电：以诚信为荣，促企业发展

中航光电科技股份有限公司(以下简称“公司”或“中航光电”)隶属于中国航空工业集团公司，是国内规模最大的专业从事军、民用高可靠光、电、流体连接器的研发与生产，并提供系统的连接技术解决方案的高科技企业。2016年全球行业排名前十五，成功当选中国电子元件行业协会副理事长单位，在中国电子元件行业排名前十，中航光电已成为全球连接器和连接技术解决方案的绝佳选择。

中航光电可以取得今天如此辉煌的成就并不是一蹴而就的，今天种种的成就都是中航光电由小做大一点点积累而成的。中航光电前身洛阳航空电器厂原名为华川电器厂，于1971年在河南省洛阳地区伊川县建成投产，是个年产值仅二三十万元的航空接插件小厂，且世纪之交时被抛在了“保军”行列之外，2002年改制成立股份有限公司，2007年在深圳证券交易所上市，是中国境内首家整体上市的军工企业。经过十多年的持续发展，中航光电营收规模从2002年的1.2亿元增长到2016年的58.55亿元。有人说，中航光电的成功在于其一系列持续的市场化改革；有人说，中航光电的成功在于其精细化的管理……这仅仅是中航光电持续发展的外部条件和表面现象，真正促使中航光电持续发展的，还有更深层次的人文动因，那就是貌似无形、实则无处不在，深深融入到每一个员工思想深处，并物化到每一个经营管理细节中的对诚信经营的执著追求。

多年来，信奉仁德诚信的中航光电人不断得到了客户的肯定和赞誉，这更坚定了他们的选择。特别是面对市场和用户，他们的做法自然而然让人感到这是一种来自于心灵深处的选择。

对于诚信，中航光电的做法很简单，就是说到做到，就是对客户承诺了的，就按期、按标准去完成。

公司一名女销售员为保证客户按期收到产品，亲自带上五箱产品送往远在茫茫戈壁的用户。一个女同志带着那么重的行李，下了火车，还有200公里的路程要走，快过年了，要坐的小三轮车也很少了。手机因长时间坐火车也没电了，没法与人联系。天已经黑了，零下33℃的严寒天气里，她踏着淹没脚脖的积雪，在冻得又硬又滑的戈壁滩上慢慢前行，等待着过路车辆的来临。也不知道过了多久，终于看见远处有一辆过路车缓缓驶来。因为路滑车慢，到达用户那里已经是深夜了。可她不得不再次面对挑战：手脚已经冻得没有知觉了，用户单位太大了，许多人已经休假了，找不到吃和住的地方……费尽周折，她在别人的帮助下，总算安顿了下来……第二天一早，在帮助用户装机时，用户得知她的经历后感动地说：“中航光电拥有这样的销售员，相信公司的产品也一定是过硬的。”

很多人问她是什么力量在支撑着她？她说“用户很急啊，如果没按期送到，我这个年肯定过不安心。”以客户为关注焦点，以顾客满意为决策原则。中航光电人用自己一次次的行动征服了市场和客户，这种对事业的担当和负责，不仅赢得了客户的信赖，也带领公司进入了高速发展的快车道。

航空报国，敬业诚信。敬业代表着责任和奉献，对用户的承诺更代表着不计个人得失、斗志昂扬、竭尽全力地去完成任务，这些都是诚信的内涵所在。

在某年的大年二十九，公司某重点用户临时急需十几种玻璃密封产品。由于临近过年，许多员工已买好了车票准备回家过年团聚。对此，研发部门领导按自愿的原则立即组织人员连夜突击设计出图。对于此次任务，公司设计员很明白，不仅仅是出一套图纸，而是肩负着只许成功不许失败的使命和风险。最终，一整夜的努力换来了市场竞争的成功。

这种高度的责任感和舍小家顾大家的诚信精神，不仅仅是在老一代设计员身上，而是在一代又一代年轻的设计员身上得以传承并不断发扬光大。在没有网络、打不通电话，甚至没有厕所、没有水洗脸的边疆艰苦环境下，当公司员工凭借坚韧的毅力，克服了种种困难，在承诺的交货时间内圆满地完成部队配套任务时，用户被感动了；当看到近 20 天每天睡觉不超过 2 个小时的设计人员，一个人孤独地坚守在某工厂干了设计、工艺、调度和工人四个人的活，最终工作成果获得高度赞扬时，用户被感动了。

这样的例子不胜枚举，也许这就是中航光电诚信经营理念的精髓。

中航光电人的仁德诚信很朴实。他们认为，产品的质量稳定性、性能可靠性、功能科学性来自于用户的切身体验，如果违背了诚信，产品的质量经不起检验，其广告再好，包装再精美，也难逃被顾客抛弃的命运。所以，中航光电曾主动对库存价值 80 多万元的 20 万个零件、4 万多件产品，一件不留，全部报废，而这些产品并不是废品，也不影响销售，只是库存时间较长，可能存在质量隐患而已。

中航光电的诚信不仅是对客户，还有对每一位员工。公司诚信的形象深入每位员工心中，也使得诚信成为公司重要的企业文化，在公司的每个角落传递。优秀的企业文化不仅铸造了中航光电正面的企业形象，同时也塑造了优秀的员工形象。正是由于企业和员工秉承诚信理念，企业运营才能规范有效，所以企业才能不断发展壮大。诚信虽不像实物资产那样能给企业带来直接的市场与利润，但它是对企业非常有用的一种资源。

诚信造就了公司良好的商业信誉，值得信赖的企业形象已深入客户的心中，客户的支持使中航光电快速发展。近年来，公司加速集团化发展，利用资本市场融资 13.3 亿元，完成洛阳本部光电技术产业基地建设，先后参股设立中航海信光电技术有限公司，收购中航富士达科技股份有限公司、深圳市翔通光电技术有限公司，设立中航光电精密电子(深圳)有限公司，生产基地覆盖东北、华东、西北和珠三角。

在生产经营方面，公司在大力发展军工主业的同时，抓住民用领域的发展机会，从仅涉足通讯与数据传输领域到新能源汽车、轨道交通、工业、能源、医疗等多领域共同发展。目前，公司军工防务领域市场规模排名全球前三、国内第一，在新能源汽车领域市场规模居国内同行业首位，在通讯领域成为全球主要设备厂商的合格供应商，市场份额保持前列。

飞速发展也拓宽了中航光电的视野，公司开始在多个领域拓展企业发展道路。公司加大国际化脚步，在越南建设生产基地，在欧洲、韩国成立研发中心，全球布局初现；公司实施职级管理体系转换，策划推行股权激励，帮助员工团购住房，薪酬福利不断改善；公司成功为“神舟系列飞船”、“嫦娥系列”、“长征系列火箭”、“探月工程”、新一代战机、直升机、运输机等国家重点项目配套，助力国防事业发展。

2016 年，公司实现销售收入 58.5 亿元，占全球连接器市场份额提升至 1.6%，国内市场份额提升至 7%，品牌影响力进一步提升。

“雄关漫道真如铁，而今迈步从头越”，敬业、诚信的精神锻炼了中航光电人的意志，造就了中航光电人的队伍，使我们取得了一个又一个胜利。今天，中航光电正处在改革与发展的关键时期，我们更应秉承这种精神，时刻以航空报国、强军富民为己任，为祖国航空事业不断创造新的辉煌贡献自己的力量！

5. 三全食品：诚信有成

作为中国速冻食品行业的开创者和领导者，全国最大的速冻食品生产企业，20多年来，三全食品始终坚持诚信为本、守法经营，站在中国速冻食品美味、健康领域的前沿，全力传承发扬传统美食文化，使用现代科技和工艺，专注研发不同口味的美食，带给消费者新鲜的优质食品和美好的现代生活。

一、加强企业诚信建设，塑造企业诚信文化

公司始终以“质量求生存，创新求发展”为经营管理宗旨，培育诚信文化，塑造诚信形象，不断培育管理人员和职工的诚信观念和信用素质。领导班子成员带头遵纪守法、诚实守信。比如公司把商业信誉放在首位，认真贯彻执行《合同法》及相关法律法规，坚持信用至上的经营理念，提出守合同、重信用是企业发展的原动力。在实际工作中，依法签订和履行合同，自觉维护客户的合法权益，建立健全了公司合同信用管理制度，坚持不懈地抓《合同法》等法律法规的学习，宣传培训及加强员工依法守信的观念。同时，自觉接受河南证监局和行业监管部门的监督管理，遵纪守法、诚实守信。

二、完善现代企业制度的建设，以管理规范企业诚信经营

公司认真按照现代企业制度的要求，构建产权明晰、权责分明、管理科学、规范高效的公司治理结构和管理体系，使公司的法人治理结构、决策机制、财务制度、信息披露制度、管理队伍建设等各方面机制不断完善。通过机制制度的不断健全，强化了内部决策的规范性和科学性，治理水平有了明显提高。

公司还建立了重大决策法律论证制度和企业法律顾问制度，形成完善、有效的法律服务体系。比如公司的重大投资项目等都经过了严谨的科学论证，并经过了专业的律师事务所、资产评估事务所、会计师事务所等进行的审计、评估，出具法律意见或可行性研究报告。

公司积极开展企业经营管理人员和职工的法制宣传教育，公司法务部门定期、不定期地进行《公司法》《合同法》《劳动法》《反不正当竞争法》等法律知识培训，努力提高企业经营管理人员和职工的法律素质和依法办事能力。

三、坚持遵守劳动保障、就业等相关法律法规，构建和谐企业

公司严格遵守劳动保障、就业等相关法律法规，坚持以人为本，与员工一道共建和谐企业、共谋企业发展、共享发展成果，使企业真正成为关系融洽、充满友爱、精诚团结、蓬勃向上的和谐集体。

公司认真落实安全主体责任，加强安全生产管理，有效控制了各类安全生产风险。公司成立以董事长为主席的安全生产委员会，对公司安全生产方面的事务进行决策性管理。设备管理部是安全生产管理的常设机构，负责公司安全生产的日常管理。建立了总经理、副总经理、各生产部经理以及基层管理人员的安全生产责任制和各项安全生产管理制度及安全操作规程。制定了安全生产目标，层层分解，并有完善的考核办法。公司定期排查事故隐患，并有完善的整改措施、整改责任人、整改期限。企业安全生产管理人员和特种作业人员持证上岗率达100%，企业职工“三级安全教育”率达100%，公司员工参加工伤保险率达100%，特种设备年检率达100%。

公司严格质量管理，确保产品质量。在同行业中最先通过了ISO 9001:2000质量管理体系认证、ISO22000食品安全管理体系认证和“英国零售商协会全球食品安全标准”BRC认证，已经打造了一条完整的、有足够控制力的从农田到餐桌的新型食品安全供应链，充分保证了从原料种植养殖、生产加工、储存、运输到终端销售的整个供应链产品的品质和安全。荣获“全国质量管理先进企业”“中国食品工业质量效益先进企业奖”和“河南省省长质量奖”等荣誉称号。

公司严格遵守环境保护、污染防治、资源利用等法律法规，积极发挥科技先导作用，采用变频制冷装置等节能新设备，利用节能新技术、新工艺和新流程，有效实现了节能减排，使吨耗水量和万元产值综合能耗都有了大幅下降。

公司严格遵守工商、税收、财会、金融等相关法律法规，严格遵守合同、价格、世贸规则、反倾销、反不正当竞争、招标投标、禁止商业贿赂等法律法规，诚信经营，保证了消费者和客户的权益，受到了社会各界的普遍肯定。

公司严格遵守知识产权法律法规，不断加强自主创新，构建了以企业为主体、市场为导向、产学研相结合的技术创新体系，不断提升核心技术自主创新能力，推动企业发展从要素驱动向创新驱动转变。目前公司设有“国家认定企业技术中心”和行业内唯一一家“博士后科研工作站”，“国家速冻食品标准化专业委员会秘书处”也设立于此。公司申请专利达16项，主持和参与了速冻食品行业标准和国家标准的起草工作，负责起草《速冻饺子》(SB/T 10422—2007)、《速冻汤圆》(SB/T 10423—2007)行业标准，《速冻饺子》(GB/T 23786—2009)、《速冻食品生产HACCP应用准则》(GB/T 25007—2010)国家标准；参与制修订《速冻调理食品》《速冻粽子》《速冻面米食品》行业标准，参与起草《食品安全管理体系 速冻方便食品生产企业要求》国家标准；参与修改《速冻预包装面米食品卫生标准》国家标准。

四、加强党、工会、共青团等组织建设，营造稳定、和谐的内部环境

公司建有党总支和工会、共青团，对企业实施民主管理，提供可靠的政治保证和组织保证。公司一向重视党员思想政治工作建设，积极组织党员深入学习中央各项指示精神。为了强化党员队伍建设，公司通过各种渠道营造党员积极向上的学习氛围，通过开设宣传栏、成立学习园地、制作宣传板、编辑出版《三全人》报、开通内部网络学习板块、组织文体活动等形式，对党员群众进行正面引导，统一思想认识，增强他们学习中央各种精神的自觉意识，激发践行科学发展观的动力，调动学习积极性，大大增强了基层党组织的战斗力及带动力。

公司加强民主管理、民主监督力度，依法完善、落实职工代表大会制度，工会围绕公司经济工作以实事求是的态度分析、审视、把握、解决好新时期劳动关系矛盾，合情、合理、合法地代表和维护职工的切身利益，并不断推进职代会建设和司务公开工作，积极维护职工民主权利，充分发挥职代会的作用。逐步把司务公开、民主管理工作融入企业经营决策、内部管理、利益分配等相关制度的建设中，增强了职工参与公司管理的责任心和积极性。

按照法律法规的要求，在政府职能部门指导下积极开展综合治理、人民调解、法律援助等工作，不断完善企业矛盾纠纷调处机制，有效维护企业弱势群体的合法权益，努力营造安全、稳定、和谐的企业内部环境。

五、自觉履行社会责任，积极回报社会

三全公司的成立和发展，带动了一大批速冻食品企业在郑州的集聚，形成了中国最大的速冻食品产业集群，“速冻食品郑州造”享誉全国。

河南的速冻食品产量已经占全国市场的约70%，公司所用的原料几乎全部来自农副产品，包括糯米粉、面粉、花生、芝麻、豆类、蔬菜、肉、禽、蛋等上百种农产品原料，需求量巨大。通过农产品的精深加工，使河南的农业资源优势得以充分发挥，农产品实现增值，促进了农业增效、农民增收。根据测算，经过我们的深加工，初级农产品约可增值3～4倍。

作为劳动密集型企业，公司的发展提供了上万就业机会，有力地推动了农村剩余劳动力的转移。公司与省内主要劳务输出地如信阳、商丘等的劳动部门和劳务中介机构进行衔接，形成了稳定的联系沟通渠道，为农民工外出开辟了稳定可靠的就业去向。公司还大力开展残疾人就业活动，向有工作意愿的残疾人士提供更多的就业机会。更为重要的是，农民工进企业还得到了培训学习，掌握了一定的科学知识和技能，转变了观念。如果离开工厂回到农村后他们也能创业致富，带动当地农民增收，促进地方经济发展。

企业发展源于社会，回报社会是企业应尽的责任。公司在努力追求企业利润、创造股东财富的

同时积极承担社会责任、创造社会财富，以企业自身的发展为振兴当地经济做出贡献。三全食品一贯热心光彩事业和公益慈善事业，从捐建希望小学到设立大学奖学金，从支持医疗卫生事业到推动农业发展，从华东抗洪、非典肆虐到卢氏县水灾、四川大地震、玉树地震、雅安地震，从印度洋海啸到孤残儿童救助……每当社会需要的时候，都会留下三全人无私奉献的身影。

“人无信不立，企无信难存”，在今后的发展中，三全食品将一如既往地树立诚信经营的理念，强化诚信经营管理，坚守诚信经营传统，不断推进企业诚信建设，以诚信的思想和行动服务大众，以诚信之本立足社会。

6. 濮耐股份：打造诚信品牌，铸就百年企业

诚信建设人人有责，重信守诺从我做起。濮耐股份自成立伊始，就严格遵守法律法规和自律规则，恪守诚实信用的行为准则，重信守诺，珍惜公司信用记录，在诚信建设中率先垂范，诚信经营，规范发展，依靠品牌诚信建设和日益提升的品质，使企业得以不断发展壮大。

一、质量·信誉篇

作为耐材行业的龙头企业和中国耐火材料行业协会会长单位，濮耐股份自成立初，就树立了“质量第一、信誉至上”的经营方针，树立了“以诚广交友，以信成大业”的经营理念，以质量求信誉、以信誉促发展，重合同、守信用，向消费者提供安全、可靠的产品。公司注重品牌建设，赢得了国内外客户的高度评价和信赖，树立了良好的口碑，在社会上享有较高的声誉，曾被酒钢集团评为最佳供应商，被中国农业银行河南省分行评为“最佳诚信客户”。

某年年初，我公司与昆钢签订了金额约为600万元的供货合同，按合同要求当年3月底以前发货不少于总订货量的50%，运送方式为火车运输。但是，公司相关部门从2月初就开始要车皮计划，直到3月初仍未批下。为满足顾客需要，不误钢厂生产，我公司不惜代价改用汽车发运，及时保证了钢厂的正常运营。我公司与上钢三厂签订的金额约为1 000万元的供货合同，也出现了类似情况，我们采取了同样的措施。更有的货量小的合同，为不耽误用户生产，甚至不惜一切代价将产品以空运的方式按时送抵用户。2016年7月下旬，受环保督察的影响，子公司功能公司被要求暂停生产，这对功能公司两个主体车间生产计划的及时交付带来了很大影响。为了不影响客户使用，7月25日，运营管理部组织功能公司、技术中心、国内销售部、海外营销部、营销支持部、柳屯生产基地的相关人员召开生产计划专题协调会，对每一个产品的生产计划进行全面梳理，统筹协调，最后确定了最佳的生产方案，制订了详细的排产计划。会议决定部分紧急的计划由苏州宝明和柳屯生产基地协助生产，一些特殊计划委托外部资源生产或代加工。经过近一个月的艰苦努力，在柳屯分厂和苏州宝明等兄弟部门的全力支持和配合下，功能公司最终克服了各种困难，生产计划按照既定进度顺利完成，没有因此使客户受到影响。

作为一家专业从事高温工业用耐火材料系统解决方案的服务商，公司客户涵盖国内外钢铁、水泥、玻璃、有色等领域，拥有国内外享有较高知名度与信誉度的“濮耐”“PRCO”“宝明”“华威”及“汇特”等品牌，已经成为各大钢铁企业、建材企业在耐火材料采购中的首选可信赖品牌。

二、遵法·回馈篇

我们在自身发展的同时，不忘回报社会，始终做到依法经营，足额纳税。多年来，濮耐股份一直是濮阳县的纳税大户，为当地经济的发展做出了不可磨灭的贡献。我们致力于技术创新，不断拓展增值空间，确保股东收益的长期最大化。同时，实施积极的利润分配政策，每年都进行现金分红。2013年现金分红3 964万元，占当年可分配利润的32.36%，2014年现金分红4 439万元，占当年可分配利润的27.38%，2015年现金分红2 643万元，占当年可分配利润的31.22%，连续三年以现金方式累计分配的利润不低于三年实现的年均可分配利润的90%以上。并加强公司市值管理，努力为股东创造价值。

另外，公司还热心公益和教育事业，尽力回馈社会。多年来，濮耐一直无偿资助教育事业，相继在武汉科技大学、西安建筑科技大学、北京科技大学、濮阳市实验中学等学校设立了濮耐奖学金和助困基金，建成了滑县濮耐希望小学，并为濮阳县郎中乡中心小学捐建了阳光电教室。此外，公司还积极为发展地方经济和再就业工程献计献策，通过不断扩大企业生产规模，想尽办法为政府分忧，积极安排下岗职工和残疾人员到公司就业，既解决了这部分人的生活困难，又在一定程度上缓解了社会的就业压力，替政府分了忧，还为黄河滩区、灾区农民提供了宝贵的就业机会。

三、创新·环保篇

创新是发展的动力，只有抓住技术进步的车轮，耐火材料产业才能更快更好地发展。近年来，濮耐股份与国内知名院校及科研院所开展合作，充分利用他们的研发优势和自己的科技转化能力，加快产学研用一体化步伐，推进耐材技术创新，保障高温工业技术进步。2016年12月6日，濮耐股份与中钢洛耐院在洛阳签订了战略合作协议，双方约定，将在产品研发、项目合作、产品互销、市场共同开发、技术交流、投资等方面建立长期稳定的战略合作关系。此次战略合作关系的建立，将充分发挥中钢洛耐院的研发优势与濮耐股份的市场优势，实现强强联合，优势互补，引领和带动耐火材料行业的发展与进步。

在濮耐股份的发展过程中我们坚持按照国家产业政策进行产品结构的设置。在产品设置中，功能型耐火材料占50%，节能型耐火材料占到了70%，都是国家倡导的新型耐火材料，产品结构的科学设置，保证了企业发展方向的正确性。节能减排研发绿色环保材料一直是濮耐发展的主题。2002年我们上了一条新产品生产线，用传统烧成工艺，每吨产品消耗2 530 kg标准煤，经过几年的艰苦攻关，我们研究出了具有自主知识产权的核心技术，吨产品耗煤仅需63 kg，降低了97.5%。我们还研究为客户节能的新产品，其中一种新产品投入使用后，大大缩短了烘炉周期，由原来的7～14天减至现在的1～3天，甚至可以免烘烤，不但节约了大量的烘炉能源，而且还节省了宝贵的时间，创造了显著的经济效益。经过科技人员的不断努力，目前濮耐产品技术处于国际先进水平，核心产品技术位于国际领先地位。濮耐，已经成为响当当的国际品牌！

四、人本·关爱篇

人才是企业发展的不竭动力。多年来，濮耐一直坚持以人为本的发展战略，加强对员工的职业教育、岗位培训、劳动保护、人文关怀，为员工职业发展提供更多的机会，让员工分享企业发展的成果。自1994年开始，濮耐股份相继招聘了一批有多年实践经验的技术人员，一起艰苦创业。强烈的事业心使他们组成了一个团结、奋进的领导团队，之后又吸引了一大批优秀高校毕业生加盟，从而组建起了一支学术造诣好、专业水平高、创新能力强的人才队伍。从此，濮耐股份的科技实力日益提升，企业发展一日千里！为适应集团公司战略发展的要求，打造学习型企业，2011年公司成立了濮耐干校。作为专门的培训机构，濮耐干校使现任干部与后备干部的素质和能力均得到了提升，同时也为公司后期的战略发展需要培养了一批后备人才。2016年8月，为实现公司的远景目标，保障公司事业蒸蒸日上，公司又成立了濮耐股份管理培训学院，从而为公司的可持续发展和高素质的人才队伍建设提供了组织基础。在员工的个人职业生涯规划方面，为员工开辟多条通道，除了职务晋升，还推出了技术职称体系的内部评定，覆盖面涉及技术、管理(会计、经济)、工程等多个系列，从而大大提高了员工的积极性和创造力。此外，公司为员工缴纳五险一金、提升福利待遇的同时提供免费午餐和上下班班车接送服务，在丰富业余生活、解决单身职工的婚姻问题等方面采取多种措施，极大地提高了员工的凝聚力和向心力，实现了企业内的整体和谐。各种保障制度的建立，增加了濮耐人对企业的认同感和归属感，增强了濮耐的核心竞争力。濮耐股份始终坚持人本理念，建立和谐的劳动关系，关爱员工，关注员工发展，做到用一流的薪酬打造一流的团队，用一流的团队创造一流的业绩，用一流的业绩支撑一流的薪酬，实现了员工与企业的共同发展。

7. 辉煌科技：诚信铸就辉煌

河南辉煌科技股份有限公司成立于2001年，是河南省首批认定的高新技术企业、软件企业，也是国内轨道交通通信信号领域首家上市企业。公司以服务轨道交通为已任，二十余年来专注于轨道交通测控技术的研发推广，是国内领先的轨道交通行业成套解决方案提供商，为国家铁路、城市轨道交通以及企业自备铁路等的建设与安全高效运营提供了坚实的技术支撑和可靠的服务保障。辉煌科技自创立以来，正是秉承“诚实守信”的经营理念，“认真严谨”的工作作风，始终把产品的质量、客户的信赖摆在首要位置，才使公司在行业内的市场占有率得以稳步提升。

古人云：“经营之道在于诚，赢利之道在于信。”诚信自古就是中华民族的传统美德，是中华民族五千年文明史上最为瑰丽和灿烂的文化遗产，也是中华民族五千年文明薪火相传的重要原因之一。在今天的市场经济条件下，诚信仍是企业的生存之本、品牌价值所在，也是企业的生命力之源，还是企业在市场竞争中最重要的软实力。企业的信用状况直接影响企业的生产、经营和消费环境。当前我国经济发展进入了新常态阶段，市场竞争更加激烈，企业的经营由过去的生产导向转变为消费导向。企业与客户之间的关系发生了根本性的变化，要想取得长足发展，企业经营必须建立在诚信可靠的基础之上。辉煌科技用实际行动在诚信体系的建设中做出了表率。

一、质量赢得市场　奠定诚信基石

产品质量是企业持续发展的生命线，是诚信经营的基石，是公司基业长青的关键所在，抓好质量管理工作是公司生产经营活动的重中之重。当今社会，铁路已成为重要的大众化的交通工具，更是国民经济的命脉；其运输过程中的安全，直接影响到了国民的生命和财产安全，所以铁路运输的安全性与可靠性至关重要。

辉煌科技所处的轨道交通通信信号行业在保障铁路运输有序、安全等方面发挥着举足轻重的作用，也正因为此，公司历来把产品质量放在第一位。本着“诚信共赢”的原则，辉煌科技制定了“以人为本，科技创新，安全至上；快速反应，服务一流；持续改进，永不止步”的质量方针，与供应商、客户保持着良好的战略合作关系，建立了平等互利的合作平台，营造了和谐公平的商业氛围。公司从成立之日起就制定了严格的质量管理体系，以确保产品质量达标，满足用户需求和安全保障。公司重信守诺，坚持“质量第一，信誉至上”的原则，被河南省质量技术监督局授予“产品质量、售后服务先进单位”称号，已通过了GB/T 19001—2008质量管理体系(现已作废)、ISO 9001:2008质量管理体系、ISO 14001:2004环境管理体系以及OHSAS 18001:2007IDT职业健康与安全管理体系“三标一体”的认证,并通过了美国卡内基-梅隆大学软件工程学院能力成熟度3级认定。

通过不断学习轨道交通行业的相关标准规范,不断健全规范文件和实际操作规程,实现了企业的持续改进和发展。通过在产品质量方面的不懈努力,公司目前已成为铁道部信息化建设定点单位,铁道部指定铁路通信信号及行车指挥领域标准制定、系统研制与系统集成单位,河南省交通信号控制工程技术研究中心。在铁路市场方面:公司现有产品主要面向国家铁路通信信号行业,公司的优势产品如铁路信号集中监测系统、铁路防灾安全监控系统、轨道交通信号智能电源系统等,均在市场占有、标准化技术和品牌推广上具有优势地位。在城市轨道交通市场方面:公司于2011年中标郑州地铁1号线并正式进入该领域,又陆续中标郑州地铁2号线一期、1号线二期、郑州机场线等多个城轨项目,目前在河南区域内具有一定的优势。公司将立足于本地市场的同时,积极向全国城市轨道交通市场拓展。

正是源于公司对产品质量的严格把控和精益求精,才使公司在诚信经营方面有了底气和资本,为公司赢得了广阔的发展空间。

二、诚信铸造品牌　夯实发展之基

诚信经营是企业发展的根基和生命线,品牌的生命在于经营者的诚信和产品的质量。辉煌科技一直把诚信经营作为企业日常管理的重要内容,在经营管理中不断加强对企业诚信的投入。公司将诚实守信作为企业发展之基,注重与供应商、客户的沟通与协调,把其满意度作为衡量公司工作的标准之一,并与其建立共存共荣的战略合作伙伴关系,充分尊重并保护供应商和客户的合法权益,保持长期良好的合作共赢关系,赢得了良好的市场口碑。

作为《河南上市公司诚信公约》签约单位,公司积极参与河南上市公司诚信公约阳光行活动,公司领导和负责同志也踊跃参加了历年的河南资本市场诚信建设与规范发展的相关培训。在日常管理中,坚持不懈地抓《合同法》《税法》等法律法规的学习、宣传培训工作,使得公司每位员工都能学法、懂法、守法。经营管理方面,依法合规经营,依法诚信纳税,促进地方经济发展,为社会创造财富。同客户业务往来时,坚持诚实守信的准则,实行公平交易,最大限度地保护消费者权益。员工培训方面,注重培养和提高员工诚信意识,公司上上下下形成了良好的诚信风尚。

在公司全体员工的持续努力下,“辉煌牌”获得河南省著名商标,2009年被河南信用评估咨询有限公司评定单位信用等级为AAA级。此外,公司严格遵守信贷合作的商业规则,与各贷款银行均保持着良好的合作关系,公司银行信用等级为AA级,并被郑州市国税局和地税局联合评定为纳税信誉等级A级单位。

三、服务客户至上　成就诚信美名

经过市场经济大潮千千万万的实践证明,在产品日益同质、同价的前提下,企业服务质量的优劣，直接关系到企业产品的市场占有率，关系到企业能否可持续性发展，关系到企业的生存。产品价格和质量的竞争是“第一次竞争”，服务和诚信的竞争则是“第二次竞争”，后者是一个更深层次、更高要求、更具有长远战略意义的竞争，甚至比提供产品本身更为重要。

辉煌科技始终把服务客户、服务轨道交通事业发展作为企业文化建设的中心环节来抓，坚持靠诚信待用户，打好“服务牌”，以用户满意为首要任务，实行售前、售中、售后一体化服务，消除客户的后顾之忧。2013 年 9 月 27 日，为表彰公司保质保量完成了郑州地铁 1 号线一期工程的相关工作，郑州市轨道交通有限公司发来嘉奖函，对公司及员工的综合实力和工作作风进行了高度评价。郑州地铁公司专程发来感谢信，表彰公司 2014 年在 AFC 维保项目部定期维护、故障处理、专项检查、安全培训、节假日保驾护航等工作中冲在最前沿、表现最突出，给予公司高度好评和感谢。

由于公司多年来持续不断地提供优质服务，因此赢得了众多客户对公司的信任，成就了公司诚信经营的美誉。

四、创新加快发展　助力诚信建设

习近平总书记深刻指出：“科技是国家强盛之基，创新是民族进步之魂，是引领一切发展的动力。”近年来，我国轨道交通事业的发展非常迅猛，只有在持续创新的前提下，才能不断研发出适应市场需求的新产品，为诚信经营奠定基础。当前，河南正在全面推进“诚信河南”建设，河南本地的上市公司理应成为全省诚信建设的领头羊，通过不断创新为诚信建设增添动力。

作为我国轨道交通通信信号行业的重要一员，辉煌科技始终把科技创新作为历史使命和责任，不断加大研发投入，不断开发新的产品，提升产品的技术竞争力，为我国轨道交通事业的发展添砖加瓦。公司现有员工近 700 名，研发人员占比达 30%以上，研发经费投入占销售收入的比重不断上升。2014 年公司的研发投入达到 4 383 万元，占营业收入的 8%，2015 年的研发投入更是达到6 327 万元，占营业收入比重超过 11%，拥有专利 180 多项，被国家科学技术部认定为“国家火炬计划软件产业基地骨干企业”。公司也被河南省发改委、河南省科技厅评定为高成长型高新技术企业、自主创新型企业，是河南省高新技术企业和省重点软件企业，是郑州市政府重点扶持的 51 户工业企业之一。

五、履行社会责任　塑造诚信品牌

“为社会作贡献，为企业求发展，为员工谋福利”是辉煌科技一以贯之的企业实践，也是企业获得长足发展和成功的宝贵经验。回馈股东和社会是公司经营的重要职责，公司在创造经济效益的同时，坚持与投资者共享成长的理念，高度重视和积极回报股东，为公司打造了诚信经营的品牌。

自上市以来，辉煌科技遵循真实、及时、准确、完整的准则，对达到披露标准的信息进行充分披露,切实维护广大投资者的知情权。在日常工作中,积极接待投资者的现场调研,并安排证券办专人负责接听投资者热线电话,耐心解答投资者的问询。同时为中小投资者参加公司决策提供多种便利,在召开股东大会时积极采用网络投票、重要事项中小投资者单独计票等方式,切实保护了中小投资者的合法权益。在深圳证券交易所对中小板上市公司信息披露的考核中,辉煌科技的信息披露工作表现优异,2014 年、2015 年连续两年均被评为“A 类”(优秀)。

辉煌科技在实现公司利益的同时,积极践行社会义务,在创造经济效益并兼顾公司和股东利益的同时,努力回报社会,承担社会责任,构建和谐友善的公共关系。公司积极主动地与相关政府部门、监管机构、媒体保持沟通交流,主动接受政府部门、监管机构的行政监督和社会公众、新闻媒体的社会监督,树立了良好的公众形象。在公司自身不断加快发展的同时,依法履行企业的纳税义务,按时缴纳税款,积极履行扣缴义务人代扣代缴税款的责任,把依法纳税作为履行社会责任、回馈社会的最基本要求。公司在自身发展壮大的同时,也积极为社会创造更多的就业机会,为缓解政府的就业压力、带动地方的经济发展作出贡献。

放眼未来,路漫漫其修远兮,吾将上下而求索。辉煌科技将一如既往地按照《河南上市公司诚信公约》的要求,坚持诚信经营,规范发展;质量第一,信誉至上;优质服务,精益求精;自主创新,科技兴企;节能环保,安全生产;公平交易,有序竞争;完善治理,健全内控;合规披露,不做假账;严格防控内幕交易;心系股东,加强沟通;创造财富,积极回报;以人为本,关爱员工;依法纳税,回馈社会;遵守公约,奖优罚劣;强化自律,提升形象,努力以优异的业绩回报广大投资者和社会!

8. 华英农业："世界鸭王"做食品就是做良心

董事长谈诚信

华英农业董事长曹家富:保障食品安全　弘扬诚信经营

华英农业是一家以鸭加工为主,在行业内产业链最为完整、以出口为主的外向型食品加工企业,全国农业产业化重点龙头企业,国内鸭行业首家上市企业,也是目前世界上工厂化养殖加工最大的鸭加工企业。作为食品行业上市公司的一员,保障食品安全、弘扬诚信经营是华英人义不容辞的责任和义务。多年来,我们始终秉承"做食品就是做良心、做道德"的经营理念,特别是上市以来,华英农业全面推进实施了诚信体系建设。

首先,我们通过以安全、规范、责任为核心内容对员工进行思想灌输,确保每位员工的食品安全意识和规范操作行为都统一到规定的标准上来。其次,明确目标、突出重点,扎实开展企业诚信体系建设。公司以保证食品安全为中心,把疫病防治、残留控制和加工过程卫生控制等进行有机整合,构建了一个从源头到餐桌的全产业链无缝链接,保证了食品安全的万无一失。三是不断完善、提升内控规范水平。特别是上市后,公司全面启动了内控体系制度建设,成立了专门的组织机构,并聘请了专业的咨询公司做辅导,充分利用内部和外部的智慧,共同对企业内部的管理制度、风险控制及信息披露等进行全面的梳理、整改、规范,使其更符合上市公司规范管理的要求。

俗话说:人无信不立,业无信不胜。诚信建设,人人有责,利在当前,功在千秋!作为《河南上市公司诚信公约》签署企业的一员,华英农业将一如既往,筑牢诚信底线,恪守诚信承诺,履行诚信责任,以实实在在的业绩回报股东、回报社会,为构建河南省和谐社会和食品行业的蓬勃健康发展再立新功。

正文

"谁砸华英质量的牌子,华英就砸谁的饭碗。"了解华英农业当家人曹家富的人都知道,这句话是他的口头禅。正是这种自始至终对质量的严苛要求,对保障消费者食品安全的承诺和坚守,让华英农业从一个一文不名的地方小公司,成长为行业巨头。

诞生于1991年的华英农业,用时4年,便成就了"中国鸭王";仅用6年,便坐上了亚洲第一的"交椅";第10个年头,华英成为名副其实的"世界鸭王";2009年公司成功在深交所上市,成为国内鸭行业的首家上市公司。

近年来,在国内稳居行业龙头的华英农业还走出国门,产品远销到韩国、日本、新加坡、南非、中东、欧盟等 20 多个国家和地区，靠品质在国际市场攻城略地。

一、专注成就“世界鸭王”

20 世纪 50 年代末，很多英国人喜欢吃用北京鸭做成的烤鸭，但是都觉得当时的烤鸭品种太肥腻。于是，英国一个研究团队聚集在樱桃谷农场，专门研究北京鸭的育种问题。

通过长年的遗传选择试验，英国人培育出了生长快的瘦肉型鸭子，很快成为英国种鸭出口的佼佼者。1984 年和 1994 年，英国女王先后两次为“樱桃谷”农场颁发“女王勋章”，以表彰其在英国出口贸易领域的贡献。

樱桃谷鸭在中国的大规模推广开始于 1991 年，当时的英国首相撒切尔夫人第四次访华，促成了中英两国的一批贷款合作项目，其中就包括樱桃谷鸭。河南信阳市潢川县争取到这个项目在当地落户，在潢川县畜禽开发公司的基础上，正式组建河南华英禽业农业公司，“华英”的名字也记录了这段历史。

实际上，当时利用英方资金新建的樱桃谷肉鸭项目一共有 3 个，包括河南的潢川、淮滨及河北的清县。河北的那家企业早已破产，淮滨的三和公司在 1998 年被华英全资收购，所以真正运作成功、最终发展起来的只有华英一家。

探寻华英农业 27 年发展壮大、一步步成长为“世界鸭王”的历程，其原因是多方面的，其中之一就是专注。从 1991 年立项开始，到 2013 年，华英农业连续上马了六期大的工程建设项目，专注于樱桃谷鸭的产业链。

1993 年 2 月，年屠宰樱桃谷鸭 100 万只的华英一期工程顺利竣工投产。1994 年 9 月，公司投资3 000万元，上马了二期工程，相继建设了种鸭孵化场、屠宰冷冻生产线和饲料厂，使企业的生产能力扩大了一倍。1996 年 9 月，总投资 4 500 万元的三期工程开始启动，兴建了包括种鸭饲养、孵化、屠宰冷冻加工、羽绒加工等多条生产线，使华英的生产加工能力再度扩大了一倍，年屠宰加工樱桃谷鸭达 1 200 万只以上，一跃成为亚洲最大的鸭加工企业。

为迎接“入世”挑战，在更高层次上参与国内、国际两大市场竞争，华英农业又抢抓机遇、科学决策，于 2000 年 7 月开启了“再造一个新华英”的四期工程大幕，该项目总投资 8 000 多万元，完全按照世界上最严格的欧盟和日本卫生标准设计建造，所用设备全部为国际尖端水准。随着四期工程的顺利投产，华英农业具备了年孵化鸭苗 3 800 万只，年加工商品成鸭 4 000 万只的生产能力，一举成为“档次国际一流，规模世界最大”的樱桃谷鸭加工基地，完成了“中国鸭王”向“亚洲鸭王”再到“世界鸭王”的三级跳。

面临良好的国内外销售形势，2004 年，华英农业顺势上马了第五期工程，该项目总投资 9 881 万元，被河南省政府确定为省重点建设工程，五期工程的投产使公司屠宰加工商品成鸭能力达到7 000万只以上，进一步巩固了华英的“世界鸭王”地位，规模效益日益显现。

在规模扩张的同时，公司不断将成功的“华英”模式向外复制延伸，分别在河南省的淮滨、淮阳，山东单县、江西丰城组建了分公司或子公司,使企业的带动能力和辐射能力不断扩大,企业影响力持续提升。

2009 年 12 月 16 日,华英农业在深交所成功上市,成为中国肉鸭行业第一家上市企业。2013 年,公司成功实现了再融资,华英也顺势启动了六期工程建设,这对进一步完善和巩固华英一体化的产业模式,提高市场份额都有很大的促进作用。

截至 2015 年底,华英农业拥有总资产近 50 亿元,形成了包括种鸭场、种鸡场、标准化养殖基地、肉鸭屠宰加工生产线、熟食生产线、肉鸡生产线、饲料生产线、羽绒生产线和羽绒制品生产线等在内的全产业链,规模宏大、技术领先、配套科学,华英真正成为了名副其实的"世界鸭王"。

二、质量为尊　享誉国际

食品的"食"怎么写? 一个"人"字加一个"良"字,可见,良心是食品企业不可逾越的红线。

"做食品就是做良心、做道德!"华英农业董事长曹家富一直把这个理念挂在嘴边,把食品安全作为华英农业发展的立身之本。曹家富认为,食品安全也是华英全产业链最核心的竞争优势和利润源泉。所以这么多年来,华英人坚持质量优先原则,持续提高产品质量,努力改进工作质量,不断优化服务质量,像对待自己的孩子一样对待每件产品,将心比心,用心创造。还有一句话,曹家富也一直挂在嘴边:"谁砸华英质量的牌子,华英就砸谁的饭碗。"严厉话语的背后是华英对"质量为尊"生存法则的一贯坚持。

1993 年,华英的第一条生产线建成投产后,凭借樱桃谷鸭的品种优势和产品内外质量均一,华英很快成为南京桂花鸭农业的肉鸭供应商。然而,就在当年的 8 月 16 日,曹家富得知南京桂花鸭农业反映华英的产品有质量问题,可能混杂了残次品。得知消息后,曹家富马上下令召回该批次产品。8 月 18 日,华英农业在一个生产车间召开高管现场办公会。曹家富提出,作为新办企业,产品存在检验不足的问题,但这不能成为华英降低产品质量标准的理由,就在这个会上,他严厉地指出:"谁砸华英质量的牌子,华英就砸谁的饭碗。"

从此,每年的 8 月 18 日成了华英农业的"耻辱日",每年的 8 月 18 日至 9 月 18 日成为华英的质量宣传月。华英每年都会从产品质量、食品安全、规范管理等方面寻找主题,进行质量宣传,以达到牢记过去耻辱、确保质量第一的目的。华英始终要求员工诚实守信,不以次充好,不蒙骗客户,这是华英立足食品行业龙头地位长久不衰的秘籍,也是华英始终坚守并继续发扬的品质。

为确保源头安全稳定,近年来华英先后投资 3 亿多元人民币,建起了大型现代化、标准化、规模化养殖基地近百个,并按照《出口肉禽饲养场备案的基本条件和要求》,同时吸收学习国内外先进经验,结合华英的实际,制定了《樱桃谷鸭饲养、屠宰加工系列标准》,形成了自己的标准体系。

按照 HACCP 食品安全控制体系,华英在宰前、宰中、宰后的各个生产关键控制点,制定了规范的操作规程,建立了疫病防治、兽药残留、加工卫生三大控制系统。同时,扩建改造厂房,净化美化场区,使产品的整个生产过程处在无污染、无公害的绿色安全环境中。还投入巨额资金,建立现代化的实验室,使企业的检测手段和检验结果达到世界先进水平。

相比其他同行企业,华英农业最大的特点是全产业链保证食品安全与可溯源。对肉鸭业务而言,华英农业经营范围涵盖祖代-父母代-商品代-养殖-屠宰,包括饲料都是自产自销,还有鸭毛作为羽绒加工原料。完整的产业链最大程度上保证了食品安全。比如在饲料生产环节,公司对玉米、小麦等原料在原产地和入厂前均进行黄曲霉素与农药残留检测,从源头上确保饲料安全。养殖环节,公司实行统一的雏苗投放、饲料供应、疫病防疫,建立并完善养殖记录档案,确保疫病和药残的可控性。屠宰环节,待屠宰鸭/鸡源须经检疫合格,可疑鸭只必须由兽医检验合格后方对该批鸭源颁发准宰证;分割后鸭块由质检员进行药残检测,冻品入库后进行微生物和理化项目检测。熟食生产环节,所用原料需检测合格后方可投入使用;产品入库后对微生物、理化、添加剂含量等进行抽样检测。公司已建立了从产品到原料的快速追溯体系,保障了产品的卫生与质量安全。

华英对质量的严苛要求,也让这一品牌在业内树立了自己的口碑和影响力,得到了广泛的认可。先后被评为全国质量管理先进企业、全国食品安全示范企业、中国食品工业百强企业、中国质量诚信企业、中国最受尊敬的鸭肉企业等,华英产品先后被评定为“中国名牌”“无公害农产品”和“中国名牌农产品”等。品牌是企业的无形资产,这一价值体现在市场上,同样的产品,华英品牌要比其他产品高出800～1 000元每吨。

2008年和2012年,华英农业分别成为北京奥运会和南京青奥会唯一鸭肉供应企业。2015年,更是得到了上合会议和世界互联网大会的认可,成功荣膺唯一鸭肉供应商,风行国际峰会餐桌。

如此重要的国际会议,国宴用食材非常慎重和讲究。华英鸭为什么能成为上合会议、第二届世界互联网大会独家指定鸭肉?原因不言而喻,就是华英在二十多年的发展过程中,长期专注鸭行业,始终把食品安全体系,贯穿于养殖、饲料、加工、包装、储存、运输等各个环节,99道检测工序,成功构建了疫病、药残和卫生控制三大安全保证体系,使华英产品始终处于“受控”状态,确保了鸭肉品质的安全放心。因此成功通过两次会议组委会的严格挑选,成为两次盛会指定的唯一鸭肉供应商。

稳定的产品质量和深远的品牌影响力也成为华英打开世界市场的敲门砖,获得了国际市场的“准入证”和“通行证”。近年来,在全国进出口贸易增速放缓、外需市场疲软的大环境下,特别是国外对我国畜禽出口限制越来越多、技术壁垒不断高筑的情况下,许多禽肉企业的产品出口受到严重影响,而华英农业的出口业务却一路高歌、表现不俗,出口额连创新高。

数据显示,华英占日本在中国进口鸭肉制品总量的55%～60%,占韩国在中国进口鸭肉制品总量的70%左右,在禽肉出口行业位居前列。值得一提的是,华英还是内地唯一一家对香港地区出售冻鸭肉产品的企业。

2015年,华英农业还顺利打开了欧盟市场的大门。2015年6月23日,华英农业首批21吨“去骨烤鸭”产品,从所属山东菏泽的熟食加工厂顺利启运,通过青岛港正式发往欧盟市场。“这是华英农业继成功开拓日本、韩国、东南亚、中东、中亚市场后的又一次大的举措。华英产品正在改变外国人对中国食品的不良印象,华英鸭已成中国食品出口的一张新名片。”华英农业常务副总经理闵群说。

据了解，熟制鸭肉出口在食用农产品出口中向来最难，特别是出口欧盟国家，因为其对鸭肉制品进口的生产及检测标准要求非常严格。实现对欧盟出口，意味着华英鸭肉制品已拥有了完整、严格的生产出口体系。

相比之前的韩国、日本市场而言，欧盟既是一个大市场，也是一个高端市场。欧盟现有20多个成员国，5亿多人口，消费水平高，鸭肉市场容量大。从产品上讲，出口欧盟的熟制鸭肉主要是鸭胸肉和去骨整鸭等，这对企业产品品种和规格的结构调整特别有利，出口的部分正是国内消费量不大的品种和规格，可以与国内市场互补。在价格方面，同样的产品，欧盟平均价接近每吨8 000美元，而日韩价格每吨只有5 000美元左右，相差3 000多美元。

“实现鸭肉制品对欧盟出口，不仅经济效益可观，而且能大幅度提高我国农产品在国际市场上的核心竞争力和知名度，对推动中国现代农业发展、拉动三农经济与国际接轨具有重要意义。”闵群说。

“现在我们公司正结合国家的‘一带一路’倡议，紧紧抓住对欧盟出口的大好机遇，进一步分析市场需求、丰富产品品种、扩大市场份额，力争到‘十三五’末，实现出口占据欧盟市场进口中国鸭肉的半壁江山。”曹家富称。

在国内市场，华英将提供部分产品用来供应高端客户，像双汇、上海利丰、南京桂花鸭、煌上煌、绝味、中北、永辉等企业，实现强强联合。另外，针对消费者的高端需求，华英将打造高端产品品牌。总体而言，华英的新布局仍将海外国内两手抓，但重点仍在海外市场。

三、华英模式　致富三农

“要想发，养洋鸭。”这是流传在潢川乃至信阳农村的一句民谚，说的就是潢川农民在华英农业的带领下养鸭致富的事儿。

作为国内外最大的肉鸭一体化养殖加工企业，国家级农业产业化重点龙头企业，华英农业有自己独具特色的华英模式。它通过对传统农业的不断创新，率先在老区、农区走出了一条成熟的全产业链的“公司＋基地＋农户＋小区”的产业化发展之路。

20世纪90年代初期，豫南农民的养殖观念还停留在家家户户的散养状态，不知道圈养、集约化养殖为何物。针对这一现状，华英农业通过示范带动，积极帮助农民转变观念。开展了送科技下乡、开办养殖技术星火培训等形式，使广大农户认识到：依托华英，走产业化发展之路才是实现脱贫致富奔小康的现实途径。

对此，华英与愿意从事养殖的农民利用合同契约的形式，把农户和企业联结起来，形成“公司＋农户”的模式，愿意从事樱桃谷鸭养殖的农户首先到公司申请，公司派技术人员指导建场，然后签订风险共担、利益共享的养殖合同，对鸭苗投放、饲料供应、饲养管理、消毒防疫、成鸭回收等全过程实行“五统一”管理，帮助他们通过科学化、规范化的养殖实现快速致富。

在实际发展过程中，为拉紧“公司＋农户”的链条，华英制定并完善了“五保一扶两优”的优惠养殖政策，完善养殖保障体系，降低农户的运营风险。“五保”即保证提供合格的鸭苗，保证提供足量的全价系列鸭饲料，保证提供产前、产中、产后的技术服务，保证按时按价回收商品成鸭，保证养殖农户在任何市场行情下尤其是市场价格下跌时有一定的养殖纯利润，一直以来，华英承诺，无论在市场发生何种变化的情况下，给农户的利润空间保持在每只1元左右；“一扶”就是对鸭苗、饲料、鸭场建设所需资金进行扶持；“两优”就是养殖农户用现金购买鸭苗和饲料时，给予一定的优惠让利，对新建场户养殖业务优先办理。

同时，公司为严格保护养殖农户利益，实行“四专一卡通”式结算体系，具体为：成立专门的独立养殖饲养管理机构、专门的技术人员、专门的独立资金账户、专门的养殖结算业务办理窗口，一站式结算服务流程。这些养殖政策的确立，消除了养殖经纪人与基本养殖农户之间原来存在的利益矛盾，解除了广大农户的后顾之忧，既保证企业有稳固优质的原料来源，又化解了农户养殖的风险，增加了他们的收入，收到了“双赢”的效果。长期稳定的养殖政策，让农户真正养上放心鸭、实惠鸭。

加入世贸组织以后，中国禽产品的出口一直受到疫病、药残等问题的制约。为了打破国际绿色贸易壁垒，提高出口创汇能力，华英农业先后投入巨资建立了年出栏30万只以上经CIQ备案的标准化养殖场47个。这些标准化的养殖基地由公司派人实行科学化管理，既充分发挥了规模养殖在管理、技术上的示范作用，又使基地和农户之间形成无形的竞争，推动养殖农户提升养殖技术，提高养殖质量。公司采取“定期检查，优存劣汰”的办法，逐场逐户检查验收，并建立台账，严格按养殖标准要求进行科学管理，经常总结和推广社会养殖户和各大场养殖的好经验、好做法，要求这些有经验、有实力的养殖场(户)加快养殖小区的建设。特别是近几年来，华英采取多种措施，进一步加大养殖小区的建设步伐，对农户自建的小区，在保证一定的养殖年限和数量的前提下，由公司一次性给予现金补助，促进现有养殖场户全部实现工厂化、集中化、规模化，有效保证鸭源产品质量和养殖效益，也顺利推进了“公司＋基地＋农户”向“公司＋基地＋农户＋小区”产业化模式的转变。

如今，在潢川大地上，跟着华英发家致富养洋鸭的理念深入人心。潢川及周边县市先后有30余万人因为华英农业的养鸭产业直接受益，年人均纯收入3万元以上，户均收入8万元以上，使更多的农民得到了实惠。

20多年来，华英不仅为农村剩余劳动力及城镇下岗工人提供了一个就业平台，解决了几万人的就业问题，而且随着华英的发展，进一步拉动了当地农副产品加工业、商品零售业、交通运输业、餐饮服务业等第二、三产业的发展，吸引了大批农村富余劳动力和城市下岗职工实现就业。

有人如此评价“华英模式”：这是一场前所未有的产业革命，不仅从源头上保证了食品安全，同时也保证了农户养殖效益的实现，取得了利国利民利企业多赢的效果。

华英的发展，得到了各级政府的大力支持，“华英模式”也成为一种现象，引起了全国各大媒体、经济学家的密切关注。《人民日报》、中央电视台、《河南日报》等媒体多次报道了华英公司的发展轨迹。著名经济学家厉以宁曾亲自撰文《值得重视的华英模式》，对华英现象进行了深度探索。国务院总理李克强当年在视察华英时强调指出：华英农业是河南省农业产业化发展模式中最完善、最彻底的一个，为农业发展和农民致富带了一个好头。

立足华英的养鸭产业，当地政府还提出了“华英农业”富民计划，按照信阳市委、市政府提出的

“3133”规划构想，华英正在向着新的目标迈进，即实现产值 100 亿元，出口创汇 1 亿美元，发展连锁店超过 1 000 家，屠宰加工 3 亿只以上，实现利税 3 亿元，带动 30 万农民通过养殖或从事相关产业走上富裕之路。

人无信则不立，业无信则不胜。27 年来，在当家人曹家富的带领下，华英农业始终坚持“诚实守信、专业争先”的企业核心价值观，富民强企、业润社会。长期对产品质量的坚守、对企业诚信建设的培育，让华英的品牌形象赢得了国内外客户的广泛认可，也让华英的企业形象日臻丰满，成为中国鸭肉品牌的杰出代表，为中国肉类行业的发展和当地经济建设做出了突出贡献。

9. 森源电气：诚信森源　引领中原

诚信建设是规范资本市场发展的根本保证，更是上市公司生存发展和提高竞争力的基石。2012年10月，在河南证监局指导下，由河南上市公司协会推动，省内六十多家上市公司共同签署了《河南上市公司诚信公约》，旨在提高上市公司诚信意识，规范上市公司行为，塑造上市公司诚信形象，增强上市公司竞争力，以促进河南省资本市场的健康发展。

诚信是资本市场健康、稳定、繁荣发展的重要基础，加强资本市场诚信建设，引领资本市场主体诚信自律，弘扬资本市场诚信文化，是促进资本市场健康发展的重要保障。诚信经营是企业应当履行的义务，也是上市公司对资本市场和广大投资者的重要承诺。作为《河南上市公司诚信公约》首批缔约成员之一，森源电气自成立以来一直秉承"服务于社会、贡献于国家"的企业理念，坚持"诚信经营、守法经营"的原则不动摇，牢记"诚信"初心，实现了企业使命与社会责任的双赢。自签约以来，森源电气多次主办"诚信公约阳光行——走进上市公司"活动并荣获"2013年度河南省上市公司诚信履约先进单位"。

一、以诚信立足资本市场

自2010年在深圳证券交易所中小板挂牌上市以来，森源电气严格按照上市公司监管要求，完善公司内部治理，真实、准确、完整、及时、公平地进行信息披露，维护良好的投资者关系，坚持以"诚信"立足资本市场。

1. 公司治理和内控

规范三会（股东大会、董事会、监事会）运作是提高上市公司质量的重要途径。上市公司三会制度的建立，形成了上市公司中权力机构、决策机构、监督机构之间权责分明、各司其职、有效制衡、科学决策、协调运作的法人治理结构，并由此保证公司治理制度的合理性，进而更好地保护投资者利益。森源电气不断完善内部治理，健全内部控制：一方面确保"三会"和经理层的有效运行和相互制衡，严格保持上市公司的独立性；另一方面加强公司内部控制体系建设，有效防范和控制风险，完善内部激励、约束等机制。

2. 信息披露

诚信是上市公司信息披露的首要准则。森源电气严格执行相关法律法规，自觉按照真实、准确、完整、及时、公平的要求进行信息披露工作，公允反映公司的经营状况，充分解读公司的发展思路，并加强内幕信息管理，认真执行内幕信息知情人登记制度，有效防控内幕交易，从根本上保证广大股东的合法权益。

3. 投资者关系维护

良好的投资者关系是公司健康发展的需要。森源电气切实保护投资者,特别是中小投资者的合法权益,不断健全相关工作机制及工作流程,主动加强与投资者及潜在投资者的沟通和交流。公司通过多种途径不断创新沟通方式,为投资者了解公司情况及行使股东权利提供便利条件,及时给投资者释疑解惑,积极回应投资者的诉求。不懈的努力换回的是资本市场对公司的青睐,不仅促进了公司与投资者之间的良性互动关系,也提升了公司治理水平,使投资者对公司有更深的了解和认同,树立了公司良好的资本市场形象。

森源电气以诚信立足资本市场,自 2010 年上市以来,公司累计分红总额 4.07 亿元,在创造财富的同时积极回报广大股东;公司总股本由 86 000 000 股扩大到 929 756 977 股;总市值由 20 多亿元发展至 100 多亿元,巅峰时市值 287.6 亿元。公司的努力和付出也不断得到社会的认可,赢得了资本市场的肯定和投资者的青睐,资本市场对公司长期稳健发展、诚信合规经营、坚持科技创新、高效公司治理、注重股东回报给予了充分肯定。2014 年 10 月,公司获得“大众证券杯”最佳中小板上市公司奖;2015 年 10 月,公司获得最佳市值管理上市公司奖;2015 年 11 月,公司获得 2015 年度中国最受投资者尊重的上市公司入围奖。

二、以诚信扎根实业

企业诚信不应仅仅体现在监管要求上,“实业兴国”,作为一家智能制造企业,森源电气更加注重在产品质量、客户服务、安全生产、社会责任等方面恪守诚实信用的行为准则。

1. 企业发展　质量先行

1992 年森源电气的前身长葛开关厂刚刚成立时,就确定了“质量是生命,用户是上帝”的理念,话虽朴素,但背后凝结着森源人的初心。凭着对诚信的执著,公司严把质量关,“一次交检合格率在 92%以上,成品抽检合格率 100%;确保顾客满意度在 90%以上……”这是公司明文规定的质量目标。

森源电气通过具有国际领先水平的软、硬件的建设,依靠“智能装备制造、制造智能装备”的发展思路,形成了集柔性加工及数字化管理为一体的智能加工制造能力,并结合公司先进的产品研发、技术优势和专业化的管理优势打造公司核心竞争力,以此确保公司的高质量发展。近年来,公司严格按照相关标准进行产品设计和制造,按照 ISO 9001 质量体系严格进行质量管理和控制,建立健全并有效运行质量管理体系,全部产品均经过国家指定权威机构认证后才投入市场,坚决满足客户需求,为客户提供最优质的产品。公司注重品牌战略和服务意识,产品质量稳定、可靠,从未出现因为产品质量问题而引起的纠纷,在广大客户心目中树立了良好的口碑。

2. 服务至上　精益求精

凭着“服务至上、精益求精”的诚信理念,森源电气在多次与西门子、ABB 等国际电气巨头的直接较量中，拿下大额订单；在无数次售后服务中，赢得一片赞誉；在下行压力加大的经济形势下，始终保持较高的市场份额。

公司努力打造以客户为中心的全方位服务体系，规范服务流程，提高服务技能，注重服务细节，不断改进和提升服务水平。公司认真对待每一个客户，以近乎苛刻的品质要求完成每一单合同，“产品卖到哪儿，森源电气的服务就跟到哪儿”，“产品实行终身维护”。

2016 年 9 月，当人们还沉浸在中秋佳节与亲人团聚的喜悦气氛中时，万里之外的西藏拉孜光伏和江孜光伏项目的售后服务指令相继传来，现场急需安装调试。可 9 月份的西藏正是雨季，空气稀薄，极度缺氧，项目前期就有员工因为强烈的高原反应导致肺气肿、肺水肿而生病住院。但就是在这样恶劣的环境下，森源电气的售后人员依旧马不停蹄地赶赴现场，迅速投入到紧张的工作当中去。几位同志呼吸困难，并被确诊为高原型肺水肿。然而病痛并没有阻止他们的脚步，在经过短暂治疗后，顽强的森源人又回到了服务现场，直到最终圆满完成任务。

3. 节能环保　安全生产

“真没想到，在这么小的城市，居然会有这么大的工厂。”这是 2015 年，在央视《新闻联播》节目中，来森源电气交流访问的意大利专家发出的由衷感慨。在不断做大做强的同时，森源电气也坚持把环保和安全抓在手里。公司实际控制人楚金甫先生在许昌市首届“诚信标兵”活动中接受采访时说过，“我们承诺不做损害自然环境和员工健康的事，不排一滴污水、不排一方废气，因为这样不值得”。这是可持续发展的需要，也是国家经济快速增长下对企业提出的新要求，森源电气将积极提升发展质量效益，实现绿水青山与金山银山的有机统一。

多年来，森源电气非常重视并推进环境保护、节能降耗、清洁生产等工作，追求零污染、零排放的环保目标，最大限度减少对环境和员工造成的影响。走在森源生产车间里，闻不到工业废气的味道，看不到粉尘飘荡的场景。工人的电焊响起来，旁边的废气处理设备便随即吸走废气，通过活性碳等处理后再进行排放。在厂区里，一座 40 多米高的空气净化塔，还有投资 4 000 多万元的污水处理系统日夜不停地运转。森源的废水、废气、噪声均达标排放，无超标现象及相关方投诉事件。

安全生产是企业的生命线，为适应新形势下的企业发展，做到安全生产、文明生产，公司通过积极构建环境、职业健康安全管理体系和开展安全标准化工作来不断完善企业的安全生产管理。积极推广普及全员安全生产意识，不断加大安全投入，加强安全生产管理，全面落实安全生产责任制。在严格的安全管理制度下，公司成立 20 多年来，从未发生安全事故。

4. 社会责任　以人为本

2016 年 1 月 15 日，第三届河南省诚信兴商诚信经营大讲堂暨诚信经营示范单位(个人)表彰大会在河南省人民会堂隆重召开，倡导诚信兴商理念，共创诚信营商环境，森源电气获得“2015 年河南省诚信经营示范单位”荣誉称号。公司始终坚持以人为本，加强员工职业教育、岗位培训、劳动保护、人文关怀，为员工职业发展提供更多机会，让员工分享企业发展成果。

多年来，森源电气秉承“服务于社会，贡献于国家”的企业理念，始终坚持把“守法经营，诚实守信”作为企业的立法之道、兴业之本，着力打造企业的商业诚信、社会诚信、个人诚信，依法经营，依法纳税，自觉维护市场经济秩序，时刻牢记民营企业和企业家的使命与社会责任，热心社会慈善事业，倾情回报社会。

三、公司领导人——“诚信标兵”

森源电气实际控制人楚金甫先生作为公司创始人，数十年来自觉践行着诚信经营理念，也正是凭着诚信理念，楚金甫先生荣获许昌市首届“诚信标兵”，他带领的森源也先后获得“2013年度河南省省长质量奖”和“2014年河南省质量标杆企业”等称号。作为森源集团董事局主席、总裁，楚金甫先生每天的工作忙碌而繁复，却始终离不开这样几条主线：

【忙学习】

学习的差距＝发展的差距。

2016年春节期间，紧张忙碌了一年的外地企业家可能在忙着放松、休闲、娱乐，而我们森源的楚总，不闲反忙，“充电”成了他节日的关键词。由长葛市与清华大学、北京大学等高等院校联合举办的“领导干部素质能力研修班”“高级工商管理总裁研修班”等经济管理类高端培训班，吸纳了众多的企业界中高级管理人员，这中间当然少不了我们楚总的身影。

学习，不仅是个人的身体力行，更是企业发展的战略之举。

2016年3月16日上午，森源集团董事局主席、总裁楚金甫出席了森源集团与长葛市政府举行的森源大学筹建签约仪式。3月31日，森源大学筹建工作正式启动。这所学校将采用民办公助的形式，以许昌技术经济学校为依托，整合社会教育资源，引进知名院校的教授和学者，为森源集团以及整个社会培养专业型、技能型的高素质人才，首批投入资金将达到5亿元。这是森源集团跨行业发展的“大手笔”，也是森源集团“夯实基础，谋划长远”的一个重大举措，楚金甫对此寄予厚望。

【忙创新】

“生产制造”要转变为“智能制造”，智慧森源建设必须靠创新驱动。

敢闯敢试，直面挑战不服输的品格，体现在企业家的精气神中。森源集团能入选“中国民营企业500强”，并且排位连年大幅提升，与企业掌舵人的思维、眼界、管理、性格密不可分，“创新”是森源集团发展的一个永恒主题。

走进森源电气世界上最先进的钣金柔性加工生产车间，一眼望去，偌大的车间只有几名工人在摆放待加工的工件。在流水线旁边忙碌的是几个折弯机器人和堆垛机器人——只见“机械臂”挥动，产品可以任意折叠成型，可实现快速、高效、精准化作业。森源创办伊始仅仅只是一家规模不大的开关厂，如今是涉足电气制造、车辆制造、新能源、投资物贸四大板块的集团公司。

楚金甫认为，经济新常态表面上看是增长速度的“换挡”，实质上是增长动力的转换与接续，由要素驱动向创新驱动转变。把创新作为发展的源泉，作为成功的保障，作为企业发展的灵魂所在，这恰恰是森源集团掌舵人的另一显著特质。

【忙发展】

国家“一带一路”发展战略、“互联网＋”、供给侧改革、物联网、大数据、云计算……成了企业高管层口中的热词。

“我们要在市场中找市场，还要在政策中找市场。”谈及发展，楚金甫说，一要紧紧围绕国家“一带一路”发展战略，全面加快公司国际化的发展步伐，在国家新兴产业的“蓝海”中寻求新的经济增长点；二要苦练“内功”，全面加强团队建设和员工素质提升，以光伏发电、风力发电、核能发电等为着力点，全力拓展新能源产业发展；三要结合国家对电力系统投入的政策，继续巩固国网市场，充分利用融资租赁手段，围绕大包工程项目，实现公司从单一的电气设备供应商向项目总承包商的深度转变。

在具体项目上，森源集团将加快推动新能源汽车产业园建设，项目建成后形成以电动汽车整车为主导的上千亿产业集群，带动数万人就业；加快与禹州市政府合作建设光伏电站项目，项目建成后每年可节约标准煤 52 万吨，减少二氧化碳排放 120 万吨；借助森源集团和清华大学、上海交通大学等国内知名高校长期合作的优势，引进知名院校的学者，打造一支高素质教师团队，高标准谋划建设森源大学。

四、以诚信谋长远

古人说，“诚信者，天下之结也”，“诚信如结，结断局崩”。今人说，诚信是第二张“身份证”。诚信与市场的相互回馈和反哺，成就了今天的森源，未来公司将立足中原，深入实施“大电气”的发展战略，实施国际化市场布局，以“智能装备制造、制造智能装备”的发展思路实现“森源装备、装备世界”的发展目标，不断增强企业竞争能力，实现健康、稳定、持续的发展并积极回报广大投资者。

森源电气承诺，把诚信作为发展的重要原则，自觉接受社会公众的监督，树立起规范、充满活力的上市公司新形象，为河南资本市场持续健康发展做出积极的、更大的贡献。

10. 多氟多：大力推动诚信建设，促进公司规范运作

氟通四海，造福人类；锂行天下，理想能源；硅达五洲，温暖世界；车载未来，为你而来。思考氟锂硅在工业应用中的无限可能，倾心三个元素三个电池的探索。七分豪情，三分执著，方向目标明确。这就是多氟多。

多氟多在三年多时间的河南诚信公约阳光行活动中，把诚信经营、为消费者提供优质产品作为企业首要责任。他们把诚信作为企业文化的核心，取得了丰硕成果。多氟多董事长李世江指出，多氟多企业文化的核心与中国共产党全心全意为人民服务的宗旨一脉相承，坚持共产党的领导是企业宣传工作的灵魂。“感恩、求真、向善、唯美”的道德品质承载了多氟多厚重的发展历史，“完美有缺，超越自我”的企业精神将凝聚成多氟多人磅礴的创新力量，共同驾驭“多氟多号”航母驶向美好的未来。

多氟多打造“智慧企业、智能工厂、智才集聚”的“三智工程”，抢占新时代的人才高地。营造超乎想象的容错环境，建立敢于试错的容错机制，勇当“高级小白鼠”，为培养人才、吸引人才、留用人才、提升人才搭建了独具特色的人才平台，为多氟多创新驱动输入了永不枯竭的甘泉和新动能。

历史属于开拓者与实干家。五年来意识形态工作所积累的经验、所创新的方法，熔铸成在历史新起点上继续前行的宝贵财富。董事长站在新时代的新高度，在总结过去、展望未来的综合前提下，提出了“集中控制、专业经营、多维管理、互联互通、合理建议、智慧担当”的“二十四字管理方针”，成为指引多氟多发展的总纲领。

多氟多的创新发展备受各级领导的关心和行业间的关注，为多氟多的转型升级提出了很多非常好的建议，多氟多也更加明确了发展的战略方向和目标，在激励和奋进中不断砥砺前行，以历史最好的成绩回报社会、回馈股东。

多氟多坚持创新驱动和循环经济发展理念，打造美丽化工，成为全球生产规模最大、技术工艺领先的无机氟化工企业。从研究“氟锂硅”三个元素开始，开发了三个电池：铝电解槽电池、锂离子电池和太阳能电池，构成了新能源的三个层次。

多氟多从研究氟锂结合到氟硅分家，一分一合，既有哲学思维，又有科学花朵。公司六氟磷酸锂申报国家科技进步奖众望所归。建立动力锂电池研发体系，与“互联网＋”高度融合，开发电动汽车动力总成系统，收购红星汽车，打通了新能源汽车全产业链。形成了“以新材料体系为支撑，以新能源汽车为引领，以电动汽车动力总成为核心技术”的新能源汽车全产业链。

多氟多独特的转型升级之路，被业界称为最具想象力、最具发展潜力的新能源汽车创新企业。省长陈润儿概括总结多氟多的转型发展路径为“从材料到产品，从产品到产业，从产业到产业链，从产业链到‘互联网＋’”，思路清晰，方向明确，值得推广和借鉴。

多氟多年产30万套新能源汽车动力总成及配套项目开工建设，已被列为国家“一带一路”工程，旨在打造中原经济区电动汽车“摇篮”工程，并获得国家建设基金4.03亿元支持。“年产3亿Ah能量型动力锂电池组”项目获得国家专项建设基金6 000万元支持。开启数字化之旅，共享互联网思维，公司与时代共振，在变革中打造智能工厂。自主研发PPT级电子级氢氟酸，在半导体市场取得了重大突破，成为新的经济增长点。氟化盐产业战略转移和并购重组效益显现，稳固保持行业龙头地位。

多氟多的发展模式和思路，有其内在逻辑和科学原理，是大家共同智慧的结晶。全产业链的打造，给多氟多营造了非常好的发展前景，成为多氟多前进的强大动力和牵引力。

作为全国氟化盐行业首家上市公司，多氟多在合规运作、信息披露、投资者关系管理、投资者回报及日常经营等方面，一直坚持以诚信为本、规范运作。

1. 公司的治理结构规范，实现了权责明确、相互制衡

公司建立了规范的法人治理结构及运行机制。建立并完善了《股东大会议事规则》《董事会议事规则》《监事会议事规则》等制度和相关工作流程。公司法人治理架构中董事会、监事会、经理层责权明确、相互制衡。

董事会在董事长的领导下，在公司的发展战略、管理架构、投资及融资、财务监控、高管选聘等方面行使决策权，并致力于实现股东价值最大化。在公司章程及董事会议事规则中，详细列明了董事会在公司发展战略和管理方面的职权以及董事会对公司发展和经营的监督与检查职权。董事会下设审计委员会、战略委员会、提名委员会、薪酬与考核委员会。独立董事在委员会中任职居多数。

2. 公司的日常经营，诚信、踏实

公司牢固树立和贯彻落实创新、协调、绿色、开放、共享的发展理念，把诚信经营、为消费者提供优质产品作为企业首要责任。坚持稳中求进工作总基调，主动适应新常态，重视创新和质量效益，进一步优化资源配置，培育新动力、形成新结构。公司以新材料为支撑，以新能源汽车为引领，以电动汽车动力总成为核心技术，拥有了电动汽车的全产业链，成为有活力、有竞争力的创新型企业。

3. 资本市场运作诚信合规

公司根据证券监管机构的要求，不断完善公司治理的规章制度并致力于规范运作。公司董事会、监事会、独立董事形成了良好的权力制衡及监督机制。

公司严格按照深圳证券交易所监管法规，合规运作，诚信经营，踏踏实实做好产品，兢兢业业做好经营。

公司严格执行会计准则和信息披露要求，真实、准确、完整地披露定期报告和临时报告，上市后所有财务审计报告均为标准、无保留意见。

2016年5月27日，公司实施的限制性股票激励计划迎来解锁日，当日价格35.78元，股权激励对象通过公司平台从股票二级市场获得了近10倍收益，让222名骨干员工实现了财富自由，极大地调动了公司骨干员工干事创业的激情，加强了公司凝聚力。

4. 投资者回报诚信合理

公司高度重视对投资者的回报，秉承股东价值最大化的目标，不断提升投资者回报水平。公司多次通过派发现金红利和送股的形式为股东提供回报,强化对股东持续、健康、稳定、科学的回报机制。自2010年以来,多氟多融资3次(1次IPO、1次非公开发行、1次股权激励),募集资金总额16.8亿元;每年实施现金分红,广大投资者充分分享了公司成长带来的收益。

2014年度、2015年度和2016年度,公司向全体股东每10股派发现金红利0.6元、1.5元和1.5元,累计现金分红1.45亿元,占近三年年均可分配利润的30%。

在股价出现异常波动时,公司控股股东及其他高管通过积极增持本公司股份,维护股价稳定,保护了投资者的权益。

5. 投资者关系管理诚信真诚

公司高管层高度重视投资者关系管理,董事长带队每年参加公司重要的投资者关系活动,向广大股东和投资者及时准确介绍公司的经营情况。公司致力于给投资者一个透明、真实的上市公司,既报喜也报忧,使投资者及时、正确、全面地了解公司的运营情况和发展战略,了解公司的经营理念,准确把握公司的基本面,避免惊喜和惊奇。

(1) 面向全体股东开展多种形式的投资者交流活动

对公司大小股东、中小散户、机构投资者和个人投资者均一视同仁、公平对待,以同样的热情和耐心解答,认真负责接待每一家投资机构、每一位投资者的来访和咨询,保证沟通渠道的和谐畅通,真正做到客观、真实、公开、公正。

公司建立了与投资者经常化互动的机制。通过每年定期召开业绩说明会、路演、电话会议等在内的多种渠道和形式,加强与投资者的交流,同时每年参加多次由券商举办的投资论坛等大型投资者关系活动。

重视并积极接待证券分析师和基金经理、股东的现场调研、电话会议和日常咨询,与投资者保持经常性的交流和沟通,对投资者关注的热点问题给予及时解答。

每年参加由河南证监局和上市协会组织的辖区上市公司"投资者集体接待日"路演活动,并组织了"诚信建设活动——走进多氟多",增加与投资者的互动。

(2) 开展多种形式的投资者交流活动

业绩发布会:董事长、独立董事、财务总监和董事会秘书参与年度业绩发布会(包括分析师会议、财经媒体见面会、投资者单对单会议等)。

路演:自2014年申报非公开发行以来,由公司董事长带队赴北京、上海、深圳等地区,主动与机构投资者进行面对面的沟通交流。

6. 信息披露诚信、细致

公司在信息披露工作中一直秉承真实、准确、完整的原则,坚持给投资者一个真实、透明的上市公司。每次信息披露,都认真细致地准备和编制,保证了信息披露的质量。同时,公司在编制定期报告时注重主动性信息披露,不断完善定期报告中"管理层讨论与分析"的内容,充分披露投资者重点关注的经营、财务和市场信息。

(1) 注重主动性信息披露,不断提高、完善披露质量

在信息披露工作中,除履行必要的法定披露义务外,还在法律法规允许的范围内,做好主动性

的信息披露工作。

在定期报告的编制和披露工作中，根据投资者需求，在法律法规许可的范围内，主动加强披露信息的广度和深度，实现信息披露的合规性与投资者需求深度性的平衡。

在不涉及商业机密的前提下，不断完善定期报告中"管理层讨论与分析""投资者关注问题"等版块内容，对"行业发展、公司战略、经营举措、财务和市场建设"等投资者重点关注的信息予以充分说明。比如:将公司产品品种和产品结构、生产成本构成及变动，以及国内氟化盐和新能源行业趋势分析等投资者最为关注的信息编入定期报告，对投资者相对全面、准确地了解公司的经营状况帮助很大，获得投资者广泛好评。

(2) 严守上市规则，确保重大事项的公平披露

公司强化信息披露管理，确保外投资者及时同步获得公开、充分的信息，既满足监管要求，又给予投资者一个透明的上市公司，确保了公开、公平、公正地对待所有投资者。

7. 学习内控知识，提高防范意识

公司加大结构性改革力度，加快转变经济发展方式，为经济保持中高速增长奠定坚实基础。多氟多依托六氟磷酸锂，逆势突围，在转型升级的路上，勾勒出近乎完美的上扬曲线。多氟多已经成为"以新材料体系为支撑、以新能源汽车为引领、以锂电池为核心技术"的全产业链新能源企业。新能源汽车动力总成项目被列入 2015 第四批专项建设基金计划，获得国开发展基金 2 亿元，还被列为国家"一带一路"重点项目，为公司发展提供了强大的政策支持。

李世江董事长要求公司必须要下大功夫提升管理水平，尤其是加强子公司管理。一是全面梳理管控模式，重塑总部的管理体系。个别子公司主动融入总公司的管理。提高公司总部对子公司的管控力，以保证母子公司之间的战略协同，从而保证可持续发展，提升多氟多的核心竞争力，最终实现股东价值最大化。二是提高自己的专业化水平。公司领导班子要提高认识，组织人员对各项管理制度进行系统学习。公司的管理机制和标准制度建设以卓越思想为指引，加大各级干部的培训强度和幅度，培养一批具有扎实技能的复合型人才。从董事长开始，到高级管理人员、中层干部，首先要学习《公司章程》和公司治理制度汇编，包括股东大会、董事会、监事会议事规则，董、监、高行为准则和职务的工作细则，学习包括信息披露和投资者关系管理在内的一系列工作制度和科学方法，使公司的管理人员懂得"规矩"。其次学习以经济责任制为核心的公司内部制度汇编。经济责任制是以提高公司经济效益为目的的公司经营管理制度，每季度要进行一次修改，形成动态机制。还要学习企业文化制度。它是股份公司管理制度和经济责任制的有力支撑，是全体员工共同的价值观和行为规范，使员工对公司的发展战略充分了解，促进公司良性发展。管理的核心是人，人的素质主要体现在学习能力上，"学习"要成为公司所有员工的主旋律。

同时公司组织全体董监高参加河南证监局和省上市协会组织的董监高培训。董事、监事、高级管理人员认真学习内幕交易警示内容，通过学习内幕交易相关法律法规及法律责任，剖析内幕交易典型案例，知晓内幕交易的危害以及监管机构对内幕交易行为的监管措施等，以进一步强化诚信意识，明确责任。

加强诚信建设是监管部门工作的重点，《诚信公约》仅仅只是一个承诺，一个起点。树立诚信的

观念和履行诚信的义务应落实到实际行动当中去。公司将继续努力,不断提高经营业绩和信息披露的水平,提升股东价值,为广大股东奉献更高的回报。

8. 企业文化深入人心

企业文化是全方位的文化,企业的创新发展离不开党建的创新驱动。多年来坚信党的领导,坚持将党的宗旨和公司的企业文化精神融为一体,坚持依靠职工办企业的民主管理思想。公司党委因此荣获"全国先进基层党组织"这个国家级最高荣誉,催生了一批在党员岗位上发挥先锋模范带头作用的典型代表,以 671 名员工进入中华骨髓库为标杆,多氟多成为了一个有责任、有担当的社会企业。闫春生荣获"全国五一劳动奖章",彰显了公司勇于探索、创新不止的精神。

多氟多大家庭进一步增强文化凝聚力。先后举办了春季、秋季运动会,三八美食大赛,五一合唱比赛,标兵日本游,七一红歌大赛,新能源青年歌手大赛等丰富多彩的文体活动。积极参与爱心一日捐、金秋助学等各项社会公益活动。开展困难职工和大病重症职工救助活动。举办新能源公司造血干细胞集体采样活动,新增 130 人加入中华骨髓库,累计达 410 人。今年又有两位新能源员工:梁国明、毋成成配型成功,即将成为光荣的献血英雄。《多氟多报》荣获"中国品牌内刊文化纽带奖",并获得热心读者——老领导杨昌基的亲笔题词鼓励。合理化建议工作不断推动技术革新和管理进步,公司获得河南省厂务公开民主管理十大标兵单位。

9. 大力发展公益事业

企业的发展离不开社会的支持,企业的财富来源于社会,企业的成就得益于良好的政策和社会环境,企业自身是改革的受益者,理应为社会和谐做出贡献,这是企业的责任与义务。多氟多作为焦作市民营企业的代表,一直把关注社会公益事业,重视社会责任,做优秀企业公民当作我们企业文化的重要组成部分。在创造企业价值的同时,积极开展各项社会公益活动,真正做到取之于社会,回馈于社会。2016 年,董事长李世江获评焦作市第二届"关爱楷模"奖、焦作有爱"光彩之星"的荣誉称号。与贫困大学生结成"一对一"帮扶对子。多年来,他积极响应市委、市政府的号召,将投身光彩事业作为企业的责任和追求。累计捐助善款 500 万元,用于资助贫困大学生、关注智障儿童、开展"一帮一"结对帮扶。在"百企帮百村"活动和今年开展的精准扶贫"一帮一"活动中,积极履行社会责任,充分体现出公司秉承的感恩、求真、向善、唯美的道德规范,把慈善爱心事业当作日常工作来进行,这是社会责任担当的直接体现,更是企业文化的精神所在。

以新思想引领新征程,坚忍不拔、锲而不舍,保持永不懈怠的精神状态和一往无前的奋斗姿态,多氟多脚下的路必然将联通无尽的未来,在一代又一代人的接续奋斗中抵达更美好的明天。

11. 中原内配："中国智造"走向世界

董事长谈诚信

中原内配董事长薛德龙：创新出精品　诚信铸品牌

中原内配自成立以来，始终坚持以诚实守信作为基本行为准则，以"体现员工价值，追求顾客忠诚，提高企业效益，增加社会贡献"为经营宗旨，不仅追求发展，更看重以发展履行对股东、员工、用户和社会的责任，努力追求企业经济效益与相关方利益的最大化。

自2010年上市以来，在广大投资者及社会各界的关心和支持下，我们紧抓市场机遇，借助资本市场平台，凭借不断创新始终保持技术领先，加快项目建设，持续扩大产能，顺利完成了总占地面积1 300亩的中原内配产业园区建设项目，实现了公司的持续健康发展，保持了业绩的持续和稳定增长。

目前公司主营产品发动机气缸套年产销量位居世界第一，出口业务已经全面覆盖北美、南美、欧洲和亚洲地区，欧Ⅴ以上高端市场国内占有率达到100%，国际占有率达到55%，占据美国康明斯全球采购量的95%，占据福特、通用供货量的30%以上。在企业取得长足发展的同时，我们更加重视股东回报。上市以来，我们坚持实行持续、稳定的股利分配政策，实现连年持续向股东派发现金分红。

未来发展，我们还将按照河南证监局的要求和上市公司协会的自律准则，认真履行承诺，做大做强气缸套产业优势，以优秀的经营业绩、丰厚的红利回报和不断增加的社会贡献，回报广大股东和各界朋友对中原内配的支持，努力成为一家诚信经营、业绩优良、备受尊重的上市公司。

正文

一辆汽车由1万多个零部件组装而成，在全球化时代，这些零部件来自全球各个国家。奔驰、沃尔沃、通用、福特、克莱斯勒、康明斯、菲亚特、标致-雪铁龙……这一长串的国际汽车知名企业，他们生产的汽车，发动机气缸套用的就是"中国智造"。

气缸套相当于汽车发动机心脏的心室，或许你想不到，行驶在欧美大陆上的高端汽车10辆当中就有4辆发动机气缸套是来自中国河南孟州的中原内配集团股份有限公司(简称中原内配)。

从1958年的一个国营农机厂到世界最大气缸套生产企业，中原内配的晋级之道是什么？是什么样的秘诀让其成为世界知名汽车品牌信赖的合作伙伴？

一、质量过硬敲开国际市场大门

据不完全统计，目前中原内配生产的气缸套，已经被奔驰、通用、福特、国际卡车、菲亚特、标致-雪铁龙、康明斯、沃尔沃等国际知名企业纳入零部件全球采购体系，其开发生产的节能高效发动机气缸套，满足欧Ⅴ、欧Ⅵ排放要求。在高性能低碳发动机领域，中原内配已成为美国通用、福特、康明斯、法国PSA等欧Ⅴ新机型摩擦副领域的首席技术伙伴。

中原内配开疆扩土的步伐也早已遍布欧美，其产品为全球70%以上的知名汽车发动机公司主机配套，主导产品“河阳牌”气缸套占据国内市场40%的份额，国际高端市场占有率在40%以上。中原内配目前已是世界三大气缸套生产企业，公司“河阳牌”商标被认定为国内气缸套行业中唯一的“中国驰名商标”，在国际汽车零部件市场也是知名品牌。

中原内配前身是1958年成立的孟州国营农机厂，生产的主要产品是镰刀、锄头等农机具，后经过技术升级，企业开始涉足气缸套产业，并在20世纪90年代成为亚洲最大的气缸套生产企业。

气缸内表面由于受高温高压燃气的作用并与高速运动的活塞接触而极易磨损。为提高气缸的耐磨性和延长气缸的使用寿命，需要一个气缸套，镶在缸体的缸筒内，与活塞和缸盖共同组成燃烧室。气缸套作为发动机的核心组件，其产品质量对发动机的稳定、高效运作具有关键作用，汽车生产厂家对气缸套的质量要求很高，气缸套应有足够的强度、刚度和耐热性能，还应具有较好的耐磨性能。

这么重要的汽车零部件，国外知名汽车厂商为什么会选择“中原制造”？原因无他，归根到底，就是因为中原内配过硬的产品质量。

中原内配人对车有着特殊的情愫。1992年冬，薛德龙赴美国考察时，发现一辆卡车在雪地里停了一个星期，司机竟然还能轻松地启动发动机。职业敏感极强的薛德龙仔细研究后，总结出美国汽车发动机之所以能够在寒冷的冬季轻松启动，是因为美国汽车发动机的每一个零部件的质量都很过硬。

这件事对他的刺激很大。外国人能干的，中国人为什么做不到？回国后，薛德龙向厂里打报告提出了产品参与国际竞争的战略设想。回想当年的情景，薛德龙说：“当时只是有了走出去的想法和冲动，但实行起来太难了。”

2001年，薛德龙就任中原内配董事长之后，将气缸套嵌入国际知名公司发动机的梦想才正式启航。

目标已定，想敲的门在哪里呢？2002年4月4日晚上，美国康明斯驻中国首席代表的一个电话，让薛德龙兴奋难眠。中原内配前几天发给东风康明斯发动机公司的气缸套样品，使用效果良好，连夜打来的便是追加订单的电话，要求立即开始大批量地供货。这个电话等于给中原内配送来了一张通往世界大舞台的通行证。

此前，中原内配一直想进入东风康明斯的供货系统，但未能如愿。原因是康明斯对中原内配的产品不信任,并没有把中原内配太当回事。

问题之一是质量管理。康明斯公司执行的是 QS 9000 质量管理体系,与国内企业一般实行的终端控制不同,康明斯公司实行的是过程控制和“货源鉴定”管理,以及车间现场综合管理。要求把产品质量问题封闭在车间,把质量问题控制在公司内部。QS 9000 是一个包括和扩展了 ISO 9000 要求后形成的专门面对汽车工业的质量体系要求标准,是美国三大汽车公司克莱斯勒、福特和通用汽车的内部质量执行标准。而国内企业如果要执行 QS 9000 质量管理体系,则必须通过由美国第三方认证机构 AQSR 公司的认证,且通过率极低。为此,东风康明斯的国产化之路走得异常漫长,只得从英国高价配套气缸套。

面对机遇,中原内配决定导入 QS 9000 质量体系管理。在将近一年的时间里,美国专家亲临现场督导,从原材料的采购、生产过程的控制到产品的检验、包装,从内部质量体系审核到管理评审,从文件和资料控制到质量记录的保存,从合同评审到售后服务等每一道工序、每一个流程,都严格按照质量体系要求进行了全方位的整改。最终,中原内配在全国同行业内首家同时通过了美国 QS 9000、德国VDA6.1质量体系认证。

在与美国福特的合作中,虽然对方的有关专家认为中原内配具备了福特供应商的条件,但对中原内配的管理、生产保障体系并不信任。福特方面的专家在第一次审核中,提出了百余项不合格项,并要求整改时间为 3 个月,而中原内配仅用 20 天就完成了全部整改。

当中原内配电话通知福特公司前来审核时,美方人员将信将疑地提醒薛德龙,这次审核是供货前的正式审核,要慎重,薛德龙自信地向美方专家表示“OK”。正式审核在美方的惊讶中顺利通过,中原内配也成功地在向福特提供 3 年 1 000 万只气缸套的文件上签了字。

对此,美国水星公司商务代表表示,中原内配能够向美国福特汽车公司提供满意的产品,也一定能够向美国水星公司提供满意的产品,并做出缩短考核期,马上供货的决定,使中原内配成功地进入了游艇发动机领域。

中国驰名商标、国家高新技术企业、国家汽车零部件出口基地、河南省名牌产品、河南省产品质量管理卓越百强企业……这些年来,中原内配还全面导入“卓越绩效管理模式”,在质量品牌领域取得的成就和荣誉是一个接着一个,2010 年、2011 年先后斩获焦作市市长质量奖、河南省省长质量奖,实现了质量管理的崭新跨越。

质量和品牌优势给中原内配带来了大量的国际订单:2003 年,顺利成为美国三大汽车公司——福特、通用、克莱斯勒的供应商,进入广阔的乘用车市场,并实现同步研发。

2004 年,攻克康明斯市场,成功取代原来的英国供应商,成为最早进入美国康明斯全球采购系统的企业,占据美国康明斯全球采购系统 95%的市场份额。

2006 年 5 月,中原内配中长期发展规划一期工程投资 1.5 亿元出口德国、韩国、日本气缸套项目开工建设。

2006 年 9 月,美国福特汽车公司、通用汽车公司、戴姆勒-克莱斯勒公司、NIMAKE 公司、韩国斗山、日本马自达、巴西康明斯等国际知名公司不谋而合,先后抵达中原内配,就更深层次、更广泛的合作进行了商务洽谈,并分别签订了产品合作、技术合作协议。

2009 年，挤出强劲的国际竞争对手，成为美国国际卡车汽车公司气缸套独家供应商。

2010 年 1 月，中原内配与法国标致-雪铁龙集团签订供货协议。

2011 年，获得意大利菲亚特批产订单，硬生生从另一国际竞争对手的手中夺下 1/3 的市场订单，成功打开了欧洲柴油机市场的大门……

2012 年 8 月 27 日，德国戴姆勒-奔驰汽车公司质量工程师按照德国汽车工业联合会的 VDA6.3 质量体系标准对中原内配进行了现场审核，给出了 91.3 分的高分，这是戴姆勒-奔驰公司对全球供应商审核中为数不多的高分，标志着中原内配达到了 A 级供应商水平。至此，中原内配公司不仅满足汽车行业美国标准、欧洲标准和亚洲标准的质量体系，并全部通过世界知名汽车公司的二方现场审核。

“在全球经济一体化的时代背景下，必须加快与国际一流企业接轨的步伐，这样才能在日趋激烈的竞争中立于不败之地。”这是薛德龙当时经常对员工说的一句话。正是在这样的国际化思维指导下，即使在中原内配成为亚洲最大的气缸套生产企业后，公司也没有停止步伐，在国内市场上继续巩固行业龙头地位的同时，加大与世界 500 强企业的合作交流。

“实际上，企业与国际知名品牌合作的过程，就是一个站在巨人肩膀上发展的过程，通过与国际知名品牌的合作，可以看到与对方的差距，从而提高自身的管理能力、产品质量和研发能力。”薛德龙说。

正是在这种战略定位的指引下，中原内配逐步在国际上打出了影响力，成为世界最大气缸套生产企业，并且于 2010 年成功登陆 A 股市场。

中原内配的气缸套并不是“墙内开花墙外香”，而是在国内外市场都“香飘飘”。在国内，中原内配的客户主要包括：中国一汽集团、东风集团、上汽集团、重汽集团、一拖集团、奇瑞汽车、吉利汽车、神龙汽车、广西玉柴、云内动力、常柴股份、江淮动力、江铃汽车、华泰汽车等国内主要的汽车发动机厂商。

二、技术创新助力“工业强国”

实际上，与中原内配国际化路线相辅相成的正是不断提升的技术创新能力。作为与世界知名企业配套的中原内配，其生产的发动机气缸套能够符合世界知名汽车企业的要求，是双方合作的前提。汽车技术不断更新换代，无形当中对中原内配的产品提出了更高的要求，这就需要其不断提高自主研发能力。

据薛德龙介绍，2002 年，中原内配与东风康明斯合作一年之后，康明斯需要的气缸套用的材质是独特的“贝氏体”，而国内当时生产气缸套所用的材料是硼铸铁。“贝氏体”当时仅在我国大学的教课书上有一小段的文字介绍，科研人员对它的理解基本上是一片空白。于是，在几乎两眼一抹黑的情况下，中原内配启动了相关气缸套的研发工作。经过多方努力，一年之后，产品顺利研制成功并经过欧洲权威机构的鉴定，质量优于世界同类产品。同时在价格上，中原内配将气缸套售价由

300多元降到130元左右，不仅为东风康明斯降低了成本，并且为自己保留了合理的利润。

“在我们研发出新产品之前，东风康明斯每年都亏损，通过我们的技术创新，仅此一项，东风康明斯每年可降低成本1 000万元。也恰恰是这一个技术创新，使得东风康明斯扭亏为盈，这也进一步巩固了我们和康明斯的合作关系。”薛德龙说，据此，中原内配一脚踏进了康明斯的国际采购体系，并以连年的质量零缺陷，赢得了向康明斯所有生产工厂供货的机会，一举进入康明斯的全球采购系统，并连年成为其优秀供应商，最终占据了其95%的供货量。

事实上，在经过多年与国外企业的合作之后，中原内配已形成具有自己特色的研发体系。中原内配是行业内唯一能够和国际顶尖发动机同步设计的气缸套生产企业，这就是中原内配最大的研发优势。对此，薛德龙颇为自豪：“几十年来，汽车零部件企业都是随着主机的变化而变化，主机厂提供图纸，用什么材质，排放标准多高，按照图纸生产出合格产品就能算成功了。但现在的主机厂，尤其欧美国家主机厂的理念是，我的发动机转数多高，功率多大，排放标准要求是欧Ⅴ或欧Ⅵ，把这些主要的参数交给零部件厂，你给我设计气缸套，究竟采用什么材质，什么样的网纹，多高的精度，主要参数，这就需要与发动机厂紧密合作，达到同步设计。”

“目前国际上诸如福特和通用等整车企业的汽车发动机设计换代年限是5年，常常是这一代的发动机刚刚问世，下一代发动机的研发已提上日程。通过我们在北美、欧洲等地全球化的研发平台，我们能够第一时间得到这些企业下一代发动机的核心数据，这样就有足够的时间在国内进行研发，从而达到不断契合国外主流汽车企业的发展步伐。”薛德龙说。

为了确保技术创新跟得上国内外汽车市场发展的步伐，中原内配建立了欧洲、北美、中国技术研发中心，加大产品和工艺装备的研究和应用，主营业务气缸套2015—2017年研发投入占营业收入的比重分别为5.02%、4.73%、4.90%。

中国公司本部有近百名专职研发人员，同时还有博士后工作站，与清华大学、华中科技大学、河南工业大学、河南科技大学等建立起紧密的合作关系；利用自身强大的自主创新平台，先后主持制/修订了多项气缸套国家与行业标准；拥有国家专利170余项，占行业专利总量的75%。

中原内配通过国际化，架起了通向世界知名企业的道路，而真正叩响国际知名企业大门的仍是企业的自主研发能力。正是企业不断提升的创造力和内生力，才进一步帮助中原内配走得更远，走得更稳。而这，又与《中国制造2025》不谋而合。在《中国制造2025》提出的十项任务中，国家创新被放在了显要位置。从整个《中国制造2025》来看，创新是贯穿始终的一条主线。

从某种意义上说，如果把“工业强国”看成一架不断飞驰向前的机车，那么一个个类似中原内配这样的企业，就像这台机车上的零件。正是这些零件迸发出的不断创新的内生力，才使得国家可以更快地由工业大国转变为工业强国。

三、先人一步　向“中国智造”迈步

当中国经济进入新常态，经济转型的路径越来越明晰之时，越来越多的企业将转型升级的方向瞄准了智能化。

然而，就在更多企业转型的方向定位为由中国制造升级至中国“智”造时，中原内配的智能化代表——机器人生产线已经投产。

2015 年 5 月 22 日，在孟州市产业集聚区内，中原内配新落成的占地 1 300 亩的厂区显得相当气派。在代表着中原内配技术最为领先的缸套七厂，由中原内配自主研发的机器人正“娴熟”地用机械手准确地抓取缸套毛坯放在生产线上，电脑通过预设好的程序，将命令传输给机器人，并由机器人完成命令，最后一个汽车发动机缸套经过检测合格，装箱运走。

据薛德龙介绍，这样的机器人生产线，中原内配有 10 条，并且都是自主研发的。

“随着中国经济的发展，人口红利在逐渐消失，劳动力成本在企业成本中所占的比重将越来越大，采用机器人生产线，虽然前期投入会比较多，但通过装备自动化，减少了人为操作不当或检测不精确引起的质量波动，损失减少了，订单增多了，更符合未来产业发展的方向。所以我们义无反顾地将智能化作为企业发展的下一个步骤。”薛德龙说。

这只是中原内配智能化的一个方面。此前，由中原内配提出设想，相关部门研发的中国气缸套行业首个“能效管理中心”落户中原内配。通过该“能效管理中心”，工作人员坐在办公室内，足不出户即可实现对缸套生产、输配、消耗实施集中动态监控和数字化管理，并且把能源管理由过去的“技术节能”转变为“管理节能”。

事实上，机器人生产线作为试验项目只是中原内配的第一步，据薛德龙介绍，在机器人生产线技术成熟之后，中原内配将根据形势引入智能化车间，最终将中原内配建设成为智能化制造工厂。

为了实现这一目标，2015 年 6 月 29 日，中原内配公告宣布出资设立“中原内配集团智能装备有限公司”，利用公司现有技术及资源，深入开发自动化装备、工业机器人、机械设备的设计、制造、加工及销售，逐步切入智能装备领域。

四、立业富民　不忘社会

快速发展的中原内配始终牢记“企业公民”的社会责任，坚持清洁生产，绿色发展；积极参与支持地方教育、关心弱势群体、支援救灾等公益事业，近年来共投入各种公益资金达 1 000 余万元。

中原内配汽车零部件产业园自建设以来，坚持清洁生产，分别于 2008 年和 2014 年两次通过河南省环境保护厅验收组清洁生产验收。在工艺、装备、能效、品质、环境五个方面持续改善，达到国际领先水平。

一是工艺水平国际领先。行业内首家按照欧美发动机排放升级、降低燃油耗的要求，满足戴姆勒、通用、福特、沃尔沃等欧美顶级汽车公司的欧Ⅵ排放和美国 2025 新排放、新油耗标准；研究“少加工”或“无加工”“干加工”的加工工艺，创新产品加工工艺。二是装备水平国际领先。按照“智能化、自动化”设计理念，实现“提高效率，提升质量，降低消耗，降低成本”。三是能效管理国际领先。行业内首家按照“低碳、节能、零排放、可循环”设计理念，建设“能效管理中心”，实现水、电、气能源系统秒级管控，循环利用。四是品质管理国际领先。全面实施卓越绩效管理、精益生产、6Sigam、ERP、CRM等信息化、标准化管理，建立原材料、辅助材料、制造过程等全流程风险管控体系，质量零PPM。五是绿色发展模式行业领先。按照“城市绿肺、生活氧吧”设计理念，大力实施清洁生产，建设春有花、夏有荫、秋有果、冬有绿的园林式工厂，履行绿色发展的社会责任。

2016年7月，全国人大常委会副委员长沈跃跃在河南调研期间，亲临中原内配，对中原内配的发展实力，特别是国际化发展成果和绿色发展模式给予了高度评价。通过有效实施清洁生产，中原内配综合能耗降低了15%，生产效率提高了24%，运行成本降低了22%。

中原内配认真履行依法纳税的社会责任，在孟州市，连续十年上缴税金第一，荣获“河南省民营企业纳税百强企业”“河南省纳税A级企业”“焦作市纳税先进单位”等荣誉。2011年上缴税金达到1.6亿元，成为中国行业内唯一上缴税金超亿元的企业。董事长薛德龙说：“我们要不忘政府对企业的支持，牢记企业对社会的责任，搞好企业经营，确保年上缴税金增长率不低于10%。”

“体现员工价值，追求客户忠诚，提高企业效益，增加社会贡献”是中原内配的企业宗旨。作为根植孟州、走向世界的行业龙头企业，中原内配在支持城镇化建设和农业化现代化发展中不遗余力。他们把带动农村经济发展、增加农民收入作为企业义不容辞的社会责任。先后搭建了农民工培训、培养、安置、发展平台，利用企业优势，扶持村办企业的发展，实现了农民收入不断增加，农村环境不断改善，农村发展更加稳定的目标。

中原内配国际竞争力的提升，同时带动了当地相关产业的管理、技术、人员素质的提升。依托公司产业链，先后支持孟州市10个村镇成立了包装材料厂、模具厂、铸造厂、氧气厂、物流公司等40余家村镇企业，数万人踏上了小康之路，实现了企业与社会的和谐发展，并获得河南省“千企帮千村”“村企共建扶贫工程”优秀企业奖。

2009年，中原内配注资5 000万元，组建了孟州市首家小额贷款公司，支持当地百姓创新创业，助推了地方经济发展。通过定向委培、合作办学、成立中原内配培训中心、资助农民工上大学等方式，搭建为农民工免费提供学习的平台。近年来先后培训农民近万人次。

为关爱员工，中原内配设立了“爱心基金”，对全体员工子女教育、家庭生活、突发事件等实际困难及时予以帮助；每年举行“爱心一日捐”活动，使全体员工始终保持互帮互助、帮困济贫的优良传统。

志存高远，铿锵前行。面对新一轮的产业科技竞争，中原内配人正满怀信心地描绘着新的发展蓝图：在未来的五年里，充分发挥中原内配在国际、国内市场上的品牌影响力，加强与国际知名公司的合作，通过兼并、重组、合作等方式，不断延伸产品链、产业链、市场链，推进产品模块化发展，建立缸套、活塞、轴瓦等内燃机零部件的完整产销体系，使中原内配发展成为气缸套行业世界规模最大、实力最强的国际知名品牌企业集团。以持续创新来不断丰富自己的发展模式并与社会共享，以更加卓越的绩效打造世界气缸套制造业航空母舰。在做大做强气缸套产业优势的同时，将继续履行承诺，以优秀的经营业绩、丰厚的红利回报和不断增加的社会贡献，成为一家诚信经营、业绩优良、备受尊重的上市公司。

12. 林州重机：诚信经营促发展

古有楚人季布"一诺千金"，今有"信义兄弟"感动中国。诚信是中华民族的传统美德，是社会文明的基石。诚信是一个企业最好的品牌，林州重机自成立以来，始终坚持"诚信、高效、奋进、创新"的核心价值观，致力于成为国内一流的能源装备综合服务商，为员工、股东创造价值与财富，回报社会。

林州重机的前身是1982年3月成立的林县林钢站北锻造厂，主要生产球磨机用钢球。为提高产品附加值，1987年12月23日，创建了林县重型煤机设备厂，开始进入煤机行业，生产煤矿液压支架底座和机架。1994年3月30日，投资1 000万元，成立了林州重机(集团)公司。

1995年10月28日，原国务院总理温家宝同志视察公司。

1997年4月28日，公司被河南省工商行政管理局授予"重合同守信用"企业。

2000年12月，公司荣获中华人民共和国农业部颁发的"全面质量管理达标证书"。

2002年，随着国家煤炭产业政策的调整，煤炭行业迎来了新一轮发展机遇，公司敏锐地把握了这一机遇，2002年5月8日，成立了林州重机集团有限公司。

2006年9月4日，公司被河南省发展改革委、财政厅、地税局、郑州海关授予"省认定企业技术中心"。

2008年2月21日，公司取得了安阳市工商行政管理局颁发的《企业法人营业执照》，公司名称变更为"林州重机集团股份有限公司"。2011年1月11日，公司在深交所成功上市，成为林州首家上市公司，为公司的快速发展奠定了坚实的资本基础。

一、诚信经营理念

林州重机集团是国内唯一的集钢铁铸锻、能源装备、高新技术装备、矿井建设与运营、融资租赁服务于一体的能源装备综合服务商，是国内唯一具备"五机一架"成套生产能力的煤机装备企业。

作为生产制造型企业，诚信就是把好质量关，建立自己的优质品牌。企业自成立以来，秉承依法治理、规范高效、务实敬业的经营理念，员工遵守规章，高效工作，在生产过程中，尽职尽责，严格执行各项规章制度，杜绝违规假冒产品的生产。公司拥有80万平方米的能源高端装备产业园，拥有目前国内最先进的生产设备和工艺，拥有行业内顶尖的能源装备研发设计团队，公司研发的煤矿巷道开口掘进机、水切割设备均填补了国内多项技术空白。公司为不断提高产品质量，通过了GB/T 19001质量管理体系、GB/T 24001环境管理体系、GB/T 28001职业健康安全管理体系认证。被授予“中国质量信用AAA级企业”“河南省高新技术企业”“河南省博士后研发基地”等荣誉称号。公司通过实践建立了一套较为完整的质量管理体系。每月进行生产单位的专项检查和培训，对严把质量关的员工进行定时检查，实现公司产品的完美呈现。

2015年1月，公司被河南省人力资源和社会保障厅授予“河南省优秀博士后研发基地”。

二、企业诚信体系建设

林州重机集团以产业报国、奉献社会、造福员工为宗旨，以市场需求为导向，以客户利益为根本，精工制造，贴心服务，努力建设成国内具有较强竞争力和国际具有一定影响力的能源装备综合服务商。

2012年5月，公司被国家工商行政管理总局商标局授予“中国驰名商标”。

开展行业诚信文化建设，应把握好将诚信文化建设与企业做大做强、做精做专相结合，牢牢把握先进文化的前进方向，按照文化建设的一般规律，适应经济社会的全面发展，推进诚信文化创新，为行业健康发展提供精神动力和文化支撑。

公司成立30多年来，先后与中科院进行多次合作，联合成立了“重机自动化工程中心”，该中心是目前国内数字化矿山系统解决方案的佼佼者，涵盖了矿山井口安检信息监管、综合采掘面监测控制、无人工作面智能化操作、矿山人员定位考勤管理、矿山通讯、矿山物联网等多个领域。公司采用生物识别技术研发生产的虹膜识别仪产品，技术和质量连续四年世界第一，并广泛应用于矿山、金融、司法、行政等多个行业。公司年产刮板输送机系列产品280套(台)，液压支架8 000余架，采煤机200余台，掘进机300余台，年产单体液压支柱10万余根，配套件90万余套，A型、B型金属顶梁10万余根，π型长梁10万余米，年产YOXD、YOXDⅡ Z360～600各种规格型号的限矩型液力耦合器3 000余台，各种规格型号的调速型液力耦合器200余台。公司自带各种型号的全套综采、综掘设备及施工队伍，为煤矿进行全面组合服务及托管服务，公司产品畅销全国各地，远销瑞典、越南等国。

2013年11月，公司生产的悬臂式掘进机被河南省名牌战略推进委员会授予“河南省名牌产品”，实现了国内一流的能源装备综合服务商的愿景。

三、诚信为本，树立良好企业形象

上市公司的财务信息披露是一种制度，更是诚信最为直接的一种体现。做到诚实守信地进行披露工作，不仅可以保障投资者利益和接受社会公众的监督，还有利于上市公司的自我约束。公司自上市以来，积极配合上级监管机构的各项指示，及时准确、真实完善地做好公司的信息披露工作。根据《深圳证券交易所股票上市股则》及《上市公司信息披露管理办法》等法律法规的要求，不断加强完善公司的信息披露制度，严格按照制度的要求，在法定时间内进行信息披露。所披露的信息经过严格的审核，真实、准确、及时、完整，杜绝虚假记载、误导性陈述或重大遗漏。另外，公司的各项信息披露管理制度都能得到有效执行。公司还组织董事、监事及高级管理人员进行信息披露的培训，培训内容包括《深圳证券交易所股票上市规则》的相关内容，解读披露定期报告、临时公告的重要性及监管机构对违规企业及其人员的处罚等，这些培训都得到管理层的认同，并更加有效地开展信息披露的工作。公司对信息披露的足够重视，也证明了对广大投资者都是抱着认真负责、诚实守信的态度。信息披露的透明性和准确度不仅能改进投资者的投资决策，而且对于公司本身也有积极的作用。

四、履行社会责任，热心公益事业

公司一直秉承为国为民的理念，在创造经济效益并兼顾公司和股东利益的同时努力回报社会，承担社会责任，构建和谐、友善的公共关系。公司在自身发展壮大的同时，也积极为社会创造更多的就业机会，为缓解政府的就业压力、带动地方的经济发展做出贡献。

2011 年，公司共向社会慈善事业捐款捐物 120 万元，其中，向中华传统文化救助专项基金捐款 100 万元，向第三届中国(安阳)航空运动旅游节组委会捐款 20 万元，在林州市委、市政府倡议号召的“珍爱生命线、重修红旗渠”活动中，公司也积极捐款捐物，有力地支持了地方水利建设，为林州百姓的饮水、浇灌出心尽力，为社会的和谐发展添砖加瓦。

2016 年 7 月 19 日整个安阳市发生特大暴雨灾情，林州市地区遭遇了几十年不遇的特大洪灾，在灾情发生后，公司及时了解职工家庭的受灾情况并第一时间送去救灾物资，并捐助 10 万元，救助受灾群众，之后公司再次对城郊乡庙荒村进行了捐助。

2016 年 8 月 24 日公司举行了“金秋助学”捐赠仪式，被资助的 8 名同学参加了会议。公司每年都会拿出资金来资助考入大学的困难职工子女，帮助他们圆大学之梦。

公司深入践行社会责任，积极投身公益慈善事业，累计各项社会捐助 2 050 余万元，赢得了当地党委、政府和基层群众的肯定和好评。

大灾面前有大爱，尽管只是一些绵薄之力，但此举体现了“一方有难，八方支援”的中华民族传统美德和公司作为一家上市公司的高度社会责任感。

今后，公司将继续承载着“为社会做贡献，为股东创财富，为客户谋利润，为员工造福祉”的企业使命，始终坚持“永不满足，追求完美”的发展理念，秉承“爱企、敬业、诚信、友善”的核心价值观，践行“贴心服务，捆绑经营”的经营哲学，针对客户的差异化需求，实施以服务促进营销，以营销带动服务的战略，实现与用户共同发展、合作共赢的局面。公司还将继续发展科技创新的能力，不断加强自身的核心技术发展和以诚信赢天下的信念，深入贯彻落实国家政策精神，深化公司发展指导思想——顺应全球经济形势和国家产业政策指引，弘扬艰苦奋斗、勇于创新精神，坚定不移地推进企业转型升级，诚信经营，规范发展，优质服务，精益求精，在社会公众面前再塑林州重机新形象，并为打造诚信河南、实现中国梦而努力奋斗！

13. 西泵股份：质臻质诚，以质取信

河南省西峡汽车水泵股份有限公司成立于1952年，是国内生产汽车配件的重要基地，主导产品为汽车水泵、发动机排气歧管、涡轮增压器壳体等。

“人无信不立，企无信不兴”，诚信是市场经济的基础，是企业发展的生命线，对企业来说，产品的高品质就是诚信。

六十六载峥嵘岁月，六十六年春华秋实，西泵公司始终树立诚信意识，严格践行董事长孙耀志提出的“堂堂正正做人、勤勤恳恳工作、清清白白挣钱”的行为哲学，树立“以人为本、以德治企、伦理经营、持续发展”的核心经营理念，构筑了以诚信为核心的企业文化，将诚信贯穿于企业一切经营活动中，打造企业品牌，得到了社会各界的认可，先后荣获“河南省守合同重信用企业”“河南省质量诚信AAA级工业企业”“河南省诚信经营示范企业”“河南省民营企业纳税百强企业”“河南省出口名牌企业”“河南省纳税A级企业”“南阳市长质量奖”“南阳市纳税先进单位”等多项殊荣。

一、传承匠人精神

始于20世纪50年代初的中国汽车零部件产业发展至今，经历了诞生、嬗变、快速发展三个阶段。大浪淘沙，多少企业在市场经济的洪流中泯没无闻；烈火试金，多少企业在激流涌动的暗潮中巍然屹立。六十多年过去了，能让人们记起并感到骄傲的，始终是那些凭借自身艰苦奋斗、顽强拼搏、取得了一个又一个奇迹、挑起民族复兴大任的优秀企业。

八百里伏牛山龙盘凤翥，五百里鹳河水碧波荡漾。中国汽车水泵第一品牌——“飞龙”便诞生在这豫、陕、鄂三省交汇处的青山旁绿水边。

1952年10月，西峡县丹水铁业社成立，主要生产铁犁、铁铧和轧花车，后更改为生产合作社、手工业社。1959年至1961年“三年自然灾害”，使国民经济遭受巨大打击，合作社生产大受影响。到1963年，产品滞销，生存困难，举步维艰，危急时刻，在对市场进行调研后，公司领导决定转产汽车水泵。水泵结构复杂，技术难度大，当时企业本无力生产，此时有人建议把试制任务交给正在接受批斗的解放前别廷芳造枪厂的技术权威刘金玉师傅，让他戴罪立功。刘金玉把试制任务当成一项神圣的使命，一丝不苟，不眠不休，吃住都在厂里，用简陋的仪器先测量水泵每个部件的尺寸，按照实物画出图纸，接着用厂里的旧车床制出了泵体、皮带轮、叶轮。经过一个多月的奋战，1964年1月，第一只水泵造了出来。经过仔细研究，刘金玉发现，水泵样品有一个致命弱点，就是叶轮底面和盖板之间没有间隙，轴承磨损后，叶轮与盖板就会发生摩擦，严重影响水泵的运转。针对这一缺陷，

刘金玉进行了改造，又造出了三只水泵，画出图纸，制定了工艺流程和技术参数。经省重工业局对水泵性能进行检测，经台架检验，各项性能指标均达到设计要求，在场的领导和专家无不为之振奋，立即给丹水铁业合作厂拨款11万元，建厂房、购设备、造水泵。

几十年来，西泵发扬精益求精的工匠精神，“提品质、增品种、创品牌”，主抓乘用车市场和国际贸易，坚持管理创新和技术创新，做专、做精、做优、做强，先后研制生产发动机排气歧管、电子水泵、涡轮增压器壳体、热管理系统，取得了明显成效。从维修市场起步到主机配套，由卡车到轿车，从一个名不见经传的山区小厂发展成为汽车水泵行业龙头，并成功打入欧美市场，行业知名度、品牌影响力越来越大，企业规模迅速扩张，现拥有郑州飞龙汽车部件有限公司、南阳飞龙汽车零部件有限公司、河南飞龙(芜湖)汽车零部件有限公司、上海飞龙新能源汽车部件有限公司、西峡县飞龙铝制品有限责任公司、西峡县西泵特种铸造有限公司、重庆飞龙江利汽车部件有限公司七家子公司。

西泵人传承匠人精神，以坚强的毅力、顽强的斗志、饱满的激情务实重干，奋力拼搏，换来了丰硕成果，开辟了一条独特的发展之路，使“飞龙”腾跃于五湖四海。

伴随着西泵的发展，公司先后设立了博士后科研工作站、国家级企业技术中心、河南省汽车水泵工程技术研究中心，公司水泵性能实验室通过ISO/IEC17025实验室能力认可，被评为“国家火炬计划重点高新技术企业”“河南省创新型企业”，拥有各类实验、检测设备两千余台套。各种条件虽然更好了，但是西泵公司对匠人精神的执著追求却始终如一，每年公司都会评选工匠人物，对企业工匠给予总经理特别奖励，工资上浮30%，使工匠精神在企业得以永续。

经营是企业之本，创新是企业之魂，品质是企业之命，三者缺一不可。公司建立了系统完善的质量管理体系，以全员参与提升员工质量意识，以持续改进提升产品实物质量，以优化流程做好过程控制，以质量策划做好预防监督，确保为客户提供优质产品。为此，确立了“始终坚持质量第一，不断提高质量素质；优化流程持续改进，满足顾客需求期望”的质量方针。

(1) 始终坚持质量第一：质量是企业的生命，在激烈的市场竞争中，除了以质量求生存外别无选择。公司每一名员工都必须牢固树立“质量第一”意识和“铸人品、造精品”的企业理念。

(2) 不断提高质量素质：坚持不懈地对公司全体人员进行质量教育和技术培训，不断提高全体员工的质量意识、技术素质及企业管理水平。

(3) 优化流程持续改进：按照PDCA(Plan计划、Do执行、Check检查、Action处理)循环，对产品的设计—制造—销售—服务等全过程进行优化，积极采用国内外先进技术及管理方法，持续改善生产及管理流程。

(4) 满足顾客需求期望：公司准确把握顾客当前及未来需求，以此为方向、目标，不断满足顾客需求并争取超越顾客期望，顾客满意是企业永远的追求。

2003年，公司通过ISO/TS 16949质量管理体系认证，并组织颁布了《管理手册》《程序文件》，严格质量管理。2007年公司顺利通过ISO/TS 16949、ISO 14001和OHSAS 18001“三标一体”认证，成为河南省首家同时取得三项认证的企业，为进一步开拓国际市场打下了坚实的基础。每年公司都会根据《质量工作计划》开展品质提升活动，与各部门签订《质量目标责任书》，狠抓制度落实。同时，每月与工程部、制造部结合，开展设计原理、质量意识、计量检测、故障判断等综合培训，促进产品质量提升，严格遵循“零缺陷，零容忍，零抱怨”的质量理念，实现产品可靠性、一致性及追溯性的突破。

公司先后荣获上汽大众、一汽-大众、上汽通用五菱等公司的“优秀供应商”“核心供应商”“质量卓越奖”等荣誉称号。

二、打造匠心品牌

诚信就是品牌，品牌就是服务意识。品牌不仅是优质产品的代名词，更是荣誉和实力的象征。从“飞龙”牌汽车水泵、进排气歧管被评为“河南省名牌产品”到“飞龙”商标被国家工商管理总局认定为“中国驰名商标”，是西泵人用心血和汗水铸就而成。

公司制定了覆盖售前、售中和售后的全过程服务标准，严格践行服务承诺，为消费者提供优质服务。一个有梦想、有实力、有抱负的现代化企业，必须走出国门，参与国际行业竞争。国内市场要做大，国际市场必须做强、做优。为了搞好客户服务，公司在国内设立了 30 多个服务中心，并在美国底特律、德国法兰克福设立了办事处。

在与客户合作的过程中，对于约定的内容，公司一定千方百计去实现、完成，为了确保客户在约定的时间收到货物，公司宁可发空运也绝不让客户遭受损失。

公司大力推进品牌建设，使西泵飞龙品牌享誉海内外。2016 年公司实现销售收入突破 20 亿元，其中国内贸易收入占到了四分之一，分别与上汽通用、上汽大众、一汽-大众、上海大众动力总成、上汽通用五菱、神龙公司、上海汽车、东风乘用车、广汽集团、广州本田、长安汽车、一汽海马、奇瑞汽车、比亚迪、吉利、重庆力帆、重庆小康、东安公司、航天三菱、绵阳新晨、长城汽车、华晨汽车、玉柴、玉柴联合动力、潍柴、锡柴、上菲红、上柴、福田康明斯、重庆康明斯、东风康明斯、西安康明斯、广西康明斯、大柴、天津雷沃、江淮汽车、江淮纳威司达、江铃公司、华菱汽车、三一重工、昌河铃木、上海菱重、东风轻发、集瑞重工、柳机、宁波丰沃、北京宝沃等 50 余家企业配套。同时与通用、福特、戴姆勒、康明斯、道依茨、菲亚特、博格华纳、沃尔沃、克莱斯勒、MTU、丹佛斯等 20 余家国际企业配套或进入其全球采购体系。

西泵公司在自身发展的同时，常怀感恩之心，积极回报社会，牢记责任、担当，多年来，无论是汶川、玉树地震，还是桑坪、西坪、双龙、米坪洪灾，或者是员工患病、学子家贫，公司总是尽其所能，第一时间伸出援助之手，累计捐款捐物超过 1 000 万元。

三、践行诚信公约

上市以来，公司严格按照证券法规和监管部门要求，不断完善公司治理结构，持续提高公司治理水平。公司的内控管理体系能够得到有效执行，在子公司管理、重大投资、对外担保、关联交易、募集资金使用、信息披露等重点控制事项方面发挥了较好的管理控制作用，有效防范和控制了经营风险的发生。

公司高度重视投资者关系管理，及时、真实、准确地向投资者披露公司的相关信息，通过互动平台、电话、邮件等方式回答投资者咨询的问题，规范接待证券公司、基金公司和个人投资者的实地调研，加强了投资者对公司的认识，增进了投资者对公司的了解和信心，维护了与投资者的和谐关系，树立了公司良好的市场形象。

公司严格遵守《河南上市公司诚信公约》，认真履行承诺，规范公司治理，加强内部控制，坚持诚信经营，努力塑造公司在资本市场的良好信誉，秉承“诚信建设人人有责、重信守诺从我做起”的理念，为树立和维护“诚信河南”新形象增光添彩。

新的时代孕育着新的希望，新的征程面临着新的挑战，时代在变，而诚信不变，产品在变，而坚守不变，西泵公司将秉承工匠精神，恪守诚信品质，质臻质诚，以质取信，实现百年企业、百年品牌。

14. 通达股份：以诚信力量助推企业发展

孔子曰：人而无信，不知其可也。孟子说：至诚而不动者，未之有也；不诚，未有能动者也。讲诚实、守信用，是人之为人的首要品格，而在经济发展新常态的大环境下，作为催生经济发展内生动力的企业，则更需要培育诚信幼苗，让信用之树生根发芽，助推企业蓬勃发展。

一、诚信建企

诚信是一种美德。古往今来，哲人先贤留下了无数关于诚信的佳言警语，也涌现出了如“查道吃枣留钱”“范式千里赴约”等关于诚信的佳话美谈。这些佳言美谈，都在告诉我们一个道理，诚信是道德之本、做人之本、建企之本。

河南通达电缆股份有限公司董事长史万福自1987年就开始创业，近30年来，董事长史万福先生以身作则，生动诠释了诚信对人格树立和企业创立的基础作用。

在史万福的经历中，创业初期就奉行“先做人后做事”的原则，以“讲诚信，立人品”开始了自己的创业之路。不管遇到什么样的困难，面临多大的诱惑，他都会提醒自己，如果想基业长青，成为一个长久经营的公司，首先就必须“讲诚信、立人品”，不能因为眼前的一点蝇头小利而破坏了自己的原则。他相信遵守道德、尊重每一个朋友和对手，是一个人最基本的素质。

史万福最早是卖冰糕出身的，后来又在郑州卖过五香粉，婚后才从巩义引进了制造电线电缆的技术。但不管是卖冰糕、卖五香粉，还是后来卖电线电缆，他都要求自己卖最好的产品，提供最好的服务，尤其是答应过别人的事就一定要做到，如果真的做不到了就给别人讲，从来不做只说不做的事。

史万福开始做电缆之后一件“雨夜送款”的事，一直在公司流传，现在已成了公司员工内部培训的一个必讲素材。当时公司刚创立，没有充裕的周转资金，许多原材料都是从供应商那里赊来的，等生产出成品并销售回款后才能把钱给供应商送去。本着诚信为本的原则，史万福一直都按承诺的时间将货款及时送给对方。结果有一次交通不方便，等他带着款回到家的时候，已是承诺还款日期的当天夜里十一点左右，当时还下着大雨。他到家的第一件事就是马上派人去找那个供应商还款，因为这是他承诺别人的日期，绝不能失信。当好不容易敲开大门，供应商非常惊讶地得知只是为了按时间把货款给送过来的时候，激动不已，连说：“下这么大的雨，明天再送怕啥，看把人都淋成啥样子了！”当时就承诺，以后只要史万福开口要货，哪怕把别人家的货先停了，也要优先保证通达的供应。

这,就是诚信的美德,就是品牌的力量。史万福创业之初就定下的“讲诚信、立人品”的原则,日后成了通达股份快速发展的一个关键要素,也是通达股份招聘人才时考察的最重要的一项指标。

二、诚信铸企

诚信是一种力量。“言必信,行必果”,“三杯吐然诺,五岳倒为轻”,表里如一、说到做到,这是诚信的本义,也是诚信的力量。经历创业的风风雨雨和泥泞坎坷,公司业绩有了,品牌树立起来了,逐渐走上了正轨。如何打造企业核心竞争力,如何在用户中树立口碑成了铸就企业做大做强的“关键一步”。

自国家电网公司集中规模招标采购以来,公司中标量每年均位居同行业前列。特别是公司生产的大截面钢芯铝绞线用于我国首条1 000 kV晋东南—南阳—荆门特高压输电线路、±800 kV云南—广东直流输电线路、±800 kV向家坝—上海直流输电线路中,受到了广大用户的好评。然而,通达的前进之路也并非平坦。有一年在与国家电网公司签订合同后,公司主要原材料铝的成本价格上升,且有居高不下之态势,这意味着大量的国网订单将成为亏损订单,会严重影响公司业绩。在此期间,有的公司放弃生产,有的公司偷工减料,妄想逃脱制度的法眼,而通达却秉持“信用的标准不能降低,以诚兴业、信誉至上、履约践诺”的原则按时完成生产,擦亮了通达的诚信“名片”,靠信誉打造了品牌,占领了市场,赢得了发展优势,凸显了通达历经磨难、突破艰难、跨越难题、直面问题、迎头赶上的精神力量。

近年来,公司曾连续荣获“河南省产品质量信得过单位”、洛阳市技术监督局“向社会保质推荐产品”、中国技术监督情报协会“3·15质量无投诉、服务无投诉”诚信企业、“河南省优秀民营企业”、“洛阳市高成长型民营企业”、“洛阳市诚信示范企业”及“河南省高新技术企业”等殊荣,公司产品也被评为“河南省优质产品”“河南省免检产品”“河南省名牌产品”等称号。

这,就是诚信的力量,就是品牌的效应。诚信已经成为通达的一块“金字招牌”,为通达拓展了销售渠道,也为通达带来了无形的收益。

三、诚信兴企

诚信是一种责任。“诚心者,天下之结也。”对企业而言,诚信是黄金资产。讲诚信、守信用、勇担责,是企业兴旺、持续发展的内在要求。百年老店同仁堂恪守“炮制虽繁必不敢省人工,品味虽贵必不敢减物力”,以诚信铸造金字招牌,历经沧桑而常青不衰。“晋商”“徽商”以信用为上,各领风骚数百年。今天,通达进军资本蓝海,以强大动力继续谱写诚信乐章。

河南通达电缆股份有限公司,于2011年3月3日在深圳证券交易所成功上市,成为洛阳市首家上市的民营企业。在“以人为本,诚信经营”的宗旨的指引下,公司自上市以来,严格按照有关法律法规、规范性文件的规定和要求及时履行信息披露义务，维护广大投资者利益，不存在任何因违法违规行为而受到证券监管部门立案调查或处罚的情形，公司董事、监事、高级管理人员不存在因涉嫌违反国家法律法规，被证券监管部门立案调查或处罚的情形，亦不存在因违反相关规定被所在地证监局采取监管措施的情形。

诚实守信是中华民族的传统美德，是社会文明的重要标志。党的十八届三中全会提出，建立健全社会征信体系，褒扬诚信，惩戒失信。在当今经济发展改革的大潮中，自觉履行法定义务，及时准确足额纳税，成了衡量一个企业诚信与否的标杆。通达股份自上市以来累计缴纳税款位于偃师市纳税人前列，曾获评“A级纳税企业”。二十余年生产经营中，公司始终以“诚信通达”为价值观，努力营造诚信纳税环境，日常以专题讲座、企业内刊、企业内网等载体，宣传弘扬诚信经营、依法纳税理念，培育诚信氛围。公司专门设置税务管理岗汇总整理税收政策，编制税收制度汇编供企业负责人和相关岗位员工学习，增强员工“依法纳税光荣、诚信纳税光荣”的意识。公司还从源头上防范财务发票风险，规定财务人员收到发票时，要在网上查验，待查验无误后加盖审计专用章方能报销。还将防范关口前移到销售人员，以培训形式向销售人员重点讲解假发票分辨、报销单填写等内容，使营销队伍成为防范税收风险的第一关口。遇到涉税疑点、难题，主动向主管税务机关咨询。有次公司财务收到外省供应商的增值税普通发票，财务人员觉得发票有问题，向税务专家咨询后发现发票已经作废，避免了税收风险。不放过任何一个可能的疏漏，是通达股份始终做到依法纳税的保证。对应缴纳的印花税、城镇土地使用税、房产税等零星、小额的税款，也定期组织自查，一丝不苟，仔细比对，确保不漏缴一分，为经济社会发展和改善民生做出了重要贡献。

这一桩桩、一件件事件说明：无论是在创业艰难期，还是在发展上升期，通达始终不忘初心，本着守信光荣、失信可耻之心，夯实企业信用根基。因为，我们深知企业的诚信不仅直接关系其自身形象和利益，而且关系整个社会的有序运行。企业为公众提供各类物质和精神文化产品，一旦出现诚信危机，就会给企业造成难以挽回的损失，并严重损害社会诚信环境。

“雄关漫道真如铁，而今漫步从头越。”未来，公司将继续坚持以诚为本，诚信经营，以荣誉为动力，以发展为目标，使企业实现快速、稳定、持续发展，为祖国电力事业快速发展贡献力量，为社会创造更多财富，为股东实现价值倍增不断提供更强大的动力！

15. 好想你：用诚信守护“舌尖上的安全”

董事长谈诚信

好想你董事长石聚彬：诚信有多少，朋友就有多少

红枣是“生态、低碳、环保、健康、富民、强国”的朝阳产业，是防风固沙、减少雾霾、实现美丽“中国梦”的三农产业。好想你正是为实现“健康、富民”责任和梦想而存在，为实现并与世界分享“生态、强国”的理念和价值观而发展。

好想你是“行业探路者”，公司成立20多年来，把一颗小红枣“72变”，形成300多种红枣产品集群引领行业；把一个特产蝶变为一个知名品牌，跃然成为河南骄傲，驰名中国；把一个几百年几十代人守旧的枣树变成产业并跃升为全国干果第一大产业；把一个地方树种推广到新疆、内蒙古、海南全国各地成为致富一方的红色经济；把一个极具本土特色的红枣创立成单品的连锁专卖，从而铸就了商业模式；更是把一个不敢与粮食争高低、不敢与畜牧争肥瘦的红枣推向了资本市场，成为全球红枣上市第一股。好想你最大的成功不是创造财富，而是通过诚信、创新、引领实现河南上市公司并与弱势林果业分享自己的理念和价值观。

诚信有多少，朋友就有多少。作为《河南上市公司诚信公约》签约成员，好想你将继续秉承“良心工程、道德产业”的核心价值观，不断完善公司治理，加强内控建设，加大披露内容，增强工厂透明度，充分发挥示范作用，努力打造公司在资本市场的良好形象，为股东、消费者、企业员工和社会创造价值，树立“诚信河南”新形象，为实现“让中国的沙漠绿起来，让中国的枣农富起来，让中国的国民健康起来”的企业使命，为扭转雾霾环境而奋斗！

正文

1963年，马丁·路德·金《我有一个梦想》的演讲感动了整个世界。半个世纪后的2012年11月29日，中国国家主席习近平提出了“中国梦”：“实现中华民族伟大复兴是中华民族近代以来最伟大的梦想。”“中国梦”振奋着每一个中国人，同样赢来了全世界的注目礼。

“中国梦”不是无根之木，千千万万个中国人的梦想是她的枝枝丫丫，只有当每个枝丫枝繁叶茂的时候，“中国梦”才会树大根深，亭亭如盖。

因一颗枣享誉中国的好想你健康食品创始人石聚彬也有一个朴素的“红枣梦”，就是立足枣乡，从身边小事做起，将一颗小小的红枣做大做强，引领带动枣产业持续发展，让枣农富起来，让沙漠绿起来，让国民健康起来！

为了这个梦，他带领好想你团队披荆斩棘，一路前行，成就了中国枣业领导品牌。

一、自建透明工厂接受社会监督

食品行业是国民舌尖上的行业，“做食品企业，诚信比赚钱更重要”，好想你董事长石聚彬多次强调。好想你自成立之日起，在石聚彬的带领下，本着“持续引领中国红枣行业，打造卓越生态养生企业”的愿景，坚持“信仰感恩、崇尚科学、良心工程、道德产业”的核心价值观，严格按照信用原则和制度，认真履行企业责任，受到广大消费者和产品上游供应商的好评。

在颗颗精选的精细化、标准、严苛的生产流程和始终如一的价值追求下，好想你凭借实力多次荣获“新郑市市长质量奖”“郑州市市长质量奖”“河南省省长质量奖”“全国食品安全示范单位”“全国食品行业优秀食品龙头企业”等荣誉。这些荣誉的取得都得益于公司始终坚持对原料、运输、生产加工、存储、质检、专卖店等各个流通环节严格把关，逐渐形成从源头到终端的完整把控体系。

好想你产品的原料均为有机、绿色、无公害、原产地地理标志性产品，由百家农业产业化国家级、省级龙头企业背书，从源头上保证食材质量。公司先后在河南新郑、河北沧州、新疆若羌、新疆阿克苏自建原料基地8 000余亩，坚持原产地原料采购，在原产地甄选高品质原料，从源头确保食材质量、安全和品质，不断践行并强化企业“良心工程，道德产业”的发展理念。

在生产环节，好想你斥巨资建立了标准化透明工厂，将红枣产品生产的全过程置于公众的视野之内，以饱满的自信和强烈的企业责任感接受消费者的监督，让消费者亲眼见证好想你产品的生产过程，对产品质量放心。

好想你透明工厂完全按照医药行业的GMP标准设计与管理，进入洁净生产区，必须经过两次更鞋、洗手、消毒及更衣、风淋流程。整个生产车间完全封闭，生产线和外面的走廊用巨大的玻璃幕墙分隔，阻止外界未经净化的空气进入车间造成污染。工人进入车间内，需要使用指纹或密码校验，保证与生产无关的人不得进入生产区域。

从农田到餐桌，食品产业链错综复杂。好想你透明工厂要求食材来源和生产过程必须透明，而且这种透明随时接受社会公众的监督。好想你的透明工厂持续对外开放，不间断地邀请社会公众参观，好想你在车间内设置了360°玻璃参观通道，消费者进入参观通道内能够透过玻璃，全面观看车间内先进的生产设备、检测设备以及红枣产品清洗、去核、杀菌、烘干、分拣、包装的全过程，从而实现了从原料入库到成品出库过程的全透明。如今，好想你透明工厂已经成为河南工业化旅游的特色项目。

石聚彬认为，透明是一种趋势，好想你透明工厂对行业甚至社会的诚信有着积极作用。在食品安全问题越来越受重视的今天，食品企业开放生产车间实现生产过程的全透明是大势所趋。

业界人士认为，好想你透明工厂对行业甚至社会的诚信培养有着积极作用。2016年4月，在国内食品行业的奥斯卡——“中国食品健康七星奖”的评选中，好想你获得七星奖“健康引领奖”，为红枣行业甚至整个食品行业展示了一个“食品安全最佳实践案例”，对提升红枣行业的透明度，推动食品行业健康持续发展均起到积极作用。

2016年8月28日，石聚彬荣获“中国林业产业诚信企业领军人物”，会上他郑重向社会承诺：将积极履行“中国林业产业诚信企业品牌”的各项义务，发挥“中国林业产业诚信企业品牌”成员的主体和示范作用，继续坚持合法经营，自觉加强自律管理，产品达到国家相关环保、食品质量与服务标准，主动接受行业组织和全社会的监督。

二、标准化成就大品牌

众所周知，以“天然维生素丸”著称的红枣是人们保健养生的滋补佳品。现代药理学发现，红枣含有蛋白质、脂肪、糖类、有机酸、维生素A、维生素C、微量钙等多种营养成分，具有健脾益胃、补气养血、养血安神、缓和药性等功效，因其口感香甜、物美价廉，适合各类人群食用，所以是无可比拟的健康圣品。

然而，并非所有的红枣都具备良好的品质。红枣含糖分较高，在温度、水分等外界条件适合时，很容易质变发霉或生虫，夏季就是红枣质变或生虫的高发期。有些商家为了延长红枣保质期，会在红枣制品中使用食品添加剂，甚至用硫磺熏枣。这类红枣产品服食后对人体危害极大，根本起不到养生作用。

作为中国红枣领导者，好想你将“良心工程，道德产业；科学膳食，健康理念”作为行为标准，从原料、存储、研发、加工等直到终端销售，严把质量关，杜绝食品安全隐患，打造坚不可摧的生产管理体系。不仅确保让每一位消费者都能吃上健康的、安全的、有品质的红枣，还依靠标准化成就了品牌农业。

明代文学大家朱熹有诗言：“问渠那得清如许，为有源头活水来。”说的是著书立说要有好的素材来源。这句话同样适用于食品加工业，要生产优质的枣制品，确保原枣安全至关重要。

河南新郑是中国红枣之乡，种植红枣的历史有数千年，新郑“古枣园”至今还有数百棵千年以上的大枣树。好想你抓住绿色优势资源发展的先机，不仅利用先进技术、优势资源保护当地传统枣产区树木，同时还在新疆建设8 000亩的优质原料基地，广募当地有枣树管养技术的农民去新疆种枣树；同时，适时开展免费的枣树科学化种植及管理技术培训，通过建立红枣种植标准化体系（其中国家标准296个、行业标准142个、地方标准16个、企业标准29个），实现从育苗、栽培、田间管理到投入品监管和采收的标准化管理。

随着市场的持续扩张，好想你通过“公司＋基地＋标准＋农户”的模式，将这一宝贵经验进行孵化扩大，用标准让农民管理简单化，用标准提高了红枣的经济价值，用标准促使农民技术与经济收入双增高，既保障了企业生产原料的质和量，又保护了枣乡新郑60万棵古枣树，增加了农民收入。

“很多企业的产品质量为什么搞不好？原因虽然很多，但最终可以归结到一个方面上来，就是做事缺乏严谨的工匠精神。”好想你副总经理石聚领说，“工匠精神所包含的优质观念、精品意识等，是工业时代不可或缺的精神气质，是工业化的底线。工业化意味着大生产、流水线，但这并不是说可以粗制滥造。相反,生产优质精良的产品,正是工业化不断取得突破性发展的动力。我们在红枣行业内旗帜鲜明地提倡工匠精神,提倡严谨的做事态度,就是在传承和弘扬工匠精神。没有严谨的工匠精神,绝不可能制造顶级的好红枣,企业要想成为行业领袖也只能是痴人说梦。"

自2005年开始,好想你已在行业内率先按照医药行业GMP标准建立了万级净化车间并投入使用,生产过程严格执行GMP制度,ISO 9001:2008国际质量管理体系,ISO 22000食品卫生安全管理体系以及HACCP食品安全体系。

好想你独创冰温保鲜技术,红枣采摘后在最合理时间入库,确保红枣的色泽、口感和营养成分完好无损。依托国家级企业技术中心,总结20多万个数据,形成科学、标准的储藏流程。2009年12月,好想你公司制定的《免洗红枣标准》被国家标准专家审定委员会认定为国家标准。根据这一标准,红枣原料出库后需经历18道生产工序,首先通过大小、光泽、颜色、外形4道筛选工序进入万级净化车间,再经过以冷水、热水通过波浪、喷淋、针刺、毛刷、再喷淋、再毛刷6重清洗工序,烘干、冷冻、臭氧3道灭菌工序,最后再经过分拣、精选等。通过一系列清洗和灭菌,既最大程度地保护了红枣的营养成分,又使红枣含水量恰到好处。由于烘干温度掌控精准,芳香物质得到最大程度的激活,保持红枣良好的风味和口感,颗颗红枣绿色天然,完全符合健康要求。

在品质上的精益求精成就了好想你这一充满温馨情感,体现健康亲情产品理念的红枣品牌。2008年好想你被国家农业部评为"中国名牌农产品",2010年被国家工商总局商标局认定为"中国驰名商标"。2015年12月28日,好想你又荣获"影响中国2015年度质量诚信品牌奖"。这些沉甸甸的荣誉,是对好想你以诚信铸就良好品质的莫大认可。

三、创新引领消费风潮

据考证,中国红枣的食用历史大约有8 000年,但把红枣玩出"72变":制成干、压成片、磨成粉、去掉核,销往全国各地,却是由好想你实现的。石聚彬认为,食品行业竞争或将日趋同质化,食品消费市场也将从保障供给转向个性化、功能化、时尚化、多样化方向发展。这对于大多数较为传统的食品企业而言,有着较大的挑战。但我们不能忽视的是,期间也存在诸多机遇。我国每年红枣产品的需求量超过300万吨,消费人群近年来保持8%左右的增速。所有红枣加工企业理应加快创新和升级的步伐,努力适应市场的消费新需求。

对于创新,好想你是极具发言权的。好想你从一家不知名的小公司,发展成中国红枣行业第一家上市公司,成为中国红枣第一品牌,董事长石聚彬本人被誉为"中国红枣司令",其发展历程就是不断创新的历程:产品创新、技术创新、营销创新、销售创新,步步为营,推动品牌的不断升级,最终成就目前的红枣帝国。

好想你专注红枣产业24年,打造了以原枣类产品为代表的1.0时代,以去核枣等为代表的2.0时代,以红枣夹核桃等为代表的2.5时代,以枣片等为代表的3.0时代,以红枣酵素、大枣多糖等红枣提取、萃取物等为代表的4.0时代。一方面通过红枣深加工,提高产品科技含量,提升产品附加值，推动行业产品升级。另一方面通过红枣和“五谷”“五果”的合理搭配，让健康食品走到人们一日三餐的餐桌上。到2015年底公司已经形成了原枣类、红枣深加工类、红枣相关类三大类别，涵盖原枣、去核枣、红枣脆片、枣片、蜜饯、坚果等21个品类，28个系列，共计244款产品。

好想你拥有红枣行业唯一一家国家级企业技术中心，以此为依托，并联合中国农业大学、河北农业大学、郑州轻工业学院、河南农业大学等中国红枣产业联盟成员单位，结合红枣作为农产品的特点，公司不断进行“原料的创新、配方的创新、生产工艺的创新、包装形式的创新、包装规格的创新”，不断适应和引导消费者需求。

公司已荣获河南省科技成果鉴定11项、河南省科技进步奖3项、郑州科技进步奖3项；研发的好想你枣片，填补了行业深加工产品的空白；枣博士产品引领行业全国高端枣销量，首推红枣干、枣粉，发明了木本粮与草本粮的结合产品好七粉等。

此外，公司还与中国营养学会共同组建了“中国营养学会 & 好想你-红枣科学研究院”，旨在促进红枣营养研究的深入发展及相关研究成果的推广和应用。

中国有句老话：“酒香不怕巷子深。”但在市场经济的今天，面对激烈的竞争，再好的产品，不想办法加深消费者的印象，恐怕也只能是寂寞地独舞。好想你不仅是优秀的舞者，而且把舞跳到了全国人民的面前。而使这支舞不断跳出新花样靠的就是营销创新。

从2000年在郑州的第一家专卖店开张，全面开启红枣行业的“专卖店销售时代”，到今天在300多个城市开办了近2 000家专卖店，好想你牢牢占领了全国红枣行业销量第一的“宝座”。好想你开创的“专卖店模式营销”成为业界经典案例，并为全国农产品市场营销树立了榜样。

2015年12月，好想你以岁末电视剧《芈月传》为背景，策划了“芈月手书”营销活动。该活动采用悬念营销的形式，借助热播剧的巨大人气，成功地在自媒体上引发了公众围观与聚焦该公司即食去核枣，并将“看剧吃枣”的话题热度不断推向新高。好想你借势《芈月传》的创意将该剧的受众人群牢牢粘住，又兼顾了“互联网＋”时代的交互特点，为“互联网＋”时代下企业进行品牌营销提供了可资借鉴的思路。

随着移动互联网风潮的涌起，以及受全国红枣市场格局的变化、吃枣人群逐步向注重生活品质的80后、90后人群转移，好想你市场营销策略也开始向大众化、网络化等方面转型，顺势开设线上品牌旗舰店，实现线上与线下联动。

2016年，好想你更是收购电商休闲零食的领导品牌百草味，强强联手，实现产品结构从单一到平台化，产品特点从健康到休闲化，消费特征从低频到高频化。业内分析人士表示，百草味作为休闲零食电商的领导品牌，渠道优势明显，互联网营销思维和模式非常成熟，将极大地巩固和发展好想你的电商平台。再者，好想你专注于连锁专卖的渠道模式，而百草味专注于互联网营销渠道模式，两个渠道的有效结合将深化和推动好想你O2O的整体战略发展。

证券分析人士认为，两者协同效应在于品牌独立运营，产业链相互合作，根据各自渠道特点引导对方开发产品，实现逐步融合，协同发展。如团队能够完美融合，最终可能成为食品行业巨头。

石聚彬说，低头拉车时，一定得明白抬头看路的重要性。现在好想你公司市场营销的一套经典阵容是“专卖店＋商超＋电子商务＋流通”，该阵容市场表现稳定，但好想你的市场营销之路将一直处于与时俱进的探索中，目的是让"好想你"永葆青春活力，始终引领全民休闲、健康食品的风潮。

四、一颗红枣带动一座城

产业援疆，是党中央、国务院的战略部署，是实现新疆社会稳定和长治久安的重大举措，具有重要的政治、社会和经济意义。好想你从一颗颗红枣出发，通过建设基地、培训技术、订购合同、培育市场、稳定价格、延伸产业等，带动红枣种植从若羌扩展到南疆更大区域，带动了维汉乡亲走上致富之路，闯出了一条产业援疆的新路子。

早些年，从河南新郑到新疆摘棉花的人返回老家时，带回了一些若羌县小枣。这些小枣，不经意间被石聚彬发现。"如果把新郑灰枣与新疆红枣嫁接起来，会结出什么样的果实?"石聚彬迅速动身，踏上了那块让人感到神秘的楼兰之地。

2003 年起，每年一百多万株灰枣树苗从位于黄河之滨的河南新郑出发，不远万里到新疆落户。成功嫁接栽种的楼兰红枣，皮薄肉厚、清甜爽口，蜚声国内外。

目前，好想你公司在南疆直接经营的红枣基地总面积有 8 000 多亩，直接签约数十万亩。公司还派出技术人员到新疆建立大枣示范园，推广枣树种植技术，并通过合理价格稳定市场行情，通过优选加工延展产业链条。

据保守估计，好想你公司近年来在新疆的直接投资超过 4 亿元，收购的红枣总计价值超过 20 亿元。红枣经济还带动了地方旅游、宾馆服务等产业的发展，带动了南疆多个县市经济的崛起和转型。

以若羌为例，若羌是中国面积最大的县，南边是昆仑山，东北紧挨着塔克拉玛干沙漠，一年日照时间 3 100 多个小时，昼夜温差大，病虫害极少，加上富含矿物质的雪山融水浇灌，若羌产出了中国乃至全世界最好的红枣，但是却卖不出去。

转机出现于 2007 年好想你的到来。原来 5 元钱一公斤的枣都没人要，好想你公司到来后，红枣一年比一年值钱，价格逐步提高到 10 多元一公斤，又好又大的枣甚至卖到四五十元一公斤。

2008 年，好想你又投资上亿元，在若羌县建设了红枣加工分厂，实现了部分红枣在当地直接加工生产，进一步提升了当地农户的种植积极性。

若羌县委书记党锋说："过去来这里收枣的很多，大多数都是收了枣就走，能把种植加工基地建在若羌的，只有好想你公司。没有好想你对红枣产业的引领，若羌很难有这么大的变化。"

据若羌县农业、林业部门统计，2015 年，全县 22 万亩红枣产量就达 6.53 万吨，给农民带来近 20 亿元收入。如今的红枣，已成为若羌农民名副其实的"农业银行"，也成为若羌一张响当当的名片。因为红枣，若羌县被授予"中国红枣产业龙头县""中国红枣之乡"等多项称号。

也因为红枣经济的带动，若羌餐饮、宾馆和旅游业近年来也快速发展，城区规模快速扩张。县城原来只有 2 条街，3 万人口。经过红枣经济五六年的带动，现在的若羌，城区面积扩大了三四倍，人口增长到 5 万。全县农牧民人均纯收入 2.65 万元，连续 6 年蝉联西部十二省区市首位。

阿克苏地区农林办的主任张经民说起 5 年前的阿克苏，主要种棉花、麦子，“红枣叫谁种谁不种，因为没人收啊”。曾经有个维族老农这样形容当年种红枣：“白天强迫种下，晚上我们再偷偷拔掉。好想你公司来了后，红枣值钱了，我们就都把红枣当娃娃养了。”

成了宝贝的红枣，在飞快地裂变。5 年前，阿克苏只有 40 万亩的红枣。到了 2013 年，全区 450 万亩的林果经济中，红枣占到了 300 多万亩。阿克苏市下高速的城市标志牌图片，几年前是棉花，现在也已经换成了红红的大枣。

有人说，南疆的经济就是红白经济，红经济就是红枣，白经济就是棉花。兵团和新疆的民众都说，棉花让他们在新疆生存了下来，而红枣让他们富裕了起来。

颗颗好枣，不仅仅富裕了当地群众，也改变了一座城市，甚至整个南疆地区。

由阿克苏放眼整个南疆，北至天山脚下，南至昆仑山麓，西至帕米尔高原，东到罗布泊遗址，围绕整个塔克拉玛干沙漠周边，凡是有雪水浇灌的地方，每个县、乡、村，每个建设兵团，都种植了大量红枣。

据有关统计数据显示，2015 年底全疆红枣种植面积已达到了 700 万亩，占全疆 1 500 万亩林果种植总面积的一半。因为红枣来钱快，好管理，有些农业大县，红枣种植面积能占到 70%～80%。

阿克苏的农民富了，家里有小楼，城里有商品房，家家户户几辆轿车。在张经民看来，这样的幸福，是一颗红枣和它背后的大品牌带来的。

“好想你公司让乡亲们有钱了，有钱了就和谐了，和谐了才安定了。”张经民说，“从这个意义上看，好想你公司对南疆的贡献，是不能单单以经济价值来衡量的。”

不仅仅红枣的经济效益、健康养生效益，对红枣情有独钟的“枣司令”石聚彬更知道，枣树有“铁杆庄稼”之称，适合生长在贫瘠的土壤，防风固沙，净化空气，改善局地生态环境的作用非常明显。

“让沙漠绿起来，让枣农富起来，让国民健康起来。”这是好想你的产业梦，也是好想你的“援疆梦”。

曾经有人问石聚彬：“你现在已经做得很成功，你认为你的梦想实现了吗？”他回答说：“我的梦想才刚开始。”未来 10 年，好想你会朝着百亿的销售目标坚定迈进，继续肩负红枣产业的使命——让沙漠绿起来、让枣农富起来、让国民健康起来；让中国每一个家庭、每一个人都吃上好想你红枣！坚定不移地为社会提供绿色、健康、优质、放心的红枣及红枣深加工产品，力争让好想你的红枣铺满我们中国大地的每一个角落，让每一个中国人都有健康的身体、强健的体魄。

16. 牧原股份：诚信是企业的生命线

一、小生意成就传奇伟业

1992年，牧原食品股份有限公司(以下简称牧原公司)的前身，创业时从22头猪养起，从此专注养猪25年，把一个普普通通的养猪场，发展成为一家规模位居全国前列的农业产业化国家重点龙头企业，现拥有70多个全资子公司和2个参股公司，具有年加工饲料300万吨、出栏生猪900万头、屠宰生猪100万头的能力，形成了集科研、饲料加工、生猪育种、种猪扩繁、商品猪饲养、屠宰加工、生态农业为一体的循环农业产业链，实现了生猪的自育自繁自养，食品安全可知可控可追溯。

牧原公司自成立以来，始终将诚信视为企业的生命线。在20余年的发展历程中，一直严格遵守国家法律、法规，恪守企业道德，不断加强诚信体系构建，将诚信理念深深地植入每一位员工和合作伙伴心中，实现合作共赢。

25年来，牧原公司不断开拓创新，硕果累累，先后取得311项国家专利；被认定为“农业产业化国家重点龙头企业”、“国家生猪活体储备基地”、“国家生猪产业技术体系内乡综合试验站”、第一批“国家生猪核心育种场”、“国家级原种猪场”、“国家级星火计划项目证书”、“国家级青年文明号单位”、“河南省畜禽健康养殖院士工作站”。诚信阳光行活动每一次走进牧原股份，都会收获一份感动和信心。

牧原公司董事长秦英林坚信：小胜靠智，大胜靠德，养猪要先养良心，诚信是牧原的最大附加值，牧原将坚守企业的责任和担当，致力于为老百姓提供更好吃更放心的猪肉，为市场树立发展标杆，引领中国养猪事业的发展。

牧原人认为，猪的一生是伟大的一生，是奉献的一生，猪的精神就是牧原人精神的写照。公司每年举办养猪节活动，传承牧原文化，让牧原人尊重自己，尊重猪，尊重劳动所产生的价值。养猪节活动期间，公司同时为全员搭建晋升平台，对优秀员工进行评定选拔，使牧原人的价值在这个平台上得以提升和实现。

二、诚信根植于心

“人无信不立，业无信不兴，国无信则衰。”诚信是牧原股份推崇的核心企业文化之一。公司以诚相待、以信为本,加强企业诚信建设,将诚信贯穿于企业生产经营管理、客户合作等方方面面。

1. 诚信文化,根植于心

管理学大师彼得·德鲁克指出:"企业文化再造是推动企业前进的原动力,但是企业诚信作为企业核心价值观是万古长存的,它是企业文化与企业核心竞争力的基石。"企业诚信,作为企业文化的重要组成部分,它孕育于企业文化,扎根于企业文化,渗透于企业文化,是企业文化不可或缺的重要组成部分。

诚信文化是全体牧原人的必修课,牧原公司对每位新进员工都会进行企业文化培训,将诚信文化深深地根植于每位员工心中。实施诚信文化教育的目的是为了全员都能够更加透彻地领悟诚信内涵,进而指导日常工作,在实践活动中自觉地去践行和坚守。

牧原公司在用诚信指导企业运营和员工行为方面,有着严格的准则。

经营准则:公平公正,公开透明,简单省心,高效共赢。

行为准则:不投机,不巧取,不豪夺,绝不拿金钱做交易。

处世准则:利而不害,为而不争。

2. 诚信生产,养健康猪

诚信不仅是企业的态度,更是牧原事业成功的基本点。回望25年的发展历程,牧原公司始终坚持以良知为引导,以社会价值最大化为原则,坚守自己对企业的责任和担当,致力于让中国人吃上安全、放心的猪肉,享受丰盛人生!

"我们养的不仅是猪,是肉,是给爹妈、儿女吃的,要讲良心,讲责任"。牧原人视产品品质为值得用生命守护的东西。牧原公司现施行的集约化、全封闭的养殖模式,生猪自育自繁自养,饲料自主生产、自给自足,形成了食品安全封闭式管理模式,建立了食品安全保障体系和可追溯体系,实现了从场址选择、原料采购、饲料加工到生猪饲养等环节的全程监控,能够有效保障食品安全。同时公司根据消费者需求进行选种育种,从源头保证提供高品质猪肉。从牧原产出的猪肉产品,符合世界上准入标准最苛刻的日本肉食进口标准。

2000年前后,使用瘦肉精养猪几乎是行业的潜规则,而用瘦肉精添加饲料喂的猪就是长相好,市场俏。牧原公司的猪没有喂瘦肉精,有一段时间不受客户欢迎。有瘦肉精销售商主动找到牧原公司董事长秦英林,承诺免费让公司试用,自己包销,受到秦英林的坚决回绝。有的销售商干脆找到养殖场的场长、饲养员"兜售",而场长和饲养员们看着自己养的猪卖不出去,圈里的猪饿得嗷嗷叫,就是没钱买饲料时,就想避开秦英林试一试。秦英林发现苗头后,召开大会,严肃认真地说:"我们养的猪是给自己爹妈吃的,是给自己孩子吃的,是给天下百姓吃的,我们做人做事不能不讲良心啊!我们宁可不赚钱,甚至是赔钱,也坚决不能使用瘦肉精。谁用,(我)开除谁!"正因为在利益面前经得起考验,才能够赢得市场青睐,获得了更为长久的发展。现在二十几年过去了,整体规模也起来了,牧原可以堂堂正正地对消费者、对同行、对下游、对政府说,牧原从来没有用过瘦肉精,不论怎么难,牧原从来没有苟且过。

牧原人从来没使用过瘦肉精,但他们加大科技攻关,通过种猪改良育种和饲料营养配方,生产的商品猪肉卖相好,瘦肉率高且瘦肉、肥肉配比合理,很受市场欢迎。就连世界上公认对食品质量要求苛刻的日本,也与牧原建立了长期的产品供求合作关系。

牧原确保食品安全还有"两招",即坚持规模经营而坚决不搞"公司+农户",坚持使用自己加工的饲料,因为在人们的道德意识还有待提高的今天,"千家万户"式的农户经营,是很难保证生猪食品安全的。

"养猪先养良心。"秦英林的这句话至今一直记在牧原人的心里,激励着他们用自己的良心时刻拷问着自己所做的任何事情。

牧原人用自己的良心"养"好了猪,确保了猪肉食品安全。

3. 诚信经营,平等互利

"让我们共同发展"是牧原公司始终秉承的商业合作理念,"公平公正,公开透明,简单省心,高效共赢"是我们坚守的经营准则。牧原公司在经营活动中,以此作为行动的指南,站在合作伙伴的角度考虑问题,绝不以损害他人利益来发展自己,坚持与合作伙伴平等互利、共同发展。同时,将诚信经营理念传递给所有的合作伙伴,共同打造一个公平自由、开放的市场,带动行业生态健康发展,进而推进整个社会的进步。

牧原公司曾在与煤炭供应商合作时,双方在合同履行的过程中,煤炭价格大幅度上涨,如果按照合同上的价格,煤炭供应商的利益将会受到较大损失。牧原公司在了解到情况后,本着诚信共赢的原则,决定变更合同,提高采购价格,以确保供应商的利益。

公司曾在 2014 年 6 月 20 日,收到临沂江顺贸易有限公司一车 46%蛋白豆粕,数量 41 868 千克。当时牧原采购员向供方索要发票,但是供方账目显示牧原已经不欠其货款,因此无法开具发票。后经牧原公司多次要求对方核查账目,最终发现该批次物资为供方本应发往牧原子公司的,但是因司机出错把物资发到母公司而导致其账目出现问题。随后经牧原要求,按照当时价格补签合同,让供方开具发票,牧原如数付清货款。

4. 诚信管理,拒绝腐败

对于内部员工,牧原公司重拳打击背信造假行为,有不诚信行为的张榜公布,终身记录。有不诚信记录者,不得享受评奖、特殊福利、专业培训、晋升等机会。

对外,牧原公司倡导"利他"主义,走共同发展道路。在自身事业发展的同时,公司还肩负着推进社会进步的伟大历史使命。

为此,牧原公司制定了《牧原食品股份有限公司廉洁自律管理办法》,重击合作商的金钱交易,在与合作商的业务往来中,牧原人发挥廉洁自律典范作用,签订廉洁诚信承诺书,拒绝商业贿赂,永远"不投机,不巧取,不豪夺,绝不拿金钱做交易"。一旦发现违反承诺,则取消其供应商资格。

在一次项目建设招标过程中,前期负责公司围墙建设的某施工单位向公司工作人员行贿 1 万元现金。公司人员直接严厉拒绝,当场退回,并给予严重警告;同时与其前期工程账款结清后,终止合作。

牧原公司定期举办廉洁诚信培训。通过加强公司廉洁制度建设,杜绝违法违纪行为,有效防范经营风险,在社会中营造廉洁诚信的商业环境。重击以权谋私,拒绝商业贿赂,全员签订诚信合同,对以权谋私者,经济上加倍处罚,刑事上移交司法机关处理。牧原人承诺永远"不投机,不巧取,不豪夺，绝不拿金钱做交易”。除此之外，还与供应商之间签订廉洁承诺书，对于违反承诺书的供应商一经发现，则取消其供应商资格。

5. 诚信融资，偿还贷款

2000年左右，牧原公司还处于刚扩张发展时期，多处工程都处于施工中，企业资金异常紧张，在此阶段公司承担了农业银行的2 540万元贷款，正处于焦灼阶段。突然有一天，得知一个消息：国家为处理银行不良资产，出台新规定，牧原欠银行的2 540万元贷款可以打包剥离，也就是说这笔贷款可以不用还了。秦英林确认后，却说：“我是做企业的，发展确实需要钱，但我更要讲责任，讲诚信，如果我们贷的款都不还了，那老百姓存在银行里的钱靠啥给？”就连牧原的高层中也有人找到秦英林说：“秦总，我们养十几年猪也赚不了这么多钱啊，况且上面有政策，我们可以借机甩掉包袱，轻装上阵，对公司百利而无一害啊！”“还，一定要还，不还就失去了诚信，坏了良心！”秦英林态度坚决：“没有钱，是艰难，但我们可以挣；如果没有了诚信，你挣来的就不是钱了！”就这样，在公司资金十分紧张的情况下，秦英林主动找到政府部门办理了还款手续，与银行签订了还款计划，陆续还清了全部贷款。当时，就连银行内的个别人也在说秦英林，“真是个书生，没钱还贷，还瞎逞能。”

“做人做事都要把后路留长远点，如果当初那2 000多万元贷款不还，牧原肯定走不到今天，更不要说上市融资了！”秦英林说。

秦英林讲责任，讲诚信，赢得了金融部门的信任。多年来，各家专业银行都把为牧原提供贷款当作荣耀，农业银行还创新贷款方式，为牧原发放了种猪担保抵押。无论是3 000万元、8 000万元，还是1亿元、3亿元，他们认为，秦英林和牧原本身就是“信用和担保”。就连国际金融公司(IFC)也看好牧原，主动上门合作，投资1 000万美元参股。

在公司多年坚持诚信经营的基础上，信用情况良好，按期支付利息，按约归还贷款，牧原公司从2009年到现在连续9年被中国农业发展银行河南省分行评定为“AAA”信用等级企业，是农发行核心战略客户，河南省银行业信用优良客户。

2012—2013年度荣获河南省“守合同重信用”企业，2012年公司荣获“2012年度河南省最具社会责任感民营企业”，公司生产的“牧原食品”牌牧原猪产品被评为“河南省中小企业名牌产品”，董事长秦英林先生先后获得“第三届中国畜牧行业先进工作者”“河南省光彩慈善公益功勋人物”等一系列荣誉称号。

三、诚信牧原人踏实干实事

一个普通员工的故事，很好地诠释了牧原人的诚信立身的理念。

“2010年大学毕业后，我就来到了牧原，亲身经历公司成为上市公司，作为牧原人我很自豪，我爱我的工作。”证券部工作人员告诉笔者，“当年作为应届毕业生刚到这里时，秦总给我们上的第一堂课就是诚信！这对我启发很大，印象很深刻，牧原人第一守则就是诚信，我们绝不会在工作中掺一点假。”

1. 最专业的养猪人

走进牧原食品股份有限公司的十七分场，给笔者的第一感觉：专业、干净、严格、品质、放心。在公司证券部工作人员的带领下，笔者需在大门口清洗双手和无菌消毒后，才被允许进入场区内。干净的场区，整齐的猪舍，大面积的绿化带，专业的养殖设备，展现了牧原的实力和专业。

据牧原证券部工作人员介绍：牧原十七分场占地 1 720 余亩，员工约 300 人，年可出栏瘦肉型商品猪 30 万头。该场是牧原食品股份有限公司首个实现采精——怀孕——哺乳——培育——育肥一体化生产的综合生猪生产基地，其中包括怀孕区、哺乳区、育肥区、保育区和后备公猪舍。

从崽猪实行可追溯制度，实行一对一编号制，确保每头猪从出生到出售的质量安全，并有专业的育种团队和兽医团队为每头猪的健康保驾护航，确保每一头出场的都是健康的猪。

牧原公司生产所使用的饲料均为自主生产。对饲料原料采购、饲料生产加工、饲料运输等环节均制定了严格的质量标准和品质检验、控制程序，确保饲料品质符合国家标准和满足本公司种猪、商品猪饲养的需要，从源头上对食品安全进行了控制。并且公司采用了全自动化的饲料罐，省去了人力喂养时对饲料的污染，对不同种类的猪，配备不同的饲料，为每头猪提供充足的营养。

为了保证猪舍的干净和资源的不浪费，牧原公司在环保方面不遗余力。通过沉淀池和固液粪便处理机，将猪排泄的粪便进行处理，固体生产加工成有机肥，液体发酵成沼气，沼液用于浇灌农田，循环使用，一举两得。

2. 人性化牧原大家庭

笔者在场区外的观景台看到有小孩玩耍，不禁好奇——牧原场区员工几百人，其孩子们上学怎么安排？牧原证券部工作人员脸上洋溢着自豪的笑容：“为了提高教学质量，公司每年会给这里的小学捐献物资，而且对教师们进行补贴。公司花几十万购置了 2 辆标准化校车，专门接送咱们场区的职工小孩上下学，完全免去了工作人员的后顾之忧。”

“这里虽然有点偏僻，不比大都市的繁华，但是这里民风淳朴，环境好，空气好，而且我们都真诚相待，为这个大家庭共同努力着。秦总也待我们像自己的孩子一样，教会我们很多东西，我感觉很幸福。我们虽然有公司制度和规定，但是公司从来不会很苛刻地用这些条例压员工，很人性化，所以我们对工作从来是主动积极，从没觉得自己在打工，而是在一起为这个大家庭的发展而努力。”职工小袁向笔者倾吐的时候，一脸的满足和幸福。

3. 牧原的社会担当

牧原公司作为国家农业产业化重点龙头企业，他们对产品的承诺：品质是我们的生命，我们用生命来守护品质。牧原文化的核心理念：倡导“利他”主义，走共同发展道路。

据笔者了解，多年来，牧原食品股份有限公司拿出专项资金，针对贫困地区小学，年年给予支持，捐资改善当地的教育条件，修建校舍、购置电脑、改善办学条件。并且公司一直致力于公益事业的发展，多次资助周边农村地区修建公路、改善饮水问题，改善农村基础设施，提高周边居民的生活水平，回馈乡邻。

自 2008 年以来，公司累计出资数百万元，帮助近千名贫困大学生圆了大学梦。资助一名贫困学生，就能温暖一个家庭，就能播种一份希望，就能成就一个未来。牧原公司深刻地明白，资助贫困学生是一项长期的工作,意义深远。一直以来,公司始终以回报社会、造福人民为企业的责任与使命!

牧原公司多年来坚守商道,勇担社会责任,坚决不做危害消费者健康的事。良心、责任、担当成就了如今牧原的辉煌,牧原的精神值得每一个人学习。

成功的路有千万条,但做事要以德为先。小胜靠智,大胜靠德。作为学者型企业家的牧原掌门人秦英林,从当年的22头猪起家,将“小牧原”发展到现今公司市值500多亿元的上市公司,其中的艰辛和付出的血汗是我们难以想象的。采访中工作人员说:“我们将一如既往地践行、坚守牧原价值观,用良心、良知生产猪肉食品,确保生产出高品质猪肉。”

四、诚信建设永远在路上

诚信文化成为牧原企业文化的核心和灵魂,牧原公司在实践中形成了一整套以诚信为核心的企业文化准则和培养模式。

(1) 明确诚信准则:明示牧原人的诚信标准,牢记牧原人诚信8步,即心信、智信、力信、言信、行信、守信、果信、和信。这8步是一个循序渐进的过程,有一定的逻辑顺序。无论对内部员工,还是对上下游客户,坚持这样的处事原则:无不诚之心,无害人之心;利而不害,为而不争。

(2) 持续宣传教育:牧原公司承诺,将把诚信文化教育作为一项长期的系统性工程来抓,通过系统的企业文化培训让每位员工全面认知牧原的诚信观;通过推选企业模范人物以更好地引导全体员工的诚信行为;通过微信、网站、报刊、文化上墙等方式,对员工的诚信行为实施可视化管理,从而不断加强员工自身的诚信意识,让员工知道应该做什么,不应该做什么,无论何时、何地、何种境况守住内心的原则和底线。

(3) 提供制度支撑:诚信文化融入到企业的规章制度中,贯穿于企业的生产、经营各个业务活动中,成为企业全体员工共同遵守的行为规范,使诚信行为普遍化。公司通过建立诚信奖励机制和惩罚机制,形成相应的考核评价体系。对诚信者进行表彰和奖励,对失信者进行批评和处罚,使员工将个人成长与企业兴衰有机结合起来,在企业内外部形成倡导诚信、推广诚信、实践诚信的价值体系。

(4) 加强组织监管:在组织监管方面,企业内部由人力资源部专人评估监管,对公司各个部门诚信建设情况定期进行检查和监督,特别是一些对外联系比较紧密的部门,比如对采购部、销售部、发展建设部等加大监管的力度。同时,公司建立个人诚信“黑名单”档案,所有行为记录在档,列入黑名单者,任何一家子公司都将不再录用。

(5) 组织企业文化培训:将企业文化培训作为一项长期的工作来抓,学习牧原的诚信文化,将一些模范人物的典型案例在全集团范围内进行宣传,加强关于诚信方面的文化培训。

牧原公司坚信,不信不立,不诚不行。一个公司要想强大,重要的不只是技术有多么先进,资金有多么雄厚,更重要的是公司的软实力——文化一定要强大,而诚信则是企业文化强大的精髓和核心要素。牧原公司在接下来的发展中始终如一地加强诚信建设,把诚信建设的工作落在实处。进一步解放思想、开拓进取,在社会诚信建设的工作中做出自己应有的贡献。

三 创业板上市公司诚信实践

1. 汉威科技[1]：诚信创新　产业报国

董事长谈诚信

汉威科技集团董事长任红军：诚信释放企业正能量

诚实守信是中华民族的传统美德，是整个社会和谐向前的引擎，现代社会诚信更是社会稳定发展的基石。在各种维度上，诚信建设都有着非常突出的必要性和紧迫性。对于企业而言，尤其是在信息传播日益迅速的互联网时代，如果缺失了诚信，企业将不会走多远。

汉威科技集团始终坚持质量第一、诚信经营、自主创新、规范管理的基本原则。以创造安全、环保、健康的工作、生活环境为企业使命，确立了以尽责、创新、快乐为理念的核心价值观，把诚信当作一种责任，是企业和员工必须尽到的义务和行为准则。集团创造了企业重信誉、守承诺，员工重协作、诚实守信的文化氛围；坚持为客户求价值、为员工求富足、为企业求长远、为股东求回报、为民族求复兴的企业理念。通过持续的创新和踏踏实实的经营，公司得以快速发展，成为国内传感器行业龙头，核心器件国内市场占有率高达60%。2009年10月，汉威科技作为国内首批、河南省首家创业板上市公司，在深交所挂牌上市。

面向未来，汉威科技集团将坚持诚信创新的经营基本点，积极响应国家和省、市关于调整产业结构和产业升级的战略部署，通过突破关键核心技术，积极开展物联网业务示范，围绕传感器、智能仪表、行业应用物联网三个方向构建产业集团，实现持续成长，为河南资本市场持续健康的发展和中原经济区建设做出贡献。

《河南上市公司诚信公约》的签署，不仅是河南上市公司的郑重承诺，更是河南资本市场建设的重大事件，影响深远。资本市场的诚信离不开各方的参与，企业的高度自觉、自律尤为重要，全心全意履行肩上的责任，努力营造有信则荣、失信则耻、无信则忧的健康氛围，是汉威科技集团义不容辞的责

---

① 2017年7月，河南汉威电子股份有限公司更名为汉威科技集团股份有限公司，证券简称由“汉威电子”变更为“汉威科技”。

任。《诚信公约》不是口号，是我们必须践行的准则；《诚信公约》不是拖累，是企业持续成长的动力；《诚信公约》不是束缚，是基业常青的保障。作为缔约成员之一，汉威科技集团将认真遵守《河南上市公司诚信公约》，主动承担社会责任。汉威科技集团将全力支持河南资本市场诚信建设大业，时刻把《诚信公约》铭记于心，并付诸行动，树立和维护诚信河南新形象，释放汉威科技集团的全部正能量。

正文

1998年从气体传感器起家，到现在建立“传感器＋监测终端＋数据采集＋空间信息技术＋云应用”的物联网技术体系，20年不到，汉威科技集团以核心感知技术为基础，叠加信息通讯和互联网云平台，已经形成“智慧城市＋环境环保＋安全生产＋智能家居”四大业务领域，领跑物联网行业。

在汉威科技集团创始人、董事长任红军看来，一个企业想要稳健地经营下去，诚信是必不可少的条件之一。诚信经营体现在方方面面，对待客户、对待员工、履行社会责任等，都需要严格地秉持诚信二字。只有在每个环节都做好了，才能构建一个诚信经营的大体系与大环境，从而促使企业持续发展，所以说诚信经营与企业发展是统一的整体。

一、产业报国

在中国近代史上，许多民族企业家都把实业救国当作人生的最高使命。时至互联网经济繁荣的今日，很多现代企业家仍怀揣产业报国的梦想，用科技为制造业插上腾飞的翅膀，为民族产业崛起而孜孜追求。汉威科技集团董事长任红军自创业以来便一直坚持着这样的信念。

作为传感器、工业物联网领域的龙头上市企业，汉威科技集团在气体传感领域有多年的积累，近年来在智慧市政、智能家居等领域不断取得突破。就像蝴蝶破茧一样，汉威也经历了从无到有、由弱到强的华丽嬗变。

说起来，任红军最初的创业有些不得已，但他选择这一行业，则是为了让中国的传感业不再受制于人。任红军1988年毕业于郑州大学物理系，大学毕业后，进入郑州一家国有企业——郑州晶体管厂工作，这一干就是10年，岗位涉及研发、工艺、生产、管理、销售、采购。可是后来企业被兼并，任红军被分配到货运中心看仓库大门，看了几个月以后，任红军感觉这样下去不行，所以出来创业了。

当时，任红军偶然看到国外一份杂志，上面提到美国的航天飞机用到某某型号的检测仪表。他由此想到，中国发射的卫星是否也要用到美国的检测仪表？想到这里，任红军就觉得自己有责任在传感领域做点事情，而此时中国的传感业发展水平远远落后于西方。

1998年，31岁的任红军创立了汉威科技集团股份有限公司。十几年来，带着一股信念，汉威科技集团一直专注于气体传感领域，并沿着产业链技术扩展，致力于打造从多门类传感器、仪器仪表，到物联网行业应用的完整解决方案，已经成为我国传感器、工业物联网领域最具影响力的企业之一。

任红军有一个愿望，就是等到自己退休之时，中国在传感领域能够赶上发达国家，在全球拥有一席之地。仅仅20年不到的时间,任红军已经基本实现了他的心愿:中国现在在气体传感领域已经不再受制于人。

对比十几年前,如今的汉威令任红军自信满满:“以前,汉威在国内外参加展会,路过汉威的产品展台,很多外国人根本不拿正眼看,轻蔑地笑笑就走了。但是如今,所有的国际同行都知道中国有个汉威很厉害,甚至很怕它。”

2008年,世界五百强巨头霍尼韦尔向汉威伸出橄榄枝,表达了收购意愿,任红军毫不犹豫地拒绝了。2009年,汉威科技上市,是首批创业板上市企业之一。

产业化的同时也带来了价格优势。以往,电化学传感器与红外传感器国内无法生产,只能依靠从英国、德国等国以昂贵的价格进口,如今汉威也研发了这类产品,于是进口产品价格大幅度下降,一款产品可以从以往的1 700元降到如今的五六百元。

在任红军看来,传感产业的发展不仅为企业创造了经济效益,更重要的是对我国国家工业安全信息化发挥了非常重要的作用。“这也算是帮我们国家做点事吧。”任红军说,中国火箭发射站场的起点安全监控很多地方都有汉威的产品在大显身手。任红军的产业报国梦正越来越清晰地变成现实。

“以我的判断,用不了5年时间,我们可以跻身全球前5名之列。”任红军对此颇为自信。身为国内气体传感器领域龙头老大的汉威如今是国家火炬计划重点高新技术企业,已经成功跻身全球前十名之列。

二、创新发展

作为科技型企业,汉威科技集团一直知道,持续创新是企业发展的永动机。在企业发展中,汉威科技集团建设了以汉威研究院为核心,涵盖北京、上海、深圳国内研发中心和美国、德国、新加坡海外研发中心在内的全球研发创新体系,围绕传感器、智能仪表、地理信息、云计算、大数据、移动互联等互联网技术,水、气、固废净化处理技术,节能技术等方面的全面创新,并在智慧城市、安全防护、测量控制、环境保护、家居健康舒适领域开展应用模式创新。

截至目前,汉威研究院共有300余名专业技术人员,占公司员工总人数的20%左右。涉及的专业技术领域从材料科学、器件工艺、仪表技术,到应用软件及系统集成。汉威研究院致力于打造行业领先的技术研究中心,建设成气体检测行业的技术创新中心、信息交流中心、人才培训中心和河南省气体检测仪表专业检测中心。

“汉威是通过不断技术创新而成长起来的公司。”任红军说,因为汉威所做的是传感器、物联网产业,这是一个高新技术密集的产业,在这种行业里,没有创新就没有未来。

汉威也从不吝啬用于创新、研发的投入,2013—2015年,汉威科技集团用于研发的费用占营业收入的比例相当高,分别是9.19%、9.21%、6.42%。2016年度研发投入6 817.48万元,较上年同期增长42.28%,加大了新产品的研发。

舍得投入才有高效益,在如此大手笔研发资金的支持下,汉威科技集团每年取得的研发成果也相当喜人。在产品研发方面，研发部门相继开发完成了甲醛、VOC、PM2.5等环境传感器以及“分布式大气环境监测系统平台”“气相色谱仪”“激光巡检仪”“汉威安全云平台”等十多项创新产品与技术，已取得国家专利249项，产品通过科技成果鉴定35项，其中14项达到国际先进水平，21项达到国内领先水平。在团队方面，公司企业研发中心获得了“国家级企业技术中心”认定，研发实力获得官方认可。在行业标准方面，累计参与制定国家行业标准总数达13项，由汉威负责起草的GB/T 32209—2015《多组分有害气体检测报警器》经国家质量监督检验检疫总局、国家标准化管理委员会批准发布，于2016年7月1日实施，这将对公司部分储备产品和技术构成市场先发优势。公司还先后参与制定燃气、消防、防爆国家标准30余项。

任红军一直怀揣产业报国的梦想，努力把汉威做成百年企业，主动扛起民族产业的大旗。在汉威科技集团高速发展过程中始终坚持“自主创新、持续发展”，从根本上提高了国内气体检测行业技术水平，带动了相关产业发展。汉威科技顺应时代潮流，在前进中不断地自我修正，进行前瞻性的技术革新和产业转型升级，做大做强民族传感事业。

三、布局物联网产业链

位于郑州高新区的汉威科技集团总部展厅里，有一面LED大屏幕，打开来看，上面密密麻麻地显示着黄色、绿色的标识。这是汉威科技集团为郑州市搭建的网格化大气环境监测平台，上面纵横交错的线条好似一张大网覆盖了全城。

“全市有100多个监测点，可以监测到工地、工程车辆、工厂、饭店甚至一个修理厂的喷漆房。”汉威科技集团研究院院长李志刚介绍说，通过监测网络上传的数据，可以很清晰地看到全市空气质量状况；同时，也能很方便地提取到污染源的准确位置。

李志刚说，汉威这套系统叫分布式大气环境在线监测与预测预警平台。它的工作原理是这样的：通过固定在各处的大气环境监测仪，对化工厂、建筑工地等场所附近的扬尘、二氧化硫、氮氧化物等环境参数进行检测。通过对系统设置阈值，超过该值就能第一时间发现参数超标，实时通过邮件、视频抓拍、APP推送或短信等形式通知行政执法人员，从而方便环境执法。同时该系统还具备污染源追溯、污染成因分析和辅助决策功能，不仅可以提供扬尘在线监控服务，还可以为制定空气质量改善行动措施提供科学依据。李志刚说，该套系统完成了从设备、传感、数据采集、数据传输到自动分析处理及挖掘，这就是物联网技术，是环保、感知和云计算的有机结合。

除了室外，汉威还孵化出室内“空气监测＋治理”的家居生态体系。其旗下的威果科技，空气电台系列产品已投放市场，通过内置的智能空气质量检测仪可以检测到空气中污染物的浓度，不仅可以通过APP推送提醒信息，还可以启动相关的联动环境设备，如空气净化器、空调、加除湿设备等。

在汉威的展厅里，还能看到各种新奇玩意，如和手机连接的燃气自动检测仪、道路积水检测终端、机器人巡检等设备，这些都是他们在物联网产业链上的布局。

汉威有一套自己的物联网产业逻辑，注重“内生增长＋外延并购”，打通“传感器＋监测终端＋

数据采集+空间信息技术+云应用"的物联网核心技术体系,覆盖了从感知层到网络层到应用层的完整架构。

近两年来,汉威在资本市场展开了一系列收购和投资,打造出物联网产业生态平台。先后投资了郑州汉威公用事业、郑州汉威智能仪表、河南开云信息、浙江风向标科技、德煦智能科技等公司;收购了郑州德析检测51%的股权,进一步开拓第三方检测市场;增持了控股公司英森电气和上海中威部分股权,以强化在应急救援、消防安全监测市场的优势,培育壮大智慧安全业务板块。此外,智慧市政业务继续发力,投资控股行业领先企业广东龙泉科技,与已投资的沈阳金建形成南北地域性优势。收购嘉园环保80%的股权,收购雪城软件51%的股权,丰富了智慧环保业务领域的产业布局,形成环保监测、监控、治理的完整产业生态链条。2016年,汉威又加入由中国仪器仪表行业协会发起设立的并购基金,继续投资传感器、仪器仪表、行业物联网应用上下游等标的项目,助推物联网产业不断升级。

任红军表示,对汉威科技集团来说,公司并没有停留在物联网概念上,而是将完整的物联网解决方案全部都应用在实践当中,与此同时,在新的环境下,汉威科技集团将同时利用资本的力量来让企业走得更快。"现在资本的力量越来越强大,为了让产业更好地发展,公司会更好利用资本手段来助力企业成长。"

对于未来,汉威科技集团仍将会高举并购大旗,来实现公司跨越式发展。产业自身成长加上并购整合成长,是汉威科技集团发展的重要方式。任红军说,汉威目标是成为领先的物联网解决方案提供商、服务商,通过投资并购能产生协同效应,加快完善产业生态圈。目前,汉威旗下已拥有近二十家子公司形成的事业群,具备从感知、数据采集、分析、处理的全产业链解决方案和安全、环保、健康和智慧四大领域的领先生态应用布局。

四、共筑信任与合作平台

作为一家上市公司的掌门人,任红军非常看重诚信对于企业发展的根基作用。"只有诚信做得好,企业才能长治久安。"任红军说,汉威科技集团从创业以来就一直坚持"诚信为本,质量第一"。

诚信体现在企业与投资者、供应商、客户等方方面面企业经营相关者的关系上。上市以后,汉威科技集团非常注重与投资者的沟通,注重诚信建设和信息披露。2009年上市后,对各类信息的披露均做到了及时、准确、完整、公平和公开,不存在选择性信息披露的问题。所以连续几年被深交所评为"信息披露先进单位",并且连续七年获得信息披露考核A评级。

同时,公司重视回报股东,以实现股东价值最大化为目标,在2013—2015年间,公司累计现金分红金额占合并报表中归属于上市公司普通股股东平均净利润的32.58%。为股东创造最大化的价值是公司对投资者负责的表现,也是对投资者最好的回报。

公司在注重对股东权益保护的同时,亦高度重视对银行、供应商、经销商等债权人合法权益的保护。公司建立有完善的融资管理规范,确保融资的合法合规;有良好的信誉,取得多家银行授信,并严格按照贷款协议使用资金，确保资金使用合法，无不良信用记录；公司建立有资金审批流程，收付款及时顺畅，与供应商、经销商签订购销协议，严格按照协议约定，及时支付货款、按订单发货，确保资金安全，有效维护公司和客户的利益。

汉威科技集团认为，供应商和客户是公司的重要合作伙伴，应重视与供应商、客户的共赢关系，与其共同构筑信任与合作的平台，充分尊重并保护供应商和客户的合法权益，并通过不断提升产品品质和服务质量，为消费者提供安全的产品和优质的服务，保障消费者合法权益。

公司制定了标准化的采购管理制度，建立了公平诚信的采购供应体系，定期召开供应商大会，加强与供应商的交流与合作，实现合作关系的稳定和发展。依照公司采购管理制度，所有采购人员严格按照“公开、透明、廉洁、高效”的原则开展采购业务，树立清风正气，推行公开招标，实行阳光采购，杜绝徇私舞弊、暗箱操作、商业贿赂等不正当交易，切实保障公司和供应商的合法利益，维护良好的交易环境。公司内部审计部门定期对采购工作进行内部审计，保证业务操作公平和规范。

传感器技术是现代科技的前沿技术，它的应用领域广泛，渗透到能源、安防、工业、农业、交通、科技、国防、环保等多个领域。一个小小的传感器，背后关联的有可能是人命关天的大事。“以传感器为核心的物联网，通过创新和可靠的技术，为客户创造安全、环保、健康的工作和生活环境。”这是汉威对社会的承诺。

为了兑现这一承诺，汉威科技集团严格把控产品质量，在企业内部实施“优质、诚信、创新、高效”的质量方针，塑造全员品质共识，打造稳定的品质与服务水准。公司专门成立了“产品技术管理委员会”严把质量关，自导入 ISO 9001 质量管理体系以来，公司始终坚持八项原则，采用 PDCA 的改进方法，促使公司的生产管理水平和产品质量得到大幅提升，从客户需求诊断、方案设计，到产品制造、安装服务，力求为客户提供优质、高效的产品及解决方案。

为做好售后，更好地服务客户，公司成功导入了“CRM 客户信息管理”系统，运用信息化手段为客户提供更便捷的服务。采取主动服务，构建全面的网格化客户服务网络，汉威科技集团售后服务团队积极策划并组织实施售后服务。汉威售后服务团队足迹遍布大江南北，行程近 50 万公里，拜访客户数千家，组织现场培训数百场，赢得了客户的一致好评，充分体现了汉威是一家负责任的企业。

汉威科技集团在为人们创造安全、环保、健康、智能的工作、生活环境的过程中，不仅注重企业自身发展和企业人文素质的提高，作为社会公民，也积极参与到公益活动中来。2008 年，在汶川地震发生的第二天，公司专门召开会议，研究部署向灾区提供 50 余万元的物资捐助，并派专人运抵成都；地震发生的第三天，全体员工再次组织现金捐款资助灾区。2010 年 4 月 14 日，青海省玉树县突遭 7.1 级大地震，汉威以公司名义向玉树灾区捐款 10 万元人民币，并组织了“情系玉树，大爱无疆”主题捐赠活动，踊跃捐款，为灾区人民奉献爱心。2011 年 8 月 28 日，河南省光彩事业基金会/真情报党恩捐赠活动，捐赠 10 万元。2013 年 4 月 26 日，向四川芦山抗震救灾捐款 5 万元，同时向灾区提供 50 余万元的物资捐助……同时通过“汉威创新基金”、“研究生创新实践基地”、“卓越工程师教育培养计划”、中小学校外教育基地建设、支持中国大学生物联网创新创业大赛等活动，积极履行“尽责、创新、快乐”的核心价值观，为社会的和谐发展尽一份企业公民的责任和义务。

2. 豫金刚石：诚信是企业的生命

郑州华晶金刚石股份有限公司(豫金刚石,股票代码:300064)成立于2004年,公司专注于超硬材料产业链的研究、产品开发和市场拓展,主导产品为超硬材料和超硬材料制品。公司自成立以来始终坚持走产、学、研紧密结合的道路,通过自身努力积极进行科技攻关,掌握了人造金刚石相关产品的合成工艺、设备、原辅材料的核心技术和自主知识产权,拥有博士后工作分站和行业最早的经中国合格评定国家认可委员会认可的检测中心。基于多年的经营发展,华晶品牌已在业内具有广泛的知名度,为超硬材料行业栋梁企业和国家级河南超硬材料产业基地的骨干企业,华晶商标荣获国家工商行政管理总局商标局认定的"中国驰名商标"。

一、诚信是生存之本

人造金刚石是20世纪60年代初伴随科技进步和工业发展而诞生和发展起来的性能优异的一类新材料。中国人造金刚石产业始于1963年,历经50多年的发展,中国超硬材料取得了举世瞩目的成就。行业从无到有、从小到大、从弱变强,技术不断进步,产品种类不断增加,应用领域不断拓展,现已形成一个门类齐全、具有相当规模的完整工业体系,成为了国际上超硬材料的生产、消费和出口大国,实现了时代和历史的跨越。

豫金刚石于2010年3月登陆深圳证券交易所创业板,上市对于企业来讲是一种荣耀,是资本市场对企业的认可,更是一种责任。公司一直以来严格按照各项法律法规的规定,履行企业义务,专注于超硬材料行业,在成长中进一步规范,在规范中不断创新,在创新中快速发展。借助产业、资本两大平台,公司实现了规模和效益的快速成长。

目前,中国人造金刚石产量占据全球产量的90%,河南省人造金刚石的产量占据全国产量的80%。随着科技的不断进步,人造金刚石的应用领域亦不断扩大,超硬材料及其各类制品的应用已普及到关系民生的各个领域,特别是航空航天、航船、电子信息、光伏和风能发电等高科技领域,同时涉足超硬材料传感、透光、热沉等功能性应用领域,并向轻奢品、钻饰等消费领域拓展。面对广阔的市场前景,公司结合自身经营计划,不断加大创新力度,持续增加研发投入,优化产品结构和产业布局,推动公司战略转型升级。

作为《河南上市公司诚信公约》的签约单位,豫金刚石认真落实《诚信公约》,严格按照资本市场法律法规及自律规范,恪守诚信准则,根据市场最新法律法规指引,修订公司规章,建立有效的投资者管理机制,保护投资者利益;通过加大科研投入,推进科技创新,逐步实现创新对核心业务的支撑和引领作用；企业不断完善产品及服务体系建设，保障客户权益；信息披露做到真实、准确、完整、及时，公平地履行信息披露义务，加强内幕信息管理，杜绝内幕信息交易，积极接受媒体和社会的监督；公司不断完善治理结构，提高经营管理水平，以专业化的产品、优质的服务对待每一个客户；强化社会责任意识，连续分红，维护公司和股东利益。并常怀感恩之心，在做好实业的基础上，积极参与社会公益事业，支持社会的发展和进步。总经理刘永奇表示，别人说同行是竞争对手，但我们永远提倡一个观念——“同行是合作者”。

二、一克拉忠诚大于无限

“一克拉忠诚大于无限”是公司的核心价值观，哪怕在一克拉这样微小的细节上，大家都能保持对企业、对社会、对科学、对国家的忠诚和感恩，这是华晶的精髓所在。华晶员工以忠诚为原动力，团队凝神聚力，在二次创业的征途上所向披靡。

在新兴的材料产业，经多年探索与实践，公司在生产、研发、管理、营销等各个环节积累了丰富的经验，依托专业的技术研发团队和完善的科研开发体系，形成了一系列核心技术并具有知识产权。同时，公司以人力资源开发利用为主线，以人才队伍建设为重点，统筹推进基础性人才、中级人才和高端人才的引进、培养、使用、考评、激励等工作，形成了“效益第一、人才优先”的文化理念，走出一条人才引领创新驱动转型发展的新路子，实现公司人才总量和经营效益的双提升。

公司董事、管理团队具有深厚的行业背景和丰富的管理经验，对行业有着深刻的认识和敏感度，能够把握行业特征、发展趋势，制定相应的经营规则，快速适应行业环境和变化；技术团队专业涵盖超硬材料、无机非金属材料、粉末冶金以及相关的多个学科，形成了一支知识结构、年龄结构、职称结构、经验结构合理，勇于创新的技术队伍；营销和服务团队专业性强，经验丰富，为客户提供增值服务的意识、能力较强。雄厚的人才实力和优秀的企业文化，为公司的健康、快速、可持续发展奠定了坚实的基础。

依托于公司在新材料行业先进的技术、平台和创新优势，公司深耕超硬材料产业，秉承“以质量为根本”的经营理念，始终践行国家通行的质量管理、职业健康和环境管理体系标准，以超硬材料产业产品的专业化、规模化生产为基础，持续推进“消费＋工业”产业发展战略。在工业领域，公司不断提升人造金刚石品质，增加基础产品市场供应，同时加大金刚石材料在声、光、电、热等新兴领域的应用研究，持续为公司发展创造新的驱动力；在消费领域，公司作为实验室培育钻石的开拓者，从“行业、品牌、产品、市场、营销”等方面系统塑造钻石文化，通过自创、协同合作等途径拓展培育钻石市场，致力于成为培育钻石研究、应用的引领者。

未来，公司将坚持以超硬材料为主业，以技术创新和管理创新为动力，以产业发展和产品应用为主题，秉承产业为本、资本为器的经营理念，充分利用资本工具，整合企业内外资源，健全超硬材料产业布局，打造公司新材料产业平台，实现公司跨越式发展。

三、构筑公司善治的诚信基础

1. 提升公司治理水平，维护股东权益

自上市以来，公司严格按照监管部门的要求，制定了一系列运营与管理制度，不断优化和完善公司法人治理结构及行之有效的内部管理和控制体系；公司董事会、监事会汇集了战略、科研、管理、财务和法律等方面的专家，促进公司科学决策；各职能部门充分履行各自职能，将服务客户、回报社会、为股东和债权人负责作为主要目标，规范运作，提高公司治理水平。公司整体运作规范，独立性强，信息披露规范，公司的治理水平得到了进一步的提升。

公司不断加强董事、监事、高级管理人员及相关人员对资本市场法律法规政策的学习，积极参加中国证监会、深圳证券交易所、河南证监局、河南上市公司协会等机构组织的培训，增强规范运作意识，提高全体人员的履职能力。

公司在健全法人治理结构和现代管理体系、突出董监高的责权利的同时，不断加强党的建设。2016 年 12 月公司成立党总支，将对股东的责任、对社会的责任和对国家的责任集于一身。党总支成立后，公司组织召开培育钻石专题培训会议、增设党支部、组织开展献爱心公益捐款和员工竞走等活动，将“一克拉忠诚大于无限”的信条融入到知识和技能培训、素质拓展训练等活动中，充分发挥广大党员干部的先锋模范和带头作用，使企业文化更加和谐厚重，把党建工作融入公司治理的各个环节。

2. 严格履行信息披露义务，强化投资者关系

信息披露是公司与利益各方交流沟通的渠道和桥梁，是上市公司的法定义务，公司高度重视信息披露工作。为加强信息披露事务管理，确保信息披露的公平性，公司严格按照《公司法》《证券法》《深圳证券交易所创业板股票上市规则》《深圳证券交易所创业板上市公司规范运作指引》等相关法律、行政法规和部门规章的要求，健全信息披露管理制度和内控体系，提高公司规范运作水平。本着对股东和投资者负责和感恩的心坚持认真、及时、完整地完成信息披露工作，保证信息披露的质量和透明度。

信息披露作为公司经营发展、公司治理与规范运作及投资者关系管理等方面的集中反映，公司不断强化主动披露意识，信息披露与内部协同，加大对事项的追踪和持续关注与核查，进一步完善信息披露管理制度体系，健全信息披露工作流程，加强各业务单元的沟通协作，建立健全内部责任追究机制，督促有关人员勤勉尽责，进一步提高信息披露的主动性、针对性、有效性，强化披露责任意识，确保相关制度体系有效落地，切实实现信息披露工作的准确无误，持续提高信息披露质量。

公司的稳健发展离不开投资者的大力支持，畅通的信息沟通渠道与及时的信息披露工作，保证了投资者能够及时获取公司相关信息。为维护投资者利益，公司坚持以投资者需求为导向，设置了投资者专门接待岗位，通过股东大会、现场调研、参加券商策略会、诚信公约阳光行、直线电话沟通和专用的电子邮箱等渠道畅通与投资者的互动沟通，使投资者能够全面、完整、真实、准确、及时、公平地了解和掌握公司的经营状况。对待投资者的调研来访，公司热情接待，综合运用实地参观、访谈沟通等方式，尽可能地让投资者全面了解公司经营状况，不断加强和深化投资者关系。同时，公司也不断借鉴和学习其他公司的优秀做法与经验，希望更加畅通与投资者的交流，充分保障投资者的权益。

3. 建立和落实内幕交易防控机制

为加强公司内幕信息管理，维护信息披露的公平原则，保护投资者的合法权益，公司制定了《信息披露管理制度》《内幕信息知情人登记制度》《重大信息内部保密制度》和《重大信息内部报告制度》等信息披露相关制度，建立了内幕信息知情人管理制度体系，严格规范信息传递流程，切实做到严格执行未公开信息的传递、审核、披露流程，有效落实内幕信息知情人的报备流程，防范内幕信息知情人和非法获取内幕信息的人员利用内幕信息从事证券交易活动，坚决杜绝内幕交易行为。

4. 积极实施利润分配，保护股东利益

在公司经营稳步增长的同时，公司重视对投资者的合理回报，积极构建与股东的和谐关系，兼顾公司的长远利益、全体股东的整体利益及公司的可持续发展。

2012 年，公司根据中国证监会《关于进一步落实上市公司现金分红有关事项的通知》的相关要求，结合实际情况和投资者意愿，进一步细化了《公司章程》中关于利润分配政策的条款，公司在《公司章程》中明确规定：“如无重大投资计划或重大资金支出等事项发生(募集资金投资项目除外)，公司应当采取现金方式分配利润，每年以现金方式分配的利润不少于公司当年实现的可供分配利润的 10%；公司发展阶段属于成熟期且无重大资金支出安排的，进行利润分配时，现金分红在本次利润分配中所占比例最低应达到 80%；公司发展阶段属于成熟期且有重大资金支出安排的，进行利润分配时，现金分红在本次利润分配中所占比例最低应达到 40%；公司发展阶段属于成长期且有重大资金支出安排的，进行利润分配时，现金分红在本次利润分配中所占比例最低应达到 20%。”保持利润分配政策的稳定性和持续性，坚持与投资者分享公司发展成果，积极落实现金分红政策，严格贯彻落实利润分配，为股东提供稳定的投资回报。

公司自 2010 年上市以来，已连续 7 年向股东进行现金分红，累计分红金额 13 311.04 万元，占合并报表中归属于上市公司普通股股东的净利润的 10%以上。

5. 保护债权人的合法权益

公司在注重保护股东权益的同时，高度重视对债权人合法权益的保护。在公司的经营决策过程中，严格遵守相关合同和制度，充分考虑债权人的合法权益，及时向债权人通报与债权人权益相关的重大信息；债权人为维护自身利益需要了解公司有关经营和管理情况时，在信息披露许可的范围内给予全力配合和支持，并在保证财务状况稳定与公司资产、资金安全的基础上，充分兼顾债权人的利益。严格履行借款合同，按时向银行支付贷款本息，与债权人建立了长期稳定的合作关系。

四、做好职工权益保护

企业组织和文化建设是华晶生存和发展的重要内容，公司坚持“以人为本”，重视员工的健康、安全与职业技能提升和职业发展规划，将“一克拉忠诚大于无限”的信条融入到文化和技能培训、素质拓展训练等活动中，维护员工权益，健全员工保障体系，强化员工团队精神，增强团队凝聚力。

1. 维护员工基本权益，健全劳动保障体系

公司始终坚持“以人为本”，认真贯彻落实《劳动法》《合同法》《社会保险法》等法律法规，规范开展劳动关系管理，严格依法缴纳社会保险和住房公积金。企业积极为员工改善生活环境，推进职工福利房建设，切实维护员工合法权益，构建和谐稳定的劳动关系，积极举办丰富多彩的文娱活动，使全体员工感受到公司的温暖，增强员工的归属感，为公司的长远发展奠定了基础。

2. 开展职业培训，实现企业、员工共成长

公司始终秉承“知人、用人、爱人、以人为本”的人才理念，视职工为公司宝贵的财富，真诚招聘吸纳优秀人才，为他们提供个人发展的舞台。鼓励每位员工持续提高自己的知识、技能和职业素养，公司组织建立学习型团队，每年将公司、部门、岗位培训需求全面结合起来，制订完善的培训计划，并付诸实施，实现员工与公司的共同成长和进步。公司尊重和维护员工个人权益，关注员工的健康、安全和满意度，并不断将企业的发展成果惠及全体职工，建立和谐稳定的劳资关系。坚持“公开、公平、公正”的用人原则，充分理解和关心员工，努力把公司营造成全体员工温暖的家。

3. 重视职工的健康与安全

员工的健康安全直接关系到员工的生命和公司的持续发展，为给员工创设满意的工作环境，在每个季度都要对各系统各部门进行严格的“三级安全教育”培训，提高每一个员工的安全生产意识，杜绝重大工伤事故发生。各部门、车间不断反思和总结，防微杜渐，提高员工的思想觉悟，增强员工安全生产意识，不断加大安全管理力度与安全管理创新，明确安全生产责任制，制定奖罚制度，责任到人，层层落实把关。

4. 建立合理薪酬福利，完善绩效考核体系

公司围绕企业发展战略目标，坚持管理创新，构建与企业发展相配套的规范化、标准化、精细化和高效化的管控体系，优化机构设置、梳理管理运营流程、细化岗位分工、明晰岗位职责，强化事业部考核和独立运作机制，实施人才竞聘策略，健全绩效考核激励机制，促进内部制度建设和内部业务模块整合，有效积聚新的组织资源，提升新架构下的管控水平，提升公司管理的执行力。

五、供应商及客户权益保护

质量是企业的生命，公司在注重产品技术创新的同时，严格控制产品质量，重视与供应商、客户的共赢关系，恪守诚信，与其共同构筑信任与合作的平台。公司始终秉持“以质量为根本”的经营理念，坚持“客户至上”的基本原则，以优质的产品和热情的服务满足客户需求。重视与客户的沟通合作，不断完善客户质量信息反馈处理制度，及时了解客户对产品的各项需求，处理好客户的产品质量反馈信息，提高客户对产品及服务的满意度。同时，在与供应商和客户建立密切的战略合作伙伴关系中，坚持自主采购体系的建设，不断完善采购流程与监管机制，推行公开招标制度，为供应商创造公平、公正的竞争环境，充分尊重并保护供应商和客户的合法权益。同时公司还通过实地调查供应商工作、加强同供应商沟通、反馈客户信息等方式引导供应商进行经营改善，实现合作共赢，共同发展。

六、环境保护与可持续发展

公司严格按照国家相关法律法规的要求，积极开展环境保护工作，坚持发展经济与预防污染并重的发展理念，高度重视环境保护和节能减排，大力发展循环经济，不断提高资源综合利用水平，切实推进企业与环境的可持续、和谐发展。在日常工作中，公司积极推行节能减排，倡导全体员工节约每一度电、每一张纸、每一滴水，最大程度节约能源，减少空调、电脑等用电设备的待机能耗，提高纸张的二次利用率，并积极推动办公自动化，充分利用现代信息技术手段，减少办公对纸张、墨盒等消耗品的依赖性。与此同时积极开展能源管理工作，不断加大对生产设备的改进力度，推进节能科技创新，在保障机器有效运转的同时降低电能的损耗，真正实现生产一线的节能降耗。

七、公共关系与公益事业

企业发展源于社会，公共关系是企业内求团结、外求发展的沟通桥梁，社会公益事业是企业回报社会应尽的责任。公司注重企业的社会价值体现，把为社会创造价值作为企业所应承担社会责任的一种承诺，以自身发展影响和带动地方经济振兴、引领行业发展，积极回报社会。

推动地方经济发展，履行纳税人义务。公司始终坚持以发展经济为己任，着力发展战略性新兴产业，大力推动了区域经济发展。公司依法按时缴纳税款，纳税额逐年稳步上升，并按有关规定提供报表和资料，为国家财政税收及地方政府和社会的经济发展做出了较大的贡献。

公司高度重视加强与政府部门和监管机构的联系、汇报，积极主动配合政府部门和监管部门的监督和检查，建立良好的沟通关系，热情做好所有相关政府部门的参观、考察等的接待工作，履行社会责任，支持社会经济发展。为弘扬扶贫济困、互帮互助的博爱精神，倡导助人为乐、无私奉献的社会风尚，构建塑造华晶大爱文化。2017 年，公司组织开展“献爱心公益捐款”、为地区困难村民捐赠衣物和购买生活用品等活动。践行“为他人做点事，为社会做点事”的企业精神和公益理念，建设和打造“公益华晶”。

八、科技创新责任

科技创新能力是企业核心竞争力，也是企业回馈社会、承担社会责任的重要保证。公司不断加强技术创新，通过完善以公司为主体、市场为导向、产学研相结合的技术创新体系，全面提升公司的科技创新能力，扩大公司的技术领先优势。公司具备从理论研究、实验开发、批量应用、规模生产完整体系的研发能力，取得了金刚石合成工艺、设备，金刚石单晶、微米钻石线和大单晶金刚石等多项核心生产技术，并拥有核心技术的自主知识产权。在合成设备方面，公司设备自主设计，具有合成腔体大、对中精度高、性能稳定、生产效率高等特点，处于行业领先水平。2012 年 2 月 14 日在国家科学技术奖励大会上，公司与中原工学院、郑州磨料磨具磨削研究所共同完成的“触媒法合成高品级金刚石关键设备与成套工艺技术开发”项目，荣获“2011 年度国家科技进步奖二等奖”。2014 年 10 月，公司获得“国家火炬计划重点高新技术企业”证书。2016 年公司新增纳米钻石烯、纳米碳晶素的研发与应用两项技术成果获“河南省科学技术成果”证书。截至 2107 年 6 月底，公司累计获得授权专利 354 项，其中发明专利 32 项，实用新型专利 322 项。公司主持并参与了多项国家和行业标准的制定。

九、塑造新型动力机制

1. 优化产品结构，提升经营效益

企业发展始终按照公司既定的战略规划，审慎分析行业发展趋势和自身竞争优势，借助产业结构调整契机，优化超硬材料产业，不断开拓宝石级钻石消费领域，并取得了初步成效，为公司发展增加新的利润增长点，提升了公司经营效益。

2017 年，公司以搬迁为契机，对位于郑州市高新区冬青街北、石楠路西的厂区进行生产转移，加快推进产业及产品整合，重点发展大单晶金刚石和金刚石单晶等新材料及制品，优化产业布局，推进产品结构调整和转型升级。

2. 创新驱动发展，增厚产品、品牌价值

企业始终坚持以市场为导向，以创新为驱动，高度重视技术研发和工艺创新，开发新产品，应用新技术，切实发挥技术创新在转型升级、产业调整和企业竞争力等方面的助推作用。在知识产权保护方面，华晶图标被认定为驰名商标，彰显了公司的品牌价值和影响力；2015 年 10 月，公司检测中心获得了中国合格评定国家认可委员会授予的实验室认可证书，新增“钻石”“珠宝玉石”检测资质，进一步增强了公司新产品和技术的检测和应用能力，保障了公司产品的性能及质量；2017 年 1—6 月公司新增授权专利 30 项，其中发明专利 2 项，实用新型专利 28 项，专利的取得和应用有利于公司在现有自主知识产权优势的基础上，进一步完善公司知识产权保护体系，推动公司超硬材料产业链技术的不断提升；积极参与国家、行业标准制定，公司参与并制定了《超硬磨料粒度检验》和《超硬磨料冲击韧性测定方法》两项国家级标准，并于 2017 年 5 月 1 日开始实施。上述资质和技术储备有力提升了企业的市场竞争力和行业知名度。

3. 资本护航为产品结构调整添动力

为进一步完善超硬材料产业链，发挥协同发展效应，公司加快推进重要项目的建设进度。2016 年 10 月，公司募投项目“年产 700 万克拉宝石级钻石项目”资金到账，项目的快速推进有利于推动大单晶金刚石工业端应用和饰品、轻奢品等消费领域的应用布局。同时，募集资金的到位有效改善了公司资产结构，增强了公司盈利水平。截至 2017 年 6 月底，公司募投项目一期项目部分设备已装机，并开始调试运行，二期项目已完成“六通一平”并启动动工。

4. 加大品牌推广力度，市场营销成效显著

公司密切关注行业动态及变化趋势，加强营销网络的建设，加大品牌推广力度。深化与客户的有效沟通，在市场开拓和战略合作上充分发挥综合管理优势，积极开展与国内外客户的战略合作，进一步提升优质客户的合作黏性。

2015 年 11 月 15 日，由公司与中国机床工具工业协会超硬材料分会联合主办的“2015 第一届合成钻石国际合作及创新发展论坛”在郑州隆重举行，论坛集产、学、研、用于一体，秉承国际性、专业性、先进性的特点，600 余位专家、学者和业内外精英人士共襄盛举，对“合成钻石纳米制造、应用”以及“合成钻石大单晶”等议题进行了深刻的探讨。期间，公司与国内外多家企业取得了长期合作，挖掘、培育和储备了一批大型客户和潜在客户，进一步扩展了系列化功能产品向工业和消费市场的拓展，增强了超硬材料及制品业务的竞争优势，促进公司发展成为专业超硬材料产业与技术解决方案的供应商。2015 年，豫金刚石携手子公司参加了印度班加罗尔国际机床展览会、SNEC 第九届国际太阳能产业及光伏工程(上海)展览会暨论坛、第十七届中国国际光电博览会暨中国智慧城市创新产业大会等行业展会。2017 年 1 月，华晶品牌——“慕蒂卡”珠宝体验中心在郑州高新企业加速器产业园开幕；同期公司加快与下游客户在产品加工、市场推广等方面进行合作，共同拓展消费市场。2017 年 9 月公司携子公司及参股公司协同亮相国内唯一、全球知名的国际磨削技术专业展会——2017 第四届中国(郑州)国际磨料磨具磨削展览会，展示产品包括金刚石单晶及其原辅材料、大单晶金刚石及其饰品、微米钻石线、金刚石微粉和金刚石砂轮等，借助展示平台，让世界更加深入地了解了企业品牌及产品优势，提升了华晶品牌的知名度和影响力。

作为《河南上市公司诚信公约》的签约单位，企业承诺将认真履行《诚信公约》，严格按照资本市场法律法规及自律规范，恪守诚信准则，根据市场最新法律法规指引，健全公司规章制度体系，建立有效的投资者关系管理机制，保护投资者权益；通过加大科研投入，持续推进科技创新，实现创新对核心业务的支撑和引领作用；不断完善产品及服务体系建设，保障客户权益；真实、准确、及时、完整、公平地履行信息披露义务，加强内幕信息管理，杜绝内幕信息交易，积极接受媒体和社会的监督；不断完善公司治理结构，提高经营管理水平，以专业化的产品、优质的服务对待客户，连续分红，维护公司和股东利益。公司将一如既往常怀感恩之心，立足奉献社会，在做好实业的基础上，积极履行社会责任，坚持做好公益事业，支持社会的发展和进步。

3. 易成新能：心诚业诚　事事易成

河南易成新能源股份有限公司始建于1992年，是一家以新材料、新能源为主导的混合所有制上市企业（股票代码：300080，股票简称：易成新能），控股股东为中国平煤神马集团。公司产业遍及中原经济区、长三角经济区和西部开发区，产品远销欧洲、美洲、东亚、南亚等国家和地区，与世界数十家光伏行业领军企业建立了良好的战略合作关系。

公司作为国家火炬计划重点高新技术企业，建成了世界最大、产业链最完整的硬脆材料切割刃料生产基地，拥有国际领先的碳化硅工程陶瓷生产线和自主知识产权的锂离子电池负极材料生产工艺。碳化硅精细微粉产能世界第一，金刚线产能全国第一，碳化硅热交换管项目填补了国内空白，锂离子电池负极材料产能位居国内前列，分布式太阳能电站在河南、新疆、内蒙古等地累计装机容量已达200 MW，集团化发展格局初步形成。

公司拥有国家认可实验室，一流质量检测中心，建有省级博士后研发基地、省级企业技术中心和省级工程技术研究中心，并与美国斯坦福大学、中科院上海硅酸盐研究所、清华大学、上海交大、西安交大等科研院所和高校建立了密切的合作关系，打造以产、学、研为一体的创新研发体系，是中国磨料磨具行业协会副会长单位，中国机械行业职业技能鉴定磨料技能鉴定点、行业标委会委员单位。

公司先后荣获“中国高新技术产业优秀企业、优秀品牌”“全国科技创新质量管理先进单位”“全国磨料磨具行业生产、出口十强企业”“河南省五一劳动奖状”“河南省节能减排科技创新示范企业”“河南省资源综合利用企业”“河南省高成长性百高企业”“河南省优秀科技创新型单位”“国家级新产品”“河南省名牌产品”等多项荣誉称号。

面向未来，公司将借助国家新兴产业发展战略的东风，重点走“以资本为纽带的产业经营”之路，力争实现在“新能源、新材料、节能环保”三大产业领域的有效扩张，打造成为国内具有核心竞争力的投资控股型产业集团。

公司作为新能源、新材料的领军企业，作为市场经济的参与者与受益者，一直把互惠互利、诚实守信、公平竞争作为公司前进发展的内在要求，始终贯彻“易则成，成则易”的发展理念，秉承“先做人，后做事”的企业文化理念，厚德载物，精诚团结，凝心聚力，与各界朋友共同应对各种挑战，克服各种困难，勇往直前，开辟行业发展的新天地。

公司的发展始终伴随着自身的诚信承诺，在公司治理上始终秉行着内心的诚信标杆，具体体现为下述规则：

遵纪守法，董监高强培训，规范运作；

诚实守信,言必信行必果,不搞虚假;

规范运作,杜绝违法违规,严防炒作;

稳定发展,机构业务独立,账务分明;

完善治理,发挥三会作用,加强内控;

严格信披,及时准确完整,不弄虚假;

防控内幕,公开公平公正,绝不谋私;

资产重组,真实合法透明,不搞欺骗;

严格自律,勇担社会责任,接受监督;

重承守诺,合理募投创富,回报股东。

这些规则具体的解释是:

(1) 遵纪守法,董监高强培训,规范运作。

全体上市公司及董事、监事、高级管理人员,共同严格遵守《公司法》《证券法》及相关法律法规,遵守中国证监会及证券交易所的有关规定,积极参与河南上市公司协会的各项培训,为上市公司规范运作保驾护航。

(2) 诚实守信,言必信行必果,不搞虚假。

诚信经营,信誉至上,言必信行必果,不做假账,不说假话。

(3) 规范运作,杜绝违法违规,严防炒作。

加强自身诚信建设,依照公司章程,规范运作,杜绝违法、违规行为的发生,上市公司不炒作本公司股票,不从事内幕交易、操纵市场行为。

(4) 稳定发展,机构业务独立,账务分明。

保持上市公司的独立性,确保上市公司与控股股东的人员、资产、财务分开,机构和业务独立,杜绝控股股东及其关联单位占用上市公司资金,不为控股股东及其关联单位债务提供担保。

(5) 完善治理,发挥三会作用,加强内控。

完善公司治理结构,依法发挥股东大会、董事会和监事会的作用,严格遵守《上市公司治理准则》及相关规定,强化健全内部控制力度。

(6) 严格信披,及时准确完整,不弄虚假。

严格遵守信息披露制度,增强公司公开性及透明度,信息披露做到真实、准确、完整、及时,不得有虚假记载、误导性陈述或重大遗漏,保证所有股东有平等机会获取信息。

(7) 防控内幕,公开公平公正,绝不谋私。

坚持"公开、公平、公正"原则,平等对待不同投资者,保护公司利益和全体股东利益,防止中小股东权益被侵害;严格遵守公司章程,忠实履行职责,切实维护全体股东的利益,绝不利用公司的地位和职权谋取私利。

(8) 资产重组,真实合法透明,不搞欺骗。

上市公司严格遵守资产重组规则,确保重组真实、合法、透明,不搞虚假重组,不利用重组误导、欺骗投资者。

(9) 严格自律,勇担社会责任,接受监督。

上市公司要切实维护资本市场的“三公”原则,严格履行信息披露义务,自律自强,主动承担应负的社会责任,接受监督管理机构的定期检查,共同促进辖区资本市场的稳定健康发展。

(10) 重承守诺,合理募投创富,回报股东。

严格按照招股说明书的承诺使用募集资金,保证募集资金专项使用,募集资金项目变更按照法定程序进行,注重提高募集资金使用效率,以良好业绩回报股东。

公司在每个阶段的进程中,无论过去、现在与未来,始终将这些诚信的信条作为发展之本,将诚信视作企业信誉的基准线,砺行着对国家、社会、员工的诚信公约。

2011 年,河南省工商行政管理局、河南省个体私营经济协会授予了公司“河南省文明诚信私营企业”荣誉称号。

2012 年 12 月,开封市银行业协会授予公司“开封市银行业首批信贷诚信单位”。

2013 年,公司被中共开封市委、开封市人民政府授予“市级文明诚信企业”奖牌。

2015 年 7 月,公司被集团党委授予“2014 年度党风建设和反腐倡廉工作先进单位”光荣称号。

2015 年 11 月,公司董事长孙毅被授予“第三届(2015)开封经济年度人物”荣誉称号。

2016 年 2 月,开封市工业强市对外开放总结表彰大会上,集团荣获“河南省国际知名品牌创建奖”,集团董事长孙毅荣获“2015 年度工业强市突出贡献奖”。同时集团被确定为“开封市 2016 年重点工业企业”。

2016 年 4 月,公司被河南省企业信用评审委员会授予“河南省信用建设示范单位”荣誉称号。

2017 年 2 月,开封市工商局为易成新能颁布了“2016 年度文明诚信经营企业”荣誉称号。“开封市工业强市对外开放科技创新总结表彰大会”上,集团董事长孙毅同志荣获“开封市 2016 年工业强市特殊贡献奖”,集团荣获“信息化与工业化融合示范企业”。

2017 年 3 月,河南省工商行政管理局发布了《2016 年延续认定的河南省著名商标名单》公告,我公司注册、持有商标被延续认定为“河南省著名商标”。

2017 年 6 月,由中共河南省委宣传部、河南省文明办、河南省工商局联合为我公司颁发 2016 年度“河南省文明诚信企业”称号。

2017 年 7 月,公司在禹王台区文明诚信经营创建活动中,被评为“区级文明诚信企业”。

易成新能深知,一个企业的发展始终离不开诚信,百年易成并非一件容易之事,需要许许多多的易成人、世世代代的易成人去精心维护和呵护公司的一点一滴品质,将“诚信正直”留在客户心中,这是公司的共识,也是公司的企业文化。我们永怀感恩之心,感恩社会,为我们构筑了良好的生存和发展环境;感恩客户,不管是在顺境或逆境中多年的不离不弃;感恩员工,为公司的发展呕心沥血、无私奉献。感恩关注易成新能发展的每一个人。

4. 四方达：诚致道远，信则共赢

河南四方达超硬材料股份有限公司成立于1997年，位于中原经济区河南省郑州市经济技术开发区，2011年2月15日成功登陆深圳证券交易所创业板，股票代码300179，注册资本4.77亿元。

公司主要从事复合超硬材料及制品的研制、生产和销售，是国内规模最大、产品种类和规格最全的复合超硬材料专业生产企业。公司复合超硬材料四大主营产品为高品级PCD拉丝模坯、PCD/PCBN刀具用复合片、石油/天然气钻探用PCD复合片和煤田/矿山开采用PCD复合片。复合超硬材料制品包括聚晶金刚石复合片(PDC)截齿、聚晶金刚石复合片(PDC)潜孔钻头、聚晶金刚石/聚晶立方氮化硼刀具、高品级PCD拉丝模等。

2016年度，公司实现营业收入16 687.3万元，实现利润总额3 465.58万元，上缴利税4 578.03万元。2017年1—9月，公司实现营业收入23 223万元，实现利润总额7 632.99万元，同比增长367.39%。

企业使命：聚焦超硬材料及应用，革命性提升工具效能，实现客户、股东、员工价值最大化。

企业愿景：成为超硬材料领域世界领先的国际化公司。

企业价值观：客户导向、求实创新、诚实守信、合作共赢。

树无根茎，则无以生，行商有信，故能广业兴家。十年的发展，靠的是资金和技术；百年的发展，靠的是诚信与品牌。

成功的公司都有自己独特的企业文化，而企业的使命、愿景和价值观是支撑企业文化的基柱。通过20年的不懈努力，四方达公司产品从单一的拉丝模坯发展到覆盖四大类复合超硬材料和制品，从最初租借别人厂房的小公司成长为国内复合超硬材料首家上市公司。长期以来，公司以满足客户需求、增加客户价值为出发点，通过关注客户的消费行为，重视新产品开发和营销手段的创新，以诚实守信的姿态满足客户需求，最终达到客户、公司及利益相关者的共赢。

一、贯彻诚信理念，助推公司发展

2013年9月，公司过程检验人员发现某批次拉丝模外观、颜色都同正常产品一致，但磨耗比检测结果有些许偏差，于是迅速将此情况向领导反映。当时正值生产旺季，产品线上的同事们正加班加点，上级领导却通知在产拉丝模产品全部停工，并对已合成完的其他批次产品进行核查，复检后发现共5个批次产品都有此问题。公司立即成立由研发、生产等相关人员组成的联合调查小组对质量问题进行分析，查找原因。经过排查，确认5个批次的产品均为合成车间某压机加工时，压机温度参数设置较低,未达到要求的加热温度。联合调查组出具了问题报告,要求合成车间按规定要求设置压机参数,并对车间所有压机参数进行检查,该5个批次产品全部报废。合成车间压机参数调整后,经联合调查组确认设置无误,可以恢复生产,并在接下来连续15天对该台压机生产产品进行监控,确认该问题未再出现后恢复正常检验。此次停工排查导致部分客户的订单未能如期交付,但客户在知悉缘由后对我们采取的果断措施表示理解和支持。"产品质量是企业的生命"绝不是嘴上说说,而是我们用实际行动向客户许下的承诺。此次受到影响的客户非但没因发货延期而终止合作,反而又介绍其他的客户前来我公司洽谈业务。

诚信经营不光能够打造良好的企业形象,更能提升品牌的知名度和美誉度。"人无信不立,企无信难存",一个诚实守信的企业在其严把产品质量关、信守对用户承诺的同时也履行了对社会的责任,这样企业必然会在社会公众中树立起良好的形象,赢得公众的广泛认同。

二、诚信经营,严把质量关

公司有一支这样的团队,他们秉持公平、公正的态度,坚持原则,在"精益求精,质量无极限"方针的指导下,在最后一道防线上,严格把关,绝不让一个不合格品流出公司,这就是我们公司的质检组。公司生产产品种类多,且每种产品需检验项目也不一样,检验工作量大、难度高,赶上交货期急的时候,更是难上加难。公司一位A级客户定制了2万片跟小米粒差不多大小的拉丝模产品,质检员检验时发现尺寸比客户要求大了0.1毫米,而第二天就要交货,如果不能及时交货,会给客户带来严重损失。质检员不怕难,不怕累,加班加点,齐心协力,分工合作,将检验设在现场,加工一片检验一片,最终在交货前一个小时将产品全部检验完毕,且全部符合客户要求。公司发展至今,已从原来几十号人的小公司,发展成600多人的上市公司,规模越来越大,产品销售数量也越来越多,但质检组对待产品质量的态度始终如一,因为他们知道质量是企业的生命,不重视质量企业将难以生存下去。

公司质量管理体系已通过ISO9001:2008认证,先后被评选为"河南省高成长型民营企业""河南省高新技术企业""河南省创新型企业""河南省复合超硬材料工程技术研究中心""河南省省级技术中心",公司参与制定了《超硬磨料制品拉丝模用人造金刚石聚晶》《超硬磨料制品钻探用人造金刚石聚晶》《复合超硬材料磨耗比测定方法》等国家行业标准。并且公司荣获"石油钻探用PDC复合片高新技术产品证书",以及"高档拉丝模坯"和"超大直径切削复合片"两项科学技术成果证书。

公司遵循"精益求精,质量无极限;尽善尽美,服务无止境"的质量方针,通过组建专业的研发中心,不断引进先进的生产设备、专业人才提高产品质量,满足客户多样化需求。2015年,公司获批设立博士后科研工作站分站,开展博士后工作,有效推进了公司高端研发人才的引进,增强了自主创新能力。

近年来,四方达积极响应政府号召,在公司管理层领导下,公司全体员工众志成城,专注于超硬材料行业的研发、生产和销售，推行产品结构调整，实现企业转型升级，充分发挥了企业的示范引领和带动作用，在超硬材料行业持续保持领先地位。

三、坚持以人为本

公司在谋求经营发展过程中，始终坚持“以人为本”的原则，尽最大可能地为辛勤付出的员工提供物质和精神方面的保障。严格遵循相关法律法规的要求与员工签订劳动合同，依法为员工办理各项社会保险，维护员工的合法权益。遵循同工同酬、按劳分配、多劳多得的原则，做到公开、公平、公正。同时，结合公司实际情况，制定了晋升激励、薪资激励、创新激励、年终考核等合理的激励措施，实施股权激励计划，有效地激发了全体员工的积极性和创造性。结合企业发展目标和员工个人发展目标，制定职业生涯发展目标，搭建畅通的员工职业发展通道，提供各种职业技能培训，开展丰富多彩的活动，创建《四方达视窗》内刊，促进员工全面发展，为员工搭建成长的广阔平台。

四、合规经营，规避风险

公司成功登陆深圳证券交易所创业板以来，严格按照法律法规、证监会有关法规规章和证券交易所的规定要求，不断完善公司治理结构，规范内部控制制度，建立有效的投资者沟通机制，提高公司信息披露质量，真诚对待员工、客户、股东等相关各方，为公司的生存和发展铺垫了一个良好的平台。

公司一方面严格遵守上市公司监管法规，规范信息披露工作，确保真实、准确、及时、公平、完整地披露有关信息，确保公司所有股东能够以平等的机会获得信息；另一方面强化投资者关系管理，自觉接受资本市场和公众的监督。公司通过设置投资者热线、投资者信箱，举行业绩说明会，积极接受投资者预约来访，借助深圳证券交易所“互动易”平台，真诚聆听广大投资者的意见和建议，针对投资者关注的问题进行答疑，积极传递公司的相关信息，深化了资本市场对公司的了解与认同，提高了公司规范运作水平，更好地保护了投资者特别是中小投资者的合法权益，创造了公司与投资者之间的良好互动氛围。

五、以信立业，共谋发展

扩四方者，达兼天下。公司今天的成绩来之不易，在公司发展中得到了社会各界的关心和大力支持，公司将继续践行“产品一流、品质恒定、创新发展、响应迅速、增值服务”的经营理念，持续创新产品生产的工艺和技术，增强产品的国际市场竞争力，实现企业经济效益与社会效益协同统一。

公司将始终秉持“客户导向、求实创新、诚实守信、合作共赢”的价值观，以“实现客户最大价值、助力员工共同成长、成就股东最大利益”为己任。未来将依托上市公司平台，在做强做大复合超硬材料的基础上，产业链向下游复合超硬材料制品行业逐步延伸，成为产业链完整、品种齐全、国际一流的复合超硬材料及制品供应商。

5. 新开普：诚意打动市场　诚信赢得未来

董事长谈诚信

新开普董事长杨维国:诚信经营是企业发展之本

作为《河南上市公司诚信公约》的签约成员，新开普坚定地认为诚信经营是企业发展之本，公司也一贯奉行“诚信经营、共创价值、分享成功”的理念，为股东创造更大价值，为社会创造更多财富。

近年来，新开普不断完善行业应用平台建设和智能终端创新，积极打造全方位的高校移动互联网生态圈。新开普的发展宗旨是“创新校园、开拓企业、普及社会”。未来公司将继续加强诚信意识，规范公司行为，塑造诚信形象，依托成熟的高校信息化服务能力，不断创新服务形式与内容，打造以“高校互联网+”及大学生就业服务、创业人才服务为目标的“完美校园”服务平台，通过多边型平台建设，加速推进企业与高校、学生之间的链接，助力智慧型校园建设，推动公司快速发展成为领先的高校信息化、互联网及人才事业服务商。

正文

深耕校园信息化行业十多年，新开普已然成为国内一卡通领域的龙头企业。近年来，公司还基于智慧校园服务平台，推出“完美校园”APP。“完美校园”通过校园卡、移动支付、学习、生活服务、人才成长体系，致力于与学校共同创造，服务学生“轻松生活、快乐成长”的未来校园高级形态，打通线上、线下的校园学习和生活场景。

结合自身在高校市场和IT领域的积累，新开普精心布局职业教育领域，通过广泛开展校企合作，与高校共同开展企业急需的技术研发和成果应用培训，推动专业设置与产业需求对接、课程内容与职业标准对接，帮助学生把理论知识转化为实际能力，打造公司O2O职业教育平台。

多年来，新开普始终围绕高校校园里学生的需求痛点，以开放的心态不断创新，以诚信的态度赢得市场，从而把握机会，布局未来。正如新开普董事长杨维国所说，责任、机会和未来是所有新开普人共同的“关键词”。

一、一劳永逸的创新不存在

2016年6月7日，新开普召开研发中心全员会议。董事长、总经理杨维国在会上做了重要讲话,第一个重要议题就是创新。杨维国说:“企图以失去创新能力的思维去指导企业、制造产品,是千万成功的企业走向失败的致命伤。在创新的领地里,一劳永逸的创新是不存在的。”杨维国指出,所有研发人员都必须具备创新思维,发扬工匠精神,并敢于在特定的环境中,本着理想化需要或为满足客户需求,去改进或创造新的方法、元素、路径,进而提升市场竞争力,提高经济效益。

作为一家高新技术企业,新开普一直视创新为生命。从 2000 年创立至今,在杨维国的带领下,新开普依靠产品技术的持续创新,已形成了独特且难以复制的竞争优势,从而成为行业中的佼佼者,在业界大放异彩。

正值各个高校计划启用大学食堂售饭系统时,立足校园的新开普得到了第一手的信息,杨维国意识到,自己的机会来了。“作为一个新入行没有品牌的小公司,开拓市场方面是有困难的,这时候就需要依靠产品创新。”杨维国说,当一些企业在创立初期费尽心思研究如何花式营销以求占据市场时,新开普对此不以为然,而是将“技术创新”作为发展的生命线。在这样的理念下,一开始新开普就采用了当时市场上最先进的非接触设备卡,配之网络版的电子钱包模式,取得了技术上的绝对领先。

新开普所处的智能一卡通行业技术更新快,新技术应用频繁,客户对软硬件产品的功能要求不断提高,所以新开普要始终紧跟信息技术发展前沿,并将技术创新的着眼点立足于符合客户需求、符合公司资源现状、符合行业特点的应用技术创新上,在努力提升产品性能、降低生产成本的同时,更加突出市场需求对产品研发和服务的导向作用,强调集成创新和研发成果的转化及应用,持续开发出具备行业先进性、具有公司特色和富有市场竞争力的产品。

近年来,新开普不断引进研发管理人才以提高技术创新能力。同时,核心技术带头人员的行业专业经验平均超过 10 年,稳定性高,长期从事一卡通的研究与开发,在智能卡、校园信息化、互联网等业务领域具有非常突出的技术创新能力。

一卡通技术的逐步普及和市场快速增长所带来的盈利空间吸引了更多有实力的企业的加入,让这个行业成为不折不扣的红海市场,一时间新开普的可持续增长性面临着挑战。

杨维国并不过分在意,他如同棋风稳健、判断精准的弈者,在移动互联网爆发之年,他敏锐地意识到,NFC 手机时代即将来临。NFC 称为近场通信,是一种短距离的高频无线通信技术,允许电子设备之间进行非接触式点对点数据传输,常见应用如公交车电子钱包、校园饭卡等。

2015 年,新开普抓住 NFC 移动支付行业的发展机遇,快速响应 NFC 近场支付市场需求,开发并具备了在移动支付相关关键环节上提供相应解决方案的能力和技术储备,业务拓展实现了突破,并与三大电信运营商建立了良好的合作关系。包头钢铁职业技术学院、北京邮电大学等 NFC 手机校园一卡通项目已先后投入使用,加之城市领域实施的基于 NFC 近场支付的西安城市通、汉中城市公交系统等项目,新开普在校园、城市、企事业等领域基于 NFC 的一卡通解决方案在业界建立了显著的竞争优势,将 NFC 带到了更宏大的智慧城市与智慧生活空间。

二、用诚意打动市场

在创业之前，杨维国曾经是一名大学教师，高校是弘扬和培育诚信道德的重要基地，是社会诚信的辐射源，在走出大学校园的杨维国身上，依然很好地存留了诚信的信念。

新开普人并不讳言在创业初期的种种艰难，当时新开普实现了科技创新，确立了销售方式，但产品的质量却并不稳定，杨维国的决定是，把不稳定的产品全部换掉，而不是想办法推诿责任。

20 世纪 80 年代，张瑞敏砸冰箱"砸"出了重产品质量的海尔，最终让海尔走向国际，而新开普这批被回收置换的产品，同样见证着企业领导者的胆识、魄力、智慧和将企业带向长远的决心。

除此之外，在销售方面，杨维国果断地采用"先使用后付款"的赊货方式，客户先用，用好了再给货款。这种方式，一方面体现了新开普的诚意，另一方面也倒逼企业提高质量水平，否则产品质量差，客户就不会给钱。"这种销售方式，看似是吃了亏，实则一来客户帮你实现了产品从不成熟到成熟的过程，二来又赢得了客户的口碑，更易于形成品牌，何乐而不为?"在杨维国看来，赊货方式一点都不吃亏。

以诚意对待市场，市场亦会回报以诚意。在新开普创业过程中，有一个著名的"0 对 300 万"的故事，说的是新开普转型不久，公司就接到了一个大单子，当时竞标的还有另一家公司，两家争夺的关键是技术，竞争对手是当时业内的一家大公司，实力自然不容小觑。而新开普的优势在于，新开普是当时唯一一家拥有非接触 IC 卡技术的公司，还是网络版的电子钱包模式，大大地提升了这次竞争的砝码。

可是事情并没有很顺利，当时的竞争对手对外宣称自己也拥有此技术，这就为竞标增加了难度。在校方负责人经过深入了解证实为谎报后，对方又意图用价格战取胜，以 0 元对 300 万元来竞标，打出无偿服务口号，但在对手已丧失诚信的前提下，最后还是新开普竞标成功。

这次的成功，让新开普更加意识到诚信的重要性，也正是始终秉持着诚信的信念，新开普在创业之路上越走越远。

新开普一直与高校打交道，目前公司校园信息化产品覆盖高校总数达千余所，市场占有率逾 40%，处于国内校园信息化行业龙头地位。同时，公司也在全国范围内设立 30 多家分支机构，建立了成熟的销售渠道和客户服务体系。

线下业务多年的经营积累也为公司进军移动互联网提供了良好的保障。公司以一卡通为切入点，通过持续占领高校市场，不断扩大线下用户群体规模，于 2014 年正式推出首款面向高校自主运营的移动互联网产品"玩校"APP，以此进军移动互联网领域。2016 年，公司"玩校"品牌全面升级，"完美校园"品牌正式上线，在校园一卡通、移动支付、学习、生活等服务的基础上，增加了人才成长服务体系，致力于全面提升学生综合能力素质，解决学生的就业问题。经过两年的推广与发展，公司通过校园卡功能接入、定制轻应用、定制 APP 单点登录等功能的开发，不断满足学校、学生的需求，促进学校信息化系统接入和学生注册上线。目前"完美校园"已与国内 600 多所高校合作，向学校、学生提供移动互联网服务,覆盖用户600万人,上线实名注册用户超过300万人,从校园生活平台、就业平台、培训平台等方面带给学生更完善、更全面的服务。

三、切入职业教育　助力技能强国

多年来的高校扩招,使得大学生数量快速增长,不少大学生毕业即失业,但另一方面,企业还在喊招人难。这一对矛盾出现的背后,是现行的高校教育课程与企业需求的脱节,企业要用人,招了大学生之后还得进行再培训。

近些年来,社会上各类培训机构屡见不鲜,但由实体企业专门成立教育事业部,自己开班的情况却并不多见。据了解,一些企业针对自身业务优势推出的职业培训,开展人才战略,受到包括毕业生及用人企业的欢迎。

看到这一市场前景,2015年,新开普募集资金,投入职业教育,并于2015年9月10日成立了职业教育事业部。

"新开普的职业教育是要提升学生的项目实战能力和职业软技能,这对他们以后走上工作岗位很实用。"新开普副总裁杜建平表示。新开普职业教育课程内容与职业标准对接,切实帮助学生把理论知识转化为实际能力。

新开普开展职业教育具有无可比拟的优势。首先在防范风险方面,作为上市公司,新开普拥有资金和创新等方面的实力以保障项目的持续推进。其次,在技术先进性方面,新开普作为IT公司,也在不断更新自身使用的技术,把这些市场上最新的技术应用传授给学生,学生按照CMMI4标准开发流程参与到项目中,这一流程也关注到学生职业软素质的提升,对学生毕业后走上工作岗位很实用。

更重要的是,新开普作为一个高校信息化服务商,近20年为大学校园生活服务,新开普开展职业教育有着得天独厚的优势。杨维国介绍,新开普有6 000家大中企业的一卡通客户,可以通过这些企业来了解企业的用人需求,企业对岗位的描述,企业HR部门到底需要什么素质、什么能力结构的人才。反过来,可以把企业的标准、用人计划、人才的定位,代入到职业教育中,有针对性地进行培训,使得学生在校期间就完成一个大学生向职业工作者的转变,为国家实用型人才、栋梁的培养承担一个企业的责任。

对学生来说,接受最新最实用的技术培训只是其一,新开普还能为学生提供优质的就业服务。为了搭建用人单位和求职者之间的桥梁,打开人才输出和输入的路径,新开普在人才服务战略中的人才出口方面也不断加大投入,实现雇主品牌咨询与整合营销传播等服务。

目前,新开普职业教育正在飞速发展,不仅在石家庄、武汉、长沙、成都、西安、南昌等高校教育资源丰富的地区建立了职业教育分中心,开启布局全国之路,还在今年4月份入选第一批产学合作协同育人项目企业名单。新开普职业教育事业要逐步建立校园和行业企业在内的校企联盟,打造企业人才需求与院校人才培养体系,通过人才协作、企业联盟、产业合作、投资并购等方案连接企业,整合行业资源,建设服务全新信息技术人才培养的生态链。

下篇

自律篇

下篇

自斡篇

1. 河南上市公司诚信公约

诚信建设人人有责，重信守诺从我做起。为塑造尚信、守信、互信的市场文化，提高河南上市公司诚信意识，提升河南资本市场诚信水平，保护投资者合法权益，树立和维护“诚信河南”新形象，根据《公司法》《证券法》等法律法规要求，我们共同订立本公约：

第一条 诚信经营，规范发展

严格遵守法律法规和自律规则，恪守诚实信用的行为准则，重信守诺，珍惜公司信用记录，在“诚信河南”建设中率先垂范。

第二条 质量第一，信誉至上

建立健全并有效运行质量管理体系，提供优质产品，满足客户需求；坚决不生产、销售并抵制假冒伪劣产品，不生产、销售对消费者安全和健康有害的产品，向消费者提供安全、可靠的产品；注重品牌建设，树立良好口碑。

第三条 优质服务，精益求精

打造以客户为中心的全方位服务体系，规范服务流程，提高服务技能，注重细节，不断改进和提升服务水平。

第四条 自主创新，科技兴企

完善创新机制，逐步提高研发投入比例。自 2012 年年报始，公司要披露当年研发投入金额，包括计入当期费用的金额、资本化金额，以及研发投入占营业收入的比例；取得高新技术企业认定的上市公司要确保每年研发投入占营业收入的比例不低于 3%，力争达到 5%以上；其他非高新技术类上市公司每年研发投入占营业收入的比例力争达到 2.2%以上。

第五条 节能环保，安全生产

建立健全公司环境保护体系，高效、循环利用资源，推广应用新技术、新材料，确保排放达标，并尽力减少对环境的影响；提高全员安全生产意识，加大安全投入，加强安全生产管理，全面落实安全生产责任制。

第六条 公平交易，有序竞争

诚信对待供应商、客户和消费者，公平交易、阳光操作；自觉维护市场秩序，抵制不正当竞争；不做虚假广告，不误导消费者。

第七条 完善治理，健全内控

确保“三会”和经理层的有效运行和相互制衡，保持上市公司独立性，不利用关联交易进行利益转移和损害股东利益；采取有效措施避免或消除同业竞争；积极探索吸收机构投资者进入公司治理层的机制；加强内部控制体系建设，全面执行《企业内部控制基本规范》，有效防范和控制风险；规范募集资金使用,提高募集资金使用效率;完善高管人员激励约束机制,督促公司董、监、高人员履行忠实勤勉义务;充分尊重和关注各利益相关者的正当权益。

第八条 合规披露,不做假账

真实、准确、完整、及时、公平地履行信息披露义务,杜绝虚假记载、误导性陈述或重大遗漏;按照会计准则的规定加强会计核算,真实、公允地反映公司财务状况和经营成果;以上市公司信息披露规范体系为基础,自愿进行更充分的信息披露。

第九条 内幕交易,严格防控

加强内幕信息管理,认真执行内幕信息知情人登记制度,有效防控内幕交易,严格防止公司内幕信息知情人利用内幕信息买卖公司股票。

第十条 心系股东,加强沟通

公平对待所有股东,切实保护投资者,特别是中小投资者的合法权益;健全投资者关系管理工作机制和工作流程,主动加强与投资者及潜在投资者的沟通和交流,充分利用现代化信息技术手段创新沟通方式,通过业绩说明会、投资者接待日、网络互动、网络投票、在公司网站设立信息披露专栏等途径,为股东了解公司情况和行使权利提供便利,安排专职部门或专职人员接待投资者来电来访,积极回应投资者的诉求。

第十一条 创造财富,积极回报

实施积极的利润分配政策,保证连续三年以现金方式累计分配的利润不低于三年实现的年均可分配利润的30%;加强公司市值管理,努力为股东创造价值。

第十二条 以人为本,关爱员工

坚持以人为本,加强员工职业教育、岗位培训、劳动保护、人文关怀,为员工职业发展提供更多的机会,让员工分享企业发展的成果。

第十三条 依法纳税,回馈社会

依法纳税,不逃、骗、偷税;在追求经济效益、保护股东利益的同时,勇于承担社会责任,促进公司自身与社会的协调发展;每年评估公司社会责任履行情况并披露社会责任报告,积极参与社会公益事业。

第十四条 遵守公约,奖优罚劣

遵守诚信公约,积极参与监管部门组织的诚信档案建设,自愿接受协会依照与本公约配套的自律管理办法所采取的诚信评价、进入退出、纠纷协调、违约认定和惩戒等措施,自觉接受社会各界的监督。

第十五条 强化自律,提升形象

增强自律意识,认真履行诚信公约,自觉接受社会公众监督,努力树立规范、诚信、优质、充满活力的河南上市公司新形象,努力为河南资本市场持续健康发展和中原经济区建设做出新的更大的贡献。

本公约由缔约成员法定代表人签字并加盖公章后生效。

(以下按收到签章材料的先后顺序排列,截止到2017年11月30日)

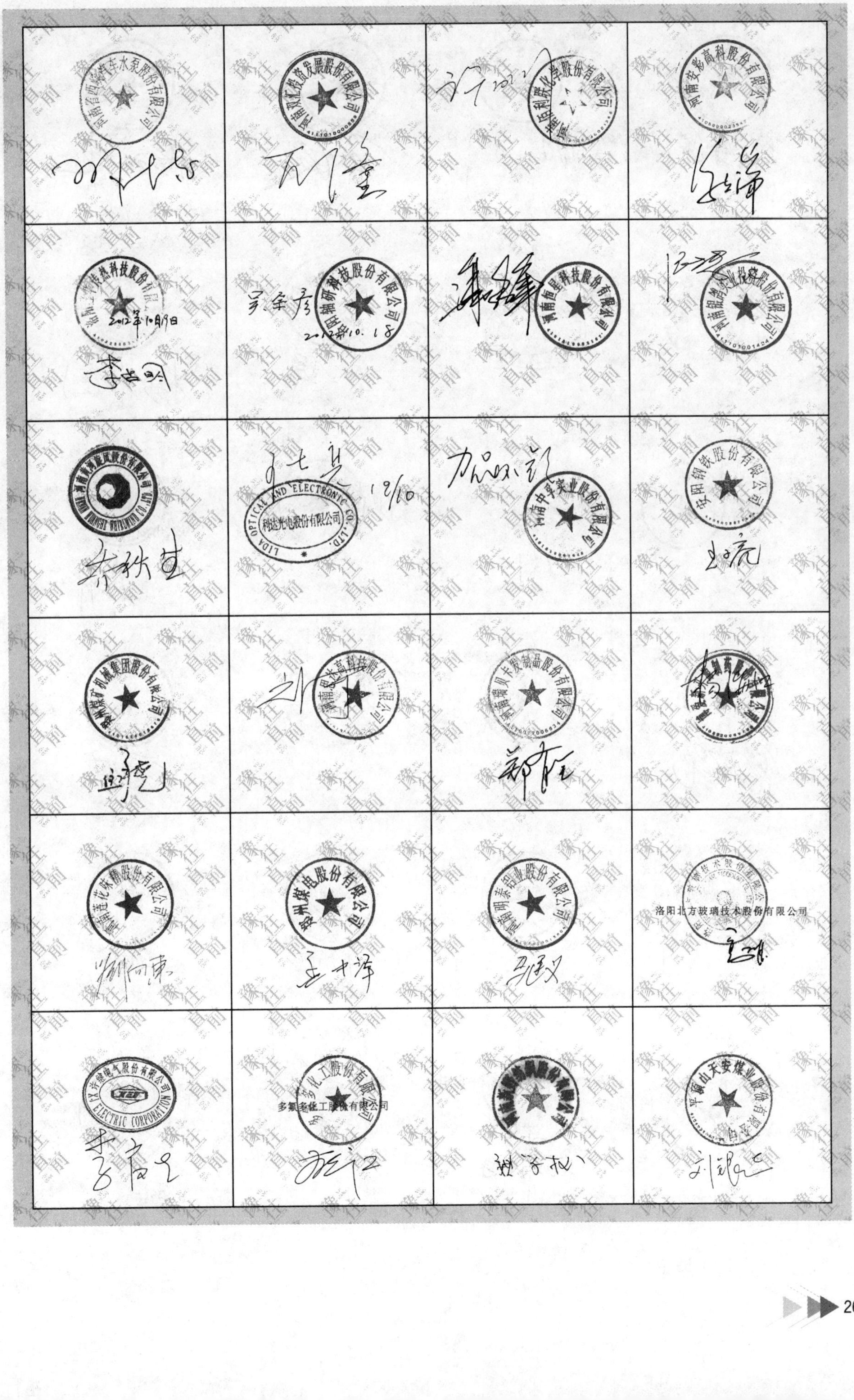
安阳钢铁股份有限公司
利达光电股份有限公司
LIDA OPTICAL AND ELECTRONIC CO., LTD.
洛阳北方玻璃技术股份有限公司
多氟多化工股份有限公司
ELECTRIC CORPORATION

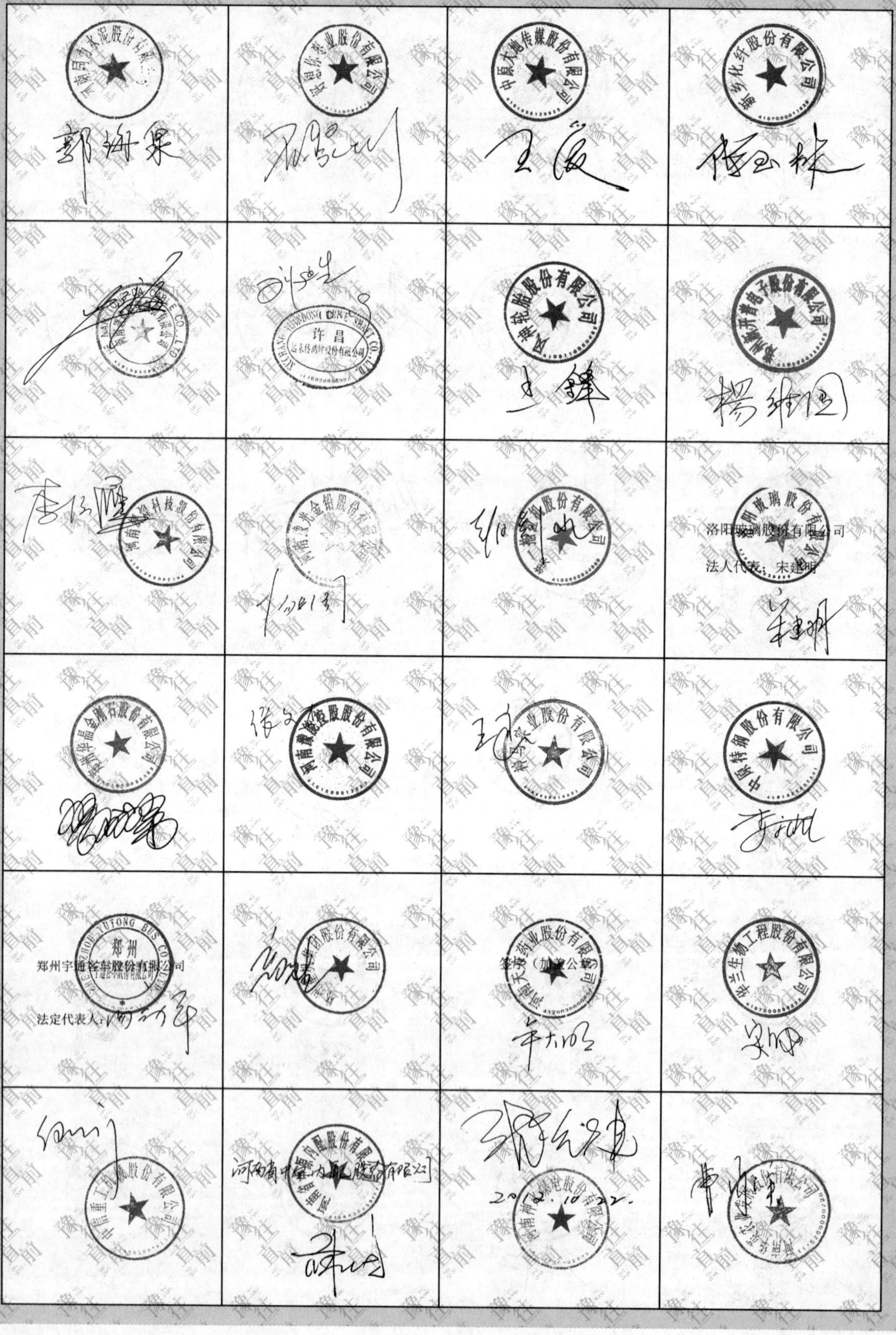
中原大地传媒股份有限公司
新乡化纤股份有限公司
许昌
洛阳玻璃股份有限公司
法人代表：宋建明
郑州
郑州宇通客车股份有限公司
法定代表人：

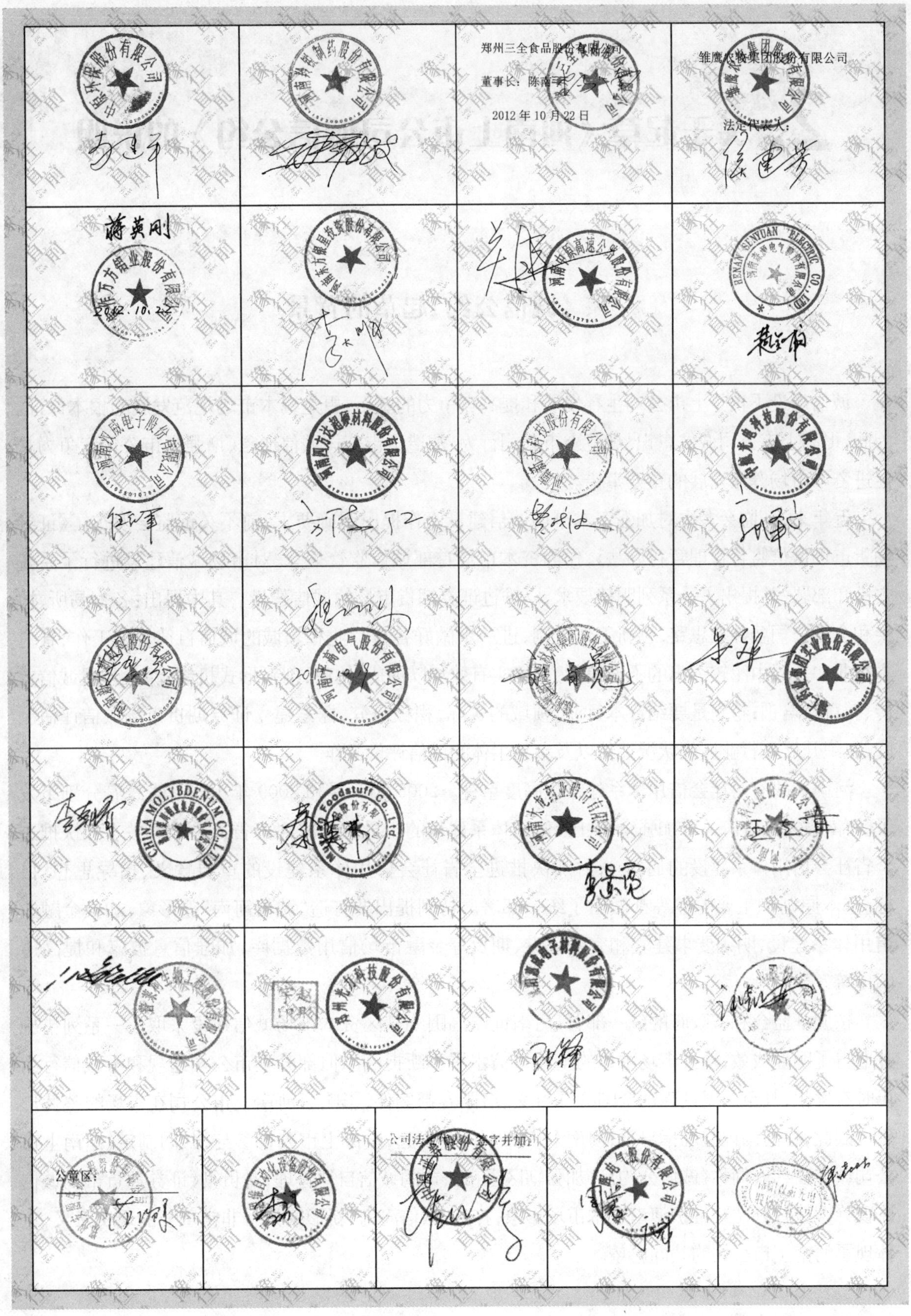
郑州三全食品股份有限公司
董事长：陈南
2012年10月22日
雏鹰农牧集团股份有限公司
法定代表人：
公章区：
公司法定代表人签字并加印

2. 关于起草《河南上市公司诚信公约》的说明

一、《诚信公约》起草的背景

诚信建设不仅是上市公司生存发展和提高竞争力的基石,更是资本市场规范发展的根本保证。因此,提高上市公司诚信意识、规范上市公司行为、塑造上市公司诚信形象、增强上市公司竞争力是促进资本市场健康发展的重要举措。

近年来,证监会多次对加强资本市场诚信建设工作提出明确要求,前不久证监会发布了《证券期货市场诚信监督管理暂行办法》,作为资本市场首部诚信监管规章,对市场诚信建设进行了系统安排和部署,并提出了一系列明确要求,以推进证券期货市场的诚信建设。其中提出:各交易所、协会和会管公司要开拓思路,创新工作机制,进一步做好各自行业和领域的诚信自律管理工作,针对本行业和领域中比较突出的不诚信行为,切实有效加以惩戒、约束,创新形式机制,深入开展诚信宣传、教育和培训;特别是要结合本行业、领域的实际,积极研究、探索建立证券期货市场诚信评估制度,组织开展本行业诚信状况评估以及参与主体的诚信评价工作。

河南省政府对社会信用体系建设也高度重视。2006 年 5 月和 2009 年 12 月,省政府分别下发了《河南省人民政府关于加强全省社会信用体系建设的指导意见》《河南省人民政府关于加快推进全省社会信用体系建设的通知 》,对加快推进全省社会信用体系建设的重要意义、指导思想、目标、基本原则和主要内容等都做出了统一部署。特别提出要打造“诚信河南”新形象,加快金融业信用体系建设,明确要求建立和完善证券、期货等金融市场信用数据库,加强信息披露和提高透明度等。

按照证监会和省政府的统一部署,河南证监局围绕辖区资本市场诚信建设采取了一系列措施并取得了明显成效,辖区市场主体的整体诚信水平不断提高。但部分上市公司违规和不诚信行为仍时有发生,甚至出现过轰动全国的郑百文、洛阳春都案件,影响了河南上市公司在市场的整体形象。因此,在河南证监局指导下,河南上市公司协会发起,全部上市公司参与,共同制定《河南上市公司诚信公约》(简称《诚信公约》),加强辖区上市公司的诚信自律管理,对贯彻《证券期货市场诚信监督管理暂行办法》,维护河南资本市场形象,打造“诚信河南”新形象具有非常重要的现实意义,也体现了河南上市公司的共同愿望。

二、《诚信公约》起草的目的

起草《诚信公约》是为了进一步贯彻落实郭树清主席"三个如何"要求，更好地服务中原经济区建设，通过上市公司群体诚信形象的示范效应提升河南资本市场诚信水平。通过《诚信公约》的起草和签订，明确河南上市公司诚信标准，努力形成制度规范健全、失信惩戒有力、诚信记录全面、信用服务配套的诚信体系，从整体上提高行业诚信道德和自律水平，充分发挥上市公司率先垂范的作用，树立河南诚信新形象。

三、《诚信公约》起草的原则

《诚信公约》是上市公司强化自律，自觉接受社会公众监督的有效载体。在《诚信公约》起草过程中，我们立足"四个"结合：结合河南资本市场和上市公司发展需要，结合河南上市公司存在的共性和个性、普遍与特殊情况，结合市场关注和投资者关心的问题，结合河南资本市场和上市公司自律建设的实际。坚持"四个"原则：一是"好人举手"原则，通过签订公约的方式把愿意遵守公约的优质公司吸纳进来，形成群体示范效应；二是先进性原则，即有些虽不是法律法规的明文要求，但属于道德约束或鼓励的范畴，我们也明确到公约条款中，形成了略高于法律、法规的标准；三是按照商务诚信的概念，本公约不仅重点考虑了信息披露、公司治理等上市公司监管要求，还涉及产品、服务、研发、社会责任等方面的内容，全面规范和约束上市公司行为；四是可操作性原则，能量化的指标尽量量化，使抽象的要求尽可能具体化。通过以上这些原则的落实，最终使《诚信公约》条款成为全方位、多角度反映和衡量公司诚信水平的标准。

四、《诚信公约》起草的依据

（一）依据的主要法律、法规和政策要求

在《诚信公约》的起草过程中，我们主要依据《公司法》、《证券法》、《证券期货市场诚信监督管理暂行办法》(第 80 号令)、《上市公司治理准则》(证监发〔2002〕1 号)等法律法规。参考了《国务院办公厅关于社会信用体系建设的若干意见》(国办发〔2007〕17 号)、《国务院批转证监会关于提高上市公司质量意见的通知》(国发〔2005〕34 号)、《河南省人民政府关于加强全省社会信用体系建设的指导意见》(豫政〔2006〕28 号)、《河南省人民政府关于加快推进全省社会信用体系建设的通知 》(豫政〔2009〕93 号)、《关于进一步加强企业信用分类监管的意见》(工商企字〔2011〕192 号)等相关文件及规定。

(二)相关量化指标的参考依据

本着科学量化的原则和审慎客观的态度,在《诚信公约》的几项具体量化标准的制定中,我们认真查阅了相关资料并广泛深入地征求了各上市公司和有关部门的意见。具体如下:

一是《诚信公约》第四条关于研发投入比例的问题,考虑到《诚信公约》要求和财务信息披露的对接,我们要求公司以合并报表为基础披露当年研发投入总金额,并分别列示计入当期费用的金额和资本化金额,以及研发投入占营业收入的比例。参考《科技部、财政部、国家税务总局关于印发〈高新技术企业认定管理办法〉的通知》(国科发火〔2008〕172号)的相关规定,本着引导和鼓励各公司加大研发投入的原则,我们提出了取得高新技术企业认定的上市公司要确保每年研发投入占营业收入的比例不低于3%,力争达到5%以上的标准;对于其他非高新技术类上市公司,参考国家《国民经济和社会发展第十二个五年规划纲要》中提出的研究与试验发展经费支出占国内生产总值力争达到2.2%的目标和《河南省国民经济和社会发展第十二个五年规划纲要》中提出的力争达到1.6%的目标,提出了每年研发投入占营业收入的比例力争达到2.2%以上的标准。时间上,我们考虑自2012年年报披露开始执行,对于2012年确实不能达到标准的,鼓励2013年要力争达到。

二是《诚信公约》第十一条中“保证连续三年以现金方式累计分配的利润不低于三年实现的年均可分配利润的30%”的标准,则是依据《上市公司证券发行管理办法》中规定的上市公司公开发行证券的条件提出的。目前,河南省66家上市公司中已有63家按照相关规定修订了公司章程,明确了分红政策。

五、起草《诚信公约》的过程

为让“诚信建设人人有责,重信守诺从我做起”的理念深入人心,最大限度地提高各公司对签署《诚信公约》意义的认识,充分调动大家参与制定和认真落实《诚信公约》的积极性和主动性,我们精心设计了活动方案,使《诚信公约》起草的过程同时成为宣传动员的过程。从征集条款到形成《诚信公约(征求意见稿)》大体经历了四个阶段:一是征集条款阶段。协会于7月20日印发征集公约通知,要求每家公司至少报送十条以上,并于7月底收集到64家上市公司600余条条款。二是汇总筛选阶段。在报送条款中挑选出十佳方案,并选出参与《诚信公约》起草的代表。三是形成初稿阶段。召开《诚信公约》起草会议,确定《诚信公约》形式和基本内容,形成初稿。四是研讨修订阶段。请上市公司代表、证监局相关处室参加讨论,几经修订,形成《诚信公约(征求意见稿)》。

六、征求意见情况

我们通过协会网站、征求意见表等形式向各上市公司征求意见,并针对相对集中反映的问题开展讨论，对《诚信公约（征求意见稿）》进行进一步修改完善。

随后，我们向证监会上市部、法律部、会计部、投保局、研究中心，沪、深证券交易所，河南省政府办公厅等 8 家相关单位发函征求意见，并向协会的 17 家理事单位征求了意见，共收到修改建议 17 条。对这些建议我们进行了认真研究，并分别予以吸收和参考。其中：9 条建议涉及条款文字表述的充分和准确性，我们直接予以采纳；4 条建议涉及部分约束性指标的删除或修改，如研发投入比例和现金分红比例，我们认真研究后未予采纳，但在本说明中详细介绍了相关指标的设置目的和参考依据；2 条建议涉及公约结构调整和进一步体现河南特色，我们在起草公约时已考虑了商务诚信的内涵和一般性要求，并结合了“诚信河南”和中原经济区建设的目标要求，努力体现河南特色，下一步将在实践中进一步完善；2 条建议涉及扩大征求意见范围，我们通过组织投资者座谈会、了解其他辖区签约情况等形式予以参考采纳。

在此对上述被征求意见的单位表示衷心感谢！

七、《诚信公约》签署后的相关落实工作安排

《诚信公约》签署后，将进一步与证监会、地方政府沟通，研究制定相关配套奖惩政策；研究制定配套的进入退出公约、诚信评价、纠纷协调和违约认定等自律管理措施；协会对《诚信公约》履约情况，探索建立评估制度，组织开展本行业诚信状况评估以及参与主体的诚信评价工作，使之逐步系统化，以推进河南上市公司诚信建设。

河南上市公司协会
2012 年 10 月 25 日

3.《河南上市公司诚信公约》自律管理暂行办法

第一条 为加强河南上市公司诚信体系建设，推动签约成员单位切实履行《河南上市公司诚信公约》(以下简称《诚信公约》)，规范诚信自律行为，制定本办法。

第二条 《诚信公约》成员单位的进入：

(一) 省内上市公司自愿提出申请并报“《河南上市公司诚信公约》自律管理专业委员会”(以下简称委员会)审核。

(二) 河南上市公司协会(以下简称协会)每年组织一次《诚信公约》新进成员单位的签约活动。

(三) 上市公司签约后即成为《诚信公约》签约成员单位。

第三条 《诚信公约》签约成员单位的退出：

(一) 违反《诚信公约》且拒不整改的，由委员会对其进行诚信评价后，视情况予以劝退。

(二) 出现严重失信行为造成重大不良影响的；公司受到交易所公开谴责 1 次以上或除公开谴责之外 1 年累计计入交易所诚信档案 2 次以上(含 2 次)的；公司收到监管部门同一行政监管措施 2 次以上(含 2 次)的，责令退出。本条款中因同一事项受到交易所和河南证监局处罚或计入诚信档案的，按 1 次计算。

(三) 因故不再属于协会会员的，自动退出。

责成退出以及被劝退的成员单位两年内不得再次申请加入《诚信公约》。

第四条 对于履约状况良好、无不良诚信记录的成员单位，给予以下支持：

(一) 每年度将《诚信公约》履行情况报送河南证监局等有关主管部门，作为监管部门审核公司并购重组、再融资申请、出具监管意见的重要参考依据或者其他政府机关提供政策支持的重要参考依据。

(二) 在协会组织的评先活动中作为加分项目。

(三) 对《诚信公约》履约良好的单位在全省、全国相关评先活动中优先推荐。

(四) 协会组织守信企业开展培训、互动交流、考察、品牌宣传推介等活动。

(五) 在经营活动中需使用“《河南上市公司诚信公约》签约成员单位”等字样或有其他相关需求的，协会予以大力支持。

(六) 协会对成员单位公共关系维护、媒体沟通提供支持和帮助。

第五条 成员单位出现违反《诚信公约》情形的，经委员会审议表决，视情节可以单独或同时采取约见谈话、协会网站通报等措施。

第六条 《诚信公约》全体签约成员单位通过民主选举方式设立“《河南上市公司诚信公约》自律管理专业委员会”(以下简称委员会)，具体负责《诚信公约》制度落实，成员单位的进入、退出，诚信评价,违约认定等日常工作。

委员会由13名委员组成,其中公司委员11名,专家委员2名。协会秘书处、三家以上成员单位联名可提出公司委员候选人,并以差额方式选举产生,得票结果相同时对其再行投票,得票多者当选。专家委员由11名公司委员或协会推荐,经过半数的公司委员选举产生。委员会设主任委员和副主任委员各1名,由协会秘书处在公司委员中提出建议人选,经过半数的委员(包括公司委员和专家委员)选举产生。委员会委员每届任期三年,连任不得超过两届,并在协会网站公告。

委员会的工作由河南证监局、协会进行业务指导。

第七条 委员会每年对成员单位的履约情况进行回顾、总结和评估,并以通报形式发布。

第八条 本办法自全体签约成员单位三分之二以上多数通过之日起生效,修改时亦同。

第九条 未尽事宜由全体签约成员单位按照合法、诚信、平等和少数服从多数的原则协商解决。

第十条 本办法适用于《诚信公约》全体签约成员单位。

第十一条 本办法授权委员会负责解释。

后 记

秦末楚地流传一句话:“得黄金百斤,不如得季布一诺。”季布落难时,连素未谋面的人也因仰慕其为人,甘冒灭三族的危险保护他,使他免遭祸殃,转危为安。季布“一诺千金”、商鞅“徙木立信”、传承百年的同仁堂恪守“炮制虽繁必不敢省人工,品味虽贵必不敢减物力”……几千年来关于诚信的无数故事、格言警句无不说明:诚信乃立身之本、立国之基、立企之道。

为进一步塑造尚信、守信、互信的资本市场文化,提升河南资本市场诚信水平,树立和维护诚信河南新形象,2012 年 10 月 25 日,由河南证监局指导、河南上市公司协会组织,河南 63 家上市公司集体一诺:签署了《河南上市公司诚信公约》并公开宣誓履行承诺。中国证监会法律部、会计部、研究中心、上市公司监管部、行政处罚委员会、投资者保护局,上海证券交易所,河南省政府金融办、省国资委、省发展改革委等有关单位的领导和专家,河南上市公司董事长、总经理,有关新闻媒体等 160 余人共同见证了这一庄重时刻。

《河南上市公司诚信公约》(以下简称《诚信公约》)是河南上市公司诚信建设的抓手,河南上市公司诚信公约阳光行是督促履约的切入点和着力点。自 2013 年起我们通过诚信阳光行活动带领机构投资者、个人投资者、券商分析师、专家学者、媒体记者等市场各方走进上市公司,通过和董事长、总经理、财务总监、董秘等面对面对话,真诚互动,实地参观,深入交流。一串串数字记录着我们的足迹:

2013 年对所有签约上市公司进行了地毯式走访,走进 25 个县市的 62 家公司(原 63 家,其中 1 家签约公司 2013 年被吸收合并)。来自全国各地的专家学者、机构投资者、个人投资者、券商分析师、媒体记者等约 1 700 人次参与活动,其中中小投资者 500 余人次,现场提问 520 多个,40 余家报媒、网媒、杂志、电视台及广播节目通过文字、图片、视频、声音等形式进行了跟踪报道。

2013 年 11 月 21 日,《河南上市公司诚信公约》自律管理专业委员会第一届委员会第一次会议召开,审议通过了《河南上市公司诚信公约自律管理暂行办法》。

2014 年 7 月 30 日,《河南上市公司诚信公约自律管理专业委员会议事规则》经委员会表决通过。

2014 年走访 59 家上市公司,50 余家媒体进行了报道,市场各方约 1 500 人次参与活动,现场提问 540 多个。

2015 年,对诚信阳光行活动开展以来履约先进的上市公司进行了集中表彰。

2015 年走访 49 家上市公司,30 余家媒体进行了报道,市场各方约 1 100 人次直接参与活动,回答投资者提问 300 多个。许多无法亲临现场的投资者通过媒体报道、网络留言、微信平台等多种渠道间接参与了活动。

2016 年走访高新企业、建材企业、医药企业、食品企业、电气企业等 23 家上市公司,约 45 家媒体进行了报道,市场各方 800 余人次直接参与活动,回答投资者提问 200 多个。其中走进食品企业站,全景网进行了现场直播(全景网日均页面访问量在 500 万以上)。

2017 年走访食品企业、新上市公司等合计 13 家,市场各方约 500 人次直接参与活动……

《诚信公约》本身是一个基于法律又高于法律的自律性公约,其形成和落实主要依靠上市公司的自律与自觉。截至 2017 年底,河南 78 家上市公司中 77 家均已签署了《诚信公约》,这反映了河南上市公司诚信自律的态度和责任感。“诚信建设人人有责,重信守诺从我做起”,河南上市公司以实实在在的行动履行着公约的约定。除了每年开展的诚信公约阳光行活动,很多公司已把《诚信公约》相关要求写进了公司章程,融入日常经营管理与企业文化。对于“诚信”的贯彻落实,有的公司从企业整体经营管理的机构设置、制度建设、文化建设着手;有的公司从员工的角度着手,落实在严把产品和服务质量关上,落实在守法合规经营上,落实在不断创新上,落实在规范治理上,落实在信息披露上,落实在股东和利益相关者权益保护上,落实在社会责任的履行上。“言必信,行必果”,将诚信“内化于心,显化于物,固化于制,外化于行,惠化于人”。

党的十九大报告明确要求“推进诚信建设制度化”。《诚信公约》和诚信阳光行恰是河南上市公司诚信建设制度化的一次探索。为总结梳理六年来河南上市公司诚信建设的实践经验,为真实展现六年来河南上市公司在诚信建设上所做的努力,为感谢六年来投资者和媒体朋友的不离不弃,我们开始了诚信建设实践案例的征集,并于《诚信公约》签约六周年之际,完成了《豫往直前——河南上市公司诚信建设实践案例》的编写工作。

感谢河南证监局历届领导班子和主要领导对《诚信公约》签约及诚信阳光行活动的关心指导和支持鼓励!

感谢所有签约上市公司董事长和高管们的理解重视和积极响应,自觉以实际行动践行公约,营造诚信的良好氛围,才有了河南上市公司诚信建设的鲜活案例和成果!

感谢投资者朋友们,无论专家学者、机构投资者、个人投资者还是券商分析师,踊跃参与就是对河南上市公司诚信阳光行的支持与肯定!

感谢媒体朋友们以客观公正的眼光、专业独到的视角,在舆论监督的阵地上,传递正能量,给市场一个真实的上市公司!

感谢东南大学出版社!

诚信之路,随着前进的脚步而延伸。无论是为国、为家还是为企,诚信都可以触目为玉、点石成金。作为河南的上市公司,言为心声,以信笃行,期望用我们的实际行动,为河南资本市场的诚信建设尽绵薄之力,为诚信河南增添一抹亮色。

囿于精力、水平和时间所限,本书可能会有疏漏和不足之处,敬请包涵,更欢迎不吝指正。我们在诚信建设的积累方面或许尚显稚嫩,实践案例也或许只是沧海一粟,但是一滴水也能折射出太阳的光辉,诚愿我们在诚信建设中所做的努力和探索,能够带给您一些新的启发和思考。

河南上市公司协会秘书长

2018年10月25日